ERA UMA VEZ... MIL VEZES
O Brasil de todos os vícios

GAUDÊNCIO TORQUATO

ERA UMA VEZ... MIL VEZES
O Brasil de todos os vícios

Copyright © 2012 Gaudêncio Torquato

Direitos de edição da obra em língua portuguesa no Brasil adquiridos pela Topbooks Editora. Todos os direitos reservados. Nenhuma parte desta obra pode ser apropriada e estocada em sistema de banco de dados ou processo similar, em qualquer forma ou meio, seja eletrônico, de fotocópia, gravação etc., sem a permissão do detentor do copyright.

Editor
José Mario Pereira

Editora assistente
Christine Ajuz

Preparação de originais
Rosali Figueiredo

Capa
Julio Moreira

Diagramação
Arte das Letras

Todos os direitos reservados por
Topbooks Editora e Distribuidora de Livros Ltda.
Rua Visconde de Inhaúma, 58 / gr. 203 – Centro
Rio de Janeiro – CEP: 20091-000
Telefax: (21) 2233-8718 e 2283-1039
E-mail: topbooks@topbooks.com.br

Visite o site da editora para mais informações
www.topbooks.com.br

SUMÁRIO

PREFÁCIO 11
INTRODUÇÃO 13

CAPÍTULO 1 – SÉCULO XXI: A DEMOCRACIA EM CRISE
    A tecnodemocracia 21
    Os vetores da crise 22
    A degradação da política 26
    A debacle financeira e a globalização assimétrica 29
    A democracia brasileira 32
    A herança patrimonialista 36
    A nossa crise política 40

CAPÍTULO 2 – BRASIL: OS "ISMOS" DA REPÚBLICA
    Vícios históricos e estruturais 45
    O presidencialismo de cunho imperial 63
    Governo e gestão do Estado: passos de caranguejo 72
    A administração da *Res Publica* 90
    Ciclo Lula: esperança, mudanças e o mais do mesmo 105

CAPÍTULO 3 – O SISTEMA INSTITUCIONAL
    Partidos e políticos 129
    Eleições 160
    Judiciário, poder e dever 195

CAPÍTULO 4 – A POLÍTICA COMO ESPETÁCULO
    Holofotes na arena pública 213
    Identidade e imagem 224
    Cosmética eleitoral 237
    Opinião pública 255

CAPÍTULO 5 – ABRINDO AS PORTAS DO AMANHÃ
    Pela reforma do Estado 263
    O desafio do sistema partidário 283
    O país quer andar 306
    Governo Dilma Rousseff: adeus ao "Eterno Retorno"? 339
    Espaço cibernético, nova arena social... 358

GLOSSÁRIO 365
ÍNDICE REMISSIVO.. 385
BIBLIOGRAFIA 393

Para minha mulher, Verydiana, que tem me ajudado, com suas ideias
e reflexões, a costurar os intrincados fios de nossa cultura política.

Aos meus pais, Gaudêncio (*in memoriam*)
e Chiquita, com quem aprendi valores fundamentais da vida.

Para meus filhos, Gustavo e Cristiana, com
a esperança de que ultrapassem os obstáculos na longa jornada.

Aos amigos de todas as horas,
Américo e José Roberto.

PREFÁCIO

Acontecimentos singulares ou banais, virtuosos ou nefastos, simples ou complexos, mas todos com o emblema inconfundível da República Federativa do Brasil, costumam inspirar a verve, as metáforas e as associações construídas pelo professor, jornalista, pesquisador e consultor Gaudêncio Torquato. Colunista da página 2 do jornal *O Estado de S. Paulo* há mais de duas décadas, além de colaborador de dezenas de periódicos e sites espalhados Brasil afora, Torquato produziu, desde fins de 2002, mais de 1000 ensaios, artigos jornalísticos e *papers*, cada qual com uma pequena abordagem histórica, sociológica ou cultural dos eventos que marcaram nossa história política contemporânea.

Portador de privilegiada observação dos bastidores da política nacional, pela cadeia de informação formada junto aos atores, de vasta experiência como coordenador de campanhas eleitorais e formulador de sistemas de comunicação organizacional e, ainda, com densa produção acadêmica sobre suas especialidades, Gaudêncio Torquato ajuda o leitor a fazer uma leitura abrangente do Brasil contemporâneo, interpretar os eventos e compreendê-los sob a moldura das heranças que contribuíram para formar o *ethos* nacional. O propósito deste livro é o de justamente propiciar uma leitura mais vertical sobre a cultura política de nossos Trópicos, a partir de recortes analíticos extraídos de textos publicados no período. Os conteúdos selecionados, agrupados em cinco capítulos, fogem à sucessão cronológica dos acontecimentos. Convém abrir um parêntesis: na organização dos capítulos, algumas análises convergem para a temática da corrupção, que não ganhou item específico, eis que se faz presente ao correr de todo o livro.

O capítulo inicial foi construído com argamassa de ensaios e reflexões, tendo como pano de fundo a democracia contemporânea em crise, que, sob o empuxo da globalização, do aparato técnico/burocrático e das teias de negócio que se desenvolvem nas malhas do Estado, ganha uma nova designação – tecnodemocracia, conceito, aliás, bastante frequente na sociologia política europeia e recorrente na análise do autor. O segundo capítulo faz uma prospecção sobre as grandes questões nacionais, pinçando os vícios herdados do passado, que balizam nossa cultura política e permanecem, incólumes, na atualidade. O autor faz um ligeiro repasse da proposta de mudanças encampada pelo mais carismático mandatário da história contemporânea brasileira, Luiz Inácio Lula da Silva, para chegar à conclusão de que, sob seu ciclo, ocorreu expressiva dinâmica social – com a inserção de 30 milhões de brasileiros na classe média baixa –, mas os velhos costumes políticos não mudaram. Os capítulos 3 e 4, dando continuidade à interpretação da herança do passado colonialista sobre o funcionamento de sistema político, procuram expressar as atividades do Parlamento, dos Partidos e do Poder Judiciário. Sobressai-se a estética do Estado Espetáculo.

No último capítulo, emergem os desafios e as alternativas para a renovação – reformas do Estado e do sistema partidário –, arrematadas por uma análise dos primeiros momentos do governo Dilma Rousseff. Há razões, segundo o autor, para apostar no futuro, a partir do sonho dos jovens. Pesquisa recente[1] revela que eles têm orgulho de ser brasileiros. Acreditam que o País está avançando. Mesmo a passos de caranguejo.

---

[1] Estudo "Sonho Brasileiro", promovido pelo Cenpec (Centro de Estudos e Pesquisas em Educação, Cultura e Ação Comunitária), em parceria com a Fundação Vanzolini, e divulgado em setembro de 2011.

INTRODUÇÃO

O ETHOS NACIONAL

Quem se der à tarefa de observar a cena brasileira e comparar ciclos históricos poderá se surpreender com a descoberta: o retrato da paisagem de chegada do País a um ponto no tempo é muito parecido com o da fotografia de partida. Ao observador fica a dúvida: o tempo parou ou os fatos se repetem com frequência? Esta é a inescapável conclusão a que chego, após três décadas de observação da vida nacional. E é o que tento registrar nesse livro. Batizar nosso território como o "País do Eterno Retorno" seria algo condizente com o desenvolvimento de sua identidade. O conceito do Eterno Retorno remete ao filósofo e filólogo alemão, Friedrich Wilhelm Nietzsche (1844-1900), que, em sua obra, referia-se aos ciclos repetitivos da vida, eis que a humanidade está sob a conjugação de um aglomerado de eventos, coisas que ocorreram no passado, acontecem no presente e se repetirão nos dias de amanhã. Tragédias, guerras, acidentes/incidentes revelam um *continuum* de fatos repetidos dentro de um planeta formado por pólos opostos e incongruentes. Outra imagem é a do "País de Sísifo", o personagem mítico que merece pequena descrição.

Na mitologia grega, Sísifo, rei de Corinto, condenado a passar uma temporada no Hades, por ilícitos cometidos, achava que poderia enganar os deuses. Em um gesto de clemência, as divindades permitiram que retornasse à terra para expurgar seus erros. Impuseram uma condição: voltar ao novo habitat depois de curta licença. O espertalhão desapareceu. Os deuses mandaram procurá-lo e, ao regressar, aplicaram-lhe o castigo: carregar uma imensa pedra sobre os ombros até o cume da montanha. Tarefa que jamais conseguiria completar. Prestes a cumprir a missão, a pedra resvala dos ombros e rola ao sopé da montanha. Exercício que Sísifo repetirá por toda a eternidade. Há quem diga, em tom de chiste, que o Brasil tem semelhança com a execrável figura. A metáfora aponta para as mazelas que herdamos do nosso berço civilizatório, condenando-nos ao Eterno Retorno.

Pinço, ainda para melhor compreensão de nossa cultura, uma historinha que diz haver quatro tipos de sociedade no mundo. A primeira é a inglesa, a mais civilizada, onde tudo é permitido, salvo o que é proibido. A segunda é a alemã, sob rígidos controles, onde tudo é proibido, salvo o que é permitido. A terceira é a totalitária, pertinente às ditaduras, na qual tudo é proibido, mesmo o que é permitido. E, coroando a tipologia, a sociedade brasileira, onde tudo é permitido, mesmo o que é proibido. Como se explica o fato de o Brasil ser um País tão usado como caricatura da esquisitice?

A explicação pode ser encontrada na composição do *ethos* nacional. A engenharia social brasileira, assentada sobre a miscigenação de raças (colonizadores portugueses, índios e negros), expressa heterogênea coleção de valores. Conservamos, porém, uma unidade étnica básica, apesar da confluência de tão variadas matizes formadoras, que poderiam, na visão de Darcy Ribeiro, resultar numa sociedade multiétnica, "dilacerada pela oposição de componentes diferenciados e imiscíveis". Complementa o nosso famoso antropólogo e ex-senador em seu livro *O Povo Brasileiro*: "Mais que uma simples etnia, porém, o Brasil é uma etnia nacional, um povo-nação, assentado num território próprio e enquadrado dentro de um mesmo Estado para nele viver seu destino. Ao contrário da Espanha, na Europa, ou da Guatemala, na América, por exemplo, que são sociedades multiétnicas regidas por Estados unitários".

A adjetivação para qualificar o *homo brasiliensis* é vasta e, frequentemente, dicotômica: cordial, alegre, trabalhador, preguiçoso, verdadeiro, desconfiado, improvisado. Afonso Celso, em seu *Porque me Ufano do meu País*, divide as características psicológicas do brasileiro entre positivas e negativas, dentre elas a independência, a hospitalidade, a afeição à paz, caridade, acessibilidade, tolerância, falta de iniciativa, falta de decisão, falta de firmeza, pouco diligente. Nessa linha, Gilberto Freyre, em *Casa Grande & Senzala*, pontifica: "Considerada de modo geral, a formação brasileira tem sido, na verdade, um processo de equilíbrio de antagonismos. Antagonismos de economia e de cultura. A cultura europeia e a indígena. A europeia e a africana. A africana e a indígena. A economia agrária e a pastoril. A agrária e a mineira. O católico e o herege. O jesuíta e o fazendeiro. O bandeirante e o senhor de engenho. O paulista e o emboaba. O pernambucano e o mascate. O grande proprietário e o pária. O bacharel e o analfabeto. Mas predominando sobre todos os antagonismos, o mais geral e o mais profundo: o senhor e o escravo".

É rica a literatura que trata da formação do caráter nacional. As abordagens são múltiplas, a começar pelos mitos que formam o pano de fundo sobre o qual se teceu nosso tecido valorativo. Primeiro, o mito do Éden. Ao aportarem, os nossos colonizadores se depararam com a exuberância da natureza e seus habitantes, rudes e inocentes, índios sem vestes, uma paisagem deslumbrante, o jardim do paraíso, tão bem emoldurados por Sérgio Buarque de Holanda, no clássico *Visão do Paraíso*, ao mostrar a atmosfera mágica que as novas descobertas proporcionaram ao europeu: "o enlevo ante a vegetação sempre muito verde, o colorido, a variedade e estranheza da fauna, a bondade dos ares, a simplicidade e inocências das gentes", como, aliás, já escrevera Pero Vaz de Caminha.

Sob essa primeira visão, a seara valorativa produziu seus primeiros frutos: o ócio, a indolência, a sensualidade, a voluptuosidade, a glutonaria, a improvisação, a festa, a dança, o eterno carnaval. O segundo mito: o Eldorado. As riquezas apareciam ao longo das descobertas do ouro e das pedras preciosas. Na esteira da exploração predatória, outro conjunto de valores tomou corpo: a cobiça, a ganância, a traição, a destruição da natureza, a ambição, a disputa, a guerra entre grupos, os conflitos.

O inferno verde é o terceiro mito. A cobiça levou os colonizadores ao interior profundo. A floresta despontava como ambiente inóspito, selvagem, agressivo. As doenças debilitaram corpos, fustigando as mentes. Claude Lévi-Strauss, em seu celebrado *Tristes Trópicos*, radiografava o Brasil como o lugar mais inabitável do planeta, onde seria impossível a um homem sobreviver. Na paisagem da conquista do interior do País, outro feixe de características aparece: a miséria, a desorganização, a improvisação, a sujeira, a marginalidade, o desleixo.

A par dos três mitos, outros conjuntos valorativos surgiam, frutos da miscigenação. Quem não conhece o perfil individualista do brasileiro? "Você sabe com quem está falando?" E a nossa propensão para a imprecisão, para a ausência de objetividade? "Quantas horas você trabalha por semana?" Eis a previsível resposta: "trabalho mais ou menos 40 horas". O mais ou menos é coisa muito nossa. O fingimento é outro traço. O político, ao cumprimentar o interlocutor, pisca para alguém que está ao lado. Quem não já de defrontou com a expressão catastrofista ou o complexo de grandeza, comuns em nossa interlocução diária? Somos os melhores e os piores do mundo em matéria disso e daquilo; temos os maiores potenciais, as maiores riquezas ou a mais degradante miséria. Não somos um povo do imediatismo. Mas treinados na arte da protelação. Cultivamos a semente da anarquia. Ou, como bem o diz Sérgio Buarque de Holanda, em *Raízes do Brasil*: "os elementos anárquicos sempre frutificaram aqui facilmente, com a cumplicidade ou a indolência displicente das instituições e costumes. As iniciativas, mesmo quando construtivas, foram continuamente no sentido de separar os homens, não de os unir". Gostamos de adiar atos e decisões. Apreciamos o apadrinhamento, o patrocínio dos favores, o ludismo. Somos o País do futebol. E um vulcão de explosões emotivas. Trocamos com facilidade o riso pelo choro. A festa pela briga.

A tentativa de compreender o *ethos* nacional é um exercício fundamental para o próprio entendimento da política e dos fenômenos que patrocina. Por isso mesmo, a recorrência a eixos valorativos e a descrição de seus efeitos sobre o caráter da política se fazem presentes nas abordagens que expresso ao longo desse livro. Essa herança emoldura um exuberante painel sobre o qual vêm se desdobrando, desde a Independência, arranjos partidários de múltiplas colorações, sistemas de governos, alguns de talhe autoritário e outros traumáticos, farta produção de Cartas constitucionais e o desenvolvimento dos corpos jurídicos que plasmam a arquitetura do Estado. O exercício de mudança pressupõe o entendimento adequado de nosso acervo cultural. Mudança não ocorre por decreto. O desafio dos atores políticos é o de fazer o país avançar de maneira natural. Olhando para as demandas de hoje e projetando os cenários do amanhã, administrando, com parcimônia, a herança do passado.

CAPÍTULO I
SÉCULO XXI: A DEMOCRACIA EM CRISE

A TECNODEMOCRACIA

A democracia padece de uma crise crônica. Crise que se fundamenta em desvios de seu ideário e em promessas não cumpridas pelos sistemas democráticos. Segundo Norberto Bobbio, ela tem deixado de cumprir certos compromissos básicos, entre eles, a defesa de uma sociedade pluralista, o fim das oligarquias, a ampliação dos direitos dos cidadãos, a eliminação do poder invisível (os *arcana imperii* – o Estado informal dentro do Estado formal), a realização da meta de educação para a cidadania, combatendo o estado de apatia social (a cidadania passiva), e o enfrentamento à emergência da tecnocracia.

Este último prisma projeta a crise no ciclo da sociedade pós-industrial. A hipótese central que dá embasamento a este argumento e que nos tem incentivado a recorrer a uma permanente crítica sobre a democracia contemporânea é a que Maurice Duverger expõe em seu livro sobre as *Modernas Tecnodemocracias*. De acordo com sua reflexão, a clássica democracia liberal, assentada na competição entre pequenas unidades empresariais, concorrentes e autônomas, cedeu lugar a vastas organizações, hierárquicas, racionalizadas, amparadas em imensos conjuntos e em sólidas bases empresariais, com ramificações e imbricações entre grupos de interesse.

O resultado desse jogo intrincado é a ressurgência de uma nova oligarquia econômica, que abriga não apenas os proprietários dos meios de produção e seus fideicomissionários, mas os técnicos, os administradores, os quadros governamentais e os organizadores. Roger-Gérard Schwartzenberg, ao alinhavar os componentes da nova composição de forças, sublinha o argumento que a inspira: a administração das coisas materiais passa a substituir o governo dos homens.

Esse novo triângulo do poder, reunindo o poder político, a alta administração e os grupos de negócios, estende seus domínios pelo território democrático. Portanto, uma tecnoestrutura econômica se integra a uma tecnoestrutura política, gerando uma interpenetração pela qual o Estado passa a exercer importante influência na produção, nas trocas e no consumo, por meio da planificação, da regulação monetária, do controle dos preços e dos salários, do incentivo aos investimentos, do auxílio às empresas e da segurança social.

Esta simbiose interburocrática é responsável, em consequência, por um dos paradoxos da sociedade pós-industrial, assim posto por Schwartzenberg: a alienação se expande com a abundância e a democracia entra em declínio com a expansão dos negócios.

OS VETORES DA CRISE

Estamos vivenciando fenômenos típicos da sociedade pós-industrial, cujos desdobramentos se fazem sentir na vasta teia que cobre a esfera política, particularmente nas seguintes frentes:
- Arrefecimento doutrinário – As doutrinas, como flores velhas, passam a murchar, fazendo fenecer as utopias, estiolando as vontades cívicas e maltratando valores fundamentais do Humanismo. O esforço humano voltado para prover a sociedade com mais abundância de bens e serviços serve também para instrumentalizar a política, ajudando a arrefecer as lutas ideológicas e a atenuar as batalhas políticas.

É bem verdade que a debacle do socialismo clássico, após a queda do Muro de Berlim, tem dado sua contribuição para atenuar o ímpeto ideológico. As antigas clivagens ganharam novos paradigmas. A antiga luta de classes perdeu lugar no novo cenário da sociedade de consumo. A sociedade incorporou novos escopos – dentre eles, a tecnetrônica, reunindo a tecnologia e a eletrônica, cujos eixos apontam para a explosão da economia de serviços; o predomínio de especialistas e técnicos; a emergência do saber teórico como fonte de inovação e de elaboração política da sociedade; a multiplicação dos saberes autônomos; e a maior organicidade dos grupamentos sociais.

Nessa moldura, decresce a densidade ideológica da competição política e se expande a tecnoburocracia; os grupos sociais aproximam suas convergências; os problemas de natureza técnica se sobrepõem às contundentes questões sociais; e os aparelhos do Estado burocrático monopolizam as informações.

- Arrefecimento partidário – No campo partidário, as consequências são concretas e visíveis, a partir do estiolamento doutrinário, arrefecimento ideológico e consequente declínio dos partidos políticos. Os partidos de massas, que nasceram sob o signo das lutas operárias, mudaram seus paradigmas, modificando-se qualitativamente, moderando atitudes, ajustando-se aos contextos econômicos, integrando-se à expansão econômica, atenuando seu fogo ideológico. O interesse e o desempenho dos aderentes e participantes diminuíram sensivelmente na esteira de um pragmatismo que satisfaz necessidades imediatas, concretas e palpáveis. Muitas siglas absorveram por completo o epíteto cunhado por Otto Kirchheimer: *catch-all parties* (partidos do "agarra tudo que puderes").
- Declínio dos Parlamentos – No campo parlamentar, a crise solapou as arenas dos Parlamentos, com sensível redução das funções da representação política. Parcela de sua força foi transferida para as tecnoestruturas do Poder Executivo. (No caso brasileiro, basta verificar-se a origem das pautas do Parlamento, a

maior parte proveniente do Executivo). As mazelas geradas pelo não cumprimento de compromissos fundamentais, por parte do sistema parlamentar, acabam por afastar a sociedade da esfera política, gerando imensos vácuos no meio social.

- A REDUÇÃO DO PAPEL DO ESTADO – Grandes mudanças ocorreram nas máquinas governativas. O Estado tende a reduzir seu papel como fonte de direitos e como arena de participação. Serve apenas como instrumento de controle e regulação econômica. Pinço, aqui, reflexão feita por José Murilo de Carvalho a propósito da questão. Ele receia que estejamos diante de um fato: o deslocamento da Nação como principal fonte de identidade coletiva. Quando o Estado tem seu papel diminuído em detrimento de mecanismos de controle (sob a égide de organismos internacionais), o que se pode esperar é um impacto sobre os direitos políticos dos cidadãos. Por exemplo, na União Europeia, os governos nacionais perdem relevância ante os órgãos burocráticos supracionais, a ponto de os cidadãos se distanciarem cada vez mais de seus representantes reunidos em Bruxelas. Em suma, grandes decisões são tomadas fora do âmbito nacional.
- A FORÇA DO MERCADO – O liberalismo renovado insiste na importância do mercado como mecanismo autorregulador da vida econômica e social, e, por consequência, no próprio papel tecnoburocrático do Estado. Sob esse prisma, o cidadão encarna o perfil do consumidor intensamente preocupado com questões materiais e insensível a sentimentos cívicos. Observa-se, então, arrefecimento do ideal coletivo. A tecnodemocracia e a organodemocracia – "democracia" dos departamentos criados nos ambientes hierarquizados do trabalho privado – amortecem o calor da sociedade convivial, aquela voltada para os cidadãos e não para a produção. Burocratas não sentem o odor das ruas e dirigentes de negócios privados apuram o olhar para a produtividade, não raro procurando fórmulas para atenuar os golpes furiosos do tacape de impostos e tributos governamentais. Di-

minui o tempo, interesse ou motivação para tratar das coisas do espírito.

Os valores da solidariedade, do companheirismo, da doçura nas relações humanas, da amizade, da comunhão, do trabalho em equipe cedem lugar a jogos mais competitivos.

- A ASCENSÃO DA MICROPOLÍTICA – Em decorrência de uma reversão de expectativas, comunidades passam a se inspirar pela moeda sonante do pragmatismo, ou seja, a satisfação de demandas imediatas e reprimidas. A macropolítica é substituída pela micropolítica, a política das pequenas coisas, das necessidades próximas aos conjuntos sociais: a iluminação do bairro, a escola próxima de casa, o alimento barato, o transporte rápido e acessível a todos.
- A ORGANICIDADE SOCIAL – Um dos fenômenos mais interessantes da contemporaneidade, com reflexos sobre a moldura institucional, é a organicidade social. Em todas as esferas sociais e em todos os quadrantes, formam-se grupos em torno de entidades que passam a intermediar interesses e a fazer pressão. As organizações não governamentais constituem reflexos da onda organizativa da sociedade. As entidades intermediárias, até para dar respostas ao não atendimento das demandas de natureza política, começam, elas próprias, a mobilizar a sociedade, atuando junto aos Poderes, fazendo articulação para escolha de representantes e formando bancadas corporativas.

Há duas leituras que se extraem deste fenômeno. A primeira é a de que a organicidade social, dentro de limites restritos, absorve práticas da democracia participativa, a democracia direta. A sociedade opina e clama por demandas em seus núcleos de base. A outra leitura mostra que movimentos setoriais começam a questionar as Cartas nacionais, como nos Estados Unidos, onde as discussões baseadas em gênero, raças, opções sexuais, são condenadas por fragmentar a identidade nacional. A organicidade social emerge como tendência na direção da democratização do poder. Sinaliza o contraponto ao Estado clientelista.

- A PERSONALIZAÇÃO DO PODER – A sociedade pós-industrial é, por excelência, a sociedade da espetacularização. No Estado Espetáculo, transparece a figura dos olimpianos da cultura de massa – atores e atrizes do universo das artes e representantes do universo da política. Eles povoam os espaços dos meios de comunicação, alcançando, em função de intensa visibilidade e exposição pública, um perfil dual – divino-humanizado. Os meios de comunicação têm interesse em endeusá-los e glorificá-los, quando não em derrubá-los de seu altar no Olimpo da cultura de massas, principalmente nos momentos em que são flagrados em posição de pecado (flagrantes de corrupção).

Na moldura de glorificação, sobra espaço para a personalização do poder, que se concentra nos indivíduos. Na sociedade de massa, o poder escapole das estruturas clássicas de autoridade e converge para pessoas e grupos. O processo é simbólico: para compensar a rigidez e os excessos da burocratização, personaliza-se o poder, expressando a propensão das comunidades para encontrar a figura do pai, do irmão protetor, do grande amigo. Nos dutos da sociedade pós-industrial, ressurge a figura do líder que procura substituir a falta de carisma por populismo.

Desta forma, a personalização do poder abre os espaços do *fulanismo/beltranismo* na esfera político-partidária. Os partidos se dividem em domínios de A, B e C. E os escopos doutrinários são substituídos por visões estreitas e individualistas.

A DEGRADAÇÃO DA POLÍTICA

A degradação política se espraia pela comunidade mundial. A rede da representação não tem passado no teste de qualidade. Aqui e alhures. Espraia-se por todos os continentes o sentimento de que a política, além de não corresponder aos anseios das sociedades, não é representada pelos melhores cidadãos, como estatuía o ideário aristotélico.

A estampa dos homens públicos também se apresenta esboroada. Quem não viu o nariz e os dentes quebrados do ex-premiê italiano, Silvio Berlusconi, pelo impacto de uma pequena réplica do Domo de Milão, jogada por um manifestante de rua[2]? Aquela imagem reflete um dos compromissos não cumpridos pela democracia, que trata da educação para a cidadania, e que foi objeto de análise de um dos mais proeminentes pensadores da ciência política, o também italiano Norberto Bobbio, em seu vigoroso ensaio sobre o ideário democrático.

Governantes das mais diferentes ideologias dão efetiva contribuição à degenerescência da arte de governar, pela qual Saint Just, um dos jacobinos da Revolução Francesa, já expressava, nos meados do século 18, grande desilusão: "Todas as artes produziram maravilhas, menos a arte de governar, que só produziu monstros." A frase se destinava a enquadrar perfis sanguinolentos. Mas, na contemporaneidade, canalhice e mediocridade inundam os espaços públicos. Quando Bill Clinton foi flagrado em atitudes não muito litúrgicas nos salões da Casa Branca, o panteão da imoralidade se elevou às alturas. Da mesma forma, ao admitir ter recebido doações do caixa 2, o ex-presidente Helmut Kohl cindiu o escudo da ética alemã.

O que explica a propensão de homens públicos a assumirem o papel de atores de peças vis, cerimônias vergonhosas e, ainda, abusarem de linguagem chula, incongruente com a posição que ocupam? O que explica a imagem de um governador recebendo pacotes de dinheiro ou a de um presidente de uma casa legislativa escondendo propina na cueca? A resposta pode ser esta: a despolitização e a desideologização, que se expandem na sociedade pós-industrial. Os mecanismos tradicionais da democracia liberal estão degradados. Outra resposta aponta para o paradigma do "puro caos", que o professor Samuel Huntington identifica como fenômeno contemporâneo e que se ancora na quebra no mundo inteiro da lei e da ordem, em ondas de criminalidade, no declínio da confiança na política e na solidariedade social.

---

[2] Em 2009.

No caso da política, tal declínio é acentuado pelo fato de ter substituído o conceito de missão pelo conceito de profissão. Por que os mecanismos clássicos da política vivem crise descomunal? As nações democráticas registram, neste princípio de século, forte declínio da participação dos cidadãos no exercício da vida pública. Basta apurar o retraimento dos eleitores por ocasião dos pleitos. O profundo desinteresse das populações pela política se explica pelos baixos níveis de escolaridade e ignorância sobre o papel das instituições, e pelo desinteresse dos políticos em relação às causas sociais. Este fenômeno – a distância entre a esfera pública e a vida privada – se expande de maneira geométrica.

Na Grécia antiga, a existência do cidadão se escudava na esfera pública. Esta era sua segunda natureza. A polis descortinava-se como espaço contra a futilidade da vida individual, o território da segurança e da permanência. Até o final da Idade Média, a esfera pública se imbricava com a esfera privada. Nesse momento, os produtores de mercadorias (os capitalistas) invadiram o espaço público. Aí começa o ciclo da decadência. Que, na primeira década do século 20, se acentuou com o declínio moral da classe governante. Assim, o conceito aristotélico de política – a serviço do bem comum – passou a abrigar o desentendimento. E a ambição.

Com a transformação dos estamentos, as corporações profissionais se multiplicaram. Campos privados articularam com o poder público leis gerais para as mercadorias e as atividades sociais. Sensível mudança se processa. Agora, a esfera pública vira arena de interesses. Disputas abertas e intestinas são deflagradas, na esteira de discussões violentas. Bifurca-se o caminho da *Res publica* com a vereda do negócio privado. O diagnóstico é de Hannah Arendt: "A sociedade burguesa, baseada na competição, no consumismo, gerou apatia e hostilidade em relação à vida pública, não somente entre os excluídos, mas também entre elementos da própria burguesia." Em suma, a atividade econômica passou a exercer supremacia sobre a vida pública. Os eleitores se distanciaram de partidos, juntando-se em núcleos ligados ao trabalho e à vida corporativa – sindicatos, associações, movimentos. Eis a nova face da política.

Se há participação dos aglomerados sociais, ela ocorre dentro das organizações intermediárias. O discurso institucional, levado a efeito por atores individuais e partidos, não faz eco. Mas a estética da política pontua e remanesce nos sistemas cognitivos, emoldurando a policromia e o polimorfismo do *modus operandi* dos atores em seus palcos: parlamentares se atracando em plenários, dentes quebrados, sangue jorrando pelo nariz, encontros mafiosos, orações de propina, dólares na cueca, descrições de cenas de sexo, ovos podres atirados em autoridades etc.

O que fazer para limpar a sujeira que borra a imagem do homem público? Não adianta colocar sobre ela camadas de tinta. Equivaleria a pintar uma parede sem argamassa, oca. A pintura deve ser feita por dentro. A reengenharia voltada para o resgate da moral na vida pública é tarefa para mais de uma geração. Mas pode ser iniciada já. Primeiro passo: o homem público deve cumprir rigorosamente o papel que lhe cabe. Segundo: punir os que saem da linha. Terceiro: revogam-se as disposições em contrário. (Dezembro de 2009)

A DÉBÂCLE FINANCEIRA E A GLOBALIZAÇÃO ASSIMÉTRICA

As quedas sucessivas de governos europeus – Islândia, Dinamarca, Grã-Bretanha, Grécia, Holanda, Irlanda, Eslováquia, Portugal, Itália e Espanha – abrem intensa polêmica sobre o fenômeno da globalização, sinalizam a ascensão da tecnocracia ao centro do poder político e contribuem para mobilizar massas, até então amorfas, em Países credores e devedores. Abrigados nas margens do espectro ideológico, grupos de todos os matizes passam a agir como exércitos destemidos, tomando as ruas, exigindo a saída de governantes açoitados pela crise financeira e a entrada na cena política de figurantes e de propostas inovadoras. O status quo é jogado no colo de "elites" identificadas com mandatários responsáveis pela adoção de modelos ultrapassados.

Espraia-se na Europa uma agitação que clama por mudanças drásticas, tendência que se enxerga na ação de partidos de extrema direita na Itália, França, Holanda, Áustria e Finlândia, e de setores populistas que pretendem sacudir o continente e inserir na agenda amplo debate sobre os parâmetros que regulam a União Europeia (UE). A par de explícitos interesses de grupos radicais, que esquentam a polêmica e partem para o embate, o que está em jogo neste momento, também nos EUA e em outras praças, é o próprio equilíbrio do sistema democrático, a ensejar a instigante questão: a crise financeira ameaça os valores da democracia?

Partamos da análise dos efeitos da globalização na vida dos Países. A crítica mais comum é quanto à sensível perda das identidades nacionais. E as nações passaram a ter governos manietados, ou, para usar termo mais leve, controlados pelo mandatário-mor do planeta, o capital internacional. Parcelas expressivas das populações europeias se queixam de que a erosão de suas fronteiras, a eliminação das moedas nacionais e a imposição de uma nova ordem pela troica União Europeia / Banco Central Europeu / FMI interferem no seu modo de ser, pensar e agir. Não se conformam com o enxerto em suas culturas de sementes estranhas ao solo pátrio e apontam para o esgarçamento da teia de valores que formam o caráter de seus povos. A expressão das comunidades, agora mais acesa, resgata a tese de que as economias continentais diferem bastante para ficarem sob as rédeas de uma única política monetária. As assimetrias, como agora se mostram, eram previsíveis. O discurso é consistente.

O ordenamento do império financeiro – inspirado na proteção dos cofres e no fortalecimento dos PIBs nacionais – acaba tapando os olhos para o conforto social, ainda que as equações produzidas pelos formuladores de plantão tentem demonstrar relação de causa e efeito, ou seja, a estratégia de defender o bem da nação seria chave para abrir as portas do bem-estar geral. Não faltarão questionamentos à abordagem, basta lembrar a receita brasileira: para enfrentar a crise prescreveu o acesso da população ao crédito e consumo. Explicações à parte, o fato é que as democracias veem suas engrenagens navegarem nas ondas do império financeiro global, entidade que enquadra as esferas políticas e governamentais, centrais e periféricas, de potências ou territórios de pouca expressão. Não há como deixar de constatar a existência de parâmetros similares em todos os sistemas democráticos e a corrosão de cores nas bandeiras nacionais.

Dito isto, analisemos agora o segundo ator importante no quadro das democracias contemporâneas: o tecnocrata. De início, é oportuno lembrar que não há mais no planeta brilhantes estrelas da política. O painel político da humanidade locupleta-se de figurantes sem o glamour de líderes que marcaram presença na História. Os tempos são outros. Queixumes se ouvem nas praças do mundo: quem lembra a sabedoria e o tino de figuras portentosas como De Gaulle, Churchill e mesmo Margaret Thatcher ou Willy Brandt? As nações dispõem hoje de quadros funcionais de limitado ciclo de vida política. Os conflitos do passado, cujo foco era a geopolítica e a expansão de domínios, cedem lugar às lutas internas contra o dragão que devasta as finanças e corrói os Tesouros. É natural, pois, que o perfil do momento seja o treinado nos salões da tecnocracia. Aliás, o termo vem a calhar nestes tempos de insegurança, eis que agrega habilidade (*tekné*) ao poder (*krátos*). Isso é o que se espera dos "solucionadores de problemas", entre eles, Mario Monti, novo primeiro-ministro italiano, que herda o caos deixado por Silvio Berlusconi, e Lucas Papademos, que domina a planilha de contas, mas parece perdido diante dos cofres vazios da Grécia. Exímios tecnocratas deverão pôr em prática as ordens de quem, neste início de segunda década do século XXI, realmente dá o tom da Europa – Alemanha e França, cujos mandatários, Angela Merkel e Nicolas Sarkozy, são jocosamente chamados de Merkozy.

Afinal, o tecnocrata faz mal à democracia? A pergunta está no ar desde a queda do Muro de Berlim, no vácuo deixado pelo desvanecimento das ideologias e pela pasteurização partidária. De lá para cá, governos esvaziaram seus compartimentos doutrinários, preenchendo-os com quadros burocráticos e apetrechos técnicos para obter eficiência e eficácia. Inaugurava-se o ciclo que Maurice Duverger cognomina de "tecnodemocracia", que sucede à democracia liberal. Seus eixos se apoiam em organizações complexas e racionais e, hoje mais que nunca, levam em conta a gangorra dos capitais financeiros mundiais. A política deixou de ser uma unidade autônoma, porquanto passou a depender de mais duas hierarquias: a alta administração do Estado e os negócios. Esse é o feitio dos modernos sistemas democráticos. E é essa modelagem que explica manifestações radicais das massas em quadrantes diferentes do planeta. Busca-se um salvador da pátria, seja ele socialista, populista, liberal, conservador de direita, tecnocrata ou intelectual. Se ele não aparecer, um ditado conhecido dos ditadores poderá emergir: quando nada mais se apresenta, o trunfo é paus. (Novembro de 2011)

A DEMOCRACIA BRASILEIRA

A democracia, nos termos concebidos por Aristóteles, ganha nova arquitetura. O filósofo grego concebia a política como a responsabilidade do cidadão em relação à polis, à cidade. Os cidadãos submetiam-se a uma missão. Na Ágora, a praça central de Atenas, a democracia nasceu sob o clamor das demandas populares. Era a democracia direta, em seu estado inicial.

O Estado passou por extraordinária evolução. Substituiu o espaço feudal do absolutismo pelo espaço da República. O poder absoluto – e de inspiração divina dos Reis – cedeu lugar ao poder do povo. Um poder corporificado, no Estado moderno, pelo ideário da Revolução Francesa, com seu escopo do governo representativo, das liberdades, dos direitos e deveres dos cidadãos – expressão, produção, comércio – e nos avanços civilizatórios que plasmaram a mais forte democracia do mundo ocidental[3], marcada com o lema do primeiro presidente da nova ordem, Abraham Lincoln: "a democracia é o governo do povo, pelo povo, para o povo".

Mas a democracia dos governos representativos também esbarra nas avalanches da contemporaneidade. As nações politicamente avançadas, desde o século XIX, vivem em estado de crise, particularmente na frente da representação social. Os conjuntos representativos desviaram-se de seus papéis. Pano de fundo contextual: a política deixou de ser missão para se tornar profissão. No bojo da sociedade pós-industrial, outros condimentos passaram a compor parte do escopo político, refazendo escopos e reconstruindo práticas.

Dito isso, faço um convite ao leitor para dar um salto na história e ingressar na atualidade brasileira com algumas questões: onde e como o Brasil evoluiu ao longo de sua história? Quais as frentes de progresso e modernidade que pode registrar? E quais os eixos que ainda ligam o País à tradição colonial, ao *ethos* nacional e à coleção de "ismos"?

É inegável que a moldura brasileira adquiriu atualidade no concerto das Nações. Estudo[4] do Conselho de Inteligência Nacional dos Estados Unidos, realizado em 2005, aponta que a Nação brasileira, em 2.020, estará ao lado da China, Índia e Indonésia, formando um bloco de potências que provocará profundas mudanças na geopolítica internacional. Não se descartam otimistas previsões sobre a maior influência brasileira no mundo, a partir da posição de "grande exportador de petróleo". E ninguém duvida que o patrimônio brasileiro no campo da mega-biodiversidade haverá de conferir grandeza à Nação, abrindo múltiplas possibilidades.

Muito em breve, figuraremos como sexta maior potência mundial. Já não somos um ente cheio de dívidas. Nossas divisas ultrapassam a margem dos 350 bilhões de dólares. O Brasil orgulha-se de ter

---
[3] Estados Unidos.
[4] *Mapeando o futuro global*, de 2005.

liquidado a dívida externa. Passou a ser credor do Fundo Monetário Internacional (FMI). Enterrou uma história pontilhada de excessos fiscais e monetários, desde os princípios do século passado, quando importava caixões de defuntos vindos da Inglaterra, prontinhos e estofados em veludo, para receber empresários decadentes e burocratas inescrupulosos. Até que enfim, o sonho de Campos Sales realizou-se. Vale lembrar que ele lutou, entre 1898 e 1902, para fazer o saneamento financeiro e estancar a dívida externa brasileira, que chegou às alturas por conta de empréstimos tomados da Inglaterra pelo governo anterior de Prudente de Moraes.

Mas os avanços consideráveis têm sido guiados por uma política que nunca conseguiu eliminar a tendência para a gastança pública, o esbanjamento e o desbaratamento de nossas riquezas. Foi assim em todas as fases de progresso, incluindo os ciclos da borracha, açúcar, café e algodão. Desde o século passado, o País viveu entre saltos e recuos: o primeiro impulso da industrialização dado por Getúlio Vargas; o boom industrial do Sudeste nos anos Juscelino Kubitschek; o milagre econômico da ditadura do general Emílio Garrastazu Médici; o salto das telecomunicações nos tempos sisudos do general Ernesto Geisel; os desacertos do período de José Sarney; a abertura estabanada da era Fernando Collor de Melo; a chegada, quase sem fôlego, ao Plano Real de Itamar Franco e Fernando Henrique Cardoso (FHC), quando os trens foram atrelados à locomotiva; e a inserção de 30 milhões de brasileiros à mesa de consumo, bandeira exuberante da era Luiz Inácio Lula da Silva.

Sob o balcão de negócios onde se comercializam as concessões políticas que forjam os eixos do nosso presidencialismo de coalizão, o Brasil essencialmente urbano revela-se muito parecido com o Brasil essencialmente rural em toda a sua trajetória. O império coronelista do princípio do século passado fincou raízes em muitos outros roçados. Até parece que um novo coronelismo toma assento. O voto de cabresto, prática fraudulenta dos tempos da oligarquia rural, transferiu-se ao domínio de "novos donos do poder".

De outro modo, nossa incultura política permanece a despeito das mudanças no mapa populacional e no próprio corpo da representação popular. Nos últimos 60 anos, a população urbana cresceu, no País, de 31% para 82%, agigantando cidades, expandindo demandas, mas propiciando a continuação de vícios, dentre eles o voto por encomenda. É verdade que mudanças sociais e políticas, a partir das décadas de 30-40, contribuíram para melhorar a participação do povo no processo eleitoral. Mas não se pode negar a imensa distância, hoje muito perceptível, entre a fortaleza econômica e a nossa frágil estrutura política. Desde o final do século XIX, o Brasil tenta construir, lenta e gradualmente, o altar da Cidadania de sua gente. Em 1881, tinha 12 milhões de habitantes, dos quais poucos eram imunes à manipulação dos governos. Ainda hoje traços de uma população amorfa impregnam nossa identidade, reflexo da carga negativa que paira sobre a fisionomia nacional: a pobreza educacional das massas; a perversa disparidade de renda entre classes; o sistema político resistente às mudanças; o sistema de governo ortodoxo (hiperpresidencialismo de cunho imperial); e a continuidade de mazelas históricas, entre as quais reinam, absolutas, o patrimonialismo e o assistencialismo de caráter paternalista. Sob essa teia esburacada, a concentração de forças permanece sob a égide do Estado todo-poderoso, bem visível na função de cobrador de impostos, eixo repressor (policialesco), distribuidor de favores e com poder de definir os destinos da sociedade.

O brasileiro, infelizmente, ainda não alcançou um grau avançado na escada da Cidadania e, nessa condição, participa do processo em curso. Sob esta perspectiva, podemos compreender as causas para o ressurgimento de novos coronéis da política em pleno século 21, os quais, enveredando pelas trilhas abertas no passado, continuam a manipular "o cidadão precário", que faz parte do maior contingente nacional, hoje em torno de 135 milhões de eleitores. São os aglomerados que se aboletam nas periferias congestionadas do Sudeste, região que abriga 44% da população, e os bolsões carentes do Nordeste, onde vivem 28,5% dos brasileiros. A vassalagem de ontem muda de patrão, mas não de atitude. O drible moral continua a dar as cartas, a despeito da moldura geopolítica e econômica que o País adquiriu no cenário internacional nos anos recentes.

A HERANÇA PATRIMONIALISTA

É evidente que, a par dos valores que plasmaram nosso caráter, herdamos outras vertentes oriundas do nosso berço. A fonte inicial é o patrimonialismo, que alimenta o fisiologismo, mazela central do nosso sistema político, o qual remonta aos primórdios de nossa história. Diz-se, em tom de piada, que o primeiro índio a receber espelhos de Pedro Álvares Cabral, em 1500, na Bahia, emprestou o DNA às tribos políticas festejadas, hoje, com "pacotes mais substantivos" do Palácio do Planalto. Quem duvida que os presentinhos do início da colonização estejam na origem do troca-troca de hoje, mensalões, mensalinhos e dos convênios de fachada feitos entre Ministérios e organizações não governamentais?

Quando Dom João III dividiu o Brasil em 15 capitanias hereditárias, em 1534, semeava a cultura patrimonialista. Hoje, esta semente se espalha pelos 26 Estados, pelo Distrito Federal, onde se abriga o Poder Político, e pelos 5.564 municípios. A semente patrimonialista resultou na mistura entre o público e o privado, gerando os "ismos" que invadem a esfera política, como o fisiologismo e o caciquismo. Não há como deixar de registrar as profundas marcas deixadas pelo sistema de colonização do País, a partir do feudalismo indígena, gerado espontaneamente, segundo a expressão de Raymundo Faoro, em *Os Donos do Poder*, pela conjunção das mesmas circunstâncias que produziram o europeu. "Feudalismo renascido na América, renovação da velha árvore multissecular portuguesa. O quadro teórico daria consistência, conteúdo e inteligência ao mundo nostálgico de colonos e senhores de engenho, opulentos, arbitrários, desdenhosos da burocracia com a palavra desafiadora à flor dos lábios, rodeados de vassalos prontos a obedecer-lhes ao grito de rebeldia. Senhores de terras e senhores de homens, altivos, independentes, atrevidos – redivivas imagens dos barões antigos."

Sob essa "herança maldita", descortina-se a fonte de egocentrismo, que se impregna nas instâncias da Federação. Temas transcendentais, como reestruturação produtiva da economia, reestruturação do Estado, inovações tecnológicas, relações de trabalho, segurança pública, pobreza e desigualdade social e até programas sociais acabam contaminados por visões personalistas, corporativistas, circunstanciais e eleitoreiras. Esse é o nosso permanente desastre natural, o tsunami que nos afoga, o acervo herdado da cultura ibérica. E que, certo dia, mereceu a crítica mordaz de Simon Bolívar: "Não há boa-fé na América nem entre os homens, nem entre as nações. Os tratados são papéis, as Constituições não passam de livros, as eleições são batalhas, a liberdade é anarquia e a vida é um tormento". A expressão, apesar de rigorosa, exibe traços de uma desorganização institucional, que propicia a luta do "poder pelo poder", o excesso de detalhes de nossa Constituição, na qual os grupamentos organizados da sociedade cunharam sua assinatura, e os excessos burocráticos.

Tais elementos sombrearam nossa evolução política, a qual, por sua vez, seguiu passo a passo a transformação econômica que se operou a partir de meados do século XVII. A administração municipal – onde se assenta a base do edifício político – não se organizou numa base urbana, conforme observa Caio Prado Junior, em seu *Evolução Política do Brasil*, contrariamente ao que se observou na Europa com as cidades libertas do jugo feudal. Nascia um influxo rural, a partir das vilas, sob domínio dos proprietários rurais, considerados os *homens bons*, a nobreza, que excluía a população urbana – mercadores, mecânicos e outros artífices, os industriais de então.

Aí foi plantada a semente do "coronelismo", vetor que até hoje impera na política brasileira, definido por Vitor Nunes Leal em *Coronelismo, Enxada e Voto* como compromisso, "uma troca de proveitos entre o poder público, progressivamente fortalecido, e a decadente influência dos chefes locais, notadamente os senhores de terras". Portanto, a política nacional tem seu desdobramento no espaço da estrutura agrária, onde residem as manifestações do poder privado que se apropria da esfera pública, fenômeno visível e presente ainda hoje no interior do País. Como lembra Nunes Leal, o sistema coronelista gerou filhotes, como o mandonismo, o filhotismo, o falseamento do voto, a desorganização dos serviços públicos locais. Seu lema era: "para os amigos, pão; para o inimigos, pau". Ou, em outros termos: "para os amigos, tudo; para os inimigos, a lei".

O coronelismo do ciclo agrícola castigava o livre exercício dos direitos políticos. Os velhos coronéis da Primeira República (1889-1930) consideravam os eleitores como súditos, não como cidadãos. Criavam feudos dentro do Estado. A autoridade constituída esbarrava na porteira das fazendas.

A herança colonial imprimiu fortes marcas no painel da cidadania brasileira. O País herdou a grande propriedade rural, a escravidão (abolida em 1888) e, sobretudo, um Estado comprometido com o poder privado. Como se pode aduzir, "o coronelismo" era uma barreira ao desenvolvimento dos direitos civis. O povo, como lembra José Murilo de Carvalho, em *Cidadania no Brasil*, era avaliado "como incapaz de discernimento político, apático, incompetente, corrompível, enganável", e não havia sentimento pátrio comum entre os habitantes.

A ideia de Pátria emerge, lentamente, a partir da Independência (1789), mesmo assim com certa ambiguidade, eis que os políticos da época usavam a expressão "minha pátria" para se referir aos Estados em comparação com o Brasil, apresentado como o "Império". O advento da República (1822) aponta para o fortalecimento das províncias, eis que se implantou, no País, o federalismo ao molde norte-americano, que deu impulso aos governos estaduais. Mas o povo, seja no Império, seja na República, continuava a não ter lugar no sistema político, assistindo, distante, desconfiado, temeroso, os eventos cívicos. O ano de 1930 é um marco divisor, na medida em que nele se fixa a base dos direitos sociais, a partir de vasta legislação trabalhista e previdenciária.

Nesse ponto, convém assinalar interessante característica de nossa modelagem política. Carvalho observa que, entre nós, a cultura do Estado prevalece sobre a cultura da sociedade. Os direitos políticos apareceram antes dos direitos sociais, gerando uma sobrevalorização do Estado. Ou seja, houve uma inversão da lógica descrita por Thomas Marshall, em *Cidadania, Classe Social e Status*. O sociólogo lembra que as nações democráticas, a partir de seu País, a Inglaterra, implantaram, primeiro, as liberdades civis, a seguir, os direitos políticos e, por último, os direitos sociais. Portanto, por aqui, o Poder Executivo, operando as ações públicas, eleva-se no conceito das pessoas por simbolizar o distribuidor de 'benesses'. Direitos são vistos como concessões, e não como prerrogativas da sociedade, criando uma 'estadania' que sufoca a cidadania. Um processo de tutela amortece o ânimo social, dificultando sua emancipação política. Não por acaso, critica-se a força avassaladora do nosso presidencialismo de cunho imperial.

Não é à toa que o assistencialismo, como dádiva, corre nos desvãos das três esferas da administração pública. Para reforçar o poder de manipulação, os atores apropriam-se das conquistas das sociedades urbanas, entre elas, as linguagens das mídias, principalmente dos meios audiovisuais, e passam a exercer um controle social sobre as massas, atraídas mais pela estética das imagens do que pela força da razão.

Neste ponto, convém pinçar o exemplo dos Estados Unidos, País sempre lembrado por adotar o estatuto da reeleição. Lá, o presidente Roosevelt permaneceu por quase quatro períodos seguidos na Presidência – de 1933 a 1945; veio a falecer ao correr do último. Quando foi escrita, a Constituição norte-americana não restringia mandatos consecutivos. Acontece que os norte-americanos se unem em tempos de crise. Depois da recessão de 1929, elegeram Roosevelt, dando-lhe, depois, mais três mandatos. Após a 2ª Guerra, restringiram a reeleição a apenas um segundo governo, na crença de que o excesso de poder dos governantes é prejudicial. Despontam, aqui, as diferenças. Nos Estados Unidos, o império da lei funciona. Direitos são respeitados. Os tribunais fazem permanente interpretação da legislação. Mais que isso, a força da sociedade é extraordinária, agrupando associações de todos os tipos, que fiscalizam, cobram e diminuem o poder de influência do governo sobre a vida das pessoas. A pujança social é um freio a qualquer iniciativa de totalitarismo.

Entre nós, exibimos um corpo político esculpido em mazelas. Evidentemente, outros fatores precisam ser considerados para explicar a crise crônica da política em nosso território. Não há como deixar de também considerar o cenário devastado que paira sobre os sistemas democráticos contemporâneos.

A NOSSA CRISE POLÍTICA

Sob essa moldura, a inferência se torna irretorquível: o País, que nasceu sob o signo da crise política, continua mergulhado em mar revolto. O edifício político tem por base argamassa cediça. A pasteurização partidária arquiva as doutrinas no baú. Eleições de dois em dois anos, realizadas sem motivação das massas e eivadas de promessas que não serão cumpridas, transformam-se em competição entre indivíduos. A cooptação eleitoral obedece à velha liturgia da "compra e venda" de perfis. O presidencialismo de cunho imperial leva de reboque o Legislativo. Alianças entre partidos que divergiram ao longo de suas trajetórias expandem o arsenal da descrença. Não admira que, em ano de pleito eleitoral, cerca de 80% dos eleitores de grandes capitais, até o meio do ano, não saibam em quem votar. A indecisão retrata a descrença do povo na política.

Uma crise de confiança solapa o território dos Poderes da República. Os mapas de pesquisa situam a família e os partidos em extremidades opostas: o núcleo familiar (com 90 pontos) é a instituição que mais merece respeito da sociedade, enquanto os atores políticos (com apenas 28) são os mais desacreditados, conclusão que ganha peso com o apêndice de que o Congresso Nacional está em penúltimo lugar (um pouco acima dos partidos) no ranking da credibilidade nacional. Entre 18 organizações e 4 grupos sociais, o universo político-partidário se encontra no fundo do buraco.

Para piorar, o índice de confiança apurado em pesquisas refere-se às pessoas jurídicas, e não à pessoa física dos representantes. A crise de confiança corrói a imagem das instituições. O retrato fica mais borrado ao se verificar que, além de partidos e Congresso, outras esferas, como os governos federal, estaduais e municipais, e até o Poder Judiciário, registram acentuada queda em sua pontuação. É inescapável a conclusão de que a comunidade nacional atinge, na atual quadra, a maior distância que já manteve da esfera política. Pior é saber que essa mancha não entra na lupa dos membros das instituições avaliadas.

O que aciona o sistema cognitivo das pessoas para aumentar ou diminuir sua confiança nas instituições? Simples: o que elas veem, ouvem e sentem. Donde se deduz que sua percepção sobre a classe política e os abrigos que a envolvem é a pior possível. Vale lembrar que os níveis de compreensão obedecem a um *continuum* na escala social, abrigando desde a exacerbação de conjuntos médios e superiores da pirâmide ao estado impermeável da base, mais propensa a reclamar de serviços públicos fundamentais. Exemplo é o sistema público de saúde, com grande queda no ranking da confiança nas pesquisas.

As taxas em queda apontam para um ambiente circundado por devastação, desolação e medo. A falta de oxigênio nos pulmões políticos reduz as chances de aparecerem perfis capazes de reanimar as veias sociais. A política é uma seara seca. Daí a necessidade de se promover urgente reforma do Estado, com a finalidade de dotá-lo de capacidade operacional, e fortalecer o sistema partidário, com a adoção de regras que permitam a formação e a apresentação pública de propostas doutrinárias consistentes e representativas das formações sociais. E que dê ao Poder Executivo condições para planejar, operar e controlar um projeto nacional de longo prazo, com definições de eixos, espaços estratégicos a serem ocupados, linhas de ação, recursos e formas de aplicação.

Pronto e acabado este acervo, o Poder Executivo e a própria sociedade poderão contar com eficientes organizações sociais que despontaram nas duas últimas décadas, as quais ensaiam promissores sinais de uma democracia participativa. Uma miríade de entidades – o IBGE calcula em 350 mil Organizações Não Governamentais – vem ocupando os espaços sociais no vácuo proporcionado pela crise que consome o corpo político. Outra parte, é certo, enveredou pelo caminho do mal, ajudando a instrumentalizar o clientelismo do Estado, mas, colocadas na balança, podemos ainda contar com muitas entidades que desenvolvem intensa atividade de intermediação social nos mais variados campos de interesse, desde movimentos em defesa do meio ambiente, passando pelos ideários de gêneros, de categorias profissionais e núcleos com foco na articulação e mobilização das massas.

O País avança, é forçoso reconhecer. Não no ritmo nem no formato sonhado. Deixa, porém, a esperança de que, compreendidos os mecanismos que perpetuam a incúria, a leniência, a corrupção, o compadrio, as máfias encasteladas na máquina do Estado, os brasileiros saberão prescrever os antídotos necessários à vida saudável do corpo nacional.

CAPÍTULO II
BRASIL: OS "ISMOS" DA REPÚBLICA

VÍCIOS HISTÓRICOS E ESTRUTURAIS

HERANÇAS E DISFUNÇÕES

Como reconhecem alguns dos nossos cientistas sociais, entre eles Hélio Jaguaribe, o Brasil conseguiu, entre os anos 40 a 70, montar o mais moderno Estado do Terceiro Mundo, ainda que este Estado tenha sempre carregado uma elevada dose de cartorialismo e clientelismo. Mas a verdade é que, depois de ter atingido níveis bons de funcionalidade, o Estado brasileiro conseguiu entrar num escuro túnel, deteriorado pelas pressões clientelistas exercidas pela classe política.

Também é verdade que a modernização do Estado, que, nas últimas décadas, muito avançou em função do programa de privatizações e da tentativa de racionalização e saneamento de estruturas, poderia ter diminuído o volume e a intensidade dos jogos de interesse. Explica-se: o Estado menor – com a passagem de áreas para a iniciativa privada – telecomunicações, energia, mineração, estradas – restringiu os espaços de corrupção, e, consequentemente, passou a ganhar menor pressão de grupos interessados nos negócios estatais. É o que se pode supor, apesar da escalada de corrupção flagrada de maneira intensa pela mídia.

O País avançou, e muito, no caminho da modernização institucional. Até 1930, tínhamos uma sociedade agrária, comandada por uma oligarquia rural, com o apoio de classes urbanas. Entre 30 e 60, o País se converteu em uma sociedade classe média, sob forte influência de uma burguesia industrial em ascensão. E, a partir dos anos 70, converteu-se em uma sociedade urbana, mantendo imensos contingentes fora das malhas de consumo.

Infelizmente, as experiências do País com os planos para administrar a moeda, as engenhosas elaborações para conferir ao País a estabilidade monetária, meta atingida apenas com o Plano Real[5], não conseguiram desfazer os laços que ainda amarram o País ao passado.

No Brasil, herdamos um conjunto de mazelas que desfiguram as funções essenciais do Estado, deslocando o poder, cuja soberania é do povo, para donos e senhores feudais. O chefe, é oportuno frisar, não é um delegado do povo, mas um gestor de negócios, não um mandatário. O Estado, por cooptação sempre que possível, pela violência se necessário, fica reduzido aos conflitos de seus membros graduados do estado-maior.

Os remendos novos que se têm colocado sobre o pano velho de nossa cultura não têm, infelizmente, conseguido melhorar a qualidade de vida institucional, a ponto de serem visíveis, nos espaços da administração pública, nas três esferas do Poder – Federal, Estadual e Municipal – as sequelas geradas pelos ismos antigos e atuais: o patrimonialismo, o familismo, o grupismo, o mandonismo, o fisiologismo, o cartorialismo, o egocentrismo, o corporativismo, e, mais recentemente, o vedetismo, o olimpismo (deuses do Olimpo) e o populismo, que vez ou outra, ameaça renascer com força.

Esses ismos se projetam sobre a estrutura das instituições políticas e sociais. O Estado brasileiro, ao longo dos últimos 100 anos, apenas ilustrou com a tinta da sofisticação os aparatos que o tornam burocrático, parasitário e incompetente. Ao longo das décadas, alastrou-se o processo de corrupção que torna frequentes e rotineiras as técnicas de cobrança de propinas e comissões nos contratos públicos.

---

[5] Instituído em 1º de julho de 1994.

O poder invisível se alastra como metástase, corroendo o tecido institucional, a ponto de, em determinados lugares do território nacional, o braço da violência, alimentado por fontes de drogas, passar a ditar normas e regras ao corpo social, desafiando a autoridade pública. É uma vergonha que ainda tenhamos de passar por esse vexame.

A nossa Constituição Federal, como ponto de confluência da pluralidade de interesses da sociedade, constitui uma abrangente colcha de retalhos, com seu detalhamento regulamentador, a pletora de visões cartoriais, que remontam às sesmarias coloniais e pontuada pela ausência de parâmetros reguladores. Não é à toa que, a toda hora, se evoque a questão da governabilidade, pautada pelas intensas negociações entre os Poderes Executivo e Legislativo e até com o Poder Judiciário.

A provisoriedade do sistema normativo toma o lugar da permanência, a demonstrar que, em nosso País, a lei acaba servindo de instrumento para cobrir as distorções geradas pela ausência de um planejamento de longo prazo, a exemplo do que acontece no campo dos tributos.

OS NOSSOS TRAÇOS PAROQUIAIS

Se os eixos da crise exibem profundas fissuras na feição dos sistemas democráticos das Nações mais desenvolvidas sob o prisma cultural e político, no Brasil as consequências são ainda mais drásticas em função do DNA patrimonialista que corre nas veias dos agentes políticos e que oxigena os pulmões do Estado.

Não por acaso, em nosso território germina uma democracia paroquial, sob o jugo de interesses, pior do que a da África do Sul e a de Botswana. Essa é a conclusão de um estudo feito pela revista *The Economist*[6], que coloca o País na 42ª posição entre 167 nações. Por que

---

[6] Pesquisa realizada em 2006 pela consultoria *Intelligence Unit*, ligada à revista inglesa.

somos menos democráticos do que um País de 40 milhões de pessoas onde mais de um quinto (21,5%) da população entre 15 a 49 anos tem AIDS, ou do que outro que convive com a expectativa de vida mais baixa do planeta, 35 anos? Um improviso de Luiz Inácio Lula da Silva, que governou o País por 8 anos, feito em visita a Mato Grosso, sinaliza a resposta: "O governo é como se fosse um pote de água benta, cabe tudo ali." Entende-se, pela imagem extravagante, que a água abençoada é a mais apropriada para molhar dedos, sejam eles sujos ou limpos, de cristãos e não-cristãos que se benzem nos templos. Desse modo, a democracia brasileira seria o hábitat de espécimes que, de tão variados, só mesmo aqui encontram condições de sobrevivência.

Basta contemplar o arranjo federativo, que abriga figuras como presidencialismo imperial, bicameralismo, sistemas proporcional e majoritário e multipartidarismo. A aquarela é arrematada com nuances da cultura plena de ismos – caciquismo, fisiologismo, familismo, filhotes do patrimonialismo. Já os pregos que afixam o quadro na parede foram produzidos no forno de uma Constituição que, de tão detalhista e remendada, se transformou em livro ilegível. Por isso, a nota 7,38 conferida pela revista britânica pode ser considerada até alta, se os parâmetros avaliados não se limitassem a estes: pluralismo eleitoral, 9,48; eficiência governamental, 7,5; participação política, 4,44; cultura política, 5,63; e liberdades civis, 9,41. Se o quesito corrupção fosse avaliado, a nota cairia mais ainda. O Brasil é o País mais corrupto da América Latina. Numa lista de 146 Países, ocupamos o 29º lugar, segundo a Transparência Internacional[7]. Nos 5.565 municípios brasileiros, a corrupção grassa em 85%, constatação feita pelo controlador-geral da União, Jorge Hage[8].

A boa avaliação do País no fator pluralismo eleitoral não expressa distorções geradas pela fragmentação partidária. O sistema partidário

---

[7] ONG que divulga anualmente a percepção de corrupção nos Países. Em 2010, o índice chegou a 69% no Brasil.
[8] Jorge Hage Sobrinho é ministro da Controladoria-Geral da União (CGU) desde 2006.

nasce e se fortalece nos espaços locais. Ora, a legislação deixou de lado o princípio da equidade da representação para compensar os desequilíbrios regionais pela via parlamentar, agravando uns partidos e beneficiando outros. Assim, o sistema torna-se injusto. A indisciplina partidária, por sua vez, leva o presidente a sair a campo, tentando cooptar alianças para formar uma coalizão. A composição do governo implica, necessariamente, inserção de partidos na administração, gerando ferrenha disputa entre eles. A consequência se faz sentir na permanente instabilidade das relações entre Poderes Executivo e Legislativo. Basta que parcela de parlamentares se rebele contra o conjunto ministerial para o governo balançar no eixo. A base da maioria, vetor de democracias consolidadas, é ameaçada.

Para aumentar os buracos o poder presidencial patrocina uma democracia delegativa, dentro da qual o chefe do Executivo usa e abusa de medidas excepcionais para legislar, no caso, as medidas provisórias. Com elas o Brasil cria um monstrengo, o parlamentarismo às avessas. O Executivo opera a legislação que ele mesmo cria. Mede-se, ainda, a força do Executivo pelo viés intervencionista implícito no caráter autorizativo do orçamento da União. Quem dá as regras é o Ministério da Fazenda, obrigando parlamentares a fazer fila para defender verbas nos balcões dos interesses da administração. Um orçamento impositivo[9], sem possibilidade de barganhas, deixaria as regras mais estáveis.

O item eficiência governamental, que recebeu nota média, é um forte entrave à nossa democracia. Multiplicam-se os exemplos (crises aéreas frequentes, calamidade no atendimento público em hospitais etc.). Quanto à participação política, que ganhou a menor nota da *Economist Intelligence Unit*, basta dizer que por estas plagas não se vota em programas, mas em pessoas, que se consideram donas do

---

[9] Existem dois tipos de orçamento público. Um deles, praticado no Brasil e na maioria dos países latino-americanos, é chamado de autorizativo, em que o Poder Legislativo apenas autoriza o Executivo a realizar determinadas despesas. Já o orçamento impositivo obrigaria o Governo a gastar as verbas aprovadas pelos parlamentares. Este formato é mais comum nos países europeus, em regimes parlamentaristas.

mandato, portanto com direito a negociá-lo. O eleitorado, por sua vez, vota em imagens vagas de beltranos. Fora do ambiente eleitoral, a participação é um zero absoluto.

A cultura política só podia ser mal avaliada, eis que remanescem traços da herança deixada por dom João III, entre 1534 e 1536, quando criou as capitanias hereditárias e as distribuiu entre os donatários. A confusão entre público e privado vem daí. Quanto às liberdades civis, a excepcional nota conquistada mais parece generosa aprovação à índole de um povo cordial do que reconhecimento de direitos, implícito no quesito. Apesar de avanços no capítulo da discriminação, há muita desigualdade entre classes e grupos sociais. No ranking sobre disparidade de gêneros, por exemplo, divulgado pelo Fórum Econômico Mundial, em Davos, na Suíça[10], o Brasil aparece na 67ª posição entre 115 Países. No mundo, as mulheres têm apenas 15% do poder político exercido pelos homens, mas no Brasil este índice é de apenas 6,1%. Por fim, a questão dos direitos remete ao ambiente da Justiça. Aqui reside outro fator de atraso de nossa democracia. O País tem 14 mil juízes ativos e uma estrutura precária para fazer o serviço jurisdicional. Pouco.

Por tudo isso, a qualidade de nossa democracia deixa a desejar. O chiste ainda é oportuno: na sociedade brasileira, tudo é permitido mesmo o que é proibido. (Novembro de 2006)

ECOS DA CULTURA PATRIMONIALISTA

O complexo de vira-lata, conceito criado por Nelson Rodrigues para traduzir a inferioridade em que o brasileiro se coloca ante o mundo, está a olhos vistos cedendo lugar ao complexo de faraó. Haja olhos para contemplar a arquitetura faraônica que se espraia pelo País na forma de construções suntuosas, edifícios majestosos, obras de desenhos arrojados e massas volumosas que causam estupefação. O Brasil se habilita a

---
[10] Em 2006.

ser o hábitat ideal para abrigar o sono eterno dos faraós, fustigados pelo eco da turba que chega às suas tumbas. Se suas majestades só se sentem confortáveis em *pharao-onis*, termo do velho latim para significar "casa elevada", é isso que encontrarão no Planalto brasiliense, também conhecido como morada dos faraós no século 21. O fausto, a opulência, o resplendor, a exuberância se elevam nos espaços, sob o ditame inquestionável de que, se a obra tiver de ser construída em Brasília, haverá de receber o selo de Oscar Niemeyer e, por consequência, não sofrerá limites de gastos. A mais recente tumba, ou melhor, o mais resplandecente edifício dos últimos tempos foi a sede do Tribunal Superior Eleitoral (TSE)[11], que consumiu quase meio de bilhão de reais.

Não se pretende questionar a qualidade técnica e artística das monumentais obras de Brasília e de outras paragens. A capital federal, seu criativo traçado e, de maneira mais abrangente, a própria arquitetura brasileira ocupam lugar de destaque nos mais belos portfólios do planeta. A questão diz respeito aos princípios constitucionais da economicidade, moralidade e finalidade da administração pública. Que devem ser obedecidos a partir dos gestores lotados nos píncaros da administração pública. As sedes monumentais (termo associado a Brasília), apesar do encantamento que provocam, puxam o rolo do desperdício. Eis a pergunta recorrente: o custo da obra fez jus ao porte das tarefas do órgão? Ora, sabe-se que o TSE é o eixo com a menor demanda do Poder Judiciário. Em 2009, recebeu 4.514 processos, enquanto o Supremo Tribunal Federal (STF) foi entupido com mais de 103 mil ações. Já o Superior Tribunal de Justiça (STJ) e o Tribunal Superior do Trabalho (TST) julgaram 354 mil e 204,1 mil, respectivamente. Ademais, o Tribunal Eleitoral é formado por sete ministros, três dos quais já integram o STF.

Se os desníveis nos andares do edifício judiciário são alarmantes, imagine-se a situação catastrófica em outras áreas. Basta anotar

---

[11] Iniciada em 2007 a um custo de R$ 89 milhões, o dispêndio com a obra já ultrapassa os R$ 400 milhões.

a faceta faraônica que se faz presente nas catacumbas do desperdício. Jogamos fora 50% dos alimentos produzidos (perda estimada em R$ 12 bilhões anuais, o que daria para alimentar 30 milhões de pessoas), 40% da água distribuída, 30% da energia elétrica. Os cálculos foram feitos pelo professor de Engenharia da Universidade Estadual do Rio de Janeiro José Abrantes, autor do livro *Brasil, o País dos Desperdícios*. Há simplesmente um PIB e meio desperdiçado, ou seja, jogam-se no lixo R$ 3,6 trilhões. Se a montanha de riquezas perdidas pudesse ser preservada, o País estaria, há tempos, no ranking mais avançado das potências.

A que se deve isso? Primeiro, a uma cultura política plasmada no patrimonialismo, assim explicada: a *res publica* é entendida como coisa nossa, o dinheiro dos cofres do Tesouro tem fundo infinito, o Estado é um ente criado para garantir nosso alimento e bem-estar. O jeito perdulário de ser do brasileiro começa, portanto, com a visão do Estado-mãe, providencial e protetor, no seio do qual se abrigam a ambição das elites políticas e o utilitarismo de oportunistas. O (mau) exemplo dado pelos faraós do topo da pirâmide acaba descendo pelas camadas abaixo, na esteira do ditado "ou restaure-se a moralidade ou nos locupletemos", que uns atribuem a Stanislaw Ponte Preta[12] e outros ao Barão de Itararé[13]. E quais seriam os caminhos mais curtos para diminuir o Produto Nacional Bruto do Esbanjamento (PNBE)? Ordem e disciplina nos gastos. Rigor no preceito constitucional da economicidade e moralidade. Uso racional do espaço público. Coordenação eficaz dos planos de obras. Qualificação e treinamento dos quadros funcionais. Elevação geral do nível educacional da população. As vias, todas com sua importância no conjunto, se completam.

No momento em que o mais modesto dos brasileiros conseguir decifrar a conta dos exageros nos umbrais da gastança, as distâncias

---

[12] Personagem da crítica política criada pelo escritor, radialista e compositor Sérgio Porto (1923-1968).

[13] Na verdade, trata-se do jornalista, escritor e um dos pioneiros do humorismo político brasileiro, Aparício Fernando de Brinkerhoff Torelly (1895-1971). Era também conhecido por Apporelly.

entre os compartimentos da pirâmide serão menores e o Brasil, maior. Meta para mais de uma geração. (Fevereiro de 2011)

"AOS AMIGOS, TUDO"

A vida de uma administração – federal, estadual ou municipal – se assemelha a um carro de quatro marchas. Cada ciclo corresponde a uma marcha. A primeira dá o empuxo do carro na largada. O motorista testa o ambiente, olha para a frente e para os lados, fazendo o mesmo diagnóstico dos governantes em mandato. Na segunda marcha, o carro avança com mais velocidade, correspondendo ao segundo ano da administração, quando os governantes praticamente começam a governar, depois de sanear o Estado e colocar a casa em ordem. A terceira marcha é a decolagem, com o carro andando solto e a administração, de modo equivalente, cumprindo uma bateria de obras aceleradas. Na quarta marcha, o carro, muito veloz, faz ultrapassagens, queimando etapas. O governante, aqui, seleciona o que mais lhe convém politicamente.

A cada etapa, o administrador tem uma imagem. Ao sentar na cadeira, a imagem é a do menino que ganhou um brinquedo. Ingressa num mundo de fantasias. Passa longo tempo fruindo as delícias do poder da caneta. Surpreendendo-se com a força do cargo, testa a capacidades de mandar, solicitar, nomear, "desnomear", receber atenção. Nessa primeira foto, o governante assume feição de magistrado, ouvindo muito, aceitando conselhos, dando a última palavra. Torna-se, de certo modo, cúmplice dos interlocutores. A segunda imagem é a do despachante. Passa a atender um sem número de pessoas, por dia, assina toneladas de papéis, adensa a burocracia. Dorme contando carneirinhos, aliás, pedintes que entram e saem pela porta do curral, ou melhor, do salão de despachos.

A terceira imagem é a do artesão-obreiro. Cansado da rotina dos papéis, sai do confinamento dos palácios e prefeituras, corre para canteiros de obras, suja-se de poeira, visita cidades, dá incertas em hospitais, despacha nas ruas. Impregna-se do clima das ruas, com o povo aplaudindo as obras. O governo passa a ser um território delimitado por placas, frases de efeito e logomarcas. As fotos de um governante cheio de suor e trabalhador (símbolo do *obreirismo faraônico*) inundam redações para transmitir a imagem de uma administração transformada em canteiro de obras. A quarta imagem é a de César, imperador romano. Queixo apontando para a testa do interlocutor, rodeado de áulicos, em profusão de elogios e falsas versões, expande a propaganda na mídia e os espaços da articulação de bastidor. A circunferência da barriga aumenta com a proliferação de eventos gastronômicos. Nessa fase áulica e festiva, a comilança invade as noites, sob os aplausos de uma galera bem selecionada e distante do povo. Neste ponto, o governante refugia-se na articulação política.

As imagens dos mandatários expressam o próprio ciclo de vida da administração. Da simplicidade, da primeira fase, à arrogância, da última fase, eles retratam a incultura política do País. Entram como inquilinos dos espaços públicos e saem como proprietários de feudos. A coisa pública (*res publica*), para muitos deles, se transforma em fazenda particular. Muitas vezes, a falta de preparo do governante torna-o refém de um grupo de donatários, que faz a partilha do governo, distribuindo cargos, benesses e posições. Os programas de assistência social se transformam em moeda de troca do fisiologismo paroquial. "Aos amigos, tudo, aos inimigos, os rigores da administração". A mediação político-administrativa é, geralmente, feita por um restrito grupo de assessores-secretários técnicos, posicionados na administração para elevar o perfil de qualidade do Governo. É o verniz cosmético da seriedade.

Para piorar as coisas, os governantes não lavam a imagem para tirar a cera que cobre as protuberâncias da pele. Impregnam-se de onisciência e onipotência e, em muitos casos, se esforçam para vestir o manto de Deus. (Abril de 2011)

A EXPANSÃO DA CORRUPÇÃO

Nada mais surpreende em matéria de corrupção no Brasil. Nem o desfile de figurões algemados, nem o batismo de operações policiais ou mesmo simbolismos estrambóticos, como a apropriação do sobrenome do "sábio do povo shakya", o príncipe Sidarta Gautama, mais conhecido como Buda, para designar uma empresa-braço da corrupção que se alastra pelos desvãos da República[14]. A razão para a desesperança repousa na nova composição do poder dentro do Estado contemporâneo, e que, entre nós, se consolida por encontrar melhores condições para se expandir. A administração pública, a política e empresas privadas são os polos da tríade que efetivamente tem o comando dos empreendimentos necessários ao País, alguns deles desvirtuados para ingressarem no balcão de negócios. Por sua abrangência e, mais que isso, pela imbricação de seus eixos, a triangulação perigosa passa a ser o foco de investigações da Polícia Federal, deixando à mostra um paradoxo: o Produto Nacional Bruto da Corrupção (PNBC) vem crescendo, ao contrário do que se propaga.

A hipótese agrega um conjunto de variáveis, como a fluidez do Estado, a imbricação de fronteiras entre os Poderes constitucionais, a transformação da política em profissão altamente rentável, a fragilidade dos mecanismos de punição, a morosidade da Justiça, a rotação de dirigentes e a cultura regada com a semente do fisiologismo, herdada dos nossos colonizadores. Tais vetores funcionam como lubrificantes da engrenagem de um novo ajuntamento de forças, que passa a reorganizar o corpus da administração pública, subordinando o interesse geral à salvaguarda de grupos. O salto do patrimônio de alguns políticos entre uma campanha e outra foi demonstrado por pesquisa. No ciclo FHC[15], o patrimônio de 32 congressistas, denunciados como

---

[14] Diz respeito à construtora Gautama, flagrada em operação da Polícia Federal.
[15] Governo de Fernando Henrique Cardoso (1995-2002).

"mensaleiros"[16] e sanguessugas, cresceu 15%. No governo Lula, esse mesmo grupo aumentou em 31,7% seu patrimônio. Mais: os mesmos parlamentares, em 2002, gastaram em campanhas eleitorais R$ 6,3 milhões, montante que, em 2006, chegou aos R$ 47,9 milhões (aumento de 661%). Não se pretende aduzir que esse grupo tenha participado de tramoias ou ganho dinheiro de forma desonesta. Muitos têm negócios fora da política e são empreendedores. Mas fica uma suspeita no ar.

É inimaginável. A corrupção se expande sob a lupa de instrumentos de controle, entre os quais a Controladoria-Geral da União, a Polícia Federal e o Ministério Público. O número de denunciados em escândalos cresce, fato que o governo procura capitalizar em sua conta ao acentuar que "nunca se combateu tanto a corrupção quanto agora". Pode ser. Não dá, porém, para esconder a evidência: há mais criminosos porque a teia do crime ficou mais extensa. Sob os holofotes da mídia e o selo da eficiência, as operações policiais se sucedem, chamando a atenção pelo espalhafato. Desde 2006, mais de duas centenas de ações foram realizadas. As CPIs também fazem o espetáculo. Mas os feitos acabam gerando uma reversão de expectativas, até porque o odor do marketing contamina a efetividade das operações. Após o impacto inicial, as ações sensacionais perdem força. O jacaré vira lagartixa. Espraia-se o sentimento de que tudo acaba em pizza. Os "mensaleiros" se safaram, alguns por obra e graça do corporativismo, outros renunciando aos cargos para voltarem ao Parlamento com as bênçãos dos eleitores. Nenhum dos 72 parlamentares acusados de ligação com a máfia das ambulâncias[17] foi condenado. A lentidão da Justiça corrobora a sensação de impunidade. Veja-se a Operação Hurricane[18], que

---

[16] Posteriormente envolvidos no escândalo do "mensalão" (Ver nota 20).
[17] Flagrada pela Polícia Federal na chamada Operação Sanguessuga, realizada em 2006, resultou na prisão de assessores e servidores públicos pela compra superfaturada de ambulâncias.
[18] Operação deflagrada em 2007 pela Polícia Federal de combate à corrupção no Judiciário e que atingiu a cúpula de alguns tribunais regionais, delegados federais e pessoas próximas a ministros do Superior Tribunal de Justiça.

só ocorreu por conta da lerdeza judiciária. Os bingos vinham funcionando sob a proteção de liminares, até que se deu o flagrante da compra de sentenças para seu funcionamento. Como se pode exigir solidez institucional num País que eterniza situações sub judice? Só mesmo aqui provisório é sinônimo de permanente.

Nas salas dos tribunais, a fila dos algemados se desfaz ante o império da lei. Liminares para soltura são concedidas. Autoridades se digladiam por conta disso. Mas a norma é clara. Ninguém é culpado antes de ser julgado. Enxerga-se aí o raio X do Estado-Espetáculo. As prisões se encaixam na modelagem do marketing de um governo que prega: não distinguimos "colarinhos-brancos" e anônimos na multidão. Na seara política, a cultura de autopreservação anima os atores, até porque os casos atingem quase todos os partidos. A Operação Navalha[19] envolveu membros de nove partidos, enquanto na máfia das sanguessugas foram acusados 72 deputados e senadores de nove siglas. Pela porta do "mensalão"[20], entraram 22 parlamentares de oito legendas.

A polêmica abriga, ainda, o foro privilegiado, destinado a dar guarida ao mandato de representantes eleitos e à autoridade de juízes, promotores e ministros de Estado. Há cerca de 700 autoridades dos três Poderes nessa condição. A contrariedade se forma pela recorrência ao princípio constitucional da igualdade. A discussão de cunho ético-moral-jurídico embute a questão: a nomeação do magistrado pode ter sido aprovada pelos potenciais indiciados.

---

[19] A Operação Navalha aconteceu em 2007, também sob comando da Polícia Federal, e prendeu empresários e dirigentes ligados ao setor da construção civil, além de servidores públicos, ex-secretários do Poder Executivo de âmbito estadual e municipal de vários estados brasileiros, acusados de desvios de recursos em obras públicas federais.
[20] O "mensalão" diz respeito ao principal episódio envolvendo denúncias de corrupção contra o governo, durante o primeiro mandato do presidente Luiz Inácio Lula da Silva, em 2005. O governo foi acusado de pagar propina aos parlamentares em troca de aprovação aos seus projetos, estando, entre os acusados, o então ministro da Casa Civil, José Dirceu. Além de sair do cargo, Dirceu (PT/SP) teve posteriormente seu mandato de deputado federal cassado, assim como os parlamentares Pedro Correa (PP/PE) e Roberto Jefferson (PTB/RJ).

Este é o arcabouço dentro do qual se fecham as combinações entre os eixos do novo triângulo do poder, cujo fortalecimento exige, em contrapartida, mecanismos para coibição de desvios. E aqui se chega ao orçamento impositivo (aquele em que o Poder Executivo é obrigado a liberar as verbas votadas pelos representantes) como meio para tirar parlamentares, governadores e prefeitos do jugo do governo federal. Sua aplicação fechará uma grande torneira da corrupção, porque tornará obrigatória a execução do Orçamento Geral da União, evitando que o Executivo mantenha a condição de liberar verbas. Com torneiras abertas, empresas como a Gautama e pessoas como Zuleido[21] continuarão a agir nos intestinos da administração. E até a usar, como disfarce, a figura de Buda, o príncipe que renunciou às coisas materiais para se dedicar à busca da Verdade. Coisas materiais que fazem a festa das quadrilhas. E que os criminosos gostariam de ver muito bem escondidas. (Maio de 2007)

O PODER INVISÍVEL

A Sólon, o legislador grego, foi perguntado se as leis que outorgara aos atenienses eram as melhores. Respondeu: "Dei-lhes as melhores que eles podiam suportar". É o caso de indagar: e no Brasil? Os nossos legisladores dirão que as leis até são boas, mas difíceis de aplicar. Generaliza-se a sensação de que o País navega nas ondas da impunidade. Mensaleiros, sanguessugas e trânsfugas de todas as espécies, flagrados com a mão na massa, continuam leves e soltos, a confirmar a tese de que o Brasil é, por excelência, o território da desobediência explícita. Nada mais surpreende. O esculacho chegou a tal ponto que Marcos Camacho, o Marcola, líder do PCC, ordenou ao então deputado Moroni Torgan (PFL / CE) parar de gritar durante depoimento na CPI

---

[21] Zuleido Veras, dono da construtora Gautama e apontado como chefe do esquema de corrupção flagrado pela Operação Navalha.

do Tráfico de Armas[22]. E deu ênfase ao fato de que, como ele, parlamentares também roubam, deixando no ar a dúvida: qual a diferença entre um bandido e outro?

Da assertiva direta do comandante do império da violência, que promove ondas de terror em São Paulo, ataques às forças de segurança e a alvos civis, mata agentes do Estado e até seus familiares, se extrai a dura conclusão de que o poder invisível, confortável com a barbárie que consome o País, não tem mais escrúpulos nem receio de mostrar a cara. Pior: coloca-se no mesmo nível do poder do Estado. Para lapidar a pedra bruta da imagem, basta o PCC mobilizar seus "exércitos nas ruas e forças de ocupação nos cárceres" em movimentos cívicos pela punição aos "criminosos do Parlamento". Não é de assustar se parcela significativa da população começar a aplaudir a bandidagem da quadra de baixo contra a turma que faz zoeira no andar de cima. Afinal de contas, a passarela da criminalidade nas ruas e o desfile de impunidade nas antecâmaras do Poder assumem dimensões grandiosas e formas escandalosas.

Corruptos e facínoras, se condenados, ganham o mesmo status perante a lei. Não é de estranhar a anomia que toma conta do País. Vem de longe. Desde os idos da colônia e do Império, fomos afeitos ao regime de permissividade, apesar da rigidez dos códigos. Tomé de Souza, primeiro governador-geral, chegou botando banca. Os crimes proliferavam. Avocou a si a imposição da lei, tirando o poder das capitanias. Um índio que assassinara um colono foi amarrado na boca de um canhão. Ordenou o tiro para tupinambás e colonos entrarem nos eixos. Mas em 1553 uma borracha foi passada na criminalidade, com exceção dos crimes de heresia, sodomia, traição e moeda falsa. Depois chegaram as Ordenações do Reino (Afonsinas, Manuelinas e Filipinas), que vigoraram até 1830. De tão severas, a ponto de esta-

---

[22] Instalada em 2005, concluiu seus trabalhos em 2006, apontando que 86% das armas utilizadas pelo crime organizado, entre eles o PCC, organização vinculada ao tráfico de drogas, surgida em São Paulo, são de procedência nacional e desviadas de seu uso legal.

belecerem a pena de morte para a maioria das infrações, espantaram até Frederico, o Grande, da Prússia, que ao ler *Livro das Ordenações*[23], chegou a indagar: "Há ainda gente viva em Portugal?" Os castigos, porém, eram frequentemente perdoados. A regra era impor uma dialética do terror e do perdão para fazer do rei um homem justiceiro e bondoso, como relata Luís Francisco Carvalho Filho[24] num ensaio sobre a impunidade no Brasil nos tempos da colônia e do Império.

E assim, entre sustos e panos quentes, o Brasil semeia a cultura do faz-de-conta na aplicação das leis. Entramos no terceiro milênio com 3% da população terrestre, 9% dos homicídios cometidos no mundo, 300 mil presos encarcerados, que ocupam 200 mil vagas (defasagem de 100 mil) e 200 mil mandados de prisão a serem cumpridos (faltam vagas). O descalabro não para aí: apenas 2% dos indiciados em inquéritos criminais chegam a cumprir sentença condenatória. De 2 mil roubos que ocorrem diariamente na Grande São Paulo, menos de 3% dos assaltantes são presos na ocasião do delito. E no Rio apenas 1% dos homicídios é esclarecido pela polícia. No painel se flagra a doença espiritual da Nação: a indiferença da população diante dos crimes mais atrozes.

Sob esse tecido costurado com os fios da ilegalidade nasce o poder invisível, cancro das democracias contemporâneas. No nosso meio, protegido pelo manto protetor da impunidade, sai do esconderijo e sobe à superfície. Os latinos diziam que a impunidade estimula a

---

[23] As Ordenações são compilações jurídicas organizadas pelos monarcas dos séculos XV, XVI e XVII. Foram três (e levam os nomes de seus mandantes): a Afonsina, de 1447, ordenada por Afonso IV e com cinco livros que versavam sobre Direito Administrativo, Direito Constitucional, Processo Civil, Direito Civil e Direito e processo Criminal; as Ordenações Manuelinas, de 1521, elaboradas no reinado de D. Manuel, mantendo a mesma sistematização das Ordenações Afonsinas; e as Ordenações Filipinas, iniciada em 1583 por Filipe I e de vigência somente a partir de 1603, no reinado de Filipe II.

[24] "Impunidade no Brasil – Colônia e Império" foi publicado pela *Revista de Estudos Avançados da USP* (Universidade de São Paulo), volume 18, edição nº 51, de maio – agosto de 2004.

delinquência (*impunitas peccandi illecebra*). O velho Tomé de Souza não poderia alegar ao rei o motivo para não punir os criminosos: "Não os mandei enforcar porque tenho necessidade de gente que não me custe dinheiro". Coitado, morreria de susto ao saber que o custo da violência no Brasil é, hoje, de cerca de R$ 300 milhões por dia, no cálculo do ex-secretário nacional de Segurança Pública coronel José Vicente. Fosse esse o único saldo negativo, o País poderia comemorar. Mas o custo emocional é impagável. Morremos um pouco a cada dia. É a esperança que se extingue, a fé que se enterra, o sonho que se esvai no espaço das amarguras cotidianas. (Julho de 2006)

O VÁCUO LEGISLATIVO

No Brasil, há razões múltiplas para a extensão das redes criminosas que agem à sombra do Estado. Uma das fontes onde o poder oculto bebe água é a própria Constituição de 88. À primeira vista, a hipótese parece uma sandice, pela antinomia expressa nesta ideia: a Lei Maior, posicionada no mais elevado pedestal da Pátria, é grande responsável por mazelas, distorções e ilegalidades. Há lógica nisso? A Carta de 88, ao abrir o leque de direitos sociais e individuais, construiu as vigas institucionais com a argamassa da autonomia, liberdade e competência funcional. Sistemas e aparelhos se robusteceram para exercer com independência as funções constitucionais. O Estado liberal e o Estado social convergiram suas posições em direção ao Estado Democrático de Direito, sob o qual o Poder Judiciário assume posição de relevo, fato que explica seu papel preponderante na pavimentação da via democrática. Observações de teor crítico que se fazem à judicialização da política, bastante acirradas nos últimos tempos, precisam levar em consideração a ausência de legislação infraconstitucional, o que permitiu ao Judiciário entrar no vácuo legislativo e interpretar as normas de comando.

Já outras instituições do Estado, voltadas para a defesa do regime democrático, da ordem jurídica e dos interesses sociais e individuais, ganharam formidável impulso. O Ministério Público, por exemplo, alçado à condição de instituição essencial à função jurisdicional do Estado e com acrescida bagagem normativa, passou a incorporar de maneira plena a missão de guardião maior da sociedade. Sua atuação, se, de um lado, ganhou o respeito dos cidadãos, passou a ser questionada em certos setores por excesso de zelo ou ações consideradas exageradas. A Polícia Federal, da mesma forma, reforçou a identidade como órgão encarregado de exercer a segurança pública para a preservação da ordem e da incolumidade das pessoas e do patrimônio, passando a agir em parceria com instâncias do Judiciário. Sua extensa folha de serviços, alargada por um fluxo de maior profissionalismo, penetra nos espaços mais obscuros da vida criminosa e nos porões incrustados nas malhas da administração pública.

A par de sua contribuição para a consolidação dos pilares éticos e morais e a preservação das boas práticas políticas, ganhou uma legião de críticos e adversários, por conta de operações espetaculosas, marcadas por nomes simbólicos. Mais uma vez, o pano de fundo é a Constituição de 88, que propiciou ao aparelho do Estado a competência para organizar estruturas e métodos capazes de garantir a sua segurança e alcançar o equilíbrio social. Às ações do Ministério Público e da Polícia Federal se somam tarefas de outros sistemas que também fazem apurações e controles, como a Agência Brasileira de Inteligência (Abin), o Tribunal de Contas da União (TCU), a Corregedoria-Geral da União, além dos aparatos do Parlamento, como a Comissão Mista de Controle sobre Atividades de Inteligência e até as comissões parlamentares de inquérito. Ou seja, o Estado possui máquina mais que suficiente para monitorar as retas e curvas das pessoas físicas e jurídicas. E é nessas trilhas que a coisa começa a desandar. A pletora de instrumentos de controle abriu imensos vácuos. A política é como a natureza: procura preencher os vazios. As mesmas tarefas se repartiram entre alguns órgãos, espaços se bifurcaram e dirigentes foram atingidos pelo fogo das vaidades. Cada qual procurou chamar para si a atenção.

Se as ferramentas a serviço do Estado fossem desprovidas de sentimentos (civismo, crenças, engajamento partidário), teríamos gigantesca estrutura de controles comprometida com o bem comum. Coisa difícil entre nós. O bem da coletividade passa pela filtragem personalista. Somos um País que privilegia a marca pessoal. A ação da entidade é sempre precedida pela louvação do dirigente. Fulanos e sicranos dão o tom da política e da administração pública, imprimindo à orquestra o seu compasso. Alas e grupos se formam no interior de estruturas, matizes políticos dão o tom de operações e a algazarra do espetáculo acende altas fogueiras. A querela se espalha pela teia dos Poderes. O que fazer com a massa contenciosa que agita atores e instituições?

A resposta aponta para a obviedade: cumprir o dever nos limites prescritos pela lei, despir-se de vaidades, usar o bom senso para evitar duplicação de tarefas e, por fim, profissionalizar as estruturas, deixando-as imunes aos partidarismos. Os Poderes, por sua vez, deveriam ocupar os espaços que lhes cabem. Sem mais nem menos. Se para cada excesso cometido for criado um novo controlador para comandar o já existente, o País andará em círculos. Para gáudio da bandidagem. (Setembro de 2008)

PRESIDENCIALISMO DE CUNHO IMPERIAL

A CAMINHO DA AUTOCRACIA

O Brasil, como é sabido, adota como sistema de governo o presidencialismo de coalizão. Sob essa realidade, a premissa é verdadeira: quanto mais extensa a aliança em torno do Executivo, maior a probabilidade de seu comandante, o presidente, administrar sismos nas frentes congressuais e garantir a governabilidade. Siglas e blocos, portanto, detêm boa dose de mando na condução do País, mesmo que se reconheça a índole monárquica do presidencialismo brasileiro, que se revela avassaladora nos espaços do Legislativo. A relação de troca, esta, sim, é a medida do equilíbrio entre os dois Poderes. O presidencialismo de coalizão alimenta-se da base política e esta come do seu pasto para engordar. É assim o jogo. Por isso mesmo, qualquer tentativa de atenuar a hegemonia presidencial por nossas bandas soa como loas à utopia.

O presidencialismo mitigado, ou um parlamentarismo à moda francesa ou portuguesa, não parece combinar com os traços de nossa realidade política. Sua arquitetura é mais refinada. Seu escopo, mais plural. Claro, é uma utopia a ser acalentada. É consenso que o modelo parlamentarista abriga uma coleção de adjetivos que emolduram a moderna política: avançado, racional, mais democrático, conectado à realidade, flexível, sensível à dinâmica social. Ocorre que na esfera dos costumes políticos estamos ainda no ciclo da carroça, do trem maria-fumaça, da construção das primeiras estacas éticas e morais. A semente presidencialista, como se sabe, viceja em todos os espaços, dos mais simples e modestos aos mais elevados. O termo *presidente* faz ecoar significados de grandeza, forma associação com a aura do Todo-Poderoso, com as vestes do monarca, com a caneta do homem que tem influência, poder de mandar e desmandar. Até no futebol o presidente é o mandachuva. O chiste é conhecido: como o ato mais importante da partida de futebol, o pênalti deveria ser cobrado por quem? Pelo presidente.

Em 1980, no final do Campeonato Brasileiro, o Flamengo ganhou por 3 a 2 do Atlético Mineiro, em polêmica partida disputada no Maracanã. O árbitro expulsou três jogadores do Atlético, a bagunça tomou o campo e agitou os nervos. No fim, transtornado com o "resultado roubado", Elias Kalil, presidente do Atlético, exclamou aos berros: "Vou apelar para o presidente da República, João Figueiredo! Vou falar pra ele de presidente para presidente!" O culto à figura do presidente e, por extensão, a outros atores com forte poder de mando faz parte da glorificação em torno do Poder Executivo. Tronco do patrimonialismo ibérico. Herdamos da monarquia portuguesa os ritos da Corte: admiração, bajulação, respeito e mesuras, incluindo o beija-mão.

O sociólogo francês Maurice Duverger defende a tese de que o gosto latino-americano pelo sistema presidencialista tem que ver com o aparato monárquico na região. O vasto e milenar Império Inca, com seus grandes caciques, e depois o poderio espanhol, com seus reis, vice-reis, conquistadores, aventureiros e corregedores, plasmaram a inclinação por regimes de caráter autocrático. O presidencialismo por estas plagas agregaria, assim, uma dose de autocracia. Já o parlamentarismo que vicejou na Europa se teria inspirado na ideologia liberal da Revolução Francesa, cujo alvo era a derrubada do soberano. Isso explicaria a frieza europeia ante o modelo presidencialista. A disposição monocrática de exercer o poder vem, no Brasil, desde 1824, quando a Constituição atribuiu a chefia do Executivo ao imperador. A adoção do presidencialismo, na Carta de 1891 – que absorveu princípios da Carta americana de 1787 –, só foi interrompida no interregno de 1961 a 1963, quando o País passou por ligeira experiência parlamentarista.

Portanto, o presidencialismo está fincado no altar mais alto da cultura política. O poder que dele emana impregna a figura do mandatário, elevado à condição de pai da Pátria, protetor, benemérito. Essa imagem ganhou tintas fortes no desenho de nossa cidadania. De acordo com o conhecido traçado do sociólogo Thomas Marshall, os ingleses construíram sua cidadania abrindo, primeiro, a porta das liberdades civis, depois, a dos direitos políticos e, por fim, a dos direitos sociais. Entre nós, os direitos sociais precederam os outros. A densa legislação social (benefícios trabalhistas e previdenciários) foi implantada entre 1930 e 1945, num ciclo de castração de direitos civis e políticos. Portanto, o civismo e o sentimento de participação ficaram adormecidos por muito tempo no colchão dos benefícios sociais. A imagem do Estado (e a do governante) imbricava-se ontem como se junta hoje. Sob essa configuração, imaginar que o parlamentarismo tenha chance por aqui é apostar que a fada madrinha decidiu deixar o reino da fantasia para nos visitar.

Temos de conviver mesmo com o fardão presidencialista. O que pode ser feito, isso sim, é um sistema para atenuar a força das águas que irrompem do oceano presidencial. Mas essa é outra história. (Novembro de 2010)

O PODER DA COAÇÃO

Ao longo dos ciclos governamentais, o presidencialismo de coalizão, para aprovar matérias de seu interesse, tem usado todos os recursos à sua disposição, entre eles liberação de verbas do Orçamento e oferta de espaço na administração aos partidos. Episódio recente que marcou de maneira significativa esse traço foi a tentativa do Governo Federal conquistar a renovação da CPMF. Para a sua aprovação junto à Comissão de Constituição e Justiça (CCJ) do Senado em 2007[25], além de assegurar grande volume de recursos aprovados (R$ 267,8 milhões em emendas ao Orçamento), o governo substituiu senadores que ameaçavam votar contra a contribuição, fez acordos estranhos, prometeu cargos, enquanto na Câmara dos Deputados o rolo compressor governista conseguiu o feito de derrubar restrições impostas pela Lei de Responsabilidade Fiscal para o repasse de verbas do PAC a Estados e municípios no período eleitoral.

O caso representa o presidencialismo de coalizão adotado na plenitude, deixando claro que poderia ser chamado também de presidencialismo de coação. Quem se lembra do "mensalão"? Eram recursos para "compra" (cooptação) de votos de parlamentares. Será que há muita diferença entre o "mensalão" e o "emendão" orçamentário para atender à cobiça parlamentar? A corrupção é um desvio institucional, ilegalidade praticada sob o abrigo da imoralidade. Isso ocorre quando as autoridades públicas deixam à margem seu dever e passam a subordinar seus papéis a demandas exógenas, como as de políticos em época de eleição. Sob essa cultura, a semente do status quo da po-

---

[25] O plenário do Senado acabou derrubando o imposto em dezembro de 2007.

lítica nunca deu tantos frutos. A renovação política é uma quimera. Os cerca de dois terços de perfis novos que chegam ao Parlamento a cada eleição não exprimem renovação. Quando chegam, correm a pedir a bênção ao dono da chave do cofre. (Novembro de 2007)

OS CORINGAS DA PRESIDÊNCIA

O Executivo esconde dois coringas na manga. O primeiro é o bolo tributário, o segundo, as MPs. Na divisão do bolo tributário, de um total que ultrapassa R$ 600 bilhões, a União fica com 61%, os Estados ganham 24%, restando aos municípios apenas 15%. Apesar da descentralização tributária efetuada no bojo da Constituição de 88, o modelo continuou torto, a partir do cipoal de legislações, como as 27 que regulam o ICMS, uma para cada Estado. A União nunca se desfez da excessiva centralização das receitas em sua esfera, aliás, prática herdada do Brasil rural, quando o País era administrado como uma fazenda. (Há quem veja nas expressões fazenda pública, ministério e secretaria da fazenda traços da concepção da velha cultura ruralista, que teima em manter raízes.) Apesar de inúmeras propostas para reforma do modelo geral de tributação, a União sempre refuga sua aprovação.

Explica-se, assim, o caráter imperial do presidencialismo brasileiro. O arranjo federativo transforma o riozinho de baixo em afluente do oceano de cima. O artigo 23 da Carta Magna – que trata da competência comum da União, Estados, do Distrito Federal e dos municípios – nunca foi regulamentado. E, é claro, não interessa que o seja. No dia em que as competências e respectivas receitas para arcar com as áreas ali descritas forem estabelecidas, desmontar-se-á a atual arquitetura de arrecadação e barganha política.

Vejamos, agora, a segunda carta. Comecemos com a perguntinha: o que é, o que é: quanto mais se bate mais cresce? Massa de pão. Mas, no Brasil, também pode ser medida provisória (MP), estatuto com força de lei, estabelecido pelo artigo 62 da Constituição de 88, que confere ao presidente da República o poder de adotá-lo em casos de *relevância e urgência*. Entre o início do governo Sarney, em 1985, e o final do segundo mandato de Fernando Henrique, em 2002, o País ganhou 5.293 MPs. Ao longo do primeiro mandato, o presidente Luiz Inácio editou em média uma MP por semana. Sob a letra constitucional, a conta indicaria ciclos conturbados, que exigiriam intervenções do Executivo para enfrentar crises financeiras, ataques especulativos à moeda ou catástrofes naturais, como secas e enchentes. Não foi isso o que ocorreu. Há tempos o País navega em calmaria. Debite-se, então, o exagero à banalização de instrumentos excepcionais, frutos de uma cultura que desmoraliza normas.

A constatação é de arrepiar: desde 2003, as MPs trancam seis de cada dez sessões da Câmara. O instrumento provisório tornou-se permanente. Quanto mais é combatido, mais o Executivo dele se vale. Os partidos acomodam-se. Reclamações caem no vazio. O chefe do Executivo conta com duas armas para aprovar sua agenda legislativa: projeto de lei ordinária (PLO) e MP. Politicamente fraco, costuma valer-se desta última; quando possui ampla maioria, a arma é o PLO.

O Legislativo torna-se refém do Poder Executivo e este, detendo as prerrogativas de propor medidas e leis, controlar a execução do orçamento e vetar projetos, além de principal legislador, transforma-se em artífice de um parlamentarismo às avessas. Essa modalidade de parlamentarismo invertido, a propósito, foi aplicada, por aqui, em 1847, quando Pedro II, inspirando-se no modelo inglês, adaptou à sua conveniência. No parlamentarismo, o primeiro-ministro, normalmente indicado pelo partido majoritário, comanda o Gabinete e passa a exercer o governo. O imperador, ao contrário, fazia-se de Poder Moderador, escolhendo o presidente do Conselho de Ministros, e este indicava os membros do Ministério. Na discordância, demitia o Ministério e dissolvia a Câmara. Hoje, temos uma versão caricata do passado. O Executivo aplica o cipoal legislativo que constrói ou encomenda, em contraste com o presidencialismo de democracias consolidadas, como a norte-americana, onde o presidente não pode propor leis e nem controla a elaboração e a execução do orçamento. Aqui, até a eleição dos chefes das Casas Legislativas precisa ser endossada pelo presidente da República.

É bem verdade que ao Legislativo cabe parcela de culpa por sua fragilidade. Há várias razões para tanto, como a lenta tramitação de projetos de lei. Alguns estão há décadas aguardando vez para entrar na pauta de votação. E por que isso ocorre? Vejamos. A cultura congressual trabalha com o entendimento de que fazer leis é a função que dá mais projeção ao representante. Desse modo, o parlamentar se esforça para multiplicar a quantidade de projetos de sua autoria, mesmo sabendo que poucos chegarão à reta final. O controle do Executivo, função essencial do Legislativo, fica restrito à minoria parlamentar, a qual, por sua vez, se esfacela diante do rolo compressor da máquina governista. Os mecanismos de investigação, como CPIs, perdem força em função da banalização e do espalhafato que transmitem. Surfando na onda da desorganização legislativa, o Planalto dita os rumos. Sabe que o Congresso é um paredão de obstáculos que faz sua vontade.

Dá para entender, assim, os 2% de credibilidade que o Congresso Nacional exibe em pesquisas de opinião pública. Um índice "pra lamentar". (Junho de 2007)

SER E ESTAR NO GOVERNO: DA COALIZÃO AO HIPERPRESIDENCIALISMO

Reinar, mas não governar. Essa é a ameaça que paira sobre a cabeça de mandatários que não conseguem transformar o capital eleitoral obtido no pleito em capital político. Em termos práticos, tal ameaça significa enfrentar resistências da própria base aliada e obstáculos na passagem de interesses do Poder Executivo pelas Casas congressuais.

O passado registra o caso de Fernando Collor de Mello. Sem capital político, foi empurrado para fora da Presidência da República por um *impeachment*[26]. De lá para cá, as coisas mudaram. Os presidentes

---
[26] Em 1992.

trataram de azeitar a máquina da articulação política. Mesmo assim, a agenda do Executivo não é imune à derrota, conforme se viu na aprovação do Código Florestal pela Câmara dos Deputados[27]. A vitória do grupo ruralista sobre a frente ambientalista aponta para a constatação de que mesmo o chamado "presidencialismo de coalizão" encontra base movediça e gera instabilidade. E a explicação está na forma de relacionamento do Executivo com os partidos que lhe dão sustentação. Forma considerada ortodoxa, unilateral, sem reciprocidade. O maior partido da base, o PMDB, por meio de seu líder na Câmara, deputado Henrique Alves (RN), põe o dedo na ferida quando faz uma leitura da gramática do poder: ser governo é uma coisa, estar no governo é outra.

A diferença entre ser e estar, ao que se interpreta, conduz aos fundamentos do "presidencialismo de coalizão", nos termos descritos pelo cientista político Sérgio Abranches em 1988, que pressupõem três momentos: a constituição pelos partidos de uma aliança eleitoral e sua união em torno de um programa mínimo; a formação do governo, a partir do preenchimento de cargos e compromissos com a plataforma política; e a transformação da aliança inicial em coalizão governativa. Ser governo, portanto, é assumir responsabilidades nesses três momentos. Sob essa perspectiva, o governo deveria amalgamar as posições programáticas dos partidos, contemplando-os na operação administrativa de acordo com a sua respectiva densidade política no Congresso Nacional e observando a identidade e as vocações de cada um. Não é, porém, o que se vê na vida administrativa. A disparidade no atendimento das demandas partidárias abre contrariedades e organiza emboscadas.

As disputas por espaços se acirram sob o leque do fisiologismo, mazela histórica de nossa cultura política. Se o PMDB, por exemplo, passa a imagem de federação de partidos e de comandos regionais,

---

[27] Houve um racha na base aliada do governo, com PT e PMDB se posicionando em polos opostos. Foi aprovado no Senado Federal em 6 de dezembro de 2011 na forma de substitutivo ao projeto original, tendo retornado para nova apreciação pela Câmara dos Deputados.

com presença marcante em todos os ciclos governamentais após a ditadura de 1964, o PT luta para ser o dono da redoma, só admitindo a fórceps o compartilhamento do poder. Não arreda mão do lema "nós aqui e eles lá". Em outros termos, o Partido dos Trabalhadores quer dizer que é governo, enquanto os aliados estão apenas (de passagem) no governo. Ou seja, são convidados circunstanciais. Esse é o busílis. Estar no governo, eis a noção, restringe-se à simples ocupação de cargos sem competência dos ocupantes para interferir em linhas programáticas. Tal visão gera indignação de elos da corrente governista. O resultado é o embate como o que se viu em torno do Código Florestal. Ao deixar de contemplar posições dos participantes da base, o Executivo despreza a modelagem do "presidencialismo de coalizão". Qual a razão para tanta autossuficiência? Resposta: os poderes do hiperpresidencialismo.

O Poder Executivo, como se sabe, ganhou força com a Constituição federal de 1988, que dotou o governo de extraordinário instrumento legiferante (a medida provisória). Além deste, outros meios têm expandido o cacife presidencial: a adoção do regime de urgência na tramitação de projetos de lei, o mecanismo de votação simbólica de lei pelos líderes partidários, a legislação tributária centralizadora e a Lei de Responsabilidade Fiscal. Com essa armação, o Palácio do Planalto passou a enquadrar as políticas do Estado em duas bandas: uma com capacidade decisória sobre metas de câmbio, política de juros, cujos efeitos se fazem sentir nas políticas de emprego e renda; a outra sem poder decisório central, repartida entre os apoiadores. Não por acaso, floresce no País um autoritarismo civil sem precedentes. Tão forte é a sua capacidade de influir na orquestra legislativa que uma nota dissonante, como a aprovação do Código Florestal, acaba quebrando o diapasão do Palácio do Planalto. O barão de Montesquieu (quem se lembra dele?), com seu sistema de pesos e contrapesos, fica apenas no registro necrológico.

Relegando a plano secundário as funções governativas e legislativas dos partidos, o Executivo vê-se apertado ao se defrontar com a possibilidade de ver alterado o fluxo das medidas provisórias, como se cogita. Os intermitentes sustos ao longo dos ciclos legislativos provam que os comandos das instâncias governativas precisam de ajustes. A começar pelo ajuste da gramática dos verbos ser e estar. Os integrantes da plataforma governista pleiteiam ser governo, participar da elaboração das regras do jogo, não apenas nele entrar como coadjuvantes. A tarefa é complexa. Exige realinhamento de ideário, desafio que pressupõe entendimento e plena aceitação do escopo do "presidencialismo de coalizão". Sem essa condição, o que teremos é colisão com o presidencialismo.

É evidente que a aprendizagem na cartilha dessa feição presidencialista demandará compromisso dos entes partidários com valores éticos e princípios morais, sem os quais os domínios administrativos se tornarão feudos de caciques e interesseiros. Posições mais transparentes, articulação das forças sociais para participar da formulação das políticas e calendário de implementação dos programas ajudariam a compor uma identidade governativa homogênea. Nessa direção, deveriam ser acionados para atuar com firmeza os órgãos de controle, como a Comissão de Ética do serviço público, a Controladoria-Geral da União e a Procuradoria-Geral da República. Parcela considerável da lama fisiológica seria extirpada da arquitetura institucional. E a República seria mais asséptica. (Junho de 2011)

GOVERNO E GESTÃO DO ESTADO: PASSOS DE CARANGUEJO

O IMPÉRIO DOS VÍCIOS

O Brasil precisa, mais uma vez, aprender com Montesquieu. Ele ensinava que os homens são administrados por um conjunto de coisas, como o clima, a religião, as leis, as máximas dos governantes, os exemplos dos fatos passados, os costumes, as maneiras. Daí resulta um espírito geral, que, em cada Nação, ganha um tom dominante.

A natureza e o clima, por exemplo, determinam o modo de vida dos povos selvagens; as lições filosóficas e os costumes balizavam o governo na Roma Antiga; enquanto o maneirismo está na alma dos orientais. A preocupação central do autor de *O Espírito das Leis* era, porém, com a degradação do espírito geral das Nações, com a vitória dos vícios sobre as virtudes. Infelizmente, esse parece ser um cenário cada vez mais visível, eis que, ao lado do progresso material, se distingue na estampa internacional um quadro de exaustão, cujos matizes agregam fatores como quebra da lei e da ordem, anarquia crescente, Estados fracassados, ondas de criminalidade, máfias transnacionais, debilitação da família, declínio da confiança nas instituições, cartéis de drogas, enfim, o paradigma do caos.

Como nosso País se encaixa nessa leitura? A inserção é total. Chegamos ao estágio terminal no campo da ética e da moral. De onde se pinça a indagação: qual tem sido o elemento central gerador para explicar o avançado grau de deterioração de costumes políticos e práticas sociais? A resposta abriga variáveis de natureza histórica e cultural, entre elas a superposição dos interesses pessoais sobre a força das ideias, porém a má qualidade da gestão política constitui, seguramente, um dos principais vetores do caos moral em que se afunda o País. O descalabro aponta para a incapacidade dos Poderes, com ênfase no Executivo e no Legislativo, para cumprir a missão a que se dedicam. Traços deste panorama: trânsfugas são pintados como heróis; a banalização da violência amortece a sensibilidade social; o desprezo pelas leis (um dos maiores cipoais legislativos do mundo) expande a anomia e, consequentemente, a impunidade. Não é de surpreender, portanto, que o espírito geral da Nação esteja de ponta cabeça. (Outubro de 2007)

A DESCONTINUIDADE ADMINISTRATIVA

Todo começo de governo é como a trajetória do caranguejo, que anda para frente, para os lados e para trás. Pode-se até garantir que o caranguejo anda mais para frente do que para trás. Assim mesmo, os governos que assumem querem significar avanços, mudança, sentido de inovação. Os passos para frente abrigam a melhoria de programas, projetos e serviços. Os passos laterais equivalem ao que, no vulgo, se costuma dizer: trocar seis por meia dúzia, ou seja, há governos que continuarão no mesmo lugar. E os passos para trás são dados por uma parcela de quadros que, escolhidos pela via política, ou representam a politicagem ou pretendem reinventar a roda, paralisando ações e programas, a título de começar do zero. Bilhões de reais são perdidos, a cada início de governo, em função da descontinuidade administrativa.

Os três tipos de passos do caranguejo definem a desarmonia existente na administração pública no País. Para começar, há duas classificações existentes na burocracia pública a demonstrar que o fator político continua balizando os rumos das administrações. Os cargos de confiança e os funcionários de carreira constituem dois polos que geralmente se atritam, aqueles com maior poder de fogo do que estes, e, até por isso, levando a administração por caminhos nem sempre retilíneos e curtos. Fatias ponderáveis de ministérios e secretarias de Estado são oferecidas a políticos que costumam fazer dos espaços conquistados feudos para abrigo de sua política de clientela. Amigos, assessores, parentes tomam conta de cargos importantes, enquanto funcionários de carreira competentes, muitos imbuídos de espírito público, são deixados na Sibéria gelada do esquecimento.

Os governos iniciantes têm uma ideia fixa: querem passar a impressão de que vão fazer as coisas que seus predecessores não conseguiram. São movidos pela necessidade de criar uma identidade, uma marca própria. E nesse afã, acabam passando por cima de ações e programas eficazes das gestões anteriores, desviando o rumo de coisas já iniciadas, mudando o curso dos investimentos, abrindo novos roteiros de atuação. O rombo do Custo Brasil da descontinuidade é monumental. Por isso mesmo, a primeira coisa a ser feita deveria ser o levantamento acurado e objetivo de ações positivas e de projetos inócuos dos governos anteriores. Dar continuidade ao que é bom, eliminar o que é ruim, essa é a medida do bom senso.

Há funcionários de carreira preparados e altamente qualificados na administração pública brasileira. Infelizmente, a politicalha e o caciquismo político acabam corroendo seus potenciais, pois, nos lugares mais importantes da administração, ingressam perfis despreparados, cujo maior compromisso é o de atender às demandas de seus patrocinadores, os próprios secretários de Estado e ministros ou chefes e lideranças políticas. Na esteira da improvisação e da irresponsabilidade que campeia na administração pública, planos estratégicos acabam cedendo vez às ações paroquiais e ao balcão das trocas e recompensas. Por isso mesmo, há uma dose de verdade quando se diz que falta à União e aos Estados um planejamento de longo prazo. Não por falta de capacidade de fazê-lo e, sim, por excesso de interesses da velha política e seus representantes.

Outra mazela da administração pública é a ausência de controle das decisões. As ordens emanadas do topo nem sempre são cumpridas ou são apenas parcialmente executadas. O presidente da República ou mesmo o ministro, do alto de seus cargos, não têm condições de acompanhar a dinâmica e o cotidiano dos atos e afazeres. Muitas decisões são deixadas de lado, arquivadas ou proteladas. O chá de gaveta é muito comum. Muitos burocratas de terceiro e quarto escalões e funcionários de fim de linha, dando importância exagerada a suas funções, ou para atender solicitações e pressões, costumam criar sua dinâmica, dando vazão à cultura do fisiologismo e mudando o fluxo dos atos normativos. Daí para a corrupção, é um passo.

Nos Estados menores, os controles são balizados pelo olho político de grupos. A orquestra estadual que toca o Hino das Mudanças vai afinando o tom, ao longo dos quatro anos de mandato da administração, e, ao final, a música que se ouve é a mais parecida possível com a melodia de fim de festa, uma espécie de "está chegando a hora, e vamos todos nos refestelar". Nos Estados maiores, a racionalidade administrativa integra o conceito de Governo e a lupa da mídia flagra os desvios e práticas amorais, de maneira mais contundente. Houvesse honestidade de propósitos, as administrações se sucederiam escudando-se na eficácia dos programas. A administração pública teria menos gente interessada em reinventar a roda. Afinal de contas, o Brasil já foi suficientemente diagnosticado. E as soluções não constituem uma questão de genialidade. Estão na cara de todos. (Janeiro de 2003)

O ETERNO RECOMEÇO

A cada estação do ano, o Brasil ganha um carimbo. As intempéries de um ciclo de chuvas, crateras, devastação e mortes, típicos do início do ano na região Sudeste, cedem lugar à descontração, por ocasião do período carnavalesco, na cabal demonstração de que o slogan pátrio nunca foi ordem e progresso, mas o eterno recomeço que a ampulheta do tempo, vira e mexe, impõe como o nosso conceito de devir. O Brasil não leva jeito. Assistimos o espetáculo de iniciativas pioneiras (Fome Zero[28]), que morrem de inanição por falta de alimento adequado; de medidas provisórias (CPMF[29]), que se tornam permanentes para tapar os buracos do Estado; de projetos de impacto (expurgo da poupança da era Collor[30]), que exibem o desrespeito por parte da administração pública, e de programas que exalam odor mercadológico como o PAC (Programa de Aceleração do Crescimento[31]).

As tragédias ocasionadas por pesadas chuvas que caem periodicamente em diversos Estados do País abrem um rastro de mortes e destruição, enfeitando o desfile de misérias das coberturas televisivas e comovendo a população, que nelas distingue o poder deletério das

---

[28] Programa inicial do 1º governo Lula, não avançou.
[29] Contribuição Provisória sobre Movimentação ou Transmissão de Valores e de Créditos e Direitos de Natureza Financeira, vigorou de 1996 a 2007.
[30] Medida econômica de grande impacto do primeiro Plano Collor, lançada em março de 1990.
[31] Lançado em 2007 pelo governo Lula, é o principal programa de obras de infraestrutura no Brasil.

forças naturais. A mãe natureza, porém, não leva tanta culpa. A obra de devastação a cargo do homem, em sua incessante obstinação para apressar o fim do planeta, é a principal responsável por catástrofes. Os homens públicos deveriam ir ao paredão da vergonha por não construírem barreiras preventivas nos espaços que administram. Deixando-se levar por um obreirismo que confere visibilidade e votos, incrementam o Custo Brasil, quando se esforçam para apagar rastros de antecessores e motivar comparações que os favoreçam.

A onda de lama tóxica que invadiu, por exemplo, cidades mineiras e do noroeste fluminense, formada por vazamento nos tanques de uma mineradora, faz parte da maré de improvisação que grassa na administração de Estados e municípios, onde se bifurcam interesses de máfias do poder público e grupos privados. Por outro lado, o TCU[32] não dá conta dos processos obtusos que ali chegam. A gigantesca cratera que se abriu junto à obra da linha 4 do Metrô paulistano[33], sob responsabilidade de um consórcio formado por empreiteiras, também não é fruto do acaso. O local do acidente sinalizava problemas e a informação de que havia um prêmio para as empresas de projetos de engenharia capazes de conseguir redução de custos de materiais, como concreto, cimento e ferro, dá margem à especulação de que a pecúnia desempenhou papel na tragédia.

No País da improvisação, qualidade se confunde com quantidade. Para arrematar o mosaico de desleixo e incúria, competências constitucionais são distribuídas de maneira irregular entre os entes federativos. União, estados e municípios repartem áreas comuns como serviços sociais, meio-ambiente e habitação etc. O resultado é uma sobreposição de ações, particularmente nos palanques midiáticos, aqueles que podem impressionar os eleitores. Enquanto isso, projetos escondidos, como os de saneamento, são relegados ao segundo pla-

---

[32] Tribunal de Contas da União.
[33] Em janeiro de 2007, causando a morte de sete pessoas e interdição de dezenas de imóveis.

no. Inexiste coordenação para ajustar as demandas do federalismo cooperativo. Um governo eficaz tem aptidão para prever problemas e antecipar soluções. Usa a técnica da "decalagem" (avanço), a capacidade do atirador, que calculando a distância e a trajetória do alvo móvel, acerta-o em cheio, disparando um pouco a frente do ponto escolhido. Mas a ausência de planejamento se faz ver em toda a parte. Os fatos de hoje se repetiram no passado e se multiplicarão no amanhã. Um eterno retorno, ou, se preferirem, um eterno recomeço. (Janeiro de 2007)

COPA 2014: UM CASO EMBLEMÁTICO

A explicação, que parece risível, é dada de maneira séria por autoridades: as obras da Copa de 2014 e da Olimpíada de 2016 não sofrerão atrasos. Vai dar tudo certo. Aos fatos: as obras dos estádios estão muito atrasadas. E mais, dos 12 estádios que serão construídos, cinco correm o risco de se transformar em "elefantes brancos" por falta de torcedores suficientes e altos custos de manutenção. A novela sobre a preparação do Brasil para sediar os dois maiores eventos esportivos mundiais segue um enredo que tem tudo para se tornar sucesso de público e de mídia, por exibir vasto painel do temperamento nacional. Abriga traços do caráter nacional, a começar pelo desleixo, passando pela improvisação, entrando pelo jeitinho e chegando à malandragem, por conta da inferência de que o atraso no calendário de obras é algo deliberado. Teria o fito de driblar a montanhosa burocracia e, desse modo, livrar a licitação de projetos de complicações, liberar recursos de forma ágil e no fluxo adequado, garantindo a satisfação de todos os "jogadores" da copa preparatória. O afogadilho seria sinônimo de esperteza e não de improvisação, sob a lógica invertida de "não fazer hoje o que pode ser feito amanhã". O Brasil pode levar a taça de campeão de novo escopo da administração: "a emergência programática". Uma lembrança: o Brasil foi escolhido para sediar a Copa do Mundo de Futebol em 30 de outubro de 2007.

É evidente que, sendo a paixão nacional, o futebol abre intenso foro de debates, acende fogueiras de vaidades e impulsiona visões conflitantes entre os atores envolvidos na organização do mega evento: times e torcidas, cartolas, cidades-sede da Copa, autoridades governamentais, políticos, empreiteiras e a formidável malha de prestadores de serviços. Cada qual quer tirar proveitos – e proventos – da gigantesca teia de interesses, sabendo-se que não haverá rigidez no controle dos orçamentos. Lembre-se que as obras para os Jogos Panamericanos do Rio de Janeiro, em 2007, foram orçadas inicialmente em R$ 400 milhões. Acabaram em R$ 3,4 bilhões, deixando, ainda, extensos espaços ocupados por "elefantes brancos". E qual será o orçamento para os dois eventos? Uma incógnita. A decisão de tornar o orçamento sigiloso – aprovada pela Medida Provisória 527, que cria o Regime Diferenciado de Contratações – faz parte da estratégia de evitar obstruções, o que, para uns (empreiteiros, por exemplo) seria medida de bom senso e, para outros (organizações não governamentais), brecha para os dutos da corrupção.

Se houver recurso a rodo, é evidente que o cronograma de obras, mesmo sob aperto, deverá ser cumprido. Tecnologia, gestores e parceiros é o que não faltam para tocar o conjunto. Mas, sob o prisma do rigor técnico, dentro do qual se inserem os projetos executivos, a quantidade e a qualidade de materiais, o controle das etapas, a lupa sobre preços e o superfaturamento, a rígida obediência aos parâmetros socioambientais, a preparação da infraestrutura e, obviamente, a análise sobre uso futuro dos equipamentos, há um imenso acervo a ser examinado. Coisa que exigiria muito tempo. Na esteira da pressa, o Risco Brasil sobe aos píncaros. Veremos na paisagem um portentoso elenco de obras, algumas chamando a atenção pela pujança estética, mas, no obscuro limite entre os territórios do público e do privado, vicejarão sementes de improvisação, que produzirão colheitas de irresponsabilidade nas frentes das obras. Essa é a química que explica no nosso *ethos* traços de negligência, desleixo, displicência, relaxamento, bagunça e vivacidade.

A pergunta emerge naturalmente: ante tão flagrante constatação, por que não se muda o ritual? Por que não se fez um planejamento em prazo adequado? O Brasil cultiva o gosto pelo instantâneo, pelo provisório. Prefere-se, por aqui, administrar o varejo e não o atacado. É mais vantajoso apagar incêndios que preveni-los. Coisas planejadas com muita antecedência parecem não combinar com a alma lúdica brasileira, brincalhona, irreverente. Se não fosse obrigado a enfrentar o batente para sobreviver, o brasileiro adoraria passar o ano inteiro na folia. Oswald de Andrade traduziu, um dia, tal estado de espírito ao versejar: "quando dá uma vontade louca de trabalhar, eu sento quietinho num canto, e espero a vontade passar". Ademais, como se procurou argumentar, é perceptível uma aliança entre parceiros para deixar para a "última meia hora" o que poderia ser feito "na última hora". Haverá menos fiscalização, menos burocracia, senões e mais apoios.

Da parte de cima da pirâmide social, a expectativa é de que o Estado continue a equilibrar o triângulo que lhe dá sustentação: o poder político, a gestão pública e os círculos de negócios. No caso dos eventos esportivos, o triângulo é formado pela Autoridade Olímpica e Comitê Olímpico, que farão a administração; o poder político, que ditará as regras do jogo (por exemplo, votação do Regime Diferenciado de Licitações) e os negócios, onde estão os parceiros privados dos empreendimentos. E quanto aos "elefantes-brancos" (estádios de Brasília, Cuiabá, Manaus, Natal e Recife), que, após a Copa, poderão gerar grande prejuízo por falta de contingentes necessários para torná-los autossustentáveis? País que aprecia o status provisório, essa questão será analisada nas calendas. Cada imbróglio no seu devido tempo. Quando aquele momento chegar, os figurantes pegarão carona no jeitinho e arrumarão verbas para dar nova finalidade às edificações, incluído sua derrubada.

E assim, o Brasil vai rolando a bola e brandindo o slogan: "antes tarde do que nunca". Afinal, fazê-las "antes cedo do que tarde" daria muito na vista. E isso, convenhamos, prejudica a visão (e os negócios) dos parceiros. (Julho de 2011)

GOVERNANÇA EM CRISE, UM ESTADO LATENTE

As crises a que o Brasil assiste convergem para uma causa: a mistura do interesse público com o interesse privado. O Apagão Aéreo, temporariamente sob refluxo, e a crise da Segurança Pública, geradora de tragédias, são exemplos da má qualidade da gestão pública no País.

A verve de Roberto Campos[34] apontava dois traços característicos da psique de Países em desenvolvimento: a ambivalência e o escapismo. É ambivalência querer equacionar o descontrole aéreo sem controlar os controladores. E é escapismo argumentar que os confrontos de guerras urbanas, frequentes no Rio de Janeiro e em São Paulo, ocorrem porque o poder do crime é maior que o poder de um Estado, cuja leniência torna-se cada vez mais patente ante a escalada de violência que se abate sobre a sociedade. O espaçoso terreno público se apresenta todo esburacado.

Eis uma pergunta de resposta previsível: por que a máquina estatal é ineficaz na implementação de suas políticas? Porque o desempenho dos gestores é movido por interesses alheios ao bem-comum e desprovido dos componentes inerentes à prática da administração pública: planejamento, transparência, probidade, controle e responsabilidade. A improvisação campeia na malha administrativa, a partir do instante em que os comandos das estruturas são reservados a representantes de grupos e partidos. Cada qual organiza, ao bel prazer, a concepção e a ordem das ações a serem desenvolvidas, solicitando às áreas jurídicas e contábeis que ajustem as contas nos termos da legislação. Dessa forma, orçamentos são engolidos em projetos feitos sob pressão de grupos e em programas superficiais. Se a gestão tem sabor político, é natural que os dirigentes concentrem as decisões, evitando perder força. Explica-se desse modo como o foco político amortece o foco técnico na miríade de pequenas, médias e grandes estruturas dos

---

[34] Economista conservador (1917-2001), autor de *A lanterna na popa*, entre outros.

três entes federativos. E, para evitar especulações e denúncias, impõe-se rígido sigilo, razão pela qual, mesmo sob a Lei de Responsabilidade Fiscal, os gestores omitem informações e escamoteiam dados. Rompendo com a gestão anterior, preferem investir em novos empreendimentos e redirecionar recursos. Resultado: entre 30% a 40% dos orçamentos são despendidos em ações inócuas.

O pano de fundo que agasalha os maus gerenciadores é a impunidade. Sabendo que, mais cedo ou mais tarde, serão inocentados, arcam com o ônus da improbidade, transferindo-o para a avaliação (às vezes política) dos Tribunais de Contas. Cerca de 60% dos 5.565 municípios enfrentam problemas com a Lei de Responsabilidade Fiscal. E assim a cultura personalista toma assento na administração, expandindo a violação de normas, contribuindo para a ausência de parâmetros regulatórios fixos e confiáveis e fortalecendo o pretorianismo, a lei do mais forte. O nosso presidencialismo de coalizão ampara-se na costura de amplas alianças. Entenda-se, ainda, que a política deixou de ser missão (para servir a polis, como pregava Aristóteles) e se tornou profissão. Logo, por a mão na *res pública* passou a ser um grande negócio. Abre-se, a partir dessa lógica, uma crise de governança e não de governabilidade, como alguns entendem, porquanto o sistema político, a forma de governo e as relações entre os Poderes, mesmo operando em um complexo desenho institucional como o nosso – federalismo, presidencialismo, bicameralismo, representação proporcional, voto majoritário, pluripartidarismo – não chegam a ameaçar a democracia. Qual é a alternativa? Arrumar a gestão. (Abril de 2007)

A TEIA DA ARANHA

Vamos ao teste: trata-se de um País que frequentemente registra nos anais da História o seguinte pacote de ilícitos simultâneos: extorsão contra empresas, fraudes em contratos públicos, falsidade ideológica, abuso sexual de crianças e adolescentes, ocultação de bens, formação de quadrilha, superfaturamento de licitações, enriquecimento ilícito e tráfico de drogas. Uma pista: os indiciados não são pessoas comuns, mas figuras que cumprem a missão de bem servir à comunidade; são autoridades públicas que fizeram o juramento de cumprir a lei, defender valores éticos e morais e dar bom exemplo. Adivinharam onde essa turma se abriga? Não é a Somália, País africano considerado o mais corrupto do mundo. O buraco da corrupção é aqui mesmo, nestas plagas que a ONG Transparência Internacional joga na 69ª posição entre os Países menos corruptos do planeta. Nota do pé do parágrafo: o ranking da criminalidade envolve prefeitos, vice-prefeitos, vereadores e outras autoridades de diversos Estados brasileiros.

Nunca se viu fila tão extensa de representantes do poder público receber voz de prisão em tão pouco tempo. Um rápido olhar na galeria flagra, por exemplo, os prefeitos de Abre Campo (MG), de Novas Russas (CE) e de Senador Pompeu (CE), o ex-prefeito de Mirassol (SP), o vice-prefeito de Embu-Guaçu (SP), o prefeito e alguns vereadores de Dom Aquino (MT), o prefeito de Taubaté (SP) e a esposa, o vice-prefeito de Campinas (SP), entre outros. O desfile de alcaides por corredores do xilindró desperta animação, pela aparente inferência no campo da moral, eis que a máxima de Anacaris, um dos sete sábios da Grécia, começa a ser reescrita por aqui: "As leis são como as teias de aranha, os pequenos insetos prendem-se nelas e os grandes rasgam-nas sem custo". Os nossos grandes agora enfrentam um alto custo. De fato, a moralização de costumes na condução da coisa pública ganha faróis acesos dos órgãos de fiscalização, entre os quais o Ministério Público (MP), o Tribunal de Contas da União e os Tribunais de Contas dos Estados. A questão suscita a dúvida: se o sistema de controles é apurado, por que ocorrem tantas ilicitudes na administração pública?

É oportuno lembrar que a administração abriga uma teia gigantesca de programas e serviços que começam na base do edifício público, constituída por 5.565 municípios, entra pelo segundo andar, onde estão os 26 entes estaduais e o Distrito Federal chegando ao piso mais alto, dominado pela maior das estruturas, a federal. E esta se espraia por todos os espaços, imbricando-se com outras malhas, formando interesses múltiplos e incorporando parcerias da esfera privada. Identifica-se, aqui, o que Roger-Gérard Schwartzenberg cognomina de o novo triângulo do poder nas democracias, que junta o poder político, a administração (os gestores públicos) e os círculos de negócios. Essas três hierarquias, agindo de forma circular, cruzando-se, recortando-se, interpenetrando-se, passam a tomar decisões que se afastam das expectativas do eleitor. A cobiça dos parceiros – gestores, empreendedores privados e núcleos políticos das três instâncias federativas – desafia ainda mais o Estado.

Não é fácil separar o joio do trigo e perceber as tênues linhas que distinguem o bem comum do bem privado. A percepção é nítida diante de exageros como casos de superfaturamento, vícios de licitações, apropriação escancarada da coisa pública e flagrantes de ilícitos, por meio de gravações autorizadas pela Justiça. Pode-se aduzir que a lupa dos órgãos de controle ajusta mais o foco nessa planilha. Há a considerar, ademais, que os descaminhos na estrada pública têm sido alargados pela evolução das técnicas. A ladroagem é embalada por um celofane tecnológico de alta sofisticação, diferente dos costumes da Primeira República, quando a eleição do Executivo municipal assumiu relevo prático. Naquele tempo, o lema da prefeitada era: "Aos amigos, pão; aos inimigos, pau". O Brasil da atualidade sobe degraus na escada asséptica, apesar das camadas de sujeira que ainda entopem canais da administração pública. O MP acendeu luzes sobre os esconderijos e parece movido por entusiasmo cívico, haja vista a disposição com que se aferra à missão de proteger o patrimônio público e social.

A tarefa de impedir que a teia de aranha seja rasgada pelos grandes exige mais transparência de todas as estruturas públicas. Programas, ações, prazos e recursos devem ser amplamente divulgados. Seria útil que as comunidades acompanhassem de perto o fluxo das obras municipais, a partir de sua descrição em painéis afixados em praças públicas. Entidades do terceiro setor, muitas representando visões e demandas de grupos, poderão colaborar exigindo maior rigor. O fechamento das comportas da ilicitude seria completado por decisões mais ágeis da Justiça. Eis aí um dos impasses. Por ausência de punição ou por saberem que seus processos se esfumarão na névoa do tempo, indiciados continuarão a romper os limites do império normativo. Urge iluminar a escuridão dos porões do poder. (Junho de 2011)

O RANKING DAS FALCATRUAS

A corrupção no Brasil aumentou porque passou a ter mais controles ou passou a ter mais controles porque aumentou? A resposta não provoca tantas dúvidas quanto o teorema do biscoito encaixado naquele intrigante comercial de TV de meados dos anos 80: "Vende mais porque é fresquinho ou é fresquinho porque vende mais?". A profusão de casos de corrupção, que se espraiam pelos espaços midiáticos, não deixa dúvidas: para 64% dos brasileiros, a praga alargou-se. Se a questão é posta para autoridades, a resposta é outra: nunca a corrupção foi tão combatida como hoje e, graças aos mecanismos de controle, tem diminuído. Sua visibilidade é grande porque o momento é de muita transparência. Nenhum governo aceita a pecha de compactuar com as teias de corrupção que se formam nos porões da administração pública. A transparência e a faxina em frentes ministeriais, com o desligamento de pessoas envolvidas em denúncias de corrupção, nos moldes que a presidente Dilma Rousseff adotou em 2011, ajudam o governo a caminhar na via da moralização, mas sugerem que a administração federal é como um imenso queijo suíço, exibindo buracos por todos os lados.

A observação aponta para a seguinte hipótese: os buracos escondem ilícitos em graus variados. Entendida como comportamento de autoridades que se desviam das normas a fim de servir a interesses particulares, a corrupção revela a existência de frágil institucionalização política. Demandas exógenas superpõem-se aos papéis institucionais, envolvendo, quase sempre, a troca de favor político por riqueza econômica. Mas há os que trocam dinheiro por poder político. Qualquer que seja o caso, vende-se algo público por um ganho particular. É evidente que tal moldura pode ser estreitada ou alargada nas carpintarias dos governos. Como é sabido, estes trabalham com uma das mãos no balcão da política. Governantes compõem as estruturas da máquina com quadros e perfis que lhes deram apoio e com eles chegaram ao poder. Aí se localiza o primeiro rolamento da engrenagem disfuncional. Parcela substantiva dos corpos funcionais age de acordo com interesses grupais (atendendo a demandas de partidos que integram) ou mesmo individuais. Vale lembrar que a política, de missão cívica, povoada por cidadãos escolhidos para representar a coletividade, se transformou em profissão. Como tal, arregimenta quadros atraídos pelo escopo da acumulação material.

O Estado moderno contribui para a expansão da corrupção, na esteira da criação de fontes de riqueza e poder, ascensão de grupos, surgimento de novas classes, estruturação de fontes de recursos e expansão de possibilidades. Os surtos de modernização social e econômica implicam mudanças profundas na vida política. Daí se inferir que a corrupção, aqui, na Europa ou nos EUA, era bem menor há um século. Os campos de ação eram menos elásticos. A instituição política tradicional, por sua vez, incorpora hoje outros valores. Tornou-se banalizada. A administração de coisas materiais assumiu o lugar de ideários. As doutrinas murcharam, as utopias feneceram. E assim os círculos dos negócios inundaram o universo político. Sob esse pano de fundo, a resposta à questão inicial não deixa dúvidas: a corrupção encontra solo fértil na modernização do Estado. Interessante é observar que os sistemas de controle também se multiplicaram. Entre nós, os conjuntos formados para apurar e mapear desvios – Ministério Público, Tribunais de Contas da União e dos Estados, Advocacia-Geral da União (AGU), Controladoria-Geral da União, Polícia Federal etc. – têm sido atentos e proativos. Dispomos também de um conjunto de agências reguladoras, cuja função precípua é estabelecer diretrizes para atuação dos núcleos que cuidam de serviços públicos essenciais.

Não raro, porém, tais mecanismos são impregnados de molas politiqueiras (nomes indicados por partidos) que abrem os dutos da ilicitude. Aduz-se que, ao usar ferramentas tecnológicas nas planilhas dos contratos, corruptos e corruptores acabam saindo do foco das lupas e estendendo seu império em plena era da transparência.

Há outros fatores que incrementam a corrupção. A burocracia, por exemplo. Estudo da Federação das Indústrias do Estado de São Paulo (Fiesp) apontou a carga burocrática como fator negativo para a competitividade nacional, calculando que gera um custo anual de R$ 46,3 bilhões. E, como se sabe, ela é jeitinho de espertos e oportunistas para engabelar não só os incautos, mas os precavidos. Como cobra de muitas cabeças, a corrupção reinventa-se, esconde-se, para reaparecer em locais inapropriados, como os sagrados espaços destinados aos serviços de populações carentes – hospitais, maternidades, escolas, creches, quadras esportivas –, ou na aquisição de produtos básicos (remédios, merenda escolar, cestas de alimentos). É vergonhosa a constatação da AGU de que 70% das verbas desviadas no País são das áreas de saúde e educação. A rapinagem chega às raias do absurdo. Aos desvios de verbas destinadas a crianças e doentes soma-se o roubo de recursos para as cidades devastadas por desastres naturais, como as da região de Teresópolis (RJ)[35]. As cenas de encostas, bairros, casas e ruas destruídas, arrematando depoimentos de que foram destinados milhões de reais que nunca chegaram àquele destino, coroam a imagem da corrupção desbragada que consome as energias nacionais.

Não por acaso o Brasil abriga, segundo pesquisa da Transparência Internacional, 26% do dinheiro movimentado pela corrupção no mundo. Mas a própria ONG reconhece que esse índice pode chegar aos 43%. Há quem calcule que o Produto Nacional Bruto da Corrupção alcance metade do nosso PIB, hoje em torno de R$ 3,67 trilhões.

---

[35] O prefeito afastado de Teresópolis, Jorge Mário Sedlacek (sem partido), teve seu mandato cassado pelos vereadores da cidade no dia 1º de novembro de 2011, acusado, entre outros, do desvio de dinheiro público no processo de reconstrução da cidade, seriamente atingida por inundações e deslizamentos em princípios do ano.

Difícil apurar a quantia exata. Mas tudo indica que o Brasil não faria feio num campeonato mundial de falcatruas. (Julho de 2011)

O ESTOURO DAS CONTAS PÚBLICAS

Uma das fronteiras que têm passado pelo crivo da lupa de moralização no Brasil é a das contas públicas. Como se sabe, é nela que nasce parcela ponderável do Produto Nacional Bruto da Corrupção (PNBC). Não há como negar. Estados e municípios têm-se esforçado para fazer a lição de casa no que diz respeito aos desequilíbrios fiscais, dívidas e comprometimento de receitas com despesas de pessoal. A barreira que conseguiu deter a explosão das contas públicas foi a Lei Complementar nº 101/2000, conhecida como Lei de Responsabilidade Fiscal (LRF), que vem de completar dez anos de existência. Se os governantes têm sido impedidos de gastar mais do que conseguem arrecadar com impostos, evitando endividamento de municípios e Estados, é porque um sistema de freios contém a gestão desbragada.

É curioso observar que a camisa de força imposta, a LRF, chegou a sofrer ação de inconstitucionalidade no Supremo Tribunal Federal de iniciativa do PT, PCdoB e PTB, que pediam a derrubada de 30 dos seus 75 dispositivos. O saldo positivo mostra que o endividamento dos municípios caiu de 8,04% das receitas em 2002 para 0,81% em 2008. Há oito anos, 2.556 municípios apresentavam insuficiência de caixa para honrar compromissos, número que caiu a menos da metade, 1.259. A maioria dos entes federativos cumpre limites, a transparência ilumina a escuridão das contas e os sistemas de controle, como Tribunais de Contas (TCs) e Ministério Público, ganham mais efetividade. A lei tem, assim, provada a sua eficiência.

A disposição da imensa maioria dos governantes, porém, é de escapar aos limites impostos pela legislação. Principalmente em anos eleitorais. Estados não se conformam que sua dívida se limite ao valor de duas vezes a receita. E apontam para a União, que não tem limites para gastos. De 2005 a 2009, só 3,7% das 511 mil multas aplicadas por 16 órgãos foram recolhidos, significando quase R$ 25 bilhões em sanções que escaparam do caixa. Mais de cem ações previstas na Lei de Diretrizes Orçamentárias nem sequer tiveram recursos previstos. Na esfera da União faltam disciplina e zelo no cumprimento das disposições. É inconcebível fechar a peneira embaixo e deixá-la aberta em cima. Se a LRF é aplicada com certo rigor no âmbito dos Estados e municípios, o fato se deve também à lupa dos TCs, cuja função foi normatizada na Constituição de 88.

Apesar de percalços vividos por um ou outro órgão, com foco no comportamento de certos conselheiros, o ordenamento dos TCs está profundamente imbricado à nossa cultura política. Basta lembrar que seu patrono é Rui Barbosa. Titular da Pasta da Fazenda, em 1890 o grande tribuno defendia sua existência como "um corpo de magistratura intermediária à administração e à legislatura, com atribuições de revisão e julgamento de garantias contra quaisquer ameaças".

Guardião da coisa pública, tem como função primordial examinar os aspectos de legalidade, legitimidade, economicidade e gestão operacional das ações dos gestores. Tome-se o exemplo de construção de uma passarela de pedestres. Apreciar a legalidade da obra é verificar se houve autorização nas leis orçamentárias, se a Lei de Licitações e a LRF foram cumpridas; a economicidade relaciona-se ao custo, que deve refletir o preço de mercado; enquanto a legitimidade aponta para a observância dos princípios da moralidade e do interesse público. Se a obra for um desvio para ajudar empresa de parente ou amigo do gestor, poderá cair na malha de despesa ilegítima. Já o controle operacional deverá avaliar se a despesa foi executada de forma eficaz, eficiente e efetiva, ou seja, se foram contemplados os elementos na data aprazada, os recursos alocados de maneira racional e as metas cumpridas.

É bem verdade que para enfrentar as teias de interesses os TCEs precisam aperfeiçoar seu desempenho, a partir de um controle externo. O conselheiro-corregedor do TC de Pernambuco, Valdecir Fernandes Pascoal, defende a criação de um Conselho Nacional de

Tribunais de Contas, sob o argumento de que, "se o órgão é o fiscal da gestão alheia, deve ter a obrigação de ser referência para os demais Poderes nos quesitos legalidade e transparência".

Outra área crítica é a das indicações eminentemente políticas e sem a observância dos requisitos constitucionais de notório saber, idoneidade moral e reputação ilibada. Por que não aumentar a proporção das vagas destinadas aos servidores de carreira, que ingressam mediante concurso público? O apuro profissional dos tribunais é a alternativa para que os mecanismos de controle sejam efetivamente usados. Tribunais fracos e despreparados contribuirão para que as planilhas de contas estaduais e municipais sejam devastadas por viés eleitoreiro.

Há um porém: como reforçar o braço da moralização, se o braço da permissividade puxa em sentido contrário?

Eis a pista: puxar o apoio da sociedade para a banda da moral. (Junho de 2010)

A ADMINISTRAÇÃO DA *RES PUBLICA*

O FOGO E A ÁGUA

O incêndio comia, rápido, a vegetação das dunas na Praia do Calhau, em São Luís do Maranhão, em uma ensolarada manhã de sábado, sob os olhares curiosos de pessoas encarapitadas no cume do morro e de frequentadores dos bares da orla[36]. Um único bombeiro procurava tirar água de um velho caminhão-tanque, usando uma mangueira curta e esgarçada. O esforço parecia em vão. Diante do fogaréu, uns 20 garis vestidos de amarelo queimado, com máquinas elétricas e barulhentas, cortavam escassos fiapos de capim do canteiro central entre as duas faixas da bela avenida litorânea, cumprindo

---

[36] Outubro de 2005.

a tarefa de "embelezar as ruas da praia". A cena se completava com a azáfama de 50 trabalhadores empenhados em concluir gigantesca arquibancada para o acolhimento dos foliões do Marafolia, o carnaval fora de época.

Com todo o respeito aos maranhenses, esse flagrante, pinçado por acaso, retrata fielmente a administração pública no Brasil, País que, no dizer do geógrafo Milton Santos, transforma as cidades em coisas grandes e pequenas – obras monumentais para os privilegiados e modestos mimos para os pobres. A incompetência na gestão provém de uma inversão de valores, pela qual o secundário toma o lugar do principal. Fogo devastando o meio ambiente é coisa menor. Coisa maior é a belezura das praças, a cosmética urbana transvestida em moda para a gastronomia dos olhos e louvação de administradores. Coisa maior é o sucesso da política econômica, aí inseridos o superávit primário e a mais alta taxa de juros do mundo. Coisas menores são a violência, o desemprego em massa, as estradas esburacadas, a falta de remédios nos hospitais ou doenças que ameaçam um rebanho bovino de 200 milhões de cabeças.

Os dados apontam para a inexorável realidade: o Brasil é um dos maiores campos de fumaça do planeta. Dos 5 milhões de km² de matas virgens que o País possuía por ocasião do Descobrimento, há hoje, menos de 3 milhões. Pior, o mar vira deserto. Não dá para acreditar. Como é possível faltar água potável na região amazônica, que guarda um quinto da água doce do planeta? Pois falta água potável nas cidades do Amazonas assoladas pela seca. A administração pública é incapaz de montar um sistema de abastecimento de água a partir dos rios que ali correm. Mas fogo há, e abundante. Na Amazônia Legal, berçário de vida de 5,1 milhões de km², que ocupa 60% do território brasileiro, o fogo devasta a paisagem. Torrou, nas últimas três décadas, 14% da floresta, o equivalente ao território da França. Os satélites acusam: entre 2003 e 2004, foram desmatados 26 mil km², a maior taxa de destruição do mundo depois da China. A cada ano, centenas de milhares de focos de queima ilustram o mapa mundial com um gigantesco mosaico de grandes e pequenas fogueiras, pelo qual o País se credencia a ganhar o troféu Thomas Hobbes, um lobo de madeira, com o epíteto: "O homem é o lobo do homem".

Ao processo de combustão que devasta as riquezas da Nação, se adiciona o fogo não muito brando das vaidades. Perfis de bronze em praças públicas, tinta branca em meios-fios, plantação de rosas ganham volumosos recursos dos governos dos 5.565 municípios brasileiros. A equação está posta no exemplo: 20 garis passando pó-de-arroz na avenida e um único bombeiro apagando o fogo. Não há demérito na decisão de embelezar as cidades. As perspectivas animadoras para o turismo nacional comportam soluções estético-urbanísticas. O erro é não dar a mesma ênfase a programas menos visíveis, como saneamento básico. Mais de 55% da população brasileira não têm água encanada nem saneamento básico. O compromisso social se submete ao compromisso pessoal. A filosofia do homem público é: primeiro, eu; segundo, eu; terceiro, eu. As administrações floreadas (jardins e praças) capturam mais votos que as administrações soterradas. E, assim, o conceito de "bonitinho, mas ordinário" vai ganhando espaço.

A administração fosforescente se completa com mais dos tipos de fogo. Um deles torra recursos no assistencialismo demagógico. Milhões de brasileiros carecem de pão, casa, remédios, bolsas. Até aí, tudo bem. Mas esses programas, por ausência de ações estruturantes, perpetuam a miséria e o domínio da velha política. É assim que os governantes conservam o poder. Exemplo é o Bolsa-Família do governo Lula. Nos próximos dias, a TV vai trombetear a expansão do programa para cerca de 12 milhões de famílias. Trata-se de moeda de troca para o voto. O último tipo de fogo é a combustão da energia popular. É o fogo das festas. O circo aparece como sobremesa do pão. Carnavais fora de época, descontração, clima de catarse e ar de orgia. Marafolia! Brasilfolia! É o fogo em ação. (Outubro de 2005)

O BRASIL DAS CALAMIDADES

O chiste é conhecido. Ao criar o mundo, Deus distribuiu as catástrofes pela Terra, enquanto comentava com o anjo ao seu lado: "aqui eu vou localizar os EUA com seus terremotos e furacões; ali vai ser a Europa, que vai ter vulcões e também terremotos; acolá, vou instalar a Ásia, com desertos, terremotos e tsunamis". Curioso, o anjo indagou: "e nesse local vai pôr o quê?" Deus respondeu: "aqui será o Brasil". Insistiu o arcanjo: "e ele não vai ganhar catástrofes naturais"? A resposta divina: "não, de jeito nenhum, mas você vai ver os políticos que eu vou botar lá". Ou a versão sobre a criação do mundo não é correta ou a galhofa sobre o Brasil não resiste aos solavancos da natureza neste início de século XXI. Pois os nossos trópicos começam a frequentar o ranking das grandes catástrofes do planeta. Em janeiro deste ano, o país registrou o maior desastre climático de sua existência, na região serrana do Rio de Janeiro, que contabilizou 820 mortos. Foi o 8º pior deslizamento de terras da história mundial. O ano chega ao fim com o grave acidente no poço da Chevron, no campo de Frade (Bacia de Campos/RJ), que derramou no mar 440 mil litros de petróleo. De desastre a desastre e milhares de vítimas, vivenciando incidentes que deixam marcas profundas na anatomia de cidades e regiões, o Brasil já não é o território seguro tão admirado em comparação com outras Nações. Seu mapa faz parte da geografia de vorazes predadores da natureza. Quando se efetivar a extração de óleo do pré-sal, ganharemos o título de terceiro maior poluidor do mundo, ficando apenas atrás dos Estados Unidos e da China.

Subimos celeremente no ranking da poluição. A planilha de calamidades se adensa. Em 2010, a Petrobras, empresa-orgulho da Nação, bateu o recorde de autos de infração, registrando 57 vazamentos. O volume de petróleo e derivados derramado cresceu 163%, pulando de 1.597 mil barris, em 2009, para 4.201 mil barris espalhados na natureza no ano passado. Pairam ameaças por todos os lados, ilustrado por um supercargueiro da Vale do Rio Doce, que ao ser carregado com 385 mil toneladas de minério de ferro, no porto de São Luis, no Maranhão, exibia rachaduras no tanque de lastro. Despejada no mar essa carga ocasionaria tragédia sem precedentes em nossa costa. Na paisagem devastada por acidentes/incidentes, muitos dos quais resultam de incúria, a nota de destaque: o Brasil não dispõe de um plano de contingência para administrar catástrofes. A cada evento, seja um temporal arrasador, o vazamento de óleo de um poço, ou uma epidemia de dengue, como a que se prenuncia em cerca de 300 cidades, as providências revelam traços de improvisação. Mas não faltam discursos conflitantes, passeios de autoridades por destroços, uma ou outra verba liberada para dourar a imagem dos governos de plantão e multas que não se sabe quando e como serão pagas pelos responsáveis.

O país é useiro e vezeiro na arte de improvisar soluções para suas tragédias. Todos os anos, as mesmas regiões sofrem com enchentes e enxurradas, principalmente Santa Catarina, Rio Grande do Sul e cidades serranas do Rio. As mortes e o número de acidentados se expandem. As rotinas se banalizam. Após os impactos físicos e emocionais, a vida volta ao normal e as populações passam a conviver com obras de recuperação, as quais, com raras exceções, não vão ao cerne dos problemas. As calamidades tornarão a ocorrer. Se não dispomos de programas (robustos) para administrar os previsíveis eventos de nossas estações climáticas, imagine-se o caos que um acidente nuclear poderia gerar. É lorota argumentar que nossas usinas são seguras e confiáveis. Não era seguro o reator 4 da Central nuclear de Chernobyl, que, ultrapassando o nível de aquecimento, explodiu e provocou uma nuvem radioativa sobre a ex-União Soviética e Europa Oriental em 1986, matando milhares de pessoas? Dois anos antes, em Bhopal, na Índia, um vazamento de 42 toneladas de isocianato de metila de uma fábrica, em contato com a atmosfera, ceifou a vida de 20 mil pessoas e de milhares de animais. O Brasil saberia administrar um acidente nuclear na região de Angra dos Reis? Se alguém responder positivamente, estará cometendo um desatino. Não sabemos lidar com tragédias.

Em face do potencial brasileiro na exploração do petróleo (9 mil poços em operação em mar e terra e perspectiva de produzir 6 milhões de barris diários até 2020) e tendo em vista a perspectiva do pré-sal, é razoável prever que os riscos iminentes se localizam nesses campos. Este episódio provocado pela americana Chevron remete ao maior desastre ambiental da história dos Estados Unidos, ocorrido em abril do ano passado, quando 172 milhões de galões de óleo foram despejados no Golfo do México, ocasionando prejuízos materiais e ambientais inestimáveis. Dessa teia de eventos terríveis, sobra para as nossas autoridades o conselho de redobrar a atenção. Urge não apenas planejar sistemas de prevenção, mas fazer mapeamento minucioso das frentes consideradas de risco (alto, médio e pequeno) em todos os espaços do território nacional. Há uma pletora de estruturas com responsabilidades sobre os espaços de risco – agências reguladoras, órgãos de controle e monitoramento ambiental nas instâncias federal, estadual e municipal, ministérios e frentes de defesa civil etc. Ressente-se de clareza normativa e operacional para tais órgãos. Quem coordena o quê e quem? Como é sabido, são comuns, entre nós, duplicações de estruturas e consequentes acusações recíprocas de culpas. Os governantes, por sua vez, desenvolvem certa ojeriza em relação a ações que não dão voto, como planos de prevenção, obras escondidas (saneamento básico), códigos de controle ambiental ou conceitos abstratos como desenvolvimento sustentável.

De tropeço a tropeço, a imagem do Éden, que nos é impingida desde quando Cabral, deslumbrado, arregalou os olhos para a exuberância de nossa natureza, se esgarça na fumaça desses tempos cada vez mais catastróficos. (Dezembro 2011)

MODERNIDADE E ATRASO

No Brasil, os extremos se cruzam com facilidade em muitos espaços do território, mas é nas metrópoles que eles se dão as mãos. São Paulo costuma superar com facilidade recordes de congestionamento.

O Rio de Janeiro exibe, ano a ano, recordes de epidemia de dengue. O presidente Luiz Inácio corre o País exibindo seu Programa de Aceleração do Crescimento (PAC), de R$ 503 bilhões, que a população de Niterói aponta como a principal ação do governo na região. Detalhe: naquela cidade não há nenhuma obra do programa. O Sistema de Avaliação de Rendimento Escolar do Estado de São Paulo (Saresp) revela que apenas 4,3% dos alunos do terceiro ano do ensino médio conseguem saber quantos comprimidos um paciente deve ingerir por dia se a receita indica um a cada seis horas. O Banco Central anuncia que o volume de crédito fechará o ano com um recorde: 40% do PIB, R$ 1,1 trilhão, uma dinheirama para abrir as comportas do consumo. Sob essa moldura se escondem as duas faces do País. A visão de superfície é misto de riqueza e futuro. O olhar nas profundezas da Nação é o encontro da pobreza com o passado.

Estamos diante da fábula do fogo. Considerando-se elemento superior, o fogo se ofende porque a água, na panela, está acima dele. Despeitado, começa a erguer cada vez mais alto suas chamas até provocar a ebulição da água, que, transbordando da panela, o extingue. O Brasil é palco permanente da disputa entre o fogo e a água, o Yin e o Yang, o positivo e o negativo, o lado moderno e a banda retrógrada. Ao conforto de exuberante economia, que o atual governo faz questão de defender como trunfo de sua competência, se contrapõe o desconforto da maior epidemia de dengue da História brasileira[37], que se espraia sob os escombros da precária estrutura de saúde pública e da troca de acusações entre autoridades federais, estaduais e municipais, cada uma se eximindo da culpa pela proliferação de um mosquitinho que em 2007 povoou todas as regiões para cavar um cemitério de 158 mortos. O bichinho, portanto, dera o aviso de que voltaria. E voltou debaixo da chuva de desculpas das autoridades: "São as águas de março."

---

[37] No 1º trimestre de 2008, o mosquito da dengue infectou 42 mil pessoas no Estado do Rio de Janeiro, superando 2007 e matando 50 pessoas.

É incrível, porém, verdadeiro. As duas maiores capitais do País, com orçamentos extraordinários e administrações que se vangloriam de êxitos, atravessam um dos mais angustiantes ciclos de sua vida. São Paulo, com 10 milhões de habitantes, é a perfeita imagem do caos. Corredores se entopem de carros em todos os horários. Ao lado dos 700 veículos novos e 240 motos que entram diariamente no trânsito (vindo a se somar aos 6 milhões que circulam na Grande São Paulo), uma comunidade de 150 mil habitantes – fruto de imigrantes e nascimentos – se incorpora anualmente ao apertado espaço. Não é de estranhar que a média de mortes por atropelamentos em São Paulo seja três vezes maior que a da Inglaterra, dos EUA e do Canadá. As equações para atenuar o congestionamento são tênues e até polêmicas, como ampliar o rodízio para quatro horas. O uso de um segundo carro invalida a medida. Esbarra-se sempre na questão: o casuísmo predomina e não se contemplam as várias frentes que interferem na cadeia de problemas, a partir de legislação adequada para uso do sistema viário e combate à especulação urbana.

Se o País não fosse tão imprevisível, com planejamento tão voltado para o imediatismo e administração tão inspirada no democratismo populista, poderíamos ter políticas sólidas. Bastaria, por exemplo, que candidatos a governante passassem no vestibular eleitoral expressando visões sobre as graves questões das municipalidades. É inaceitável que os alcaides das duas maiores metrópoles brasileiras não saibam o que e como fazer para aliviar o tormento das populações. No Rio de Janeiro, no auge da epidemia, o então prefeito César Maia deu muitas flechadas no então ministro da Saúde, José Gomes Temporão, que chamava de falastrão. O termo pejorativo não ajudou a matar um mosquito sequer.

As aflições seriam menores se o processo de escolha dos dirigentes adotasse o figurino racional: candidatos obrigados a apresentar nas campanhas um programa a ser executado pela prefeitura sob rígido controle das Câmaras Municipais e fiscalizado pela sociedade. Aclaremos a ideia: a verborragia de cada postulante daria lugar à exposição detalhada de ações para debelar os problemas. Os homens públicos deveriam aprender a lição: suas fogueiras de vaidade não resistem à água em ebulição. (Abril de 2008)

A ESCOLA PÚBLICA REPROVADA

Primeiro flagrante: mais de 60 milhões de brasileiros – cerca de um terço da população – estão em salas de aulas. Esta é a soma do contingente de 55 milhões de alunos do ensino básico com grupamentos do ensino profissional, da graduação e da pós-graduação. À primeira vista, uma estatística de Primeiro Mundo. Segundo flagrante: o ensino básico atravessa a maior crise de sua história. Milhares de alunos concluem a quarta série sem saber ler nem escrever, muito menos fazer contas. Terceiro flagrante: 33 milhões de brasileiros são capazes de ler, mas não conseguem entender o significado das palavras. São analfabetos funcionais. Quarto flagrante: o ministro da Educação, Fernando Haddad, ao atestar a baixa qualidade do ensino médio, expressa conformismo: "A escola que temos é melhor do que sair da escola." Maria Helena Guimarães de Castro, ex-secretária de Educação do Estado de São Paulo, vai direto ao desfecho: "Não há alternativa à educação de qualidade." As indicações mostram que o Brasil está condenado a rastejar na sombra de Países que fazem da educação a locomotiva do progresso, como Reino Unido, Finlândia, Eslovênia, Suécia, Canadá, Japão e Coréia do Sul.

A crise da educação básica é um fio esgarçado que prende o País à teia do atraso. Pior é que isso ocorre num momento em que as condições para a decolagem nunca foram tão propícias. Discurso sobre a melhoria da qualidade do ensino é o que não falta na boca de governantes e de educadores. Dinheiro há. A lei obriga Estados e municípios a investirem em educação 25% de seus orçamentos, enquanto a União deve aplicar, no mínimo, 18%. Se a lei não é cumprida, isso é outra história. Ademais, o governo proclama que sua rede social é a maior, de todos os tempos, em tamanho. Por acaso a educação não integra a rede? A indagação procede: por que a pujança econômica, exibida como triunfo do governo petista, não puxa o enferrujado trator educacional? O que falta para se fazer a "revolução" na sala de aula? Porque esse menu, como se diz no Nordeste, tem "muita farofa e pouca sustança". A fachada da nossa cultura é de areia sem cimento, o que a transforma numa "cultura de fachada".

A índole do povo, como alguns apontam, é a raiz da crise. O sentimento de liberdade, inerente à alma brasileira, seria, assim, incompatível com o arcaísmo do ensino do bê-á-bá. A aula-padrão quadrada, lousa, giz e saliva perdem eficácia diante de cognições mais sensíveis à estética. O próprio ministro Fernando Haddad levanta a hipótese de um País mais ligado à imagem do que à leitura, motivo pelo qual seu Ministério organiza amplo programa de informatização. O fato é que a escola pública, modelo de qualidade em Países como a Inglaterra, é entre nós a cara da ruindade: desaparelhada, sujeita à violência, professores ausentes, parcos salários, gestão improvisada, falta de assessoramento pedagógico. As autonomias se esfacelam diante da rígida hierarquia. Ao fundo, o patronato político ainda tira lasquinhas com a nomeação de quadros dirigentes.

Por onde começar o redesenho? Pela concepção de uma nova escola, integrada ao tempo e ao espaço, capaz de construir pontes entre aluno e seu meio. Uma escola de formação para a vida. Sabe-se que a falta de conexão entre o estudante e o mundo é responsável por altas taxas de evasão. Segundo o Pnad 2005[38], 97% das crianças de 7 a 14 anos estavam matriculadas, mas apenas 41% dos jovens de 15 anos concluíram o ensino fundamental. E mais: 34% dos alunos de 10 anos sofreram atraso escolar, chegando esse índice aos 55% na idade de 14 anos. Como se aduz, a exclusão começa na própria escola. A escola pública se depara com uma montanha de obstáculos. As grades curriculares não contam com a participação da sociedade, deixando de incorporar novas fronteiras do conhecimento. Muitos dos 2,5 milhões de professores de educação básica, lecionando nas 200 mil escolas pú-

---

[38] Pesquisa Nacional por Amostra de Domicílios (do IBGE).

blicas do País, ainda não tomaram conhecimento de que o Muro de Berlim desmoronou. O desestímulo espanta. Só em São Paulo, cerca de 30 mil professores faltam diariamente à rede de ensino. E 70% dos formados em licenciatura no País não querem dar aulas.

A descontinuidade administrativa trava experiências. Somos um País que preza experimentações isoladas. Mas ações fragmentadas não ajudam a agregar qualidade. A ausência de compartilhamento entre modelos gera uma anatomia educacional como a do queijo suíço, cheia de buracos. Por último, uma questão de fundo ideológico: o conceito da educação para a cidadania, tão enfatizado por Norberto Bobbio. Certos governantes preferem cidadãos passivos a ativos. Eles são depósitos de votos a favor, retribuindo migalhas recebidas. Já os cidadãos ativos filtram a água contaminada por vasos eleitoreiros. Parece incoerente o fato de que o Brasil estica o cordão da cidadania passiva, quando pelos dutos da educação corre um sangue inovador saído das veias de lídimos educadores como Anísio Teixeira, Paulo Freire e Darcy Ribeiro.

Nos desvãos da escola pública reprovada se edificam estátuas de populistas. Sob seus escombros se desenha o status quo. Não queremos afirmar que seja essa a intenção do atual governo. Confiemos na boa intenção do ministro Haddad. Remanesce, porém, a impressão de que há muito esforço para o distributivismo bolsista e falta vontade para desobstruir os gargalos da educação básica. Sobre um penhasco de Engadine, nos Alpes, refletindo sobre as correntezas baixas. Nietzsche gritava: "Vejo subir a preamar do niilismo." É o que estamos a ver nas águas turvas do ensino básico. O Brasil pode esperar por uma educação pública de qualidade? Aventuro-me a responder: difícil, para não dizer impossível. Falta, sobretudo, vontade para tanto. (Abril de 2008)

MILÍCIAS, O NOVO CORONELISMO

No Brasil, o passado é sempre revisitado. E com direito a reviver seus hábitos, mesmo os pérfidos. É o caso do coronelismo do ciclo agrícola, que castigava o livre exercício dos direitos políticos. Os velhos coronéis da Primeira República (1889-1930) consideravam os eleitores como súditos, não como cidadãos. Criavam feudos dentro do Estado. A autoridade constituída esbarrava na porteira das fazendas. Agora, neste País urbano, o governo precisa pedir licença para subir o morro. O império coronelista do princípio do século passado finca raízes no roçado do Rio de Janeiro. A denúncia é grave: 171 comunidades de dez cidades do segundo maior colégio eleitoral do País chegaram a ser dominadas por milícias, quadrilhas comandadas por policiais que ameaçam pessoas que não elegem seus candidatos. Estamos diante de um novo coronelismo? O voto de cabresto, prática fraudulenta dos tempos da oligarquia rural, transfere-se, neste momento, para o domínio de comandantes de milícias, personagens da urbe violenta que se valem da insegurança para implantar o medo. Os currais eleitorais são comunidades miseráveis, comprimidas em morros, favelas e bairros degradados, onde o poder bandido monta formidável aparato.

A mudança da identidade nacional pouco tem contribuído para a alteração do mapa político. Nos últimos 60 anos, a população urbana cresceu, no País, de 31% para 82%, agigantando cidades, expandindo demandas, mas propiciando a continuação de vícios, dentre eles o voto por encomenda. É verdade que mudanças sociais e políticas, a partir das décadas de 30 e 40, contribuíram para melhorar a participação do povo no processo eleitoral. Mas não se pode negar a imensa distância, hoje muito perceptível, entre a fortaleza econômica e a nossa frágil estrutura política. O biólogo francês Louis Couty[39] dizia, em 1881, que "o Brasil não tem povo". Seu argumento era que, dos 12 milhões de habitantes da época, poucos eram os eleitores capazes de impor ao governo uma direção definida.

Uma razão para explicar nossa incultura política é a equação que soma componentes como pobreza educacional das massas, perver-

---

[39] 1854-1884.

sa disparidade de renda entre classes, sistema político resistente às mudanças, sistema de governo ortodoxo (hiperpresidencialismo de cunho imperial) e patrocínio de mazelas históricas, entre as quais reinam, absolutas, o patrimonialismo e o assistencialismo, conforme já apontamos anteriormente assim reiteramos que sob essa teia esburacada, a concentração de forças permanece sob a égide do Estado todo-poderoso, bem visível na função de cobrador de impostos, eixo repressor (policialesco), distribuidor de favores e com poder de definir os destinos da sociedade. O corolário deste modelo se expressa no conceito de "estadania" em contraposição à "cidadania", cultura orientada mais para o Estado do que para a representação política.

O brasileiro continua a ser um "cidadão menor" e, sob esta perspectiva, podemos compreender as causas para o ressurgimento de novos coronéis da política, como os quadrilheiros urbanos, e outras formas de opressão que limitam a liberdade do cidadão em pleno século 21. Para início de conversa, esse "cidadão precário" integra o maior contingente nacional, sendo a grande maioria dos 135 milhões de eleitores apta a votar. São os aglomerados que se aboletam nas periferias congestionadas do Sudeste, região que abriga 44% da população, e os bolsões carentes do Nordeste, onde vivem 28,5% dos brasileiros. A vassalagem de ontem muda de patrão, mas não de atitude. O drible moral continua a dar as cartas. Ontem, o coronel rural entregava o voto fechado no envelope para o súdito depositar na urna, sem lhe dar o direito de saber em quem estava votando: "O voto é secreto, imbecil." Hoje, o coronel miliciano e o chefe da gangue prometem conferir votos dados a seus candidatos. Se os votos forem menos, alguém pagará. (Agosto de 2008)

PARAÍSO TROPICAL, ADEUS

De tragédia em tragédia, o Brasil vai apagando das páginas de sua História o mito de paraíso terrestre que aqui se cultiva desde os tempos em que Pero Vaz de Caminha, embevecido com a exuberância das matas, as águas cristalinas dos rios, a beleza das praias, enfim, o jardim paradisíaco habitado por homens pacatos e mulheres nuas fruindo a liberdade do prazer e do ócio, descreveu a el-rei a condição ímpar de uma terra em que "se plantando, tudo dá". É bem verdade que essa terra, "grande e selvagem estufa, luxuriante e desordenada que para si própria fez a natureza", nos termos descritos por Charles Darwin, ganhou de contraponto à imagem de Éden a carranca de um inferno verde. Foi Lévi-Strauss que a pintou como o "ambiente mais hostil ao homem sobre a superfície da Terra". Descrevia o antropólogo o reino horripilante de insetos e artrópodes, picadas de mosquitos, mutucas e miruins, piuns e carrapatos, as aranhas, lacraias e escorpiões, o espectro das moléstias e do calor, que viu e sob o qual padeceu nos grotões de Mato Grosso. Dos idos de 1935 a 38 para cá, as entranhas nacionais foram sendo ocupadas de modo acelerado, ganhando as tintas da modernidade (e da devastação). E assim o território passou a conviver com as dobras que entrelaçam a majestosa estética de uma maravilha do planeta com cenas aterradoras, fruto da união entre a força da natureza e a incúria humana.

A tragédia que devastou um dos mais bonitos cartões-postais do País[40] é a inequívoca demonstração de que, por aqui, o conceito de paraíso se está esboroando. As catástrofes, de tão previsíveis, começam a fazer parte do calendário entre o Natal e a folia carnavalesca. Em 2008, as águas devastaram Santa Catarina, afetando mais de 1,5 milhão de pessoas e 25 comunidades. Em 2002, na mesma Região Serrana do Rio morreram 42 pessoas. No final de 2009 houve o deslizamento de terra na Ilha Grande, em Angra dos Reis, que chegou a matar 30 pessoas. Na época, o governador do Rio de Janeiro, Sérgio Cabral, falou em "crônica das mortes anunciadas", querendo dizer que os eventos trágicos estavam previstos. Ora, por que Cabral, em vez de usar um surrado refrão, não tomou providências concretas – nas áreas de pre-

---

[40] Na região serrana do Estado do Rio de Janeiro, atingindo principalmente Nova Friburgo e Teresópolis.

venção e controles – para atenuar os efeitos dos desastres "anunciados"? Desleixo, acomodação, cultura de empurrar com a barriga as questões de fundo? Há 5 milhões de pessoas que vivem em áreas de risco no Brasil. Há planos para administrar os acidentes que podem acontecer nesses espaços? E por que não existem?

A falta de respostas positivas decorre, primeiro, da ausência de clareza sobre a autoridade maior com responsabilidade para cuidar de tragédias. Descobre-se, nas entrelinhas da cobertura midiática, que há uma Secretaria Nacional de Defesa Civil, afeta ao Ministério da Integração Nacional. Trata-se, por suposição, do órgão superior para administrar situações trágicas. Ora, esse Ministério, apesar do rótulo Integração Nacional, foca sua atividade na Região Nordeste, onde estão sediadas as estruturas encarregadas de cuidar de calamidades decorrentes de intempéries. Mas a lógica exige que se produza o mapeamento de ameaças de catástrofes em todas as regiões. É uma ação que demanda um bom aporte de investimentos nos setores de prevenção. Os dados apontam, porém, que navegamos na contramão: entre 2000 e 2010 foram gastos R$ 542 milhões em programas preventivos e R$ 6,3 bilhões nas operações de reconstrução e apoio às comunidades vitimadas. Há falhas também na esfera da articulação. União, Estados e municípios deveriam adotar uma expressão uníssona em matéria de Defesa Civil, até porque essa frente, pelo menos teoricamente, faz parte das estruturas na maioria das municipalidades. Se não há articulação entre os entes federativos, inexistem planos integrados de ação preventiva. Dessa forma, ninguém faz avançar as ideias. O descontrole grassa por toda parte.

Há uma legislação para proteção de encostas, reflorestamento, demarcação de áreas de risco, controle de estabilidade do solo e das construções em assentamentos populares? Há, sim. Mas não é usada de modo adequado. Um jeitinho aqui, uma curva acolá, um trejeito mais adiante conseguem burlar a legislação. Ao final, a incúria abraça-se à acomodação. Portanto, o surto legislativo que poderá advir, a partir da tragédia na Região Serrana do Rio de Janeiro, será ineficaz. Não precisamos de mais leis, e sim fazer que os códigos existentes sejam rigorosamente aplicados. Lembrando o velho Montesquieu: "Quando vou a um País não examino se há boas leis, mas se são executadas as que há, pois há boas leis por toda parte". E se a lei não é aplicada, de quem será a culpa? Do governante. Nesse caso, cabe avocar sua responsabilização. Não fez cumprir a regra? Punição. Urge que o Ministério Público, por sua vez, ponha a mão na cumbuca, identificando os atores responsáveis pelo desleixo nas instâncias municipal, estadual e federal. No dia em que um governante for flagrado e punido por não cumprir a lei que coíbe construções precárias e irregulares em solo urbano, o Brasil estará dando um passo à frente no terreno da ordem pública.

É evidente que, à margem de providências imediatas e concernentes ao plano de defesa ambiental, os entes públicos carecem privilegiar a infraestrutura de serviços públicos fundamentais, a partir de políticas de habitação, saneamento, sistematização da coleta de lixo etc. Não há espaço físico que resista incólume à expansão urbana, sem sistemas para absorver as crescentes demandas. Para fechar o circuito do equilíbrio entre a força da natureza e a vida social, cabe prover os espaços com ferramentas tecnológicas capazes de detectar a ocorrência de fenômenos nas áreas de risco. Países que as possuem sofrem danos menores.

Com esta receita o Brasil, quem sabe, poderá resgatar sua imagem de paraíso tropical. (Janeiro de 2011)

CICLO LULA: ESPERANÇA, MUDANÇAS E O MAIS DO MESMO

PROMESSA OU MESMICE?

Luiz Inácio pedia a seus ministros mais ação e menos discurso, mais integração e menos divergência, mais criatividade e menos queixa de falta de verba. Batia de frente no modelo de gestão capenga que domina a administração pública federal e que ele próprio ajudou a entortar com a ampliação exagerada de ministérios e secretarias especiais. Um dos mais auspiciosos resultados que o Brasil poderia alcançar, sem precisar de emendas constitucionais, cooptação de parlamentares, negociações com partidos, está na área da gestão, que carece de reforma nos métodos e no sistema de decisões administrativas.

O diagnóstico já é bastante conhecido: permanece o desequilíbrio entre a hiperatividade decisória e a eficiência de operação da burocracia governamental. Uma ordem do presidente acaba esbarrando nos chamados canais burocráticos. O fato é que atrasos no cumprimento de decisões, pouca motivação e disposição de burocratas, falta de sinergia, confusão de competências e ausência de controles convergem para estabelecer as bases do império do desperdício e da irresponsabilidade, cujas consequências entram pelo ralo do risco Brasil. A reforma na administração, de caráter endógeno, é a grande lição de casa a ser feita. Se a máquina fosse mais lubrificada, mais ágil e menos perdulária, o Governo aumentaria sua credibilidade junto à sociedade, garantindo um impacto que reformas exógenas, como as da previdência e tributária, só alcançarão no longo prazo.

A crise de governabilidade, tão proclamada quando dela se faz uso para justificar a necessidade de se promover o ajuste fiscal e tributário, tem um forte componente na esfera da execução das políticas públicas, na incapacidade de fazer valer as leis e no descumprimento das decisões mais altas. A herança patrimonialista do Estado brasileiro e o sentido cartorial que ainda inspira padrões burocráticos encontram eco na alma de tecnocratas, uma casta recheada de representantes que confundem espaços públicos com territórios privados. Para agravar a situação, ainda há de se conviver com a praga do loteamento de cargos entre políticos. Quando se sabe que existem mais de 20 mil cargos na administração federal, dá para se perceber a extensão do conceito de capitanias hereditárias ainda vigente no País. Sob esse quadro desalentador, não há como estabelecer controles adequados para fiscalizar a aplicação de recursos e menos ainda garantir a continuidade de programas administrativos de gestões anteriores considerados exemplares. Ao custo da falta de controles, somam-se os custos da descontinuidade, do desperdício, das viagens, do tráfico de influência, da improbidade administrativa, do vazamento de informações privilegiadas etc.

O tamanho da burocracia governamental é um exemplo acabado da improvisação com que se trata a coisa pública no País. Trata-se de uma gigantesca máquina, com cabeça agigantada e corpo debilitado. É um arremedo de Proteu, o deus marinho, que tinha forma extravagante, daí sendo associado ao homem-elefante, com sua cabeçorra. Com esse perfil disforme, tem sido visível o descompasso entre o peso da cabeça governamental e os outros volumes, situação que gera problemas de ajustamento, até em assembleias ministeriais regadas a bocejos, que nem mesmo as piadas presidenciais conseguem conter. O modelo de gestão parece inadequado a um ciclo que recomenda racionalização, enxugamento, síntese e convergência.

Nas organizações privadas, identifica-se nas chefias intermediárias a retenção de informação, fato que deixa os quadros executivos, ao final da linha, desprovidos da base de conhecimento necessária para executar as tarefas. E isso ocorre porque determinados chefes, com receio de perder poder, não passam informações aos subordinados. No caso do Governo, o fenômeno abriga interesses de burocratas em segurar a peteca, influência do compadrio político, vícios e mazelas da cultura da administração pública e sentimento de posse do espaço público pelos "donos dos pedaços".

Tempestividade e agilidade são conceitos inexistentes no vocabulário dos burocratas. Integração de setores e programas é algo que não combina com quem disputa poder. A burocracia não percebe que o corpo social continua desnudo. Se o próprio presidente compara a economia como uma bicicleta que não sai do lugar, imagine o povo mais simples, que, segundo as pesquisas, não sabe o que são as reformas em tramitação. A sociedade aceita que os governos tenham um tempo para conhecer e lubrificar a máquina. Começa a desconfiar quando a história termina, mas o relato das versões continua. Lula foi eleito na esperança de levar a pedra dos ombros do povo até o cimo da montanha. (Maio de 2003)

UM PROJETO DE LONGO PRAZO

A população brasileira cultiva em seu imaginário coletivo a ideia de que o presidente da República é o verdadeiro representante do povo, sendo a força de quem tudo se espera, fato que acaba deixando outras peças da engrenagem política e do processo decisório em grande obscuridade. Lula, pelo seu estilo de marcar presença nos espaços centrais e periféricos, falando sobre tudo e para todos, conferia grau mais elevado à proeminência do poder presidencial, pelo menos no que concerne à visibilidade nos palcos enfeitados. O presidente não perdia oportunidade para fazer chiste, colocar um boné na cabeça e despejar palavras. A essa situação, agregava a imagem de um Governo em parceria com a sociedade, coisa que procurou inculcar na alma nacional como se, pela primeira vez, o País passasse a ter um presidente ao lado do povo. Acentuou-se, assim, a identidade do Brasil como laboratório de democracia participativa, simbolizada por um conjunto infindável de organizações não governamentais, de Conselhos e Fóruns voltados para políticas públicas (educação, merenda escolar, saúde, direitos do consumidor, criança e adolescente, etnias, mulheres, aposentados etc.).

A tendência é a de o País consolidar uma democracia de massas, pelo empuxo da sociedade organizada e no fluxo de exigências que a empurram para as metas da inclusão social e a radicalização do próprio modelo democrático. No plano político, o Governo tenderá a reforçar a construção da governabilidade com o endosso ao presidencialismo congressual, que implica adensamento da articulação política, ampliação das bases de apoio e consequente atenuação das debilidades institucionais. A maior integração da sociedade civil no processo político, os palcos mais abertos das lutas pelos direitos humanos, o intenso processo de negociação com atores regionais e entes federativos e o incentivo ao pluralismo partidário constituem, por si mesmo, fatores que ajudaram a fortalecer os pilares do ideário da administração lulista, que parecia não querer apenas exercitar, mas fabricar as regras democráticas. Ajudou nessa estratégia a montagem de uma gigantesca estrutura de comunicação[41].

E a situação econômica? E o propalado espetáculo do crescimento? A resposta implica pequena digressão. O Brasil, à semelhança do que ocorreu na Rússia, tem optado, em primeiro lugar, pela expansão e competição da atividade política, deixando para uma segunda etapa o fortalecimento da economia e o aumento da competitividade empresarial. O desmoronamento da era Gorbachev, na URSS, ocorreu na esteira das eleições diretas para presidente da Rússia. E, depois, abriu-se o ciclo da economia. Na China, Chile e México, a rota foi oposta, como lembra o sociólogo francês Alain Touraine, contribuindo para acelerar sua inserção competitiva, o que, em contraponto, retardou o processo democrático. O caminho escolhido pelo Brasil, considerado mais difícil, permite que, hoje, fortalecidas as instituições políticas, sejam criadas bases para o consenso, possibilitando um vigoroso e seguro processo de reestruturação da economia. Ora, o governo Lula trabalhou nessa vertente. Internamente, sedimentando os pilares da política econômica, enquanto, externamente, construía forte presença no cenário da globalização assimétrica, a partir da liderança do G-23, que demonstrou força na última reunião em encontros da Organização Mundial do Comércio.

Faltaram ao País projetos estratégicos para garantir o espetáculo do crescimento, criticaram alguns. É verdade. Mas não se aposte tanto na premissa de que planejamento de longo prazo é o único fator gerador de crescimento. A tendência de queda nos juros básicos, no-

---

[41] Diz respeito à criação da TV Pública (EBC – Empresa Brasileira de Comunicação), em 2007.

vas modalidades de crédito para setores produtivos e trabalhadores, projetos de incentivo ao consumo e a unificação de programas setoriais de transferência de renda, se não resultarem em espetáculo de crescimento, pelo menos gerarão efeitos especiais em palcos de certas cadeias produtivas. Esse tipo de estratégia – a conta-gotas – acabará galvanizando apoios no curto prazo, não se descartando a ideia de que poderá influir no panorama eleitoral futuro.

Mesmo fragmentadas, de feição *frankesteiniana*, as reformas no Congresso se somarão ao esforço que vem sendo empreendido, desde 1988, quando a opção brasileira pela *glasnot* fecundou a detalhista (328 artigos) Constituição Cidadã, para garantir as condições de crescimento sustentável. Amparado em gigantesco escudo social, dispondo de ampla coalizão política, mesmo gelatinosa, administrando uma economia que dá os primeiros sinais de vitalidade, navegando na vanguarda da liderança dos Países em desenvolvimento, Lula pôde contemplar além do horizonte de 2.006 sem cansar a vista. (Setembro de 2003)

Sinal amarelo

OS QUATRO CINTURÕES DO GOVERNO

Quando os governantes se deixam levar pelas circunstâncias, perdem a noção do conjunto e acabam confundindo o essencial com o perfunctório. E quando os atores que auxiliam os governantes – partidos, grupos políticos, ministros, operadores de estruturas – disputam espaços de poder e expandem a dissonância interna, a desorganização governamental chega próximo dos limites do perigo. Esta percepção sobre o estado do governo Lula resulta das pautas temáticas que se apresentaram nos espaços midiáticos ao longo dos últimos tempos. Nos meados do quarto mês do ano prometido como o da "eficiência da gestão" surge um ente governamental que continua à procura de um eixo. Não tem ainda um vértice. Lula pode até ter o melhor dos sonhos para o Brasil, mas, convenhamos, seu governo não faz as reformas fundamentais acalentadas nos corações nacionais.

Avalia-se o desempenho de uma administração pela somatória de quatro campos de viabilidade: o político, o econômico, o social e o organizativo. O equilíbrio entre eles é responsável pela fortaleza ou fragilidade das ações programáticas. Vale dizer, de antemão, que o governo lulista acumulou, desde o primeiro momento, força descomunal, mas não soube transformá-la em ferramenta de eficácia da gestão. Ao contrário, a administração deixou escapar, aos poucos, a condição de usar o poder como "capacidade de fazer com que as coisas aconteçam", como ensina Bertrand Russell. Basta analisar os furos exagerados em pelo menos três dos quatro cinturões do governo. A área política é um território semeado de tensões e pressões, que têm levado à instabilidade. A base governista, de cujo apoio o governo tanto necessita para aprovar projetos e medidas provisórias, constitui um aglomerado de grupos heterogêneos, envolvidos em querelas.

O ponto central, ainda não internalizado pelo governo, é o de que seu governo não se assenta no conceito de coalizão, mas na moeda fisiológica da adesão, o que torna frouxos os elos com as estruturas partidárias. Ou seja, não se estabeleceu, desde o início, um pacto de longa duração; agora, os acordos provisórios ficam sujeitos ao gosto das circunstâncias, propiciando a negociação no balcão da fisiologia. Será tarefa quase impossível consertar um erro de origem, ainda mais quando se vê no comando das Casas congressuais perfis de forte tradição coronelista.

O território social, por sua vez, não passa de paisagem devastada pela improvisação. Medidas como a suspensão da restrição ao uso de leitos de UTI por pacientes graves com chances reais de recuperação, parecem ter mais importância que as grandes linhas de uma vigorosa política de saúde. Onde estão as políticas públicas para equacionar o déficit de 6 milhões de unidades habitacionais para abrigar os 30 milhões de brasileiros sem teto? Onde está o tal Ministério das Cidades com uma ação voltada para ampliar uma rede de esgotos que atinge apenas 47% dos domicílios brasileiros, dentre os quais apenas 20% dispõem de tratamento?

O terceiro cinturão é o da gestão, da organização administrativa, e é frágil para abarcar um corpo governamental muito gordo. Partidos incham a máquina do Estado. Milhares de contratados exibem como qualidade a carteira de filiação partidária. Com o nivelamento por baixo, a burocracia emperra. Os gastos públicos têm aumentado em proporção geométrica. Para que formar 37 ministérios, se apenas 15 dariam melhor resposta às demandas nacionais? E que eficiência se pode esperar de um ministério que é uma colcha de retalhos, com partes esburacadas, como as que abrigam ministros sob suspeita, envolvidos em escândalos, gente sem competência gerencial, quadros que vivem em torno de uma Torre de Babel? Como um País se dá ao luxo de ver 3% de sua safra perdida por causa da péssima condição das estradas? Como se pode deixar cair no ralo R$ 10 bilhões por ano em razão da calamidade do sistema viário? A malha viária, de 1,7 milhão de km, tem apenas 165 mil pavimentados e, destes, 80% são classificados como regulares e ruins.

O cinturão econômico, esse sim, parece bem ajustado. Trata-se de uma área que navega pelo piloto automático. Mesmo assim, é passível de críticas. Por exemplo, em que o superávit primário de 4,25% do PIB contribui para aumentar o emprego? O desemprego em regiões como a Grande São Paulo ultrapassa os 17% da população economicamente ativa. O arrocho tributário alcança patamar nunca visto. E vem mais por aí.

Com essa gama de deficiências, o sinal amarelo é prenúncio de que os cordões do governo poderão, um dia, se romper. (Abril de 2005)

O MAIS DO MESMO

BORRASCAS EM SÉRIE

A máscara caiu. O Partido dos Trabalhadores, após as denúncias feitas pelo presidente do PTB, Roberto Jefferson[42], de que pagava um "mensalão" de R$ 30 mil a deputados do PL e do PP, acabou no banco dos réus. Somou mais de 50 o número de pessoas – incluindo o presidente Lula, o governador Marconi Perillo, de Goiás, parlamentares e pelo menos cinco ministros de Estado – que tiveram conhecimento da engenharia financeira montada para cooptar votos na Câmara[43]. A questão a ser investigada, seja na CPI dos Correios[44] ou noutra, terá como escopo o *modus faciendi* da operação, na medida em que o fato, em si, está assinalado no conjunto declaratório de fontes múltiplas. O ditado popular arremata a conclusão: onde há fumaça, há fogo.

O "dilúvio" que se abate sobre o Partido dos Trabalhadores joga lama no corpo parlamentar, ao arrastá-lo para uma lavagem de roupa suja e exibir aos olhos da opinião pública uma teia de negócios escusos, que acabará maculando a imagem da instituição política. Péssimo para o PT, ruim para os políticos, um dano à democracia representativa. É incrível, porém verdadeiro. A sigla que, por anos a fio, cristalizou o ideário da ética e da moral, da justiça e da cidadania, começa a ser confundida com o preceito tão execrado na política como o voto de permuta, o do *ut des* (apoio político em troca de dinheiro), que o velho Norberto Bobbio considerava uma das maiores pragas da democracia. Dizer que o "partido está à vontade, de cabeça erguida para se defender em relação a essa tentativa de colar na imagem do

---

[42] Foi quem denunciou o esquema de pagamento de propina pelo governo em troca dos votos favoráveis dos parlamentares.
[43] "Mensalão".
[44] Criada em 2005 para investigar denúncias de cobrança de propina de empresas por funcionário dos Correios, a CPI acabou investigando posteriormente o "mensalão".

PT a tática do gambá, que espalha mau cheiro para ver se todo mundo fica do mesmo jeito" é retórica falsa. Gambá não pula de graça no colo de gente limpa. E ninguém esconde mau cheiro, como muitos petistas o fizeram.

Também não cola a defesa que faz o ministro das Cidades, Olívio Dutra, quando diz que o governo paga o preço pelas "más companhias que foi forçado a buscar". Que más companhias são essas? Roberto Jefferson? Não foi este que recebeu um cheque em branco do presidente Lula? Outro sofisma é incutir a ideia de que "quem faz o mal são os outros". Lembra a pergunta feita por Carl Jung a um rei africano sobre a diferença entre o bem e o mal. Às gargalhadas, o soba respondeu: "Quando roubo as mulheres de meu inimigo, isso é bom. Quando me rouba ele as minhas, isso é mau." Ou, ainda, a questão exposta por Alexander von Humboldt a índios da Amazônia para não comerem os colegas. Os índios responderam: "O senhor tem razão. Não podemos compreender que mal há nisso, pois os homens que comemos não são nossos parentes." Esse duplo padrão ético, apontado pelo magistral intérprete do *ethos* nacional, o embaixador Meira Penna, continua a guiar o partido do governo.

As denúncias sobre corrupção lembram o propinoduto dos tempos de Collor, feita por seu irmão Pedro. Ali, os dutos ligavam o bolso privado ao cofre público. Aqui, os túneis ligam bolsos e cofres em fluxos diversos. Tudo bem. Por enquanto, são apenas denúncias. E se forem comprovadas[45]? O que se há de fazer? O presidente Lula, é oportuno dizer, até por não acompanhar o dia-a-dia da gestão, não deverá ser contaminado pela virose corruptiva. Tomou conhecimento, é verdade, mas, como presidente mais afeito ao discurso que à ação, encaixou a história contada por Jefferson no campo da "fofoca",

---

[45] Em 2006, a Procuradoria Geral da República (PGR) denunciou 40 pessoas ao Supremo Tribunal Federal (STF) pelo seu envolvimento no esquema de desvio de verba pública para a compra de votos dos parlamentares favoráveis aos projetos do Governo Lula. O Tribunal abriu processo contra todos os acusados e instituiu ação penal, por meio da qual os 40 indiciados passaram à condição de réus.

um relato da frivolidade política. A mesma informação, a ele passada pelo governador de Goiás, parece igualmente ter sido jogada no canto das coisas menores. Faz muito bem o presidente quando manda fazer uma faxina na administração. Mas a faxina está incompleta. Precisa limpar todos os entulhos, incluindo pacotes sujos que corroem a imagem do ministro Romero Jucá e do presidente do Banco Central, Henrique Meirelles. E enxugar o Ministério.

Rezemos um *Pai-Nosso* para que Lula consiga atravessar a borrasca dos próximos tempos e chegar ao porto seguro, sem rachaduras capazes de afundar o barco. Ninguém de bom senso pode desejar o caos. Os próximos meses serão os mais importantes do ano político. Tudo vai depender do PT, que passará bom tempo no inferno astral. Como não é eterno, esse inferno se poderá abrir para o Reino dos Céus. Hipótese cada vez menos crível. (Junho de 2005)

UM DISCURSO CADENTE

A herança maldita de que tanto fala o governo inclui corrupção e vem de longe. A diferença é que, hoje, ela é registrada por câmeras em ambientes federais, estaduais e municipais e exibida em documentários com roteiro e atores. O DNA das 15 capitanias hereditárias em que o Brasil foi dividido, entre 1534 e 1536, por D. João III, está, hoje, presente nas 27 unidades federativas e nos 27 partidos políticos. Ao ser flagrado, nos Correios, enfiando propina no bolso e discorrendo sobre negociatas patrocinadas por partidos, o funcionário público Maurício Marinho apenas traduz a invasão do espaço público pelo interesse privado, que remonta à Colônia.

E o sistema montado para evitar desmandos na administração pública não funciona? Esse é o outro lado da moeda. O aparato contra a corrupção é exemplar. Procura-se tapar todos os buracos. Avançamos um pouco com a Lei de Responsabilidade Fiscal. Instrumentos anteriores nem são lembrados, a partir da Constituição. O art. 37 reza sobre a administração pública direta e indireta nas esferas dos Poderes, pregando os princípios da legalidade, impessoalidade, moralidade, publicidade e eficiência. Coisa bonita de ler. O Decreto Lei 201/67 estabelece a responsabilidade de prefeitos e vereadores. Quem se lembra dele? A Lei 8.027/90 expõe normas de conduta de servidores públicos civis. Poucos a conhecem. A Lei 8.429/92 regula as sanções aplicáveis aos agentes públicos em casos de enriquecimento ilícito no exercício de mandato, cargo e função na administração pública. É letra morta. E a Lei 8.730/93 trata da obrigatoriedade de declaração de bens e rendas para o exercício do cargo.

Ao lado do cipoal legal, há, também, nomes respeitados defendendo a bandeira da moralização. Há o Ministério Público, que procura pegar desmandos gerais dos Poderes, fiscalizando o cumprimento das leis. E há, ainda, as Comissões Parlamentares de Inquérito, sob responsabilidade do Poder Legislativo, instrumento que geralmente acaba contaminado por vieses partidários, servindo de escudo e aríete de interesses personalistas. Dito isto, vale perguntar: se há leis, figuras respeitáveis para torná-las eficazes e até disposição política para se implantar o império da lei e da responsabilidade, por que a corrupção no País vem se alastrando? E ainda: qual a razão deste fenômeno se abrigar, com tanta força, nos domínios de um governo de quem se esperava ser o ícone da ética e da moral?

Primeira resposta: porque a cultura política brasileira contorna a rigidez do estado legal. Há sempre uma saída, uma alternativa, uma composição capaz de abrir os espaços da flexibilidade na interpretação e na aplicação da lei, na punição dos condenados pela justiça e, antes disso, no próprio encaminhamento de processos e recursos, que acabam tomando rumo diferente do que seria normal. E também porque o Judiciário não consegue ser eficaz na administração da justiça. Segunda resposta: o governo tem enfrentado maiores desafios e dificuldades que o de seus antecessores. Percebeu que não vingaria politicamente, caso continuasse monolítico. Abriu os flancos e escancarou as alianças. Ora, os partidos aliados, sôfregos, aproveitando-se da inexperiência, da inação governamental e da própria confusão, propiciada por divisões entre alas petistas, passaram a exigir espaços maiores, deixando o presidente refém das forças congressuais. Nessas circunstâncias, a malha intestina da corrupção encontra campo para se alastrar. (Maio de 2005)

UMA ESTRELA OPACA

Um turco se encontrou um dia com um canibal. "Sois muito cruéis, pois comeis os cativos que fazeis na guerra", disse o maometano. "E o que fazeis dos vossos?", indagou o canibal. "Ah, nós os matamos, mas depois que estão mortos não os comemos." Montesquieu assim arremata a passagem contada no livro *Meus Pensamentos:* "Parece-me que não há povo que não tenha sua crueldade particular." Tomemos emprestada a observação do pensador que inspirou os principais fatos políticos do século 18 para dizer que o governo mais parece o maometano da historinha: execra a herança maldita que diz ter recebido, não aceita que escândalos flagrados por câmeras indiscretas tenham algo que ver com o governo – como se a parte podre não fizesse parte da fruta –, mas faz imenso esforço para abafar uma CPI – inviabilizando sua instalação –, temendo que parlamentares da oposição dilapidem a imagem de uma administração que, a esta altura, se mostra corroída por gatunos, sacripantas e quadrilhas nela incrustadas.

Por que o governo não quer ser investigado? Porque receia receber resultado positivo de um teste de paternidade sobre corrupção. E por temer que a esfera investigativa seja ampliada com a lupa sobre patrimônios públicos repartidos entre a afilhadagem política. Para embaralhar a opinião pública o presidente manda a Polícia Federal investigar os Correios, acreditando na hipótese de que, patrocinando a causa, muda a posição do governo, de réu para acusador. A mistificação dá as cartas. O barulho de uma CPI, é sabido, ecoa forte na sociedade. Se vingar, poderemos até assistir a um espetáculo pirotécnico, com tumores e vísceras expostas. Seja como for, o governo transmite a impressão de que não quer ser passado a limpo.

Engana-se, porém, quem imagina que a Polícia Federal se transformará em escudo. E a razão é óbvia: o flagrante nos Correios foi tão exuberante quanto o caso dos deputados estaduais de Rondônia, apanhados exigindo propina do governador Ivo Cassol. Portanto, a imoralidade grassa nestes tempos de governo petista. Só não se sabe a extensão das súcias. O dito recorrente – "este governo não rouba nem deixa roubar" – vira folclore político. Propina para Waldomiro Diniz[46], flagrada. Propina para Maurício Marinho, dos Correios, documentada. Licitações viciadas, denunciadas. Empresa de amigo do presidente apontada como favorecida.

O que mais impressiona, porém, não é a descoberta de ampla rede de corrupção, praga que assola o País desde o Descobrimento. O que mais impressiona é a desfaçatez com que dirigentes nos querem impor a existência de um Estado moral, ético e responsável. Como? Os nomes dos envolvidos em escândalos não foram aprovados pelo governo? As licitações arrumadas, os perfis corroídos, os negócios escusos, as operações verticais – o fluxo hierárquico da gatunagem – ocorrem ou não na esfera da atual administração? Causa estranheza a solidariedade do presidente da República a dirigentes partidários envolvidos em fraudes, sem mesmo esperar a apuração das denúncias. E causa perplexidade o fato de que o extenso aparato normativo tem sido inócuo para debelar os desmandos.

Há sempre uma saída, uma composição capaz de flexibilizar a aplicação da lei e a punição de condenados pela Justiça. E também o Judiciário não consegue ser eficaz na administração da justiça. Nessa moldura, partidos sôfregos, aproveitando-se da inexperiência e da inação governamental, ocupam espaços e montam esquemas. Enquanto Lula fica refém das circunstâncias, a ladroagem encontra campo para se alastrar. E começa a se enxergar um retrato vermelho-encarnado, roto antes do tempo, de um governo desarticulado na política, ineficaz na gestão, com programas-símbolo desmoralizados,

---

[46] Diniz era presidente da Loterj e foi flagrado cobrando propinas de bicheiros.

fragmentado pelas querelas do PT e atingido em cheio por barganhas e denúncias. (Junho de 2005)

VÍSCERAS ABERTAS

O que é um homem verídico? É um homem sem meandros, sincero ao mesmo tempo em sua vida e em suas palavras e que reconhece a existência de suas qualidades próprias, sem nada acrescentar a elas e sem nada delas subtrair, respondia Aristóteles em seu tratado de ética. Um homem sem curvas expressa sinceridade ao conferir força ao caráter das palavras. Já o caráter das palavras se espelha na riqueza de detalhes, nas minudências, esses pequenos arremates de ideias e lembranças que brotam, de maneira instintiva, das associações mentais de interlocutores em conversa aberta. Pois é esse mapa de respostas francas, circunstanciadas, minuciosas, que o caseiro Francenildo Costa Santos, apresenta ao País, no mais contundente depoimento até agora dado sobre as andanças do ministro da Fazenda, Antônio Palocci, por uma casa de Brasília, onde a República de Ribeirão Preto teria montado esquema de recepção e distribuição de dinheiro ilícito.

Nildo, como o caseiro é conhecido, veste por inteiro o figurino aristotélico quando rejeita enfeitar com adereços a história que conta. Quando diz "do lado dele, não sou nada", arrematando que o ministro Palocci mente ao dizer que nunca frequentou a casa do Lago Sul, o piauiense recorre à precária condição material para fazer contraponto a "quem é tudo", buscando na grandeza moral de um homem pacato a base para construir uma teia de situações tão devastadoras quanto críveis: "o carro Peugeot prata, vidro escuro; jogando tênis com dr. Rogério e Rui[47], à tarde; tinha que chamar de chefe; sempre pagavam

---

[47] Pessoas ligadas à chamada "República de Ribeirão Preto", casa em Brasília que servia de sede para reuniões de lobistas e encontros com prostitutas, conforme investigações da CPI dos Bingos. O ministro Palocci foi envolvido pelo esquema por Francenildo Santos e saiu do Ministério da Fazenda em março de 2006, em função do episódio.

na terça ou na quinta; pediu para desligar os sensores em volta da casa; nunca saiu cheque, só dinheiro." O ministro Palocci nega ter ido à famosa mansão. E diz que o caseiro está mentindo.

Que razões teria o caseiro para mentir? O argumento de que os partidos de oposição se apoiam em denúncias bombásticas para fazer estragos eleitorais e atingir a imagem do candidato Lula não resiste à análise. Nos tempos de Collor, Eriberto França, motorista de Ana Acioli, secretária do presidente, confirmou que empresas de PC Farias faziam depósitos em contas fantasmas. O ambiente social era francamente favorável às oposições. Não é o caso de hoje. As artimanhas da situação ou oposição não passam ao largo de uma mídia vigilante e dos sistemas que controlam operações ilegais: Ministério Público, Polícia Federal e as próprias comissões parlamentares de inquérito. Houvesse sido cooptado, com dinheiro, emprego e vantagens, o caseiro Nildo seria fatalmente flagrado e seu logro reverteria em favor de Lula, com aplausos gerais para o ministro da Fazenda. Nunca as vísceras do País foram tão removidas, a partir de grampos, gravações telefônicas, meios avançados de segurança eletrônica, detetives particulares e monitoramento de casos suspeitos.

Fosse patranha, a versão de Francenildo Santos estaria, a esta altura, triturada, razão pela qual se torna crível a confissão: "Fiquei com medo e resolvi falar". Esse é o ponto central. Medo de ser escorchado pelos poderosos. Medo de ser indiciado, eis que seu nome foi citado pelo motorista Francisco das Chagas Costa, que também confirmou ter encontrado por três vezes, pelo menos, o ministro na casa de nº 25, também conhecida por reunir recepcionistas agenciadas por Jeany Mary Corner[48]. A versão do motorista também é negada. Por que o motorista Chagas iria mentir? O depoimento, também cheio de detalhes e com direito a choro, na CPI dos Bingos, pareceu convincente. Mas não

---

[48] Apresentando-se como promotora de eventos, Jeany foi acusada organizar orgias sexuais em festas frequentadas pelos parlamentares, muitos deles envolvidos em denúncias de corrupção. Depois desse episódio, chegou a receber proteção policial.

é o próprio Palocci que tem versão contraditada? Negou ter viajado em jatinho do empresário Roberto Colnaghi para Brasília. Ante o desmentido do amigo de que ninguém pagou o aluguel do avião, o ministro reconheceu ter cometido "imprecisão terminológica". Viajou.

Não é de hoje que se escreve a história com falsas versões. Confúcio (quem diria, hein?) falsificou um calendário histórico chinês alterando algumas palavras. O texto original dizia: "O senhor de Kun condenou à morte o filósofo por ter dito frito e cozido". O sábio substituiu a expressão "condenou à morte" por "assassinou". Lenin queria descrever a exploração e a opressão da Ilha Sakalina pela burguesia russa. Ameaçado pela polícia do czar, substituiu Rússia por Japão e Sakalina por Coréia. Os métodos burgueses japoneses lembravam os métodos burgueses russos. A subtração ou acréscimo nas letras da História tem sido um subterfúgio de homens que mexem com ideias para satisfazer o ego e preservar poder. Palocci tem o direito de tentar reforçar o escudo que se procura armar em torno de sua imagem. Afinal de contas, trata-se do fiel escudeiro de um modelo econômico que agrada ao establishment. Defenestrá-lo do governo pode gerar tumultos inconvenientes. Mas a pergunta remanesce: e a democracia não tem de pagar um preço? A honra, a honestidade, a lisura não são valores inalienáveis do paradigma da administração pública? Ou é o caso de fazer valer a ética dos poderosos sobre a ética dos humildes? (Março de 2006)

HIPERPRESIDENCIALISMO

MAXISTÉRIO E PARTILHA

O Brasil é um País aproximativo, costumava dizer o embaixador Gilberto Amado[49]. A precisão, a pontualidade, a clareza não combi-

---
[49] 1887-1969.

nam com a índole nacional. Em compensação, sobra generosidade nos elogios, no gosto pela imprecisão e no juízo de valor sobre fatos e pessoas. Por aqui se costuma dizer que fulano está "empurrando com a barriga" ou que há não perigo de as coisas melhorarem. Indagado, o interlocutor garante que trabalha "mais ou menos 40 horas por semana". Para confessar a fé, afirma ser "católico, mas não praticante", concluindo a conversa com um "até logo", que quer dizer "até outro dia". Por ser o território do tempo relativo, não é de admirar que o ano novo só comece agora[50], depois da estafante folgança carnavalesca. O País tem usado suas estruturas de consolação para purgar as agruras do cotidiano. Mas comete o desatino de frequentemente dar o dito pelo não dito e esconder suas tragédias sob o cobertor. Exemplo: a barbárie que vitimou o pequeno João Hélio[51], no Rio de Janeiro, parece ter entrado no rol dos feitos vistos e chorados e rapidamente arquivados no baú da memória.

Não há motivo para perplexidade. Esse é o preço pago por nossa curvilínea democracia, elogiada porque suas instituições funcionam, mesmo que exibam um passivo incomum em matéria de ineficiência. Não deve causar estranheza o fato de que, após 120 dias, o presidente reeleito pareça perdido, perambulando como um dândi na escuridão, prometendo mundos e fundos e até brandindo um ambicioso programa-símbolo para coroar o segundo mandato, desconsiderando que o marketing do primeiro criou um antivírus contra planos espetaculosos. Além disso, como tantas outras propostas, o PAC[52], com sua textura de improvisação, só obterá sucesso caso pague a fatura franciscana cobrada pelo Congresso sob o lema inflexível "é dando que se recebe". Ora, o atendimento das demandas de senadores e deputados implica acertos na composição ministerial.

---

[50] 2007, início do segundo mandato de Lula.
[51] Garoto de seis anos que morreu no Rio de Janeiro, arrastado pelo carro em fuga de assaltantes.
[52] Ver nota 30.

O exercício do poder, no Estado republicano, carece de maiorias legislativas, até porque partido nenhum consegue eleger mais que 20% dos representantes ao Parlamento. Para formar base majoritária, o Executivo há de partilhar o poder entre aliados. Mas há uma condição pregada por Montesquieu: a partilha deve ser controlada, evitando-se perpetuidade de comandos. Luiz Inácio conta com 11 partidos na base, aos quais precisa ceder entre 15 a 20 Ministérios. Terá pela frente um dilema. Antes do PT, os governantes adotavam a partilha vertical, consistindo na entrega completa da pasta, no sistema "porteira fechada", pelo qual o partido ganhava os cargos principais e secundários.

Lula mudou o costume, promovendo a partilha horizontal, deixando o filé dos Ministérios com o PT e os ossos com os aliados. Deu no "mensalão". Vacinados, os partidos afiaram a faca das ambições na lâmina de promessas malsucedidas. E ainda há um grupo à espera de benefícios: os financiadores de campanha. Não desapareceram, apenas refluíram por temerem denúncias de favorecimento. Como a partilha vertical propicia domínio pleno de estruturas, vantagem na disputa por obras e discrição na distribuição dos serviços, o que reanima os financiadores, tudo indica que essa será a metodologia para formar o Maxistério. Maxistério? A palavra inexiste, mas podemos aceitar o neologismo em contraponto a uma organização enxuta, que a fonética de "Ministério" sugere. Nesse ponto, convém aduzir que o governo Lula é o mais generoso da História em matéria de gordura ministerial. Há 34 pastas, com amplas estruturas, subestruturas, empresas, autarquias, grupos de trabalho, formando uma gigantesca cadeia burocrática, fonte que alimenta a fome do Estado.

Aliás, a expansão do Estado é um fenômeno contemporâneo. Por volta de 1910, a média do tamanho do setor público em Países industrializados significava algo em torno de 12% do PIB. Hoje, em alguns Países europeus, como França, Alemanha e escandinavos, o setor público comanda cerca de 50% do PIB. Entre nós, as contas públicas saíram de 14% do PIB, em 1947, chegando a 20% em 1964. No governo FHC, tal índice alcançou 28% do PIB. Hoje deve ultrapassar 30%, enquanto a receita tributária acaba de alcançar 39,79% do PIB, conforme levantamento do Instituto Brasileiro de Planejamento Tributário. O tamanho do governo cresce em função do perverso jogo de trocas, que inclui a entrega de bens públicos a partidos, como a que se assiste.

Enquanto o País aguarda o desfecho da partilha, os números do Brasil fictício pingam: governos de oito Estados não cumpriram a Lei de Responsabilidade Fiscal; os gastos estatais no ano eleitoral de 2006 pularam para R$ 21,1 bilhões (em 2003, a cifra era de R$ 11,6 bilhões); o PAC completa um mês sem discussão, a comprovar que a urgência do lançamento era figura de linguagem; e os 59 arrastões e 21 homicídios no carnaval de Salvador são (pasmem!) louvados pelo comandante da PM da Bahia, para quem essa pequena taxa de violência denota a eficiência de sua polícia. Eis uma modesta amostra do Brasil aproximativo para abrir o ano de trabalho. (Janeiro de 2007)

DILEMA DO ESTADO FORTE

O sociólogo Alain Touraine prega o aumento da capacidade de intervenção do Estado como forma de o País atenuar as desigualdades sociais. O Estado tem sido fraco para debelar as mazelas sociais, a partir da violência do campo e nas cidades. E por conta disso, o governo age no varejo, trabalhando no curto prazo, o presidente praticamente se limita a fazer política de conchavos para conseguir operar a administração.

Libelo candente contra os ultraliberais, para quem o mercado é a panaceia para todos os nossos males, a análise do professor não deixa de ser um hino de louvor às utopias. Pois Estado forte, no Brasil, tem sido sinônimo de autoritarismo, arbitrariedade, estrutura burocrática ineficiente e corporativismo. Como liberar o Estado do universo corporativo, como prega Touraine, dando-lhe uma capacidade de manobra, de orientação a longo prazo, sem uma profunda reforma política, capaz de deflagrar novos costumes e consolidar nossas instituições? Só mesmo uma visão utópica é capaz de colocar na mesma equação componentes como liberalismo, eliminação de desigualdades sociais, Estado forte, maior institucionalização política, extinção do corporativismo e clientelismo.

O fortalecimento do poder de decisão do Estado é uma meta que deve ser perseguida, até para se combater a cultura dos interesses individuais e grupais que, entre nós, prevalece sobre as políticas sociais. Mas este é um desafio que ultrapassa décadas, não sendo objeto de consideração de um só governo. Da maneira como a questão é abordada pela mídia, pareceu que o professor Touraine puxa as orelhas dos nossos governantes. Se Lula usa a lista de cargos ou o orçamento para lidar com o sistema político, é porque sabe que tais instrumentos são os mais adequados para pavimentar o caminho das reformas.

Como reformador, Luiz Inácio tem sido pouco eficaz. Procura combinar uma tática de ataque frontal com a estratégia paulatina, de operação por setor. A ciência política ensina que o reformador deve isolar cada questão o mais depressa possível, retirando-a da agenda política antes que os seus oponentes possam mobilizar suas forças. Se quiser tentar fazer tudo ao mesmo tempo, termina por conseguir muito pouco ou nada. Se angariar condições para operar em escala global, à base da blitzkrieg, é claro que deve fazer o cerco por todos os lados, rapidamente, antes que a oposição seja ativada.

É assim que o País sobe a escada da mudança. Nos últimos anos, deu importantes passos no caminho da modernização. Com o Real, plantou a base para construir o edifício da estabilidade. Seu desafio, agora, é andar num ritmo mais apressado. Touraine sabe disso. Reformar o Estado não é tarefa para uma só legislatura. Maquiavel já lembrava que nada é mais difícil de executar, mais duvidoso de obter êxito ou mais perigoso de manejar do que iniciar uma nova ordem de coisas. O reformador tem inimigos na velha ordem, que se sentem ameaçados pela perda de privilégios, e defensores tímidos na nova ordem, temerosos que as coisas não deem certo.

Qualquer análise sobre o sistema político há de contemplar a complexidade da dialética da mudança. Conceito correto como o do professor Touraine esbarra na extrema dificuldade de se transformar em atos pragmáticos. Como fazer o Estado mais forte com a debilidade de nossas instituições? Como aparar as desigualdades sociais, com programas liberais, que dão vazão a climas concorrenciais e suas consequências sobre a corrente dos marginalizados? Como deixar de atender a um parlamentar dos grotões, que sem clientelismo é expurgado da política? As respostas dão a exata dimensão do busílis. (Junho de 2008)

CAPÍTULO III
O SISTEMA INSTITUCIONAL

PARTIDOS E POLÍTICOS

A PULVERIZAÇÃO PARTIDÁRIA

O poder Legislativo é, entre nós, menos valorizado que o poder Executivo. As eleições legislativas despertam menor atenção e interesse que as eleições para o Executivo. Explicam-se as razões: os direitos sociais foram implantados, no Brasil, em períodos ditatoriais ou em que época em que o Legislativo estava fechado. O Executivo é mais centralizador e sua força reflete a tradição portuguesa ou ibérica, espelhada pela força do patrimonialismo. O Estado é o todo-poderoso, repressor, cobrador de impostos, empregador, paternalista.

O nosso sistema político-partidário reflete a instabilidade institucional, com partidos que mais se assemelham a um ônibus, onde qualquer pessoa pode entrar e sair, a qualquer hora e em qualquer estação. 27 siglas detêm condições legais de funcionamento, mas não mais que cinco ou seis representam efetivamente as visões dos grupamentos sociais, o que está a indicar uma espécie de sistema auxiliar, também conhecido como grupo das siglas de aluguel, que emprestam os espaços de mídia política para uso dos grandes partidos, em evidente transgressão às normas eleitorais.

Nesse desenho, assume força o espaço da fulanização política, que transforma as entidades em blocos repartidos entre perfis pessoais e grupos. No seio dos próprios partidos, as referências se dão em nome do grupo de fulano, da turma de beltrano ou sicrano.

Nos últimos 20 anos, desenvolve-se um movimento centrípeto, que puxa as siglas partidárias, das margens esquerda e direita para um Centrão no arco ideológico. Os escopos doutrinários cedem lugar aos conjuntos pragmáticos. A conquista do poder, meta de partidos políticos, torna-se mais acesa, e, para tanto, até entidades de nitidez ideológica passaram a ingressar na grande arena da pasteurização.

A infidelidade partidária baliza o tom da fisiologia política, também indicando que os mandatos a serviço de interesses de parcelas da sociedade acabam traindo compromissos e desvirtuando o ideário político. O sistema de representação não corresponde ao princípio – um cidadão, um voto – sequela que transforma o voto de um eleitor localizado nas grandes densidades eleitorais menos importante que o voto de um eleitor de espaços eleitorais menos densos.

As campanhas eleitorais acabam sendo eventos de visibilidade, trabalhadas por um tipo de marketing que privilegia a forma em detrimento do conteúdo, beneficiando, desta maneira, os candidatos com maiores recursos, aqueles que têm melhores condições de bancar a liturgia do espetáculo político.

Os pleitos se tornam empreendimentos de venda de imagem personalista, invertendo o jogo eleitoral, que deveria privilegiar a carta de propostas. Quando essa assume posição de grandeza, acaba canibalizada por uma ênfase emprestada ao discurso glorioso dos perfis.

Em função das questões acima colocadas, urge reformar o Estado brasileiro, tornando-o mais acessível aos cidadãos. Um Estado mais democrático implica a descentralização do poder em todas as esferas, a fim de que se possa realizar o ideal de proximidade entre povo e Nação. A reforma do Estado requer mudanças nas dimensões do sistema público, mudanças na Constituição e na legislação ordinária e até reforma no sistema de governo, com a adoção de modelos compatíveis com o ideal da democracia participativa.

Urge reestruturar os quadros e carreiras públicas, com a fixação de padrões de competência, responsabilidade e controle de resultados. Urge fazer a reforma política, de modo a se conseguir estatutos voltados para a moralização das práticas políticas, a partir da fidelidade partidária e a cláusula de barreira, sendo este o dique para evitar a enchente das siglas de aluguel.

Prega-se, enfim, um reordenamento nas relações entre Estado, sociedade e Nação, a fim de que se possa alcançar com mais eficácia a meta da cidadania.

PARLAMENTO E O CLIENTELISMO

O sistema de representação chegou, no Brasil, ao fundo do poço. Não se trata apenas de constatar que a produção legislativa do Executivo é bem maior que a do Legislativo. O Legislativo é cada vez mais um poder invertebrado, manobrado, predisposto a convalidar posições dos outros dois Poderes. É vergonhoso assistir ao espetáculo a que a representação política é submetida quando, por omissão, permite que o Judiciário legisle, como no caso de candidatos de "fichas sujas"[53], ou que o Executivo assuma o controle de matérias da pauta legislativa, como reforma política, projeto patrocinado pelo Palácio do Planalto. O corpo congressual perdeu o controle de suas funções. É o que se ouve por todos os lados.

O presidencialismo de cunho imperial e o Judiciário de feição legislativa não são obra do acaso. Adquirem essa conformação porque os parlamentares têm se omitido e contribuem para romper o mecanismo de freios e contrapesos na divisão dos Poderes. É até compreensível o descaso. Em nossa cultura política viceja o clientelismo do Estado. A Carta de 88, por seu lado, deixou vazios, situações que

---

[53] A Lei da Ficha Limpa, que impede a candidatura e posse de candidatos condenados pela Justiça (os chamados "fichas sujas"), valerá a partir de 2012, conforme decisão do Superior Tribunal Eleitoral (STF).

estão a exigir norma infraconstitucional, como é o caso do conceito de "vida pregressa" de candidatos, ali citado. Se não há regra explícita, o Judiciário põe a mão na massa, interpreta a lei e entra no terreno legislativo.

A constatação de que a representação política se apequena a olhos vistos é mais surpreendente quando se atenta para a equação tripartite do barão de Montesquieu. Resgatemos sua argumentação. O Poder Legislativo é formado por representantes do povo soberano; por conseguinte, a lei constitui um produto direto da democracia representativa. E os juízes? Ora, nada mais são, segundo o autor de *O Espírito das Leis*, "senão a boca que pronuncia as palavras da lei, seres inanimados que não podem moderar-lhe a força nem o vigor". Resulta como paradigma liberal do Estado de Direito a submissão do Judiciário à lei e, nesse caso, sob o abrigo do Parlamento, já que este Poder exprime a vontade geral. Ao longo do tempo, as funções típicas dos Poderes foram se distinguindo de funções atípicas, passando a dominar, cada um, escopos delimitados nos campos legislativo, administrativo e judiciário. Nem por isso a invasão do espaço de um Poder por outro deixa de ocorrer. Quando há espaços não preenchidos por falta de legislação, a invasão ocorre. A justificativa é que a intromissão se faz por necessidade de se preservar a vida institucional.

E é nesse ponto que o Poder Legislativo amortece sua força. Acanhado, parecendo submisso, permite que outros Poderes avancem sobre seu território. Como pano de fundo do definhamento, registra-se uma inversão na cronologia da cidadania: os direitos sociais chegaram para os brasileiros antes que os direitos políticos. E isso contribuiu para a formação de um Executivo forte. Desde Getúlio Vargas, na década de 30, o povo sente-se mais atraído por um Estado de longos braços protetores – sob um regime presidencialista e centralizador – do que por uma representação anódina, de baixo conceito e pouca confiabilidade. Hoje, apenas 3% dos brasileiros acham que os parlamentares merecem confiança. Esta imagem desgastada do Parlamento é velha. Na tribuna, Rui Barbosa, em junho de 1899, descrevia "um Congresso de mendicantes, janízaros do chefe do Estado e de agentes de negócios dos governadores. Em suma, a decomposição parlamentar na sua extrema fase".

E onde está a saída para um Parlamento encurralado? Disposição para mudar de atitude e dar um basta. Um basta ao poder avassalador dos Executivos em todas as instâncias. Preencher os vazios abertos pela Constituição. Cumprir sem transigir as funções legislativas. Fazer a reforma política. E entender que não se faz reforma sem cortar a própria carne. A questão é: há disposição para tanto? (Agosto de 2008)

O LIMBO DE IDEIAS

Fernando Henrique Cardoso garantiu dois mandatos montado no cavalo da estabilidade econômica e amparado em reformas fundamentais no aparelho do Estado, cujos efeitos positivos foram se esgarçando ante a emergência de novas expectativas sociais. Luiz Inácio Lula da Silva e seu PT chegaram ao centro do poder, depois de costurar por décadas e com muita intransigência os fios de seus particularismos. Aí chegando, embriagados com o sumo do poder, na esteira da verticalização de cargos no governo (coisa que o próprio presidente reconheceu em um périplo pelo Peru), começam a desfazer os traços que davam nitidez a seus perfis, particularmente no que diz respeito à bandeira ética sempre brandida em campanhas eleitorais e nos palcos iluminados da política. As oposições, com maior representatividade no PSDB e PFL, intensificam uma locução de teor crítico cujo fundamento é menos um escopo programático e mais o comportamento de atores principais e secundários do palco governamental. O que há por trás das três situações é um fenômeno que se pode chamar de embaciamento do jogo político, ou, como denomina o professor Roger-Gérard Schwartzenberg, uma "uniformização no cinzento".

O posicionamento dos partidos brasileiros numa zona cinzenta, circunscrita no grande arco central da sociedade, está a demonstrar alto grau de flexibilização, que aponta para o pragmatismo de uma política de resultados. Cada vez mais assemelhados, partidos e líderes parecem cada vez menos preocupados em trabalhar no campo das ideias e mais interessados em agir na arena da luta do "poder pelo poder". Ou seja, as alternativas para construção de eixos de desenvolvimento social que, em tempos idos, eram fincadas em bases sólidas do edifício doutrinário, são, agora, substituídas por um discurso de oportunidade, balizado por questões pontuais, como carga de impostos, projetos sociais polêmicos ou comportamentos e desvios dos agentes públicos. O Parlamento Nacional substitui os horizontes mais abertos das estratégias de desenvolvimento pela visão imediata e ligeira de investigações sob o império de CPIs. Não se quer dizer que tal escolha é condenável. Impõe-se, porém, acentuar o papel dos partidos no grande debate sobre um projeto de longo alcance para o País. Quando muito, o que se vê é um conjunto de recortes esparsos, sem alcance para cobrir as necessidades nacionais.

Quem tem ideia, por exemplo, do que pensam os dois maiores partidos de oposição – PSDB e PFL – a respeito de uma estratégia brasileira para o desenvolvimento? Do PT, sabemos bem que veio para o centro, ocupando flancos de uma sigla socialdemocrata e adotando a visão macroeconômica do governo anterior. Se há algum diferencial é a intenção visível de fortalecer o chamado "centralismo democrático" que, em termos concretos, significa o resgate do Estado gordo, com as antigas funções de intervir mais fortemente no mercado, calibrar e monitorar os fluxos da locução na mídia massiva. Em suma, os grupamentos partidários se encontram, hoje, reunidos nas salas e antessalas do poder, onde se serve o caldo insosso de uma cultura sem discurso com sobremesa de geleia partidária.

É bem verdade que o Brasil não é exceção na moldura da banalização da atividade partidária que se observa em praticamente todos os quadrantes mundiais. Mesmo nos Estados Unidos, onde os partidos Republicano e Democrata dominam a política desde 1852, abrigando cerca de 60% dos eleitores, cresce a tendência para a pasteurização do discurso político. Mas lá ainda se consegue saber que os republicanos são mais fiéis aos princípios do nacionalismo e da ênfase no individualismo, no moralismo e na religião, sustentando a base do conservadorismo. Enquanto os democratas estão mais posicionados na banda esquerda do Centrão, defendendo um Estado social mais forte, com políticas de inclusão de minorias e etnias. Também na Europa, com a debacle do socialismo real, os partidos socialdemocratas ganharam força em um primeiro ciclo. Agora, se preocupam em rearrumar as identidades, na percepção de que as siglas que se posicionam de maneira mais nítida no arco ideológico começam a recuperar poder. Na Inglaterra, é nítida a visão do Partido Trabalhista, com suas pontuações na melhoria dos serviços públicos (sobretudo saúde e educação), mesmo incorporando o liberalismo econômico ortodoxo e aceitando o ideário das forças de mercado como orientadoras da vida econômica e das políticas públicas, defendido pelo Partido Conservador.

Até se pode compreender o estágio de confusão em que se encontram os partidos brasileiros. Do lado do PT, a inspiração que condiz com seu perfil vem da lavra de L. de Crescenzo, escritor italiano: "O poder é como a droga e sempre exige doses maiores". Vale tudo para ampliar espaços. Se esse é o caso, o vale tudo é o jugo imposto pela máquina e não o jogo das ideias. Do lado das oposições, a explicação para a pobreza de conceitos está fundamentada na impermeabilidade de guerreiros que, no fragor da luta, agem sob a síndrome do touro: pensam com o coração e arremetem com a cabeça. A pobreza de ideias ainda tem por base a polimorfa estrutura partidária. Muitos partidos, infidelidade partidária, alianças espúrias, movidas por interesses momentâneos e até o analfabetismo político de parcela significativa dos representantes sociais.

Há quem se recorde de Getúlio Vargas, com o símbolo do nacionalismo. E de Juscelino Kubitschek, com a bandeira do desenvolvimentismo. De Jânio Quadros, com a vassoura da moralização na vida pública. Dos governos militares, com a mescla de segurança e nacionalismo-desenvolvimentista. De José Sarney, com o aceno da democracia política. De Fernando Collor de Melo, portando o *im-*

peachment, após o início do ciclo da abertura econômica. De Itamar Franco e Fernando Henrique Cardoso, com o Plano Real e estabilização econômica. Daí para cá, um limbo de ideias passa a competir com uma Torre de Babel. (Setembro de 2004)

PARA ONDE VAI A ESQUERDA?

Onde está e para onde vai a esquerda no Brasil? Para começar, ela frequenta mais a boca e menos a consciência de nossos políticos. É um verbete que funciona como graxa para limpar perfis corroídos. Tem perdido charme. Não incorpora mais o escopo do socialismo marxista, inspirado na brilhante análise do velho Karl Marx sobre a formação do capitalismo e a previsão de sua catastrófica evolução. A "violência como parteira da História", dogma apregoado por Engels[54] e que se firmou na segunda metade do século 19, até que tentou fazer escola entre nós, nos idos de 1960, mas foi repelida pela ditadura militar. A redemocratização do País abriu espaço para vastas áreas no canto esquerdo do arco ideológico. Formava-se nova argamassa para acomodar as estacas do alquebrado socialismo revolucionário e os tijolos do liberalismo político e econômico. Nem Estado mínimo nem Estado máximo, mas um ente de tamanho adequado. A essa composição se agregaram expressões como "capitalismo de face humana" e "socialismo de feição liberal", tentativa de convergir eficiência econômica com bem-estar social. O nome de tudo isso? Socialdemocracia. A formosa dama chegou ao Brasil em fins dos anos 1980, com interpretação do PSDB, cujos ideólogos escreveram um texto, *Os desafios do Brasil*, sobre as crises da contemporaneidade, a textura da democracia social na Europa, as estratégias de crescimento e as políticas para o nosso desenvolvimento. Por tentativa e erro, nosso arremedo socialdemocrata entrou no terceiro milênio, ganhou o centro do poder e foi acusado de se curvar ao Consenso de Washington. De onde

---

[54] Friedrich Engels (1820-1895).

partia a crítica? Do PT e pequenos satélites. Deu certo. De tanto bater, as "esquerdas" alcançaram a alforria. Adentraram o Palácio do Planalto. Mas as linhas gerais da tal política neoliberal foram preservadas.

Aí veio o "mensalão". Soçobram as últimas pilastras leninistas-marxistas. Sujam-se bandeiras de todos os partidos. Agora, da lama saem os sanguessugas. Que matiz de esquerda se distingue nesse lamaçal? Apenas traços quase indistintos de uma ou outra sigla nanica de entonação trotskista. O velho PC do B, do neocristão Aldo Rebelo, não pode mais se classificar como ícone esquerdista. O que se distingue é um espaço central onde as siglas vegetam. Todas elas pregam posições socialdemocratas como liberdade política, controle social do mercado e organização da sociedade civil. Nada disso, porém, resiste às injunções do patrimonialismo, praga que consome a lavoura partidária. Por isso, ante a pergunta sobre os rumos da esquerda, só há uma resposta: ela caminha para o Centrão das conveniências. Até porque o Brasil repele as margens radicais. O perfil do País – extensão territorial, sistemas econômico e tecnológico, infraestrutura, integração geoeconômica, cultura e organização social – se encaixa numa moldura socialdemocrata de tom progressista. (Agosto de 2006)

PARA ONDE VAI A SOCIALDEMOCRACIA?

A pergunta é intrigante: como se explica o fato de um partido que administra oito Estados, detentores de 50% do PIB do País, com uma população de 64,5 milhões de habitantes e um eleitorado correspondente a 47,5% dos eleitores, padecer a maior crise de sua história? O partido é o que empunha a bandeira da socialdemocracia e adota um tucano como símbolo, o PSDB. A fogueira consome a lenha do partido acumulada ao longo de 23 anos de história. Bombeiros correm para apagar o fogo, alegando tratar-se de um foco de incêndio isolado e devidamente controlado. Essa é a resposta do presidente da sigla, deputado Sérgio Guerra (PE), para quem a tensão entre alas tucanas em São Paulo não indica crise, "nem qualquer quebra de ética", apenas divergências entre correligionários, ao se referir à saída de vereadores do PSDB que entraram no PSD, criado pelo prefeito Gilberto Kassab[55]. A verdade, porém, é que os tucanos nunca se haviam bicado de forma tão violenta quanto nestes tempos de "guerra de guerrilha" entre alas divergentes. A querela assume importância extraordinária por se desenvolver no seio do PSDB paulista, o maior do País, tendo, portanto, reflexos sobre os pleitos de 2012 (municipal) e 2014 (estadual e federal).

Os grupos liderados por José Serra e Geraldo Alckmin há muito se bicam. Serra, ao chegar ao governo em 2006, depois de entregar a Prefeitura ao vice (Kassab), teria desmontado a estrutura do antecessor. E este, disputando a Prefeitura contra Kassab, em 2008, não teria recebido apoio serrista. As duas aves fazem voos paralelos. Ao retomar, agora, o comando da administração paulista, diz-se que Alckmin dá o troco com juros e correção monetária. Apesar de acenos públicos de integração de propósitos, a cisão é evidente. Nem intervenções pontuais do tucano-mor, o ex-presidente Fernando Henrique, conseguem repor a harmonia na sigla, que tem dificuldades para administrar os 44 milhões de votos obtidos no último pleito. O partido da socialdemocracia parece perdido. Mesmo dominando os dois maiores colégios eleitorais, São Paulo e Minas Gerais, e tendo ainda Paraná e Goiás, dois enclaves fortes, o PSDB atravessa um ciclo de intensa obscuridade, seja por falta de comando, seja por obsolescência de discurso, desmotivação das bases e desunião de grupos. A falta de comando tem que ver com a hegemonia paulista. Para compensar o peso de São Paulo o partido passou a escolher dirigentes do Nordeste, como Tasso Jereissati e Sérgio Guerra. Imaginava-se que a região, que detém perto de 30% do eleitorado nacional, poderia ser contrapeso ao Sudeste, onde os tucanos têm alcançado boas vitórias desde a criação do partido.

O PSDB, porém, não conseguiu equalizar as densidades eleitorais e a "paulistização" tucana virou marca. Ademais, pesa sobre a sigla a

---

[55] Partido Social Democrático, fundado em 2011.

insinuação de ter muito cacique e pouco índio. E, ainda, que é distante das bases. Já as mais fortes classes médias, as mais poderosas entidades e os contingentes laborais que vivem em São Paulo se ressentem da falta de um discurso consentâneo com suas expectativas. Que fonte categorizada do partido pode exprimir algo e merecer respeito? Fernando Henrique, sem dúvida. Mas bate o bumbo sozinho. Tentou mostrar o fio da meada ao partido e recebeu escasso apoio. Afinal, qual é a mensagem do PSDB? Ou está ele engolfado pela onda que afoga os partidos socialdemocratas em todo o mundo?

Vale lembrar que, ao ser concebida, a socialdemocracia brandia como escopo o estabelecimento do Estado de bem-estar social (baseado na universalização dos direitos sociais e laborais e financiado com políticas fiscais progressistas) e o aumento da capacidade aquisitiva da população. Essa meta tinha como alavanca o aumento dos rendimentos do trabalho e a intervenção do Estado nas frentes de gastos e regulação de atividades-chave para a expansão econômica. Mas a partir dos anos 70 a 80 os partidos socialdemocratas passaram a incorporar princípios neoliberais e estes impregnaram a ideologia dominante da União Europeia. Portanto, a doutrina socialdemocrata ganhou novos contornos na esteira da globalização. As siglas mudaram, transformando suas bases eleitorais (categorias trabalhadoras) em classes médias, mais conservadoras e com maior acesso ao capital financeiro. Tony Blair, na Inglaterra, Gerhard Schröeder e Angela Merkel, na Alemanha, Zapatero, na Espanha, e outros deram efetiva contribuição para moldar a socialdemocracia com a solda neoliberal.

O Brasil ingressou nessa rota. O ideário dos partidos de esquerda, a partir do PT, arquivou os velhos jargões da sociedade de exploração capitalista, como Estado burguês, classe dominante, submissão a interesses do capital financeiro. Hoje, as teias sociais estão sendo bem costuradas, programas de distribuição de renda passaram a frequentar a mesa de todos os núcleos, a ideia de extinguir a miséria continua acesa, mas a receita do "velho socialismo" aparece de forma esporádica e, mesmo assim, sujeita a apupos. Se o PSDB se ressente da ausência de discurso, é porque seu tradicional menu foi repartido por outros comensais. Tocar corneta sobre os buracos da obra governamental – como tem sido prática de partidos de oposição – não tem a mesma significação que a construção de um projeto estruturante para a realidade brasileira. A crise que consome o partido pega parceiros como o DEM. É sabido que os exércitos oposicionistas sofrem a síndrome da atração fatal provocada pelas "tetas do Estado". Moeda forte, economia em expansão, escudo de proteção às beiradas sociais, caixa do Tesouro locupletada funcionam como um buraco negro que atrai as massas que giram ao redor. Poucos resistem ao fabuloso balcão de recompensas do governo. Daí a devastação das frentes de oposição. Por fim, a fragmentação dos partidos e a desunião de atores e parceiros fazem parte de uma política cada vez mais sem graça e plena de desgraças. (Maio de 2011)

PARLAMENTO, PODER MAIS ABERTO

A onda corrosiva que devasta a imagem do Parlamento é uma variante da procela que assola o poder público no Brasil, cujos afluentes se espalham nas administrações federal, estadual e municipal com os nomes de filhotismo, compadrio, mandonismo, fisiologismo, privatização da coisa pública. Há um monumental PIB sugado das tetas da mãezona Estado. O Legislativo, por sua vez, é o mais aberto dos Poderes, por representar diretamente os interesses da população. Tudo que ali se faz está às vistas da mídia, que invade suas entranhas, escancarando as contrafações ali acumuladas ao longo de décadas, deixando de lado a agenda positiva dos congressistas. Mas a crise, como se sabe, vai além dos desvios recentes. Suas sementes se espalham por muitos terrenos, a começar pelo gigantismo detalhista que açambarca o texto da Constituição de 1988, situação que limita a atividade do legislador ordinário. Para piorar, há mais de 60 emendas que tornam excessiva a malha normativa, massacrando a força criadora e inovadora do corpo parlamentar. A fotografia fica ainda borrada quando se adiciona a tinta da "fazeção" que impregna a cultura política, consistindo nesta equação: quanto mais leis produzir mais bem avaliado será o Congresso.

O deputado e o senador se sentem impelidos a fabricar "salsichas", aliás, projetos. Se não os fazem, passam a ser considerados nulos. E aí esbarram no desânimo. Uma quantidade mínima de projetos tem condições de chegar à reta final de votação em plenário. São os que passam pelo acordo de lideranças. Mas a barreira maior está adiante e se chama Executivo legiferante, que, fazendo ouvidos moucos aos apelos para deixar o Legislativo exercer por inteiro seu papel, o inunda com uma enchente de medidas provisórias.

O nosso hiperpresidencialismo favorece a centralização das decisões e a personalização do poder. Logo, para usar a imagem popular, o Legislativo come na mão do Executivo, dependendo dele para efeito de liberação de emendas orçamentárias. Nesse caso, vislumbra-se outra fonte de águas sujas: o orçamento autorizativo, que deixa o Executivo com a palavra sobre aplicação de recursos. Tivéssemos um orçamento impositivo, o governo perderia a condição que hoje detém para contingenciar verbas, realizar cortes e executar discricionariamente a programação de recursos. Com o arsenal sob sua guarda, o presidencialismo se acha no direito de construir uma democracia delegativa. O mandatário se considera legitimado pelo voto para implementar suas ações por mecanismos autoritários. A conclusão, que pode parecer antinômica, é esta: estamos vivenciando um padrão de "democracia autoritária".

O dicionário da perda de forças do Parlamento exibe mais letras. Chegamos, agora, ao J do Judiciário. A polêmica sobre a ação do Poder Judiciário como legislador positivo e suas decisões aprovadas pela opinião pública, convenhamos, contribuem para esmaecer a força do corpo parlamentar. O fato é que o debate político se imbrica, hoje, ao debate jurídico. Se os juízes põem suas decisões sobre a mesa da política é porque há vazios constitucionais que precisam ser preenchidos. Mais uma vez, a conclusão bate no confessionário de culpas de um Legislativo que deixou abertos alguns buracos constitucionais. No fluxo desse processo, multiplicam-se provimentos judiciais cautelares, sob o selo do provisório, e não do definitivo, espraiando insegurança jurídica na vida institucional.

Como o Congresso poderia ser forte com laços tão frágeis? Como a engenharia de imagem poderia ser ajustada com tantos parafusos soltos? Essa é a moldura que deveria ser objeto de análise. Restaria, por último, fazer um esforço noutra direção. Por exemplo, reforçar os eixos da democracia participativa. A nossa Constituição conjuga os vetores da democracia representativa com outros da democracia participativa. Agregue-se a essa disposição a intensa organização da sociedade, caracterizada por movimentos, núcleos, associações, federações, sindicatos etc. O pensador Claude Lefort[56] considera que, hoje, a representação política só adquire eficácia se contar com o apoio de uma rede de associações capazes de vocalizar as demandas coletivas. Pois bem, sob esse argumento justificam-se a maior utilização dos mecanismos de participação nos processos legislativo (iniciativa popular, referendo, plebiscito, audiências públicas) e de fiscalização e acesso a dados públicos, todos previstos na Constituição. Seria uma forma de os parlamentares abrirem os olhos e os ouvidos ao clamor da sociedade. Sob essa configuração, o Congresso sustaria os passos no despenhadeiro da imagem. E a imprensa, por sua vez, passaria a realçar sua transcendência para a democracia brasileira. (Abril de 2009)

CONCHAVOS ELEITORAIS

Nas últimas semanas, as instituições republicanas foram, mais uma vez, golpeadas. No lugar do tênue fio de equilíbrio que as sustentam aparece o lodoso terreno onde chafurdam atores do velho teatro político de conchavos, pescadores de oportunidades e sofistas de plantão. A compra de um partido que foi, no passado, arauto do tra-

---

[56] 1924-2010.

balhismo – o PTB – por R$ 10 milhões, com R$ 150 mil a serem desembolsados pelo PT para cada deputado, e o vazamento do banco de dados da CPI do Banestado[57], são dois episódios da mais alta gravidade que revelam, de um lado, a inconsistência doutrinária do sistema partidário brasileiro e, de outro, o jogo sujo que anima os contendores políticos, particularmente quando se usa o poder de investigação do Estado para invadir a esfera da vida privada, desmoralizando um instrumento de fiscalização que deveria – ao contrário do que ocorre – ser fator de moralização da vida institucional. Cai por terra a meta de moralização dos padrões políticos, confirmando em nosso meio aquela certeza que os franceses apontam diante de descalabros: "*plus ça chance, plus c'est la même chose*" (quanto mais muda, mas permanece a mesma coisa).

A dinâmica do retrocesso tem, entre os personagens principais, quem encarnou, por décadas a fio, a dinâmica do avanço: o PT. Pois esse rico partido teria se comprometido a dar alguns milhões pelo apoio do PTB, depois de negociação que envolveu lideranças partidárias e até o espaço público do Palácio do Planalto. Tudo impressiona nessa história. O PTB não é nanico. Tem deputados importantes. Arauto principal de Getúlio Vargas, respaldou decisões estratégicas fundamentais para o desenvolvimento brasileiro. Acaba afundado na lama de uma negociata espúria. As relações promíscuas entre siglas constituem afronta à consciência cívica da sociedade. Representar parcela da sociedade é o princípio que anima o sistema partidário. Quando um eleitor vota no representante, está escolhendo também o ideário do partido. Se este embarca na canoa de outro, comprado no brechó das conveniências, o eleitor se sente traído.

No caso do banco de dados da CPI do Banestado, a conclusão é também estarrecedora. O País entrou de mala e cuia no império do

---

[57] Também denominada CPI de Evasão de Divisas, foi criada pela Câmara dos Deputados em 2003 a fim de investigar as responsabilidades sobre a evasão de divisas do Brasil para paraísos fiscais.

Big Brother, o grande irmão que fiscaliza todos e monitora tudo. Mais uma vez, o PT é personagem da história, pela insinuação de que o vazamento se origina em um de seus parlamentares, também integrante da CPI. Milhares de brasileiros são, hoje, reféns de pescadores de oportunidades, cuja arma não é uma vareta, mas um CD com os nomes que realizaram 534 mil operações financeiras internacionais entre 1997 e 2003[58]. Que se descubram e se punam os corruptos. Transformar, porém, um sistema de informações em peça para chantagem contra adversários é usar o escudo do Estado em proveito próprio, um ato ignóbil que estupra a ordem constitucional, na medida em que viola o sagrado direito à privacidade.

José Sarney, presidente do Senado, confirma que o atual episódio do vazamento de informações constitui um dos casos mais graves da história do Congresso. À medida que o tempo vai passando, o evento fica para trás e perde impacto. Não é fora de propósito apostar no arquivamento da apuração para chegar aos responsáveis. Se tudo der n'água, o Congresso Nacional, mais uma vez, estará exibindo o troféu do duplo padrão ético que singulariza o modo de agir de algumas de nossas instituições e de seus atores. A propósito, este padrão ético ganha densidade sob a cultura do PT, sigla que assumiu de vez a cara de Janus, o deus romano, protetor das entradas, cuja representação é uma cabeça dotada de duas faces, cada qual olhando para lados diferentes. Num momento, o partido brande a ética como escudo. Noutro, a esconde por baixo do tapete. A equação ética é esta: a *res publica* é sagrada, não podendo ser conspurcada por coisa privada.

Nessa mesma esteira, cabe uma reflexão sobre patrocínios financeiros em campanhas eleitorais. São legítimas as doações a candidatos, quando oficializadas. Mas dá o que pensar quando se arrecadam mi-

---

[58] Diz respeito aos riscos de vazamento das informações sobre 534 mil operações feitas por doleiros no MTB Bank, de Nova York, em nome de brasileiros. A divulgação da lista das pessoas que teriam movimentado US$ 17 bilhões entre 1997 e 2003 fez surgir a suspeita de que estaria sendo montado um banco de dados para chantagem.

lhões em encontros gastronômicos. O ministro Sepúlveda Pertence[59] acaba de dizer que esse tipo de ajuda acaba gerando corrupção. Em democracias consolidadas como a dos Estados Unidos, arrecadar fundos em piqueniques eleitorais é comum. Lá, a disputa envolve ideias e valores de republicanos e democratas. Aqui, vale o olho na aposta em vitoriosos e nos benefícios futuros aos patrocinadores. Se assim é, não adianta falar mais em ética. Todas as siglas ganham o mesmo "selo de qualidade", Afinal, esta é a lógica desses tempos de golpes nas instituições da República. (Setembro de 2004)

O "MENSALINHO"

Mentira! Mentira! Mentira! Mesmo antes de o galo cantar, ou, mais apropriadamente, de o cheque da propina aparecer, Severino Cavalcanti[60], tal qual o apóstolo Pedro, que negou por três vezes conhecer Jesus, repeliu veementemente, durante um périplo em Nova York, a acusação de ter exigido vantagens pecuniárias para conceder o monopólio da exploração do restaurante da Câmara ao empresário Sebastião Buani. Pedro, depois de se arrepender, salvou-se, ganhou as chaves da Igreja e se tornou o primeiro papa, sob o perdão e as bênçãos do Cristo crucificado. Severino, sem arrependimento e sem pejo, mas com a bênção de uma secretária, inventa a fantástica história de que o cheque apresentado por Buani foi empréstimo ao filho morto em 2002. Quem quiser que ria. Ou chore. A verdade de Severino é o toque mais tragicômico da crise política, enriquecida, semanalmente, com estapafúrdios atos que atestam a baixeza de atores tão canhestros

---

[59] Foi presidente do STF entre 1989 e 2006.
[60] Atual prefeito de João Alfredo (PE), filiado ao PP, Severino foi acusado de cobrar propinas quando era presidente da Câmara dos Deputados, em 2003, para que o empresário Sebastião Buani pudesse instalar seu restaurante na Casa. Severino negou as acusações em setembro de 2005, durante viagem a Nova Iorque, em que fora acompanhar Assembleia Geral das Nações Unidas. Era deputado federal e antes do final daquele mês acabou renunciando ao mandato. Não conseguiu mais se eleger para o Congresso. O episódio ficou conhecido como "mensalinho".

quanto desmoralizados. Nenhum filho morto merece ter a memória conspurcada, mais ainda, de forma torpe.

A mais nova versão Severina tem a formação superior em desfaçatez que só a rafameia política consegue obter. A mentira do líder do baixo clero faz parte daquilo que Hannah Arendt chama de "conspiração a plena luz", tramoia que a filósofa alemã identifica como sendo peculiar à cena política. Antigamente havia dificuldade de saber se algo era ou não mentira. Hoje, os cidadãos são brindados com mentiras deslavadas, que os mentirosos não fazem questão de disfarçar. Entre nós, a cultura da mentira data de priscas eras, quando o País, à procura de uma identidade, passou a incorporar tanto a expressão de colonizadores e bandeirantes quanto o verbo de aventureiros e degradados, na esteira dos três mitos da terra brasiliensis: a visão encantada do "paraíso terrestre", a barbárie do "inferno verde" e a promessa de riquezas do "Eldorado".

Depois de exibir ao mundo suas múltiplas feições, o Brasil chega ao terceiro milênio com o passo um tanto quanto claudicante. Abriga ciclos democráticos entremeados de ciclos autoritários, perfis políticos banhados nas águas da fisiologia, tensões permanentes entre Poderes, ou, na síntese do *Macunaíma* de Mário de Andrade, "pouca saúde e muita saúva", significando, nestes tempos Severinos, muito cupim comendo nosso capim. Para piorar, o País anda ultimamente em veredas sinuosas. Poucos vão direto às questões centrais. Indiciados não sabem de nada, até aparecer prova de que sabem de tudo. Na geometria da crise, a menor distância entre dois pontos é uma curva e não uma reta. Bocas tortas, linguagens retorcidas e abordagens dissonantes desfilam pelas telas das CPIs. Ali, poucos aceitam o 9º mandamento bíblico: "Não cometerás falso testemunho".

Veja-se, por exemplo, o "mensalinho" embolsado pelo líder do baixo clero, o mais desengonçado ator dos últimos episódios do teatro político. Uma história contada em detalhes, plena de circunstâncias, tempos e espaços, mais seis testemunhas com versões idênticas foram por ele descartadas. Até que apareceu um cheque com o endosso de uma secretária. Foi o xeque-mate. Flagrado em monumental contradição, valeu-se do filho no cemitério. Além da pantomima, o que se vê, ao fundo, é um remanescente Brasil cartorial, o mesmo de 1534, quando foi repartido em 15 capitanias hereditárias. Basta analisar a reação do bunker de Severino, que descartava provas testemunhais como se não tivessem o peso de documentos. E por quê? Porque a palavra oral não vale nada. Ora, é a mesma coisa que exigir do assassino a confissão por escrito de um crime (e com firma reconhecida) porque as testemunhas do assassinato não merecem credibilidade. A lei garante a legitimidade de provas testemunhais. Mas, no Brasil, as coisas só valem com a chancela do cartório.

Aliás, o fluxo das CPIs tem esbarrado na montanha de desconfiança construída pela verborragia matreira de muitos depoentes. Das toneladas de papel recolhidas, a luz deverá aparecer. A conclusão é de que o prolongamento da crise política se deve à indisfarçável intenção de investigados de levar ao pé da letra o seu papel de atores do teatro político. Está sendo muito difícil para os investigadores desvendar os artifícios, reabilitar a palavra, desfiar o novelo das tramas e reencontrar a realidade. Até porque, como ensina Diderot em seu *Paradoxo sobre o Comediante*, os comediantes impressionam as plateias não quando estão furiosos, mas quando representam o furor. Os histriões convencem mais que os grandes atores porque conseguem o exagero indispensável ao teatro. Os parlapatões Waldomiro Diniz, Delúbio Soares, Marcos Valério[61], a turma petista que assessorava as Prefeituras de Ribeirão Preto, Santo André e Campinas[62], o grupo do mensalão e coadjuvantes formam a maior trupe de artistas performáticos de todos os tempos políticos de nossa História.

---

[61] Também ligado ao "mensalão", foi posteriormente acusado de esquemas de corrupção na arrecadação de fundos da campanha do ex-governador Eduardo Azeredo, pelo PSDB de Minas Gerais.
[62] Comandada por Palocci, a prefeitura de Ribeirão Preto esteve envolvida em denúncias de corrupção, assim como Santo André e Campinas, que tiveram seus respectivos prefeitos, Celso Daniel e Toninho do PT, assassinados.

No caso do presidente da Câmara, o exagero foi além da conta. O ator foi anulado pela extravagância de seu personagem. Como no filme Mera Coincidência[63], em que o presidente americano interpretado por Dustin Hoffman declara guerra contra um País para que a imprensa deixasse de se referir ao escândalo sexual com sua secretária. Bill Clinton, que entra no figurino, não resistiu à mentira sobre o caso com Mônica Lewinski. A verdade tarda, mas acaba aparecendo um dia. (Setembro de 2005)

A PIOR LEGISLATURA

Instigante, a observação ganha adeptos: o Brasil vive a pior legislatura das últimas décadas. A hipótese, levantada por membros do Conselho de Ética da Câmara dos Deputados, inconformados com a absolvição de companheiros acusados de terem recebido "recursos não contabilizados" e referendada por analistas, contém um paradoxo: como pode o País exibir melhorias nos níveis gerais de vida da população – taxas de escolaridade, distribuição de renda, Índice de Desenvolvimento Humano – e retroceder em matéria de qualidade política? Estamos mesmo diante de um catastrófico desempenho parlamentar ou a imagem da Câmara no fundo do poço se deve aos espetáculos constrangedores que a sede da soberania popular proporciona e cuja repercussão negativa chegou ao clímax com a eleição e derrocada do ex-presidente Severino Cavalcanti, a dança da pizza ensaiada pela deputada Ângela Guadagnin[64] e a absolvição de parlamentares envolvidos com o mensalão?

Uma resposta justa deve considerar outros fatores, como os trabalhos das comissões técnicas e o desempenho das CPIs, entre as quais a dos Correios, que encerrou as atividades com o relatório de Osmar Serraglio. Não há como negar, porém, a evidência: a qualidade da

---

[63] Filme de 1997 (EUA), dirigido por Barry Levinson.
[64] Do PT / SP.

representação política caiu. O corpo parlamentar sofreu acentuada queda, seja no que diz respeito ao preparo para o exercício funcional, seja quanto à disposição de dignificar os princípios republicanos, a começar pela probidade. A propósito, Norberto Bobbio lembra que o valor central da democracia representativa é, quanto ao "quem", que o parlamentar seja um fiduciário, e não um delegado; e, quanto ao "que coisa", que o fiduciário represente as demandas gerais, e não os interesses particulares. Esta base alicerça o princípio da proibição de mandato imperativo, pelo qual o titular se vincula aos eleitores, aos quais deve obedecer.

Entre nós, os ajuntamentos chamados de "baixo clero" se multiplicaram, ao fluxo de uma política centrada na disputa de cargos e espaços, no entendimento do mandato como domínio pessoal e na ideia de que partidos são abrigos entre legislaturas. Não há aqui intenção de execrar o conceito do "clero" que habita os fundões do plenário, até porque os detentores de voto têm iguais direitos e deveres. A observação deve-se ao fato de que essa legião é mais sensível a barganhas. Da mesma forma, não se pretende dizer que os cardeais do "alto clero" são puros. Dinarte Mariz[65], estrela do Senado nos anos de chumbo, costumava dizer: "Todo homem tem seu preço e eu sei o preço de cada um". O velho senador potiguar referia-se a um indefectível traço do caráter político: o jogo de recompensas para a manutenção do poder.

O rebaixamento do nível parlamentar se reforça com a substituição do paradigma clássico da democracia representativa – a promoção da cidadania – pelo paradigma de uma democracia que se pode designar como funcional, formada para abrigar interesses de grupos especializados da sociedade pós-industrial. Politicólogos como Duverger chegam a cunhar o termo *tecnodemocracia* para designar esta forma que se alicerça em organizações complexas, hierárquicas, racionalizadas e em grandes conjuntos que integram um novo triângulo do poder,

---

[65] 1903-1984.

juntando o sistema político, a alta administração e os círculos de negócios. Em democracias históricas, os impactos desse modelo, apesar de fortes, não chegam a eliminar a missão dos partidos políticos. Mas em democracias incipientes, como a nossa, os efeitos se fazem sentir. A perda de força dos partidos abre espaço para a formação de bancadas específicas, como as de grupos econômicos, ruralistas, médicos, sindicalistas, católicos, evangélicos, funcionários públicos etc. O que as une é o fio do corporativismo. Equivalem a arquipélagos no oceano parlamentar. Tentam substituir o todo pelas partes.

O processamento das demandas sociais passa a enfrentar dificuldades. A fragmentação de interesses obscurece a visão de prioridades. A identidade da Câmara como microcosmos da sociedade também carece de sentido. É evidente que o parlamentar privilegiará o conjunto a que pertence em detrimento das massas. Delegado de um grupo, o congressista vê-se livre de compromissos mais amplos. O voto da base da pirâmide, assim, é canalizado para uma parcela de atores secundários mais sensível aos apelos do balcão político. Núcleos de representação conscientes e balizados pelo dever ético rareiam. Dos 513 deputados federais, calcula-se que apenas entre 15% a 20% continuem fiéis ao ideário cívico. Sem doutrina, os atores personalizam o poder, transformando a política em espetáculo. A degradação cresce com o poder imperial do Executivo, useiro e vezeiro na arte de praticar o presidencialismo de coalizão com a solda irresistível de mensalões. A suja moldura se completa com o uso exagerado de medidas provisórias, responsável por um parlamentarismo às avessas: o Poder Executivo executa leis que ele mesmo estabelece.

Que cara, então, podem ter os legisladores, senão a de espertalhões, estelionatários, "mensaleiros", iletrados, corporativistas, aéticos e imorais? Quem consegue ajeitar a feição e afirmar o caráter acaba contaminado com a imagem poluída da banda podre. Que conceito pode ganhar a Câmara senão o de casa do cambalacho? Não é de surpreender que uma leva de gaguinhos, como o da historinha, entre na próxima legislatura. Em 1976, o candidato da Arena a prefeito de Palmares renunciou. O governador de Pernambuco, Moura Cavalcanti, correu lá e pesquisou: "Quem é mais popular na cidade?" Resposta: "O gaguinho. Não fala nada". O gaguinho subiu no palanque, endeusado pela oração do governador: "Prefeito não precisa falar. Precisa agir." A multidão, comovida, aplaudia o gaguinho, que apenas gesticulava com o V da vitória. Sem um dizer um A, ganhou. Pois é. Que diferença faz eleger uma pessoa séria ou um malandro, um gaguinho ou um falastrão? Milhões de brasileiros assim pensam. É o preço de uma democracia claudicante. (Abril de 2006)

LEGISLANDO EM CAUSA PRÓPRIA

O STF sustou o reajuste salarial de 90,7% de deputados e senadores, mas a maldade, fruto de oportunismo e insensatez, foi perpetrada. A intenção de fazer uma coisa ruim é tão perversa como o próprio ato. Os dirigentes do Parlamento capricharam na tática. A ideia era duplicar salários às vésperas das festas animadas pelo velhinho Noel, quando a balbúrdia ambiental pela caça de presentes amortece os decibéis da política e a azáfama nas lojas embaralha a visão, afastando-a dos atores políticos. O cambalacho não deu certo porque os feitores das leis, imaginem, cometeram ilegalidade. Para ter salário superior ao que ganham parlamentares europeus e norte-americanos, S. Exas. devem usar decreto específico e submetê-lo à aprovação dos plenários do Senado e da Câmara. A sorrateira operação, flagrada e abortada por decisão soberana da Corte mais alta do País, é mais que reveladora da prática abominável de cooptação na base de apelo ao bolso.

A quase trambolhada serve para demonstrar que o ano da escuridão total, que acolheu a "pior legislatura" dos últimos tempos[66], não mexeu com o rubor de muitos parlamentares. A lição que se extrai aponta na direção de uma cultura refratária às mudanças. Manobras feitas à sorrelfa se repetem. Os cambalachos continuam em plena luz

---

[66] A que se encerrou em 2006.

do dia. A forma pode ser diferente, mas a seiva provém de farisaísmo, compadrismo, grupismo e fisiologismo. Pior é verificar que o Brasil pós- *mensalão* continua o mesmo. Conselhos de Ética e depoimentos constrangedores fazem parte das calendas. Já não se fala dos lamentáveis episódios que enlamearam fatias gordas do Parlamento. Mas é confortável constatar que um grupo que não verga a espinha ante o cofre de Tio Patinhas consegue, com armas curtas e pouca munição, enfrentar os exércitos da mediocridade que procuram impor interesses venais ao ideal da coletividade, explorando a política como negócio. São poucos, mas a grandeza emanada por sua expressão, incluindo o mandado de segurança impetrado no STF contra o aumento-gigante por pequeno grupo de deputados, haverá de calar fundo na alma cívica da Nação.

A política é o estuário das expectativas e demandas sociais. Duas referências animam seus eixos: os "credenda", coisas a serem acreditadas, a partir do sistema legal, e os "miranda", coisas a serem admiradas, a partir dos símbolos. Daí a inescapável pergunta: o que há para crer na política brasileira e o que há para admirar? Aos ouvidos chega o eco: nada. As razões para tanto se abrigam em campos múltiplos, mas a origem dos males recentes é a consolidação do PNBC (Produto Nacional Bruto da Corrupção), cuja raiz quadrada se extrai dos números que a esfera privada subtrai da *res publica*. Crer nas leis? Como, quando a própria Lei Maior é tortuosa? A Carta Magna tornou-se bíblia ilegível com suas mais de 50 emendas. Milhares de leis são esquecidas, outras, derrogadas ou descumpridas. As bulas da admiração estão rotas. Há um ídolo, um herói, um pai da Pátria que mereça aplausos gerais? Quantos brasileiros são capazes de cantar até o fim o Hino Nacional? A dialética da mudança está com o sinal invertido. Basta ver. O corpo parlamentar ganha o mandato que o povo lhe concede para atender a suas demandas, ou seja, para promover os avanços. Que só ocorrem quando a pressão social se faz insuportável. Duplicar salários, numa quadra que clama por vergonha na cara, exemplos de dignidade, zelo e contenção de gastos públicos, é a mais cabal demonstração de barbárie. Maquiavel predizia: "Nada é mais difícil de executar, mais duvidoso de ter êxito ou mais perigoso de manejar do que dar início a uma nova ordem de coisas." Implantar uma nova ordem na cultura política brasileira é tarefa para duas a três gerações.

Ressalte-se, no fechar das comportas dessa avalanche de água suja, o olho aceso da sociedade. Não se pode medir a revolta exclusivamente sob a ótica de pequenas mobilizações feitas por centrais sindicais e núcleos. Em todos os espaços sociais, a voz corrente é: o copo transbordou. Não dá mais para aceitar os tsunamis que devastam o espaço público. Nossa História registra uma frase lapidar a que as elites recorrem desde os tempos de Vargas, na década de 30: "Façamos a revolução antes que o povo a faça." O conceito original pode estar defasado. Que uma revolução de costumes, porém, se faz premente, ninguém tem dúvida. (Dezembro de 2006)

VIDA PRIVADA E VERGONHA PÚBLICA

Em seus escritos, Maquiavel relata a história de um rico romano que deu comida aos pobres durante uma epidemia de fome e, por isso, foi executado pelos concidadãos, sob o argumento de que pretendia fazer seguidores para se tornar um tirano. Há poucos dias, no Japão, o ministro da Agricultura suicidou-se, envergonhado por ter sido acusado de favorecer empreiteiras e receber propina. Um dia depois, o executivo de uma corporação subordinada ao Ministério imitou o gesto, suicidando-se ao se atirar da sacada de seu apartamento em Tóquio. O poderoso e respeitado Paul Wolfowitz é obrigado a deixar a presidência do Banco Mundial por promover e aumentar o salário da namorada, funcionária da instituição. Como se vê, os antigos romanos valorizavam ao extremo a boa conduta dos políticos. No Japão e nos EUA, a moralidade pública é um dever inalienável. Os exemplos mostram que a postura ética ocupa lugar de destaque na sala de estar do homem público desde tempos imemoriais, corroendo o perfil dos atores da cena política.

A relação entre moral e política é útil para nela inserirmos acontecimentos recorrentes, que apontam tênue limite entre a privacidade e o desempenho dos nossos representantes. Os eventos em série, que apontam para o conluio entre políticos, funcionários e grupos privados, denotam a banalização da corrupção na administração pública. Por que isso ocorre? Por que razão mandatários teimam em se apropriar da *res publica,* habitando uma Casa que já acolheu perfis como Pinheiro Machado, Tavares Bastos, Joaquim Murtinho, Prudente de Moraes, Bernardino de Campos e Campos Sales? Resposta: porque não mais representa o escopo de excelência inerente à sua tradição, bastando anotar que, no século 19, ali se decidiram questões vitais como as relações internacionais do País; o Rio da Prata, eixo central no capítulo da segurança; a imigração; a abolição da escravatura; o comércio exterior e a industrialização, entre outras. Hoje, é pálida sombra do passado, não pela diminuição de sua importância, mas pela escassa bagagem intelectual e política de parcela de seus 81 membros. Mais de um terço dos senadores não obteve nenhum voto, ganhando o cargo por serem suplentes, que passam ao largo das urnas. Senador sem voto é um Jaguar sem gasolina (expressão tirada de Gay Talese ao descrever um Frank Sinatra gripado e quase sem voz), só impressiona pela aparência. Mas o Senado custa aos cofres da União R$ 2,7 bilhões por ano, ou seja, cada senador custa R$ 33,4 milhões. Como o senador defende os interesses do Estado, e não do povo (representado pelo deputado), ele não se sente obrigado a falar diretamente com a dona de casa, o trabalhador, o homem das ruas. Tem mandato de oito anos, podendo, no meio, candidatar-se duas vezes a prefeito e uma a governador, sem perder a vaga em caso de derrota.

Simulemos um debate sobre ética na política entre parlamentares e o senador Rui Barbosa. O mestre lhes diria: "Não há nem pode haver aliança entre a política e os meus interesses privados. A política é e será sempre a inimiga da minha prosperidade profissional". O parlamentar poderia retrucar: "Ética é fidelidade aos amigos". Outro arremataria: "Aos amigos, pão, aos inimigos, pau." O velho Rui, no troco, lembraria trecho do discurso de 26/12/1901, que bem poderia servir de conselho a muitos dos nossos representantes: "Vespasiano dizia que, para um imperador, decência é morrer de pé, decência é cumprir bem o seu papel."

A falta de vergonha, agora, é na Câmara. Fruta madura, a reforma política estava prestes a ser colhida na árvore reformista. Mas as facas afiadas de grupos cortam em pedaços os galhos da reforma, desfigurando o formato mais adequado para a moralização de padrões. O que sobra é um monstrengo: lista aberta e lista fechada, financiamento público e financiamento privado, juntos, ou seja, a antessala da depravação. E assim *la nave và*... Sobre as águas da mesmice. E da impunidade, eis que, em 40 anos, nenhum político ou governante nos 137 processos que deram entrada no Supremo Tribunal Federal foi punido. Ainda dizem que nossa democracia é de primeira. (Junho de 2007)

AMADORISMO PARTIDÁRIO

Um dia no Congresso Nacional causa forte impressão a almas sensíveis e insensíveis à política, a gregos e troianos. O clima é de azáfama. Milhares de servidores se apressam nos corredores carregando montanhas de papéis, misturando-se às caravanas que, em fila indiana, gritam palavras de ordem em manifestações organizadas por entidades. Nas comissões técnicas, parlamentares, entre eles perfis qualificados, debatem de maneira acalorada temáticas de alta prioridade, desfilam argumentos e números para, no fim, encaminharem as matérias aprovadas aos plenários das duas Casas, aos quais compete a palavra final. Até parece que estamos diante do quadro traçado por Alexis de Tocqueville, ao desembarcar, em maio de 1831, em solo americano, onde foi estudar o sistema penitenciário: "Vemo-nos no meio de uma espécie de tumulto e de todas as partes se eleva um clamor; mil vozes chegam ao mesmo tempo a nossos ouvidos, cada qual a exprimir algumas necessidades."

Infelizmente, a constatação de que o oxigênio político inoculava as veias da sociedade, feitas pelo autor de *A Democracia na América*, não ganha correspondência entre nós. Resta-nos a imagem do barulho democrático. E o paradoxo: o esforço parlamentar, que se estende no plenário da Câmara, às vezes noite adentro, não gera a produtividade desejável. O resultado de energias gastas, votações quilométricas, está aquém das expectativas, a configurar a perversa equação que estabelece os limites entre eficiência e eficácia. Os jogadores do Legislativo até podem ser considerados mestres na arte da argumentação e eficientes no drible retórico, porém são pouco eficazes naquilo que efetivamente interessa às plateias: fazer gol, ganhar a partida nem que seja por um a zero. As capacidades individuais, mesmo exibindo performance razoável, não causam sensação social. Daquele tenso ambiente se extrai um colírio que pinga em gotas nos olhos do povo.

Produtividade: este é o conceito-chave que falta ao corpo parlamentar. Antes de chegarmos aos números, expliquemos logo que produtividade não significa apenas quantidade de projetos apresentados e aprovados. Até porque as estatísticas mostram que o Brasil lidera o ranking mundial em matéria de fabricação legislativa. Temos 25 mil leis federais, 5 mil decretos-leis, mais de 1,5 milhão de atos normativos e centenas de resoluções da Câmara e do Senado, com validade de lei, além das medidas provisórias. Sob essa teia, cai bem na nossa cabeça a insinuação do chanceler Bismarck (1862-1890), quando insinuou que, "se as pessoas soubessem como se fazem as leis e as salsichas", possivelmente não cumpririam as primeiras nem comeriam as segundas. No ano passado[67], aprovaram-se 178 leis ordinárias, das quais o Poder Executivo patrocinou 124, correspondentes a 24 projetos de lei, 59 medidas provisórias e 41 projetos de créditos suplementares, sendo o restante de responsabilidade do Legislativo (42) e do Judiciário, do Ministério Público e do Tribunal de Contas da União (12). A quantidade de projetos apresentados é enorme, ultrapassando

---

[67] 2006.

a casa dos 3 mil por ano. Em 1991, chegou-se a apreciar 8 mil projetos, o que denota o esforço individual. Não é pouco. Na planilha, dá para perceber que o Executivo é o maior legislador do País e, mais, que seguimos rigorosamente a prática dos sistemas parlamentaristas. Na Alemanha, por exemplo, mais de dois terços dos projetos de lei provêm do governo. Mas há uma explicação: lá o governo é estruturado sob o parlamentarismo e conta com ampla composição partidária. O mesmo ocorre no Canadá e na Inglaterra, onde praticamente os projetos apresentados pelo governo são aprovados em detrimento dos propostos por parlamentares isoladamente.

Já os EUA têm um modelo semelhante ao nosso, com um Parlamento dos mais ativos dos sistemas presidencialistas. O parlamentar defende os interesses do eleitor de seu distrito, não a ponto de contrariar direitos e deveres da comunidade global. Detalhe interessante: leis que afetam o bolso do consumidor nascem no Legislativo, e não no Executivo. Como no Brasil, o volume de projetos de apresentados é alto, mas a proporção dos aprovados em relação aos apresentados gira em torno de 5%. Um aspecto fica bastante patente na fisionomia dos Países de sólida democracia: as leis valem pelo peso da importância, tornando-se conhecidas, respeitadas, rigorosamente adotadas e, sobretudo, gerando resultados e fazendo convergir os interesses coletivos. Entre nós, o sentido universal até se faz presente em certa produção legislativa, mas, nos últimos tempos, projetos de lei de caráter reducionista, corporativo e distributivista ganharam fôlego sob a pressão de movimentos organizados. O resultado é transpiração demais e transparência de menos. O cipoal legislativo engrossa e as pessoas nem ficam sabendo o que está em vigor. A tarefa de consolidar a legislação federal, com enxugamento racional, é mera promessa. No meio da balbúrdia, toma corpo a judicialização da política. As Altas Cortes tentam pôr ordem na bagunça normativa.

Nesse ponto, volta à cena a produtividade. A produção de leis deveria obedecer a parâmetros como elevação da cidadania, substância, viabilidade e integração ao meio. Sob essas lâminas, milhares de projetos seriam decepados logo na origem, enquanto outros milhares ganhariam um freio de arrumação. Haveria compromisso do corpo parlamentar para trabalhar dentro de uma visão de conjunto, interesse social e operacionalidade técnica. Pontos consensuais fechariam as decisões e só os aspectos contraditórios abririam o debate. A produtividade deixaria de ser um jogo de soma zero, em que os lucros de uns saem das perdas de outros. O País ganharia transparência. A Justiça faria chegar sua marca ao último dos cidadãos." (Outubro de 2007)

O POLÍTICO QUE O BRASIL PRECISA

O bom político é aquele que mantém uma sintonia fina com a população. Não precisa ser necessariamente um despachante ou um assistente social distribuindo benefícios. Há que entender como se forma a opinião pública, quais são as principais demandas sociais, qual o conceito que a população tem sobre os políticos e, sobretudo, que mudanças ela exige nos comportamentos, posturas e ações dos homens públicos. Como pode descobrir tudo isso? De algumas formas: lendo e interpretando as matérias da imprensa; fazendo contatos diretos com os eleitores; participando do debate político nas casas representativas ou, se quiserem algo mais cômodo, conhecendo os resultados de pesquisas.

Qual o conceito que o eleitor faz hoje de um bom político? Péssimo. Uma pesquisa Sensus[68] mostrou: de cada 100 brasileiros, apenas 3 confiam nos políticos. Político é, hoje, sinônimo de mutreta. Infelizmente. Vejamos como o eleitor quer enxergar o político. O valor da *autoridade* é seguramente um deles. O brasileiro sente-se atraído pela figura do pai, que expressa autoridade, respeito, domínio do ambiente doméstico, o homem providencial capaz de suprir as necessidades da família. Mas não se deve confundir autoridade com autoritarismo,

---

[68] 2007.

porque este conceito passa a abrigar outras componentes, como a arbitrariedade, o castigo imerecido, a brutalidade. O *equilíbrio* se faz necessário, porque está associado à harmonia do perfil, à serenidade, valor que, por sua vez, traduz sentimento de justiça. Estes dois valores somam-se, conferindo ao político *confiabilidade e respeitabilidade*, sendo esta base fundamental para a consolidação de uma imagem forte.

Os desafios da administração pública e as demandas crescentes da sociedade exigem *conhecimento e experiência* dos políticos, ferramentas necessárias para o encontro de soluções rápidas, factíveis e justas. O eleitor desconfia de aventureiros e ignorantes por considerá-los uma "aposta cega, um tiro no escuro". O preparo, o ideário bem organizado, denso e compreensível, podem melhorar sua imagem. Será melhor ainda se as ideias e os programas de um político forem preliminarmente patrocinados por grupos sociais consolidados. Ou seja, se ele tiver o endosso de uma entidade de fins sociais. A sociedade brasileira está bem organizada e representada por entidades, algumas muito fortes. O bom político é ainda aquele que sabe fazer *articulação*, a eficaz intermediação e interação com as entidades organizadas.

Se ficar todo tempo nos gabinetes e escritórios, corre o risco de não respirar o "cheiro das massas". Distancia-se e se desequilibra, pois os pés de um político devem, todo tempo, caminhar nas trilhas seguras de seu eleitorado. Por isso, a *proximidade* com o povo é um conselho a ser respeitado. E o quê as pesquisas indicam como valores negativos? *Indecisão* é um deles por estar associado à ideia de político fraco, temeroso, tíbio. *Encrenqueiro e corrupto* são outros perfis negativos. O brasileiro continua também desconfiado dos estilos rompantes, impetuosos, viradores de mesa. É claro que mudanças são desejáveis, contanto que sejam gradativas, sem grandes sustos.

Quem está ligado a coisas suspeitas, a teias de corrupção, a casos não bem explicados e negativos é também visto com desconfiança. Precisa lutar muito para se purgar. As CPIs que apuram desvios e coisas imorais perderam muito a credibilidade, pois se transformaram em palanque para alguns. A população está mais atenta aos fatos da política, distinguindo os espaços do bem e do mal, do bom e do mau político. Perfis que não têm ideias, programas, conhecimento de causa, como se diz no vulgo, passam a voar baixo. Alguns não passarão da primeira viagem. Há, porém, um valor-conceito que expressa o esqueleto vertebral do político: é a identidade, que abrange a história, as ideias, a coerência, os sentimentos e a maneira de ser. Se a identidade é forte e positiva, o político estará sendo sempre associado com as lembranças boas de seus eleitores e admiradores. Uma imagem, porém, não nasce e cresce da noite para o dia. Atenção: botem a lupa para enxergar erros e acertos, pois a população já usa lentes há muito tempo. (Junho de 2007)

ELEIÇÕES

BASES DO VOTO

DE UTOPIAS E DESILUSÕES

Há 30 anos, o jurista Goffredo da Silva Telles Jr., dando vazão ao sentimento da sociedade brasileira, foi convidado para ler a *Carta aos Brasileiros*[69]. O País abria as portas da redemocratização. Hoje, o Brasil vive sob o Estado de Direito, mas vegeta sob o Estado da ética e da moral. Em três décadas, o País eliminou o chumbo que cobria os muros de suas instituições sociais e políticas, resgatou o ideário libertário que inspira as democracias, instalou as bases de um moderno sistema produtivo e, apesar de esforços de idealistas que lutam para

---

[69] A leitura da *Carta aos Brasileiros* na Faculdade de Direito da USP, no Largo do São Francisco, em São Paulo, foi um marco na luta contra a ditadura e pela redemocratização do Brasil. Foi lida em 8 de agosto de 1977 por Goffredo da Silva Telles Jr. e teve como signatários importantes juristas ligados e personalidades brasileiras.

pôr um pouco de ordem na casa, não alcançou o estágio de Nação próspera, justa e solidária. O baú do retrocesso continua lotado. Temos uma estrutura política caótica, incapaz de promover as reformas fundamentais para acender a chama ética, e um sistema de governo, amarrado nas cordas do chamado presidencialismo de coalizão, que usa a extraordinária força de verbas e cargos para cooptar legisladores e partidos, transformando-se, ele próprio em muralha que barra os caminhos da mudança.

Não por acaso, anos depois o professor Goffredo[70] confessava ter vontade de ler uma segunda carta, desta feita para conclamar pela reforma política e por uma democracia participativa, em que os cidadãos votem em ideias, e não em fulanos, beltranos e sicranos. O velho mestre das Arcadas, que formou uma geração de advogados, tentava resistir à Lei de Gresham, pela qual o dinheiro falso expulsa a moeda boa – princípio que, na política, aponta a vitória da mediocridade sobre a virtude. No Brasil, especialmente, os freios do atraso impedem os avanços. Vivemos com a sensação de que há imensa distância entre as locomotivas econômica e política, a primeira abrindo fronteiras, a segunda fechando porteiras. Olhe-se para os Poderes Executivo e Legislativo. Parecem carcaças do passado, fincadas sobre as estacas do patrimonialismo, da competitividade e do fisiologismo. Em seus corredores, o poder da barganha suplanta o poder das ideias.

Na segunda *Carta aos Brasileiros*, o mestre Goffredo escolheria como núcleo a reforma política, eixo da democracia participativa com que sonha. Mas falta disposição aos congressistas para fazê-la. Reformar a política requer a instalação de uma base moral, que começa com o princípio da fidelidade. Acontece que o instrumento não é consenso entre os pares por esvaziar a feira de miudezas em que se transformou o Congresso. Fidelidade é compromisso com programas e valores. Há, entre nós, não mais que cinco ou seis grandes tendências, tomando como referência os espaços da direita para a esquerda,

---

[70] Falecido no dia 27 de junho de 2009.

passando pelo centro, e as proximidades entre as áreas. Os partidos precisam ocupar tais espaços e se banhar de ideário. Sem uma base eleitoral mínima os entes partidários tendem a cair na indigência, poluindo o ambiente de miasmas. Seria mais útil aos eleitores que as grandes questões nacionais recebessem de cada partido diagnóstico apropriado e proposta de solução. O voto será dado a quem melhor encarnar a expressão do eleitor.

A utopia nacional, porém, resvala pelo terreno da desilusão. Até parece que o Reino da Mentira, descrito pelo senador Rui Barbosa, nos idos de 1919, volta à ordem do dia: "Mentira por tudo, em tudo e por tudo. Mentira na terra, no ar, até no céu. Nos inquéritos. Nas promessas. Nos projetos. Nas reformas. Nos progressos. Nas convicções. Nas transmutações. Nas soluções. Nos homens, nos atos, nas coisas. No rosto, na voz, na postura, no gesto, na palavra, na escrita. Nas responsabilidades. Nos desmentidos." (Agosto de 2007)

Quem é o eleitor?

FATORES NA DECISÃO DO VOTO

Qual é o significado do voto? Quando um eleitor opta por um candidato, que fatores balizam sua decisão? Esta é uma das mais instigantes questões das campanhas eleitorais. A resposta abriga componentes relacionados ao conceito representado pelo candidato e ao ambiente social e econômico que cerca os eleitores. No primeiro caso, o eleitor leva em consideração valores como honestidade/seriedade; simplicidade; competência/preparo; capacidade de comunicação; entendimento dos problemas; arrogância/prepotência e simpatia. Sob outra abordagem, o voto quer significar protesto, um castigo aos atuais governantes e a candidatos identificados com eles, vontade de mudar ou mesmo aprovação às ideias dos perfis situacionistas. Neste caso, os pesos da balança assumem o significado de satisfação e insatisfação; ou confiança e desconfiança.

A questão seguinte é saber qual a ordem em que o eleitor coloca essas posições na cabeça e por onde começa o processo decisório. Não há uma ordem natural. O eleitor tanto pode começar a decidir por um valor representado pelo candidato – simpatia, preparo, capacidade de comunicação – como pelo cinturão social e econômico que o aperta: carestia, violência, desemprego, insatisfação com os serviços públicos precários etc. Os dois tipos de fatores tendem a formar massas conceituais – boas e ruins – na cabeça do eleitor. A exposição dos candidatos na mídia vai criando impressões no eleitorado. E as impressões serão mais positivas ou mais negativas, de acordo com a capacidade de o candidato formular pensamentos e apresentar respostas aprovadas ou desaprovadas pelo sistema de cognição dos eleitores.

E daí, qual a lógica para a priorização que o eleitor confere às ideias dos candidatos? Nesse ponto, cabe uma pontuação de natureza psicológica. As pessoas tendem a selecionar coisas (fatos, ideias, eventos, perfis) de acordo com os instintos natos de conservação do indivíduo e preservação da espécie. Ou seja, o discurso mais impactante e atraente é o que dá garantias às pessoas de que elas estarão a salvo, tranquilas, alimentadas. O discurso voltado ao estômago do eleitor, ao bolso, à saúde é prioritário. Tudo que diz respeito à melhoria das condições de vida desperta a atenção. Depois, as pessoas são atraídas por um discurso mais emotivo, relacionado à solidariedade, ao companheirismo, à vida familiar.

Esses apelos disparam os mecanismos de escolha. Se a insatisfação social for muito alta, os cidadãos tendem a se abrigar no guarda-chuva de candidatos da oposição. Se candidatos com forte tom mudancista provocarem medo, as pessoas recolhem-se na barreira da cautela, temendo que um candidato impetuoso vire a mesa abruptamente. Assim, mesmo com certa raiva de candidatos apoiados pela situação, os eleitores assumem a atitude dos três macaquinhos: tampam a boca, os ouvidos e olhos e acabam votando em candidatos situacionistas. O maior desafio de um candidato de oposição, dentro dessa lógica, é o de convencer o eleitorado de que garantirá as conquistas dos seus antecessores, promovendo mudanças que melhorarão a vida das pessoas. Simples promessa não adianta: é preciso comprovar tim-tim por tim-tim como executará as propostas.

Por isso mesmo, quando o candidato agrega valores positivos, a capacidade de convencimento do eleitor será maior. Não se trata apenas de fazer marketing, mas de expressar caráter, personalidade, a história do candidato. Uma história amparada na coerência, na experiência, na lealdade, na coragem e determinação de cumprir compromissos. Proposta séria e factível transmitida por candidato desacreditado não colará. Os dois tipos de componentes que determinam as decisões do eleitor — as características pessoais dos candidatos e o quadro de dificuldades da vida cotidiana — caminham juntos, amalgamando o processo de decisões dos cidadãos.

Marketing bem feito é aquele que procura juntar essas duas bandas, costurando os aspectos pessoais com os fatores conjunturais, conciliando posições, arrumando os discursos, analisando as demandas das populações, criando ênfases e alinhando as prioridades. O que o marketing faz, na verdade, é acentuar os estímulos para que o eleitor possa, a partir deles, tomar decisões. E os estímulos começam com a apresentação pessoal dos candidatos, a maneira de se expressar, de se vestir. Os cenários aguçam ou atenuam a atenção. A fluidez de comunicação, a linguagem mais solta e coloquial cria um clima de intimidade com o eleitor. As propostas precisam ser objetivas, claras e consistentes. As influências sociais e até as características espaciais e temporais despertam ou aquecem as vontades. (Setembro de 2008)

CAMPANHAS COMO BATALHAS

As campanhas eleitorais, regra geral, se dirigem a dois tipos de públicos: eleitores interessados na política, racionais, com intenção de voto definida; e grupamentos dispersos, desinformados, instáveis e emotivos. Os primeiros se interessam pelos discursos de seus candidatos, sendo pouco suscetíveis às mensagens dos adversários, enquanto os segundos, pragmáticos, podem mudar de posição, de acordo com os benefícios - maiores ou menores - oferecidos pelos contendores por meio de propostas para áreas como saúde, educação, transportes, segurança, habitação, emprego e bem-estar social. Os perfis de eleitores, sejam os engajados ou os dispersos, se guiam por critérios variados, não havendo um padrão exclusivo para decidir sobre o voto. Entre eles se incluem proximidade, qualidade das ideias, viabilidade da promessa, feitos da gestão, história pessoal e até empatia gerada pela maneira como o candidato se apresenta.

Para entender qual é a psicologia do eleitor brasileiro usemos uma historinha sobre os graus de liberdade de algumas culturas. Os franceses amam a liberdade como à amante, a quem se ligam de forma apaixonada e de quem se separam após violenta briga; os ingleses amam a liberdade como a uma esposa fiel, tradicional, com quem mantêm sólida relação, mesmo sem volúpia; os alemães amam a liberdade como a uma avó abençoada, a quem reservam o melhor cantinho perto da lareira, onde geralmente costumam esquecê-la; e os brasileiros prezam a liberdade como as muitas namoradas que costumam colecionar no vigor dos 18 anos. Pois bem, nosso eleitor é eclético. Apesar de continuar bastante volúvel, há uma parte que conserva a fidelidade dos ingleses, a paixão avassaladora dos franceses e até a frieza pragmática dos alemães.

Essas divisões eleitorais constituem o alvo dos tiroteios de campanhas, donde se pinça a indagação: o combate direto – com a arma da desconstrução do adversário – dá resultados? É sabido que campanha negativa afeta de maneira tênue a opção eleitoral. O impacto é mais forte junto a indecisos que aguardam a reta final para tomar partido. Em 2006, durante a campanha presidencial, o lado petista insinuou que Geraldo Alckmin privatizaria a Petrobrás e o Banco do Brasil. Colou. A eficácia ocorre também quando se usa a arma da comparação de gestões. Já a insinuação sobre conduta pouco comove o eleitor.

Para o eleitor é abstrata a idéia de distinguir valores da ética e da coerência entre candidatos.

Campanha negativa é uma tradição nos EUA. Lyndon Johnson, candidato democrata a presidente em 1964, foi o primeiro a pagar anúncios para desmoralizar o rival Barry Goldwater. Uma menina no campo desfolhava pétalas de uma margarida, enquanto as contava uma a uma, até que, chegando ao dez, uma voz masculina começava a reverter a contagem. Na hora do zero, sob um ruído ensurdecedor, via-se na tela uma nuvem de cogumelo, simbolizando a bomba atômica, e a voz de Johnson: "Isto é o que está em jogo - construir um mundo em que todas as crianças de Deus possam viver ou, então, mergulhar nas trevas. Cabe a nós amar uns aos outros ou perecer." O arremate: "Vote em Lyndon Johnson. O que está em jogo é demais para que você se possa permitir ficar em casa." Em nenhum momento se mencionava Goldwater. O anúncio saiu apenas uma vez, mas as TVs o repetiram. Outros foram criados e massacraram o falcão republicano.

Esse modelo tenta associar candidatos aos valores da sociedade. Às vezes, o ataque dá errado, os atingidos se transformam em vítimas e as agressões se voltam contra os agressores. Aluízio Alves, candidato a governador do Rio Grande do Norte em 1960, acusado pelo adversário de correr o Estado dia e noite liderando multidões pelas estradas, apropriou-se do termo "cigano" a ele atribuído. Enfeitiçou as massas. Os comícios pegavam fogo. Dinarte Mariz, o governador, patrono da candidatura de Djalma Marinho, menosprezava: "Quem vai a esses comícios é uma gentinha analfabeta." Aluízio adotou o termo: "Minha querida gentinha." Ganhou a eleição.

Quando as acusações assumem um toque pessoal, podem se voltar contra o agressor. Por isso a desconstrução de perfis não obtém muita eficácia. A maioria do eleitorado quer uma campanha de ideias, cativante. Acontece que a agressão faz parte da nossa cultura. Na reta final de uma campanha, os eleitores são alvo de muitos tiros. Alguns batem de lado, outros saem pela culatra. (Setembro de 2008)

NOVA CARTA DE VALORES

Que resultado se pode extrair da campanha eleitoral no campo de valores e princípios? A se considerar que a política, nos tempos modernos, passa a se guiar mais por critérios técnicos, impostos por um ordenamento mercadológico, e menos pela intuição de seus atores, o que emerge do pleito municipal[71] é um conjunto de posições e conceitos alinhados à meta principal: preencher as necessidades do eleitor e conquistar seu voto. Para tanto o ideário composto abrigou não mais que meia dúzia de conceitos, com destaque para a práxis, que é o motor da vida política, a capacidade do candidato de fazer acontecer, de pôr em prática as promessas e, ainda, de realizar melhor do que o outro as ações propostas.

Em torno das ações do candidato outros valores ganharam peso, como o da verdade. Quem tentou usar essa arma o fez, de um lado, para desconstruir o perfil do adversário e comprovar o ambiente de mentiras que o cerca e, de outro, aparecer como o legítimo e autêntico. Acontece que o fio a separar o falso do verdadeiro em matéria de política brasileira é muito tênue. A sucessão de escândalos e denúncias envolvendo grupos, representantes e partidos os torna praticamente muito próximos. Para o eleitor, a verdade usada contra o opositor causa suspeição no meio de um mar de engodo. O que avulta é a canibalização recíproca. Bertold Brecht[72] já ensinava que há cinco maneiras de dizer a verdade. Vale lembrar, portanto, que este valor tem que ver com a condição do emissor (credibilidade do candidato), do momento e das circunstâncias (uso político em campanha), da situação do receptor (eleitores vacinados contra o oportunismo) e dos meios usados (programas eleitorais). As figuras mudam tanto de posição e de cores quanto um caleidoscópio. O político demonizado de hoje foi o anjo de ontem e vice-versa.

---

[71] De 2008.
[72] Dramaturgo e poeta alemão (1898-1956).

O que, então, impactou o eleitor e corroborou sua decisão de votar em determinado candidato? Os cidadãos se conscientizaram da necessidade de instrumentalizar a política. Preferem vê-la como ferramenta para construir casas, escolas, postos de saúde, praças de lazer, perto de seus lares, a aceitá-la como fórum de discussão de temas nacionais. Eis a razão por que a federalização das campanhas não pega ou, ainda, por que padrinhos federais, como o presidente Luiz Inácio, não conseguiram influenciar o eleitor a votar em seus candidatos. Essa, aliás, foi a característica mais evidente da campanha. A micropolítica se sobrepôs à macropolítica. Os ganhos municipais do eleitor venceram o blablablá federal.

A batalha eleitoral entrou no terreno tecnológico das mídias eletrônicas e estas passaram a substituir a concentração de multidões em praças públicas por comícios eletrônicos, capazes de atingir indistintamente classes sociais e categorias profissionais. Nem se pode dizer que as campanhas se tornaram mais pesadas. Capítulos inteiros do passado eleitoral foram escritos a ferro e fogo, deixando rastros de violência no campo e nas cidades, com tiroteios em palanques e o assassinato de candidatos. O que se pode dizer é que o discurso debochado, cheio de graça, ou a verve eleitoral cederam lugar a um palavrório cáustico e mesmo sórdido. Imaginemos um tipo como Antônio Luvizaro, candidato ao governo da Guanabara nos idos de 60, frequentando o palanque da metrópole paulistana. Fosse indagado sobre a questão que provoca dores de cabeça no cidadão, o trânsito, poderia disparar a resposta que deu na época. "Tenho um programa com soluções rápidas e práticas. Vejam que solução barata: carro novo vai pelo túnel novo, carro velho só entra no túnel velho."

A improvisação na arte da política cedeu lugar à profissionalização, com a estandardização de campanhas e performances, a pasteurização de perfis e discursos e a homogeneização da estética eleitoral. Tudo é medido, controlado, monitorado. Até os debates são acompanhados por grupos de ressonância. Como seria engraçado ouvir um

Jânio Quadros, com suas tiradas sarcásticas, histórias ferinas, sacadas imprevisíveis, respondendo sobre suas ligações com A, B ou C, ou mesmo abordando o fato de ser um sorvedouro de vinho do Porto. Mais do que lembrar a conhecida historinha de bebedor insaciável daquele líquido, "porque, se fosse sólido, comê-lo-ia", o jeito histriônico da inesquecível figura poderia deixar o interlocutor em maus lençóis. Ou rubro de raiva.

Não tenhamos ilusões. Aqui e alhures, o processo eleitoral é a cabeça de um corpo político que se afastou do ideal de cidadania arquitetado pelos gregos. A política deixou de ser missão para se transformar em profissão. Em contraposição, assistimos à emergência de um eleitor mais atento a essas armadilhas, o que torna as próximas eleições verdadeiras caixas-pretas. (Outubro de 2008)

A NOVA CLASSE MÉDIA

As planilhas de viabilidade eleitoral, organizadas para balizar o planejamento das campanhas, costumam levar em conta pontos fortes e pontos fracos dos candidatos, características das classes sociais, influência das estruturas de poder nas regiões, propostas e promessas, arrematando esse acervo com doses adequadas de emoção e razão.

Os proponentes, cada um com seu estilo, se esforçarão para impactar os agrupamentos eleitorais, por classe e região, maximizando habilidades comunicativas e minimizando deficiências. Trabalharão com a meta de aproximar identidade (personalidade, escopo) à imagem (projeção da identidade). Nem sempre serão eficientes na tarefa, ou porque, ao encapsularem as orientações dos assessores, não conseguirão transmiti-las de modo natural, parecendo ventríloquos, ou porque rechaçarão conselhos e acabarão dando com os burros n'água.

Comparado a outros pleitos, o deste ano ganhará esquadrinhamento apurado. A razão é que o ciclo Lula, perto do fim, incitará o eleitorado a examinar de perto o desempenho dos postulantes, avaliando potenciais, comparando posições e medindo a proposta que melhor se encaixa na aposta do futuro.

O caleidoscópio eleitoral contará com atentos observadores. O principal olheiro será o eleitor de classe média, o qual, historicamente, tem tido visão aguda sobre o desenrolar das disputas. Nos próximos meses, a luneta será requisitada por um contingente recém-chegado que se incrustou no meio da pirâmide social por conta do braço distributivista do governo Lula. Esse numeroso exército subiu a ladeira, saindo da classe D, iniciando uma trajetória carregada de símbolos. Trata-se da nova classe média brasileira, que ganhou status de maior aglomerado nacional. Portanto, o pleito ocorrerá sob o signo da mudança do perfil econômico e geográfico do País.

A alteração na fisionomia social implica reavaliação do comportamento de todos os segmentos. Como se sabe, a classe média é quem mais sofre com as obrigações impostas pelos governos, como a alta carga tributária, e ainda com a má qualidade dos serviços públicos. Também é a mais atenta às promessas não cumpridas por nossa democracia representativa. Por isso, pode ser chamada de termômetro mais sensível da vida social. Por estar no meio, onde se cruzam as pressões de baixo e os interesses de cima.

Classe média insatisfeita sinaliza perigo para qualquer governo. E como ela se apresenta nesse instante em que os tambores da guerra começam a rufar? Os dados indicam que ela atravessa uma situação, se não de todo confortável, pelo menos não tão incômoda. Hoje, ela é responsável por 52% da população economicamente ativa, juntando 92,8 milhões de pessoas que ganham um salário entre R$ 1.115 e R$ 4.807 e detêm 46% da renda nacional.

No seio dessa nova classe emerge um eleitor pragmático, racional, que enxerga o todo e as partes, candidatos, competências e circunstâncias. O País deve avançar na direção de uma comunidade política mais sensível aos valores republicanos. É o que se espera. (Abril de 2010)

O PODER DAS BALZAQUIANAS

O detalhe pode parecer tênue no jogo eleitoral, mas fornece pistas para o deslocamento das peças no tabuleiro em um pleito. As mulheres, especialmente as de 35 anos ou um pouco mais, consagradas na literatura por Honoré de Balzac[73], por meio do clássico *A Mulher de 30 anos*, constituem hoje 30,3% do eleitorado brasileiro. Elas superam os homens no conjunto eleitoral em cerca de 5 milhões de votos (68 milhões a 63 milhões). Maduras, realistas e vividas, as balzaquianas – termo não mais pejorativo –, com senso crítico, firmeza e capacidade realizadora, são o passaporte para o ingresso dos candidatos no coração e na mente do eleitor.

O detalhe mostra, no entorno, um conjunto de variáveis cujo alcance certamente será absorvido pelas estratégias das campanhas. A começar pelo rearranjo da pirâmide social. O conjunto eleitoral brasileiro atravessa um processo de envelhecimento e feminidade. As estatísticas mostram que as mulheres apresentam menores taxas de mortalidade, vivendo mais que os homens. Na esteira da constatação emerge a indicação de que as mulheres decidirão o destino dos candidatos.

Não se trata apenas de numerologia, mas de evidência histórica. Veja-se o caso de Lula. Ganhou duas eleições – 2002 e 2006 – no segundo turno. Mas a vitória poderia ter sido já no primeiro turno, tivesse obtido votação expressiva das mulheres. No primeiro, disputando com José Serra[74], teve 10% a menos de votos das mulheres e, no segundo, enfrentando Geraldo Alckmin[75], registrou quatro pontos a menos. Aliás, Luiz Inácio alcançou desempenho menor entre o eleitorado feminino em todos os cinco pleitos disputados. O PT sempre teve dificuldades, ao longo das campanhas, em conquistar as eleitoras,

---

[73] 1799-1850.
[74] José Serra (PSDB / SP).
[75] Geraldo Alckmin (PSDB / SP).

situação que se repetiu na performance de Serra e Dilma Rousseff[76] junto a esse eleitorado. É bem verdade que a distância se estreitou nos bolsões atendidos por programas assistencialistas, particularmente no Nordeste, onde se verificava a maior aprovação ao governo Lula.

Existiria explicação para a preferência das mulheres por um candidato do sexo masculino? A causa mais plausível aponta para o caráter conservador do eleitorado. Por mais que se registrem extraordinários avanços da condição feminina, com a criação de instrumentos efetivos em sua defesa – Secretaria Especial de Políticas para a Mulher, Lei Maria da Penha, delegacias, varas e juizados especiais da mulher –, a mulher ainda é vítima de muita discriminação. O discurso por igualdade de direitos tem sido forte, mas a ação é tênue.

À índole conservadora da sociedade pode ser debitado também o fato de as mulheres terem 30% a mais de horas em educação e 27% a menos de salários em relação aos homens. O conservadorismo se espraia pela esfera política. Em 2008, o Brasil despontava em penúltimo lugar no ranking da participação feminina nos Parlamentos da América do Sul. Por aqui, tem sido difícil preencher a cota de 30% de vagas destinadas às mulheres. Mesmo assim, vale registrar que, em 2006, Heloísa Helena obteve 6,5 milhões de votos no pleito presidencial[77]. E, em 2010, pela primeira vez na história, duas candidatas de porte e visibilidade entraram na grande corrida.

Ao lado do conservadorismo, responsável pela distância entre os gêneros no âmbito do trabalho, a mulher agrega atributos particulares, como acuidade no exame das situações, rigor nas escolhas e observação atenta de fatos. E, sobretudo, atenção para os detalhes. Não quer perder o voto. Por isso, tende a deixar a escolha para os momentos finais. O que ela enxergou, por exemplo, em Serra ou em Dilma? Possivelmente estes traços: o ex-governador como um médico vestido de branco, botando remédio genérico na caixinha de socorro.

---

[76] Em 2010.
[77] Pelo PSOL.

O trabalho do ex-ministro da Saúde do presidente Fernando Henrique continuou a ser bem lembrado pelas donas de casa, zeladoras da saúde da família. Da ex-ministra da Casa Civil a identidade ainda é um ente mais contemporâneo, repartindo-se entre matéria energética, canteiros de obras espalhados pelo País, jeito durão e "Dilma do Chefe" (com a fonética nordestina se confundindo com Rousseff). Ou seja, o economista paulista, de expressão técnica, José Serra vira o chefão do clã, e a também economista mineira/gaúcha tem sua humanidade encostada no ombro do paizão do País, Luiz Inácio.

Nem por isso se pode afirmar que o sufrágio feminino convergirá totalmente na direção do perfil masculino. A possibilidade estará condicionada à geografia eleitoral. No Sudeste, por exemplo, pesquisas dão conta de eleitoras mais simpáticas ao tucano. Já na região nordestina, a gratidão deverá encher as urnas de Dilma com votos de mulheres.

Convém relembrar que nenhuma eleição é igual às outras. Personagens (incluindo chefes políticos), estruturas partidárias, discursos e circunstâncias terão sua relativa influência nos conjuntos eleitorais. Ademais, o pleito contará com um diferencial de peso: é a primeira eleição em 20 anos sem Lula como candidato. O fim do ciclo lulista propiciará um olhar atento sobre os atores. Por parte do eleitorado feminino esse olhar será ainda mais seletivo. Donde se extrai a inferência final: as mulheres, principalmente as balzaquianas, darão as boas vindas a um dos dois candidatos para uma estadia de quatro ou oito anos no Planalto ou um bom tempo de férias na planície. (Maio de 2010)

O CANDIDATO

A ÁGUA NO FEIJÃO

Receoso de receber resposta atravessada, o repórter perguntou a Getúlio Vargas, à saída do Palácio do Catete: "Presidente, o que é preciso para vencer uma eleição?" A resposta desconcertou o interlocutor: "Muita coisa. Boa memória, por exemplo. Política é como água no feijão. O que não presta flutua. O que é bom repousa no fundo." Entre os elementos que calam fundo na mente e no coração dos eleitores, o feijão que alimenta estômagos é um deles. Principalmente quando cultivado na roça de uma economia saudável. Para quem tem boa memória, basta lembrar que Fernando Henrique foi guindado à Presidência, em 1994, pelo trator do Plano Real, que abriu o caminho da economia estável. Bill Clinton ganhou, em 1992, a presidência dos EUA porque ofereceu ao País soluções econômicas mais adequadas do que seu adversário, George Bush, o pai.

Se o feijão é um rebotalho, o cidadão rejeita. Quanto ao tipo, mais gordo ou mais magro, tem que ver com o bolso. A derrota de Eduardo Frei, candidato governista, no Chile teve que ver com o bolso mais apertado dos eleitores. É ele que garante o projeto de sobrevivência. O estômago dos chilenos começou a se esvaziar com a queda do PIB e a consequente expansão do desemprego. A presidente Michelle Bachelet, com mais de 80% de aprovação, não conseguiu transferir prestígio e votos para seu candidato.

Transferir votos não é uma equação simples. É como transplante de um órgão humano. Deve haver compatibilidade entre doador e receptor. Se o receptor incorporar elementos (atitudes, gestos, expressões, estética) que causem ruído no sistema cognitivo do eleitor, perde força perante este. A capacidade de transferir votos vai esbarrar, mais adiante, na comparação entre perfis. Valores como experiência, confiabilidade, preparo, seriedade, história pessoal e política são medidos pela régua do eleitor. Aspecto relevante é o desgaste de material, cansaço do modelo. Os chilenos mostraram-se desencantados com a política e seus atores. A apatia tomou conta do País após 20 anos de domínio do mesmo grupo. Governos longos entram em declínio mais cedo ou mais tarde.

Se não houver inovação, dois mandatos consecutivos são suficientes para exaurir um modelo. Após oito anos, o ciclo FHC[78] começou a declinar. E a era Lula? A resposta começa com o exame do bolso. O retrato agrada: o desemprego diminuiu, pobres entraram no mercado de consumo, classes médias ganharam incentivos para adquirir bens. A economia, portanto, passa a ser o portão principal para entrar no Palácio do Planalto. A eleição deste ano será a primeira[79], após o Plano Real, a combinar crescimento econômico (calculado entre 5% e 6%), inflação baixa e os menores juros da História. Portanto, sob o prisma do caldo grosso do feijão, Dilma, empurrada por Lula, pode levar a melhor. Mas a cozinha não será a única via de acesso ao voto. O sistema econômico, vale lembrar, não é um ente apartado do meio ambiente. A teia social é um conglomerado de sistemas e subsistemas, permeados por fatores como segurança/insegurança, serviços públicos eficientes/ineficientes, estruturas adequadas/inadequadas de saúde etc. Os estômagos cheios fazem conexão com outras partes do corpo. E acionam outros compartimentos. Mente e corpo carecem de vida em harmonia. Nessa hora, a lupa do eleitor foca as mazelas sociais, fruto da inércia do Estado. Conclusão: a relatividade é a certeza que se extrai da complexa engrenagem eleitoral. (Fevereiro de 2010)

A MATEMÁTICA DA REJEIÇÃO

Rejeição a candidato é coisa séria. Não se apaga um índice de rejeição da noite para o dia. Quando um candidato registra um índice de rejeição maior que a taxa de intenção de voto, é bom começar a providenciar a ambulância para entrar na UTI eleitoral. Caso contrário, morrerá logo nas primeiras semanas do segundo turno.

A rejeição deve ser convenientemente analisada. Trata-se de uma predisposição negativa que o eleitor adquire e conserva em relação

---

[78] Fernando Henrique Cardoso (de 1995 a 2002).
[79] 2010.

a determinados perfis. Para compreendê-la melhor, há de se verificar a intensidade da rejeição dentro da fisiologia de consciência do eleitorado. O processo de conscientização leva em consideração um estado de vigília do córtex cerebral, comandado pelo centro regulador da base do cérebro e, ainda, a presença de um conjunto de lembranças (engramas) ligadas à sensibilidade e integradas à imagem do nosso corpo (imagem do EU), e lembranças perpetuamente evocadas por nossas sensações atuais. Ou seja, a equação aceitação/rejeição se fundamenta na reação emotiva de interesse/desinteresse, simpatia/antipatia. Pavlov[80] se referia a isso como reflexo de orientação.

A rejeição tem uma intensidade que varia de candidato para candidato. Em São Paulo, Paulo Maluf[81], que sempre teve altos índices de rejeição, passou a administrar o fenômeno depois de muito esforço. Mudou comportamentos e atitudes. Tornou-se menos arrogante, o nariz levemente arrebitado desceu para uma posição de humildade e começou a conversar humildemente com todos, apesar de não ter conseguido alterar aquela antipática entonação de voz anasalada. Os erros e as rejeições dos adversários também contribuíram para atenuar a predisposição negativa contra ele. Purgou-se, também, pelos pecados mortais dos outros. Ruim por ruim, vou votar nele, pensam seus contingentes eleitorais.

Em regiões administradas pela velha política, a rejeição a determinados candidatos se soma à antipatia, ao familismo e ao grupismo. O eleitor quer se libertar das candidaturas impostas ou hereditárias. Mas não se pense que o caciquismo se restringe a grupos familiares.

---

[80] Ivan Petrovich Pavlov, fisiologista russo (1849-1936).
[81] Prefeito em São Paulo nomeado pelo regime militar, foi eleito para o mesmo cargo em 1992. Antes disso, representou o partido governista, a Arena, na primeira eleição (indireta) ao cargo de presidente da República ao final do último ciclo militar, em disputa perdida para Tancredo Neves. Deputado federal, teve seu mandato homologado pelo STF, apesar de sua candidatura ter sido inicialmente impugnada pela Lei da Ficha Limpa. Elegeu-se com quase 500 mil votos.

Certos perfis, mesmo não integrantes de grandes famílias políticas, passam a imagem de antipatia, seja pela arrogância pessoal, seja pelo estilo de fazer política, ou pelo oportunismo que suas candidaturas sugerem. Em quase todas as regiões do País, há altos índices de rejeição, comprovando que os eleitores, cada vez mais racionais e críticos, estão querendo passar uma borracha nos domínios perpetuados.

A rejeição até pode ser diminuída, quando o candidato, indo a fundo nas causas profundas que maltratam a candidatura, enfrenta o problema sem tergiversação ou firulas. Pesquisas qualitativas, com representantes de todas as classes sociais, indicam as causas. Aparecerão questões de variados tipos: atitudes pessoais, jeito de encarar o eleitor, oportunismo, mandonismo familiar, valores como orgulho, vaidade, arrogância, desleixo nas conversas, cooptação pelo poder econômico, história política negativa, envolvimento em escândalos, ausência de boas propostas, descompromisso com as demandas da sociedade. Para enfrentar alguns desses problemas o candidato há de comer muita grama. Não se equaciona a rejeição de modo abrupto. Ao contrário, quando o candidato demonstra muita pressa para diminuir a rejeição, essa atitude passará a ser percebida pelo conjunto de eleitores mais críticos, que é exatamente o grupamento mais afeito à rejeição. E aí ocorre um bumerangue, ou seja, a ação se volta contra o próprio candidato, aumentando ainda mais a predisposição negativa contra ele.

Trabalhar com a verdade, eis aí um ponto-chave para se começar a administrar a taxa de rejeição. O eleitor distingue factóides de fatos políticos, boas intenções de más intenções, propostas sérias de coisas enganosas. O candidato há de montar no cavalo de sua própria identidade, melhorando as habilidades e procurando atenuar os pontos negativos. É erro querer mudar de imagem por completo, passar uma borracha no passado e cosmetizar em demasia o presente. Mas é também grave erro persistir nos velhos hábitos. Mudar na medida do equilíbrio. Mudar sem riscos. Todo cuidado com mudanças constantes e bruscas, de acordo com a sabedoria da velha lição: *não ganha força a planta frequentemente transplantada.* (Setembro de 2004)

Correções de rota

O PASSADO DIANTE E ADIANTE DE NÓS

"Que o passado esteja diante de nós, vá lá... Mas o passado adiante de nós, sai pra lá." A expressão artística é do poeta Carlos Ayres Britto[82]. E o saber semântico-filosófico é do jurista de mesmo nome, ministro do Supremo Tribunal Federal. A sentença desse sergipano que assumiu a presidência do Tribunal Superior Eleitoral (TSE) retrata, à perfeição, o dualismo que impregna a cultura política do País e cujos vetores darão empuxo à gigantesca onda eleitoral que banhará a sociedade até outubro[83]. Cerca de 128 milhões de eleitores serão convocados a cumprir o dever cívico de eleger 5.564 prefeitos e um número aproximado de 50 mil vereadores, optando por abrigar um passado (vá lá...) ou decidindo desviá-lo da rota do futuro (sai pra lá...). O passado estará diante de nós sob a forma de perfis carcomidos, vidas pregressas cercadas de processos na Justiça, métodos corruptos para conquista do voto, propostas indecentes, mirabolantes e inconsistentes, que comporão a agenda eleitoral. Infelizmente, não serão poucos os perfis do passado que continuarão "adiante de nós", apesar da energia cívica do ministro Ayres Britto para conter o ímpeto das correntes poluidoras.

Será possível conter a avalanche das ilicitudes sobre o processo eleitoral? Não. As múltiplas formas de corrupção que cercam uma campanha acabam driblando o olhar da Justiça ou diminuindo sua força. Apesar dos controles e dos inúmeros casos que bateram às portas do Judiciário nos últimos anos, parcela dos candidatos se valerá do caixa 2. Muitos prefeitos candidatos à reeleição abusarão do poder do cargo. A própria continuidade na função tem o condão de arrebanhar eleitores. Ao formidável aparato de forças, métodos e formas escusas

---

[82] Autor de cinco livros de poesia, entre eles, o mais recente, *Varal de borboletas*, editado em Aracaju (SE) pela Gráfica e Editora J. Andrade (2003).
[83] Eleições municipais de 2008.

para atrair o eleitor se agrega um número considerável de candidatos de "ficha suja". E é nessa seara que o ministro Ayres Britto planta uma semente de esperanças quando promete mais ativismo judiciário para alertar os protagonistas do processo eleitoral, candidatos, partidos e eleitores. Os partidos deverão ser lembrados de que, se querem a fidelidade do eleitor, terão, em primeiro lugar, de ser fiéis a si mesmos, ou seja, ao seu programa. Para tanto urge apresentá-los. Quanto ao eleitor, há de ser motivado a não transigir no exercício de sua responsabilidade, sob o argumento de que o voto é a principal arma de que dispõe para qualificar a vida política.

Mas a manifestação mais eloquente do novo presidente do TSE, equivalente a um jorro de ar fresco no mormaço da velha política, foi o posicionamento sobre candidatos às voltas com a Justiça. Mesmo sob a rígida interpretação da Lei da Inelegibilidade (Lei Complementar 64/90), pela qual apenas candidatos condenados em processos criminais com sentença transitada em julgado podem ser barrados, Ayres Britto levanta a hipótese de punição para quem se mostre, de alguma forma, pelo menos no campo da presunção, como transgressor da ordem jurídica. Apesar de polêmica, a proposta impregna-se do simbolismo do espírito aguerrido de Zaratustra, o profeta de Nietzsche, gritando no cume da montanha para fazer descer sua voz sobre a placidez dos vales: "Novos caminhos sigo, uma nova fala me empolga; cansei-me das velhas línguas. Não quer mais o meu espírito caminhar com solas gastas." Sim, diz o ministro, um candidato de vida pregressa plena de desvios pode ser inelegível. E exibe a força do argumento: os princípios constitucionais do direito coletivo, entre os quais o da soberania popular e a delegação para ser representado, devem sobrepor-se aos direitos individuais, como o princípio da não-culpabilidade.

Não por acaso se inseriu na Carta de 88 (artigo 14, § 9º) uma cláusula com a finalidade de proteger a probidade administrativa e a moralidade para o exercício do mandato. Além disso, há referência explícita à vida pregressa do candidato. A abordagem interpretativa feita pelo presidente do TSE sugere que possa ser adotada por interessado em questionar a condição de certas candidaturas. É animador ouvir a autoridade da mais alta Corte eleitoral proclamar o compromisso de impedir e até mesmo dificultar as oligarquias partidárias. E ainda lutar para incorporar "mais saldos de boas novidades à democracia, visando a um processo cumulativo de qualificação". Diante do exposto, surge a indagação: haverá tempo para se aplicar mais rigor no vestibular eleitoral que se aproxima? Sim. O ministro Ayres Britto pode começar com uma canetada de tinta forte para demonstrar que está empenhado em consolidar os eixos da ordem moral e do progresso ético do sistema eleitoral. Deve acreditar em sua capacidade de inovar e na acuidade visual e interpretativa para aclarar os horizontes mentais dos atores políticos. Não pode recuar de sua tese. O passado recente recomenda a S. Exa. que não hesite em usar uma borracha do tamanho do Produto Nacional Bruto da Corrupção.

O contingente de candidatos também pode integrar o mutirão moralizador. Prefeito que deseja se reeleger deveria tirar licença do cargo. Até para se livrar da liturgia do Poder Executivo e vestir, sem injunções, o manto da candidatura. E todos, sem exceção, dariam contribuição à causa da renovação política com a incorporação de um curto ideário:

• Melhorar e ajustar os programas existentes, antes de partir para novas grandes ações;

• restringir-se à plataforma que possa ser efetivamente cumprida;

• realizar coisas que sejam absolutamente prioritárias para o bem-estar e o progresso da coletividade.

Dos partidos se exigem esforço e atenção para selecionar candidatos que não sejam visitantes contumazes de delegacias de polícia e tribunais. Dos eleitores, talvez um colírio para limpar a vista caia bem. E dos ministros do TSE rogamos a Deus que pensem como seu presidente: "Falam tanto nesse tal de 'custo Brasil' e eu cada vez mais preocupado com o casto Brasil." (Maio de 2008)

A QUEM PERTENCE O MANDATO?

Cláudio Lembo[84], professor de Direito e político, as sobrancelhas mais decorativas do País, tem a verve na ponta da língua. Um dia, telefona para um amigo de Araçatuba para sondá-lo sobre o ingresso em seu partido. "Já se inscreveu em algum partido?" "Não. Esperava as suas ordens." Lembo pede, então, que ele entre no PP. E lá vem a pergunta: "No PT do Lula?" O ex-vice-governador de São Paulo replica: "No PP." Matreiro, o amigo diz que ouve mal. O arremate, contado por Sebastião Nery[85], é uma chamada sobre a nossa cultura política: "Vou soletrar alto e devagar: PP. P de partido e P de banco." O amigo entendeu a mensagem. A historinha retrata a identidade de quadros e partidos e serve para ilustrar a atual quadra.

No dia 5 de outubro se encerra o prazo para o troca-troca partidário, tendo em vista as eleições municipais de 2008. Dois dias antes, o Supremo Tribunal Federal deverá pôr um ponto final à polêmica que, há bastante tempo, divide opiniões: afinal, a quem pertence o mandato, ao partido ou ao parlamentar? O Tribunal Superior Eleitoral, por ampla maioria de seus membros, em resposta à consulta feita pelo Democratas, interpretou que o mandato pertence ao partido, e não ao parlamentar, amparando-se em dispositivos da Lei 9.096/95, que autorizam a agremiação a estabelecer medida disciplinar caso o eleito não acompanhe as diretrizes partidárias. Valeu-se, ainda, do argumento de que o vínculo de um candidato ao partido pelo qual disputa uma eleição é o principal eixo de sua identidade política. Tudo indica que a tese será ratificada. Lembre-se que, ao derrubar a cláusula de barreira, em dezembro, o Supremo já apontara a fidelidade partidária como a solução mais adequada para fortalecer as legendas. A próxima decisão não deverá ter efeito

---

[84] Hoje filiado ao DEM e ex-ministro da Educação, foi governador de São Paulo em 2006 (como vice do então governador Geraldo Alckmin, assumiu o cargo quando este renunciou para concorrer à Presidência da República).
[85] Jornalista e ex-deputado federal.

retroativo, derrubando, assim, o pleito de partidos que querem resgatar vagas perdidas.

A aritmética eleitoral de 2006 também embasa a decisão, eis que, dos 513 parlamentares eleitos, apenas 39 obtiveram votos suficientes para serem eleitos individualmente, portanto, sem ajuda de coeficientes eleitorais obtidos por partidos e candidatos puxadores de voto. A fidelidade obtida a fórceps não provocará a revolução de costumes que se espera. A razão maior é a "fulanização" que permeia a cultura política. O corpo parlamentar continuará a ser eleito em função da força individual dos atores, sendo ilusória a hipótese de que os entes partidários, revigorados pela estabilidade dos quadros, sejam transformados em referências para cooptação eleitoral. Não se pense que o voto que se dá ao partido, e que lhe garante coeficiente para aumentar a representação, seja identificação com escopo ideológico. Mas traduz acomodação dos eleitores, propensão a votar na sigla por tradição ou mesmo a retribuição por cargos e benesses conquistados por pessoas inseridas na máquina administrativa. Os partidos têm substituído as ideologias pelo acesso ao patrimônio estatal.

A pasteurização partidária, por sua vez, não mudará de consistência. Sua massa, afinal, é extraída da centrífuga onde se jogam os ingredientes da contemporaneidade política: o desvanecimento do debate ideológico e programático entre esquerda e direita; socialismo, liberalismo e conservadorismo; a excessiva glorificação dos perfis individuais; e a relação decrescente entre clivagens sociais tradicionais e opções por legendas. Sob essa configuração, o voto indica apenas o exercício de um direito (no nosso caso, também de um dever, porque é obrigatório) de eleger figuras que reduzirão o mandato à disciplina de votar a favor ou contra o Executivo, fazendo ecoar no espaço parlamentar a orientação partidária. Em troca, os representantes se habilitarão a lutar para suas regiões, motor da estratégia que lhes garantirá o passaporte para futuras reeleições. Sua função primordial – produzir leis – também se vê enfraquecida, sendo raros aqueles que conseguem fazer um projeto de sua autoria atravessar os corredores das comissões legislativas, contornar a montanha de obstáculos impostos pela gama de interesses difusos, inseri-lo na pauta do plenário e conseguir o milagre da aprovação pelos pares.

E como ficam, então, as necessidades do povo? Permanecerão no campo da abstração. Nos nossos dias, os feixes de interesse se abrem em dois grandes compartimentos: as demandas de localidades e regiões e as demandas de núcleos e grupamentos organizados. As primeiras passam pelo balcão da distribuição de verbas, envolvendo governos municipais e estaduais, e as segundas exprimem reivindicações de grupos e categorias sociais, podendo tanto ser objeto da via legislativa quanto figurar na agenda do governo. Todas as modalidades dependem substancialmente da bênção do Poder Executivo federal. Chega-se, assim, à inferência devastadora: o parlamentar é um ator capenga, que vê fragilizada a função de representação, e o partido é um ente débil, que substitui a missão de defender interesses de parcelas sociais pelo objetivo utilitarista de pôr a mão na máquina estatal, sob o argumento de que, assim o fazendo, materializa a ideia de um governo de coalizão.

Em resumo, os políticos transformam-se em agentes funcionais, escolhidos por eleitores ainda em grande número apáticos em campanhas insossas, internados em máquinas partidárias que não mais se inspiram nas ideias, tornando-se cada vez mais distantes do povo. Confirma-se, aqui, a descrença do velho Rousseau, para quem a representação política era uma abstração. O filósofo, defensor do ideal da soberania popular, dizia que "toda lei que o povo não tenha ratificado diretamente é nula, não é uma lei". E arrematava: o "povo pensa ser livre, mas está enganado, pois só o é durante a eleição dos membros do Parlamento, assim que são eleitos, ele é escravo". Neste ponto, a pergunta – a quem pertence o mandato? – remete à historinha de Lembo. Há um P de banco na equação da resposta. E, para o povo, partidos e políticos são iguais. Tanto faz como tanto fez. (Outubro de 2007)

Fidelidade partidária

A decisão do Tribunal Superior Eleitoral (TSE) de que o mandato obtido em eleições proporcionais pertence aos partidos e coligações, e não aos eleitos, carrega o condão de moralização dos padrões políticos, por estabelecer a fidelidade partidária, mas é incongruente com o primado da personalização que rege os pleitos eleitorais. É bem verdade que apenas 31 parlamentares (6,04%) – dos 513 eleitos e dos 5.659 candidatos que concorreram a uma vaga na Câmara dos Deputados, na última eleição[86] – conseguiram o número de votos necessário para se eleger, o chamado quociente eleitoral. Mas também é fato que 85% dos eleitores ignoram o nome das siglas de seus escolhidos. Sob o aspecto formal, a decisão é irrepreensível. No sistema proporcional, a imensa maioria dos candidatos depende do total de votos da sigla ou da coligação para conseguir se eleger. Já no sistema majoritário, que elege os mais votados e sem necessidade de quocientes eleitorais, como é o caso dos senadores, não há o que discutir. A questão, essa, sim, de caráter polêmico, é sobre a perda de mandato dos 36 parlamentares que abandonaram seus partidos (28 para hostes adversárias). A norma que rege punições, o artigo 55 da Constituição federal, não prevê esse tipo de punição.

A interpretação da Corte eleitoral, fundamentada na tese de que inexiste candidato fora da entidade e que "a vinculação do partido ao candidato é ínsita ao sistema proporcional", é de apurado formalismo técnico, mas contraria a lógica da reputação pessoal que inspira as campanhas eleitorais. Sob esse prisma, a imposição, por via judiciária, do estatuto da fidelidade partidária, a ser confirmada pelo Supremo Tribunal Federal (STF)[87], poderá ser inserida no conceito de "pérola aos porcos", caso não se faça acompanhar de outros dispositivos voltados para fortalecer partidos insípidos, inodoros e incolores como os nossos.

---

[86] 2010.
[87] Sentença já dada nesse sentido.

Para demonstrar que o pleito eleitoral é uma disputa entre nomes, e não entre partidos, basta contabilizar o voto de legenda. Em São Paulo, com 70 deputados federais, o PSDB elegeu 18 parlamentares, com o voto na legenda sendo de apenas 4,06%, enquanto o PT elegeu 14 deputados, mas a sigla recebeu só 4,33% da votação. Já o desfile de caras e falas de candidatos na mídia eleitoral enfraquece os partidos, transformados em meros abrigos dos contendores. Na urna eletrônica o eleitor se depara com o número e o retrato dos candidatos, além do número da sigla. Se tiver dúvidas, consulta uma lista de nomes na cabine.

Portanto, todos os fluxos da campanha estimulam a predominância da pessoa sobre o partido. Mas, mesmo com esse aparato, o candidato não entra em plenário sem a ajuda do partido. E aqui nasce a raiz da decisão da Justiça. Para obter representação o partido ou coligação precisa ultrapassar o quociente eleitoral, calculado pela divisão do total de votos dados aos partidos e candidatos e o número de cadeiras disputadas. Em um Estado com oito parlamentares, o quociente é o resultado da divisão de 100% pelo número de vagas, ou seja, 12,5% (100/8). Por essa regra, 94% dos eleitos assumiram o cargo em função do total de votos obtido por seus partidos ou coligações.

Não se pode, porém, desprezar os argumentos contrários à tese de que o mandato pertence ao partido, e não ao parlamentar. O que dizer do voto de um candidato eleito por uma central sindical, por uma igreja ou por uma região? Como se enquadra o voto que elege um cantor como Frank Aguiar[88]? A fidelidade do parlamentar deve ser ao partido que endossa a candidatura, à região que reivindica postos de saúde, aos eleitores corporativos ou aos fãs? Como justificar a punição de alguém eleito com discurso de oposição que sai do partido por discordar de sua adesão ao governo? O parlamentar pode argumentar que a sigla – e não ele – traiu o ideário. Dos 36 parlamentares que deixaram os partidos originais, oito optaram por siglas da coligação que os elegeu. Estes também merecem punição?

---

[88] Francineto Luz de Aguiar foi eleito pelo PTB de São Paulo.

Tivéssemos partidos fortes, o eleitor distinguiria suas linhas divisórias, selecionando perfis de acordo com as referências expressas na campanha. Vale lembrar, ainda, que o sistema proporcional de lista aberta gera contrafações. O eleitor, em muitos casos, acaba elegendo um candidato que não o seu. A maximização da vontade popular no processo eleitoral seria alcançada com a adoção do voto majoritário, pelo qual o eleitor escolheria o representante entre os candidatos, um por partido, nos distritos eleitorais. Nesse sistema, a fidelidade partidária seria bem mais eficaz. (Junho de 2010)

"ÁGUA E SABÃO" ANTES DAS ELEIÇÕES

"Não basta ganhar uma eleição, é preciso ganhá-la limpamente." Esta observação do presidente do Tribunal Superior Eleitoral (TSE), Carlos Ayres Britto, a propósito da cassação do mandato de Cássio Cunha Lima[89], governador da Paraíba, levanta poeira no momento em que a velha questão do uso da máquina do Estado e abuso do poder econômico e político reingressa ao centro do debate nacional. Paralelo ao julgamento de outros sete governadores ameaçados de perder o mandato por envolvimento em situações assemelhadas à do ex-governador da Paraíba, os magistrados obrigam-se a pôr ordem no ciclo pré-eleitoral antecipado pelo açodamento de alguns atores, a começar pelo presidente da República[90]. Vale lembrar que manobras de hoje terão consequência amanhã, comprometendo o conceito de vitória limpa, de que fala o ministro Britto. A pergunta que abre o debate é: quando começa uma pré-campanha? Pela legislação, em princípios de junho, quando têm início as convenções partidárias. A rigor, a partir do mo-

---

[89] Acabou beneficiado posteriormente pela decisão do Supremo Tribunal Federal (STF) de suspender a aplicação da Lei da Ficha Limpa na eleição de 2010 (Ver também nota 92).
[90] Em discussão aqui, o encontro com 3.500 prefeitos realizado entre o presidente Lula e a então ministra-chefe da Casa Civil, Dilma Rousseff, já em clima de campanha eleitoral.

mento em que um partido fecha posição em torno de um nome e passa a massificá-lo, instala-se a pré-campanha. A propósito, é oportuno frisar que detentores de funções públicas agregam melhores condições e recursos para alcançar êxito em incursões eleitorais. A razão? O uso da máquina administrativa. Basta verificar as taxas de sucesso de candidatos lotados nos Poderes Executivos de Estados e municípios.

Desde a aprovação da Emenda Constitucional 16, em 1997, houve seis disputas para chefe do Poder Executivo, três em nível federal e estadual (1998, 2002 e 2006) e três na esfera municipal (2000, 2004 e 2008). As margens de reeleição nos três pleitos foram, respectivamente, de 66,6%, 71,4% e 73,7%, enquanto as taxas de prefeitos reeleitos foram de 69,5%, 72,7% e 67%. Essas margens demonstram que a máquina pública é fator primordial de eficácia eleitoral. Pode-se alegar que gestores desaprovados pelo eleitorado não ganham o passaporte de continuidade. É verdade, mas nem sempre a reeleição decorre de feitos positivos de presidentes, governadores e prefeitos. Não raro as vitórias se devem a programas demagógicos e projetos circunstanciais que, projetados nas curvas do futuro, ocasionarão mais malefícios que bem-estar social.

O TSE pode fazer para evitar o uso da máquina pública e a antecipação de campanha eleitoral? Definir limites entre função administrativa e função eleitoreira. Os espaços entre ambos se imbricam, mas é possível distinguir palanque eleitoral de canteiro de obras. Não dá para enganar. Reunir um mar de prefeitos em Brasília para anunciar um pacote de bondades é espetáculo político. Os alcaides poderiam economizar dinheiro e receber a comunicação em seus municípios. É impensável censurar falas de servidores por ocasião de eventos públicos. Mas há um código de condutas vedadas aos agentes, entre elas o culto ao personalismo e o uso de estruturas e serviços custeados pelo poder estatal. Infelizmente, a Comissão de Ética Pública, órgão responsável por esse instrumental, não faz bem seu trabalho. Por isso a decisão é do TSE, onde o presidente Ayres Britto dispõe de sabão e água para fazer uma boa limpeza no tecido pré-eleitoral. (Fevereiro de 2009)

FICHA LIMPA, TEORIA E PRÁTICA

Nunca foi tão evidente na esfera eleitoral a diferença entre teoria e prática. Em teoria, uma batelada de brasileiros não poderá pleitear mandatos na eleição de outubro próximo[91] em razão da recente decisão do Tribunal Superior Eleitoral (TSE) de que candidatos com ficha suja, tanto os condenados por um colegiado antes da sanção da Lei da Ficha Limpa quanto os que vierem a ser condenados depois, estarão impedidos de buscar o voto. Na prática, muitos tentarão driblar a disposição legal, dentre eles os quase 5 mil agentes públicos que o Tribunal de Contas da União (TCU) tornou inelegíveis. Na teoria, o sonho acalentado por brasileiros de todas as classes está prestes a se realizar com a aplicação rigorosa da importante lei encaminhada ao Congresso Nacional com o endosso de 1,6 milhão de assinaturas[92]. Na prática, o sonho poderá não resistir às peripécias de uma turma que, inconformada, dará plantão nos sinuosos corredores da Justiça. A teoria segue a pista fornecida pelo presidente do TSE, ministro Ricardo Lewandowski, cuja expressão é firme: "Não temo enxurrada de recursos no STF porque a lei é bastante clara. Dificilmente algum recurso chegará ao Supremo, notadamente agora, em função da chamada repercussão geral." A prática segue a baliza de outro experiente ministro, ex-presidente do TSE, Marco Aurélio Mello, que garante: "Essa matéria vai bater no Supremo."

Dada essa visão dicotômica, nuvens espessas cobrem o horizonte das alianças eleitorais. A predominar a interpretação do presidente do TSE, deverá haver reviravoltas em algumas campanhas. Ao contrário, se os condenados baterem à porta do Supremo Tribunal Federal (STF), mesmo que este, mais adiante, acolha a interpretação da Jus-

---

[91] De 2010 (Ver notas 91 e 92).
[92] Lei resultou de projeto de iniciativa popular aprovado na Câmara dos Deputados no dia 5 de maio de 2010 e pelo Senado em 19 de maio. Sancionado pelo Presidente da República, deu origem à Lei Complementar nº 135, de 4 de junho de 2010. Foi liderado pelo Movimento de Combate à Corrupção Eleitoral (MCCE).

tiça Eleitoral, a tendência é de que os fichas-sujas entrem no pleito, arriscando-se à perda do mandato. O cerne da discussão, como se recorda, esbarra na visão do relator no TSE, Hamilton Carvalhido, de que não há necessidade de se observar o princípio da anualidade – na aplicação da lei –, eis que as intervenções não alteram o processo eleitoral. O direito à presunção de inocência, segundo seu argumento, não pode estar acima da relevância de ações criminais contra políticos que pretendem se candidatar. O ministro Marco Aurélio, porém, calejado na arte de descobrir as curvas do caminho, pinça o artigo 16 da Constituição, que não permite à lei retroagir. O imbróglio está posto. Qual é a situação, por exemplo, de governadores que foram cassados por lei de iniciativa popular anterior, cuja punição para compra de votos e abuso do poder econômico é a perda de mandato e a condição de inelegível por três anos? Se já cumpriram a pena, devem se submeter a uma lei aprovada posteriormente e que prevê, para as mesmas situações, a inelegibilidade por oito anos? É o caso dos ex-governadores Jackson Lago (PDT-MA), Marcelo Miranda (PMDB-TO) e Cássio Cunha Lima (PSDB-PB)[93].

Elevar a pena de inelegibilidade de três para oito anos para quem já foi condenado e por decisão já transitada em julgado parece, na visão de juristas, um despropósito. Enquanto persiste a dúvida, brande-se o argumento de que a norma constitucional vale para medidas que poderão alterar o resultado do pleito, enquanto a exclusão de fichas-sujas não viria a contribuir para mudar o panorama eleitoral, sendo apenas medida profilática de caráter regulatório. Como

---

[93] Desde a promulgação da Lei, discute-se a validade de sua aplicação no contexto eleitoral de 2010. Após muitas idas e vindas, o TSE decidiu pela sua validade somente a partir de 2012, mesma decisão tomada pelo STF. Em relação aos nomes implicados, Joaquim Roriz foi acusado de desrespeito à Lei de Responsabilidade Fiscal e Marcelo Miranda e Cássio Cunha Lima tiveram seus mandados cassados em 2009. Joaquim Roriz acabou desistindo de concorrer às eleições em 2010. Já Marcelo Miranda foi eleito para ocupar a segunda vaga no Senado pelo Estado do Tocantins, enquanto Cássio ocupa o cargo de senador pelo Estado da Paraíba. Jackson Lago faleceu em abril de 2011.

se pode aduzir, alguns deverão apelar ao Supremo caso sejam impedidos de entrar no processo. Há ainda uma parcela que renunciou ao mandato para não ser cassada, garantindo, assim, a condição de elegibilidade no pleito seguinte. Ora, a Lei da Ficha Limpa estende também a essa clientela a punição de oito anos de inelegibilidade[94]. (Junho de 2010)

OXIGÊNIO NOS PULMÕES ELEITORAIS

John Stuart Mill, um dos pensadores liberais mais influentes do século 19, classificava os cidadãos em ativos e passivos, aduzindo que os governantes preferem os segundos, mas a democracia necessita dos primeiros. A comparação do filósofo inglês, pinçada por Norberto Bobbio em seu livro *O Futuro da Democracia*, expressa, ainda, a ideia de que os súditos são transformados num bando de ovelhas a pastar capim uma ao lado da outra. Ao que Bobbio acrescenta: "Ovelhas que não reclamam nem mesmo quando o capim é escasso." Pois bem, por estas bandas, apesar do capim farto, equinos, caprinos e bovinos rompem o cabresto e saem dos currais. E mais, não querem ser comparados a animais irracionais e dóceis. A notícia boa é que a imagem acima desvenda um Brasil cidadão que decidiu expurgar o passado do voto amarrado à distribuição de benesses e à opressão dos senhores feudais da política. Nos últimos tempos, movimentos e decisões nas esferas judiciária e parlamentar denotam que o País passou a aplicar parâmetros racionais no campo eleitoral, proibindo de maneira rigorosa práticas ilícitas da compra de voto.

Manifestação dessa saudável corrente de pensamento foi a entrega à Câmara dos Deputados do projeto de lei de iniciativa popular, assinado por 1,6 milhão de eleitores, que trata da proibição de candidaturas de pessoas com condenação na Justiça[95]. Não passa

---

[94] Lei passará a valer a partir das eleições de 2012.
[95] Vide artigo anterior.

despercebido o fato de que o feito se dá exatamente por ocasião do décimo aniversário da Lei 9.840, também de iniciativa popular, assinada por mais de 1 milhão de pessoas, que versa sobre o combate à corrupção eleitoral, em vigor desde o final de setembro de 1999. Esta lei foi responsável pela cassação de 238 prefeitos eleitos em 2008 e pelo afastamento dos governadores da Paraíba, do Maranhão e do Tocantins, respectivamente Cássio Cunha Lima, Jackson Lago[96] e Marcelo Miranda.

Os dois eventos sinalizam a emergência da sociedade participativa, fenômeno observado também na miríade de entidades que desfraldam bandeiras, enchendo praças, ocupando os salões de Casas congressuais e fazendo ecoar um grito cívico. Ao mesmo tempo em que novos polos de poder se movimentam, empurrando as demandas sociais e os pleitos corporativos em direção aos três Poderes da República, estes, por sua vez, absorvendo as massas de pressão, reagem com decisões consentâneas à nova moldura. Em algumas áreas os avanços têm sido notáveis. O ativismo da mais alta Corte Eleitoral, ao contrário do que muitos apregoam, não deve ser entendido como invasão despropositada na esfera política. Se ocorreu, em algum momento, ruído a apontar interposição de funções, seguramente o fato se deveu à omissão do Parlamento. Não há, porém, como negar: o País, de maneira lenta e gradual, tem aperfeiçoado os padrões da política.

Nos últimos nove anos, a primeira instância da Justiça Eleitoral indicou a cassação de 667 políticos, entre prefeitos, vices e vereadores. O TSE, por sua vez, intensifica o julgamento de casos envolvendo governadores, senadores, deputados e prefeitos, enquanto seu presidente, ministro Carlos Ayres Britto, eleva a voz para exaltar dois eixos que considera fundamentais para revigorar a democracia: transparência total e "informações de plenitude" ao eleitor. É per-

---

[96] Ex-governador do Maranhão, morto em abril de 2011, vitimado por um câncer de próstata.

ceptível o sentimento de que a cultura de leniência – principalmente no aspecto de interpretação das leis – começa a fazer parte da massa falida que se acumula no baú de nossa História. Se no epicentro das decisões os juízes se movem por intensa energia, calibrada pelo espírito humanista de seu presidente, em outras plagas o eco da cidadania se espraia por meio de atos simples, mas vigorosos, da Justiça. No pleito passado, em Limoeiro, no Ceará, a juíza Luciana Teixeira de Souza mandou confeccionar 1.600 faixas com os dizeres: "Esta família não vende voto." As faixas foram disputadas por eleitores motivados pelo alerta cívico. Vale lembrar que o artigo 41-A da Lei 9.504/97 pune candidatos que oferecem dinheiro, qualquer bem ou vantagem pessoal, inclusive emprego ou função pública, para garantir o voto.

Alguém poderá questionar: às vezes o País não caminha para trás? A PEC que cria mais quase 7 mil vereadores[97] não significa um retrocesso? Sem dúvida. Vale lembrar que o corpo político da Nação não se curou por completo de doenças crônicas, dentre elas, inchaços na máquina pública e gordura excessiva nas Casas representativas. No caso dos vereadores, ocorreu pressão – até legítima – das bases municipais. Senadores e deputados, como se sabe, dependem do voto municipal – e vereadores são fortes cabos eleitorais. Contrariamente às expectativas dos propositores, o pacote só poderá ser desembrulhado em 2012, portanto, sem efeito retroativo. Como se vê, resquícios da cultura arcaica continuam a pontuar o cenário político. (Outubro de 2010)

O PODER PELO PODER

Os últimos tempos vividos pelos EUA, entre os mais tensos de sua contemporaneidade política, expressam simbolismos, não apenas

---

[97] Projeto de Emenda Constitucional Promulgada em 23 de setembro de 2009, criou 7 mil vagas a vereadores em todo País a partir das eleições municipais de 2012.

pelo fato de a maior democracia do planeta descer alguns degraus no ranking das economias contemporâneas, mas por proporcionar um aceso debate sobre a missão dos atores políticos no seio das democracias modernas. Impressiona o fato de os Partidos Republicano e Democrata, deixando de lado o papel desempenhado pelo País na textura das nações, parecerem inclinados a continuar uma luta esganiçada pelo poder e a depositar na cesta do lixo a célebre lição de John Kennedy: "Não pergunte o que a América pode fazer por você, mas o que você pode fazer pela América". Depois de muitos embates, os dois contendores chegaram a um acordo sobre o limite da dívida do governo federal (aumento além de US$ 14,3 trilhões). Mas não superaram a crise que aponta para o ocaso de uma era, na qual a representação política, ante a ameaça de catástrofe, esquecia divergências partidárias e se dava as mãos pela salvaguarda do bem comum. Os partidos já não acendem aquela chama de civismo que tanto maravilhou Alexis de Tocqueville, há mais de 180 anos, quando o jovem advogado de 26 anos foi enviado pela França para estudar o sistema penitenciário estadunidense.

Descrevia ele em sua clássica obra sobre a democracia americana: "Os grandes partidos são instrumentos que se ligam mais a princípios que a suas consequências, às generalidades que aos casos particulares, às ideias e não aos homens". A queda de braço entre as duas estruturas que se revezam no poder mostram que a balança dos pesos e contrapesos está precisando de reparos. A política, lá como aqui, refunda-se sob a égide do salve-se quem puder. O altruísmo, valor tão enaltecido pela democracia norte-americana, cede lugar ao pragmatismo; o fervor social esfria, basta ver a avaliação negativa que a população confere a seus presidentes, passado a euforia eleitoral. Sob uma teia de tensões, os EUA ingressam na segunda década do século 21 com a imagem de liderança no painel das democracias planetárias em franco processo de declínio. Quais as razões para tal mudança de paradigma? A principal causa aponta para a alteração da fisionomia política na sociedade pós-industrial. A política deixa de ser missão para se tornar profissão, desvio que ocorre na esteira do desvanecimento das ideologias. Ademais, o motor econômico, principalmente na moldura da globalização, passou a movimentar a máquina política, como se aduz dos atuais embates que se travam nos EUA e na Europa. Ideários e escopos doutrinários perdem substância. Tornam-se apêndices da economia. É esta que torna viável a eficácia de governos.

Dito isto, cabe indagar: como essa "nuvem de disfunção" (é assim que alguns analistas vêem a crise norte-americana) afeta países como o Brasil? Ora, o fio desse rolo já chegou até nós há muito tempo. Ou o Brasil não tem nada que ver com a prática da intransigência, do impasse político e da polarização entre situação e oposição? A lupa sobre nosso modelo mostra que, por aqui, a política não dá trégua aos competidores. A gana pelo poder é tão desmesurada que os climas eleitorais se intercambiam. O panorama da eleição seguinte é divisado tão logo a paisagem anterior acomoda os eleitos em seus cargos. Não há interstício entre uma urna e outra. Quem não enxerga, por exemplo, que o teatro do pleito de 2014 já está sendo montado? A presidente Dilma Rousseff nem chega à metade de seu mandato e já é inserida no painel da reeleição, tendo de começar a escalar a montanha eleitoral muito antes do prazo. No Brasil, é assim. A eleição seguinte começa logo depois da apuração dos resultados da eleição anterior. Nos espaços governativos de todas as instâncias, programas e projetos, mesmo os mais abrangentes, comportam ações de cunho eleitoreiro. Políticas de longo prazo, nem pensar. O Brasil é o território do "aqui e agora", fato que motiva o megaempresário Jorge Gerdau a fazer o alerta sobre, por exemplo, nossa política cambial: "Se é só pela visão financeira, do fluxo de capital, nós poderíamos deixar como está, porque a situação é cômoda em curto prazo. Mas, numa visão estratégica de longo prazo, é preciso ter políticas de desenvolvimento industrial, ter emprego de qualidade e não depender apenas de *commodities* e do minério".

A ausência de estratégia de longo prazo deriva da efervescência eleitoral que impregna o ânimo dos conjuntos. Como nos EUA, por aqui não se abre espaço para a busca de consenso entre blocos de um lado e de outro a respeito de temáticas relevantes. A disputa obedece a uma lógica que Thomas Hobbes cunhou de política de golpes preventivos: A teme que B ataque e decide atacar primeiro, mas B, temendo isso, quer se antecipar, fazendo que A, pressentindo o golpe, tente reagir, e assim por diante. O ataque não abriga armas de destruição ideológica (até porque as ideologias estão no fundo do baú), mas movimentos táticos. Como se sabe, as clivagens partidárias do passado, originadas em antagonismos de classes, perdem sentido no fluxo da expansão econômica e do consequente ingresso de parcelas das margens sociais no centro da pirâmide. Todas as siglas se assemelham e seus lemas, antes ancorados em escopos de cunho ideológico, agora ganham um uníssono eco: o poder pelo poder. O vezo socializante com que certas organizações tentam selar suas identidades não se deve a uma convicção ideológica, mas às bolsas e aos pacotes destinados a colocar o pão na mesa das massas carentes.

Nem mesmo nosso sistema de coalizão partidária resiste à "política de emboscadas" que as entidades procuram engendrar para ganhar mais fatias de poder. Cada uma parece cobiçar o espaço da outra. A *polis* é um detalhe. As alianças, formadas ao sabor das circunstâncias eleitorais, não são firmadas sob a crença em ideários cívicos. O que há é um jogo de conveniências. O contrato de hoje pode se desfazer amanhã. A cada dia, a seiva política escorre pelo ralo. (Julho de 2011)

JUDICIÁRIO, PODER E DEVER

CRIME AVANÇA SOBRE O JUDICIÁRIO

Ao trazer para a mesa do debate, mesmo que de maneira singela, a denúncia de que o crime organizado está se aproximando perigosamente do Judiciário, o ministro da Justiça, Márcio Thomaz

Bastos[98], coloca em evidência uma questão que está a merecer cuidadoso exame por parte de todos aqueles que se preocupam com a precária saúde das instituições. A onda criminosa, como a metástase de um câncer, propaga-se rapidamente pelo organismo nacional, infiltrando-se até no Poder Judiciário. A constatação é grave. Afinal de contas, trata-se de um Poder que é o mais identificado com a virtude da moral. Representa o altar mais elevado e nobre da verdade e da justiça. Infelizmente, acusações, mesmo que isoladas, atingindo um ou outro de seus pares, acabam maculando a imagem da instituição. Nesse instante em que se inaugura um novo ciclo institucional[99], a imagem de um Judiciário apequenado constitui um dos maiores danos à alma nacional, pois as conexões estabelecidas entre juízes e criminosos só servirão para corroborar o sentimento, já estratificado, de que a justiça, no Brasil, é privilégio de minorias.

As denúncias envolvendo magistrados do Superior Tribunal de Justiça no caso de um suposto esquema de venda de habeas-corpus em favor de criminosos, e que mereceram por parte da OAB, pedido de afastamento temporário dos denunciados, estão a clamar rigorosa apuração. O pior que pode ocorrer para a credibilidade da instituição é fazer vista grossa à situação. Nenhuma autoridade, por mais alta que seja, pode se escudar no manto sagrado do cargo. O Judiciário que, sem demérito aos outros, é o melhor dos Poderes da República, seja pela identidade de seus integrantes, seja pela nobreza de suas funções constitucionais, há de dar o exemplo. Ao abrir-se para a investigação, o Judiciário estará dando uma lição de grandeza, incentivando a transparência dos pulmões judiciais, em todas as instâncias, gerando um fato que seguramente terá repercussão positiva e inaugurando uma nova era de respeito, credibilidade e deferência aos administradores da Justiça.

A manifestação preocupante do ministro Márcio Bastos deve ser entendida como uma espiada na completa escuridão de um túnel que

---

[98] Ocupou o cargo entre 2003 e começo de 2007.
[99] Início do primeiro governo Lula.

corre por baixo de todo o território nacional. Sua observação literal é a de que "em muitos estados, os tentáculos do crime organizado estão chegando às portas do Poder Judiciário". Não se trata de constatação irresponsável feita por leigo. Trata-se da voz categorizada de um experimentado advogado que exerce o mais alto cargo do Executivo nos domínios da administração da Justiça. Ora, procurando ir fundo nas causas que levam o crime organizado a se infiltrar nas entranhas do Judiciário, vamos nos deparar, inicialmente, com a própria crise do Estado brasileiro, aqui posta em termos de desorganização, precária governabilidade, inadequada repartição de recursos e encargos, deficiências de estrutura e quadros, políticas de clientelas, patrimonialismo, grupismo e, na esteira dessas mazelas, mancomunação de interesses, apropriação da coisa pública, conivência entre atores políticos e agentes da lei e alto grau de cumplicidade entre os feitores do poder invisível. Uma pérfida malha criminosa grassa nas três instâncias da administração pública.

Não é o caso de se tomar a parte pelo todo. Mas não se pode deixar de aduzir que, se um dos mais altos Tribunais é atingido por denúncias, na esfera das instâncias mais baixas, a probabilidade de existência de teias de interesses escusos é bem maior, justificando-se, assim, a aflição do ministro da Justiça. Lembre-se que, em muitos Estados, as práticas administrativas dos Poderes são muito influenciadas por costumes políticos desenvolvidos no seio de famílias e grupos. Tem sido comum a indicação política de juízes para as cortes superiores, a ponto de se identificar facilmente os patrocinadores políticos de espaços de mando e poder na área da justiça.

A verdade é que a figura do juiz, em nosso País, não se cerca mais daquela aura sagrada que tanto reverência impunha no passado. Em tempos idos, cultivava-se admiração pela liturgia da justiça. Os juízes assumiam na plenitude aqueles traços nobres, que Bacon tão bem descreveu em seus ensaios: "os juízes devem ser mais instruídos do que sutis, mais reverendos do que aclamados, mais circunspetos do que audaciosos. Acima de todas as coisas, a integridade é a virtude que na função os caracteriza." O rebaixamento dos níveis educacionais, dos padrões técnicos e da qualidade dos recursos humanos, o descumprimento à tripartição dos Poderes, pela canibalização recíproca de espaços e funções, e o arrefecimento de valores fundamentais (o respeito à lei, à disciplina e à autoridade), a negligência para com o dever, a escassez de solidariedade, a falta de seriedade e a indignidade pessoal se fazem presentes na festa de banalização da vida pública. Tudo tem ficado mais assemelhado. E pior.

Atingido pela sujeira que borra a moldura de todas as instituições, sem exceção, o juiz ainda tem de enfrentar um calvário particular, a *via crucis* da crise no seu espaço profissional, determinada pelos dilemas que lhe são impostos pelo caráter dual do Estado brasileiro. De um lado, o Estado liberal, fincado nas bases do equilíbrio entre os Poderes, no império do direito e das garantias individuais. De outro, o Estado assistencial, de caráter providencial, voltado para a expansão dos direitos sociais, ajustados e revigorados pela Constituição de 88. Os resultados vão bater na mesa do juiz: enxurradas de demandas crescentes e repetitivas em questões de toda a ordem – trabalhistas, tributárias e previdenciárias – para milhares de reclamatórias nas instâncias da Justiça, que visam a repor perdas salariais de planos econômicos mal sucedidos. Este é um pequeno exemplo do cipoal que tem de enfrentar na lide cotidiana.

Por tudo isso, chegou a hora da grande verdade para os Tribunais. Ou o Judiciário se estrutura para atender às demandas de uma sociedade cada vez mais consciente e participativa ou acabará por ser afundado na vala comum do descrédito. Não há meio termo. Para ganharem o que merecem e precisam, as Cortes, respirando o cheiro do tempo, hão de se abrir para a sociedade, mostrando que não têm nada a esconder. Hão de fortalecer a imagem de guardiões da lei. Estabelecer ou não um controle externo do Judiciário, essa é uma questão que deve ser discutida sem demagogia, com sinceridade de propósitos, buscando-se responder a todas as indagações, inclusive a esta que causa polêmica: quem controlará os controladores? O câncer que ameaça os pulmões do Judiciário tem de ser extirpado. Antes que se propague. Que os magistrados do STJ comecem dando o exemplo, preparando bisturis e pinças. (Fevereiro de 2003)

NÉVOA MORAL SOBRE O JUDICIÁRIO

Os desembargadores e juízes acusados de vender sentenças para beneficiar bingueiros, caso sejam condenados, deverão retirar de suas mesas a estátua de Themis, a deusa da Justiça, cujos olhos cobertos por uma faixa simbolizam a imparcialidade no julgamento de ricos e pobres, poderosos e humildes, grandes e pequenos. Os ilícitos cometidos por quem exerce a sagrada missão de aplicar as leis constituem uma violência inominável contra a sociedade, pois induzem à desconfiança na capacidade do Estado em fazer justiça e engrossam a espiral de criminalidade que sobe vertiginosamente ao topo da pirâmide social. Se representantes do mais respeitado entre os Poderes agem como criminosos, esboroa-se a fé na instituição encarregada de assegurar justiça. O mal que uns poucos são capazes de produzir afeta o corpo do qual fazem parte. As pessoas passam a se interrogar: "Se eles podem praticar tramoias, por que devemos cumprir a lei?" A Operação Hurricane, da Polícia Federal, na sequência de ações para desmontar as quadrilhas incrustadas nas estruturas da República, expõe mais uma faceta da crise do Judiciário, poder que, nas últimas duas décadas, tem perdido forças, seja por conta de restrições orçamentárias e legais, seja em decorrência da explosão de demandas ajuizadas a partir da Constituição de 88 ou em função de uma reforma (Emenda 45/2004) insuficiente para aperfeiçoar o combalido aparelhamento dos tribunais.

A crise deste Poder nasce na fonte patrimonialista em que se batizou o Estado brasileiro. As sequelas persistem até hoje, podendo-se, a partir daí, explicar a razão pela qual no Brasil o detentor do poder do Estado – políticos e juízes, por exemplo – não tem escrúpulos para enfiar no bolso privilégios, benefícios e direitos inerentes aos cargos que exercem. Quando um cidadão usa o poder que detêm sobre outros em seu próprio favor, pactua com a corrupção. E, se considerarmos que o poder político tende a multiplicar sementes corrosivas, principalmente em culturas cartoriais, criam-se condições para o alastramento da "cleptocracia", ou seja, da roubalheira do Estado.

Portando os vícios da origem do Estado, a crise do Judiciário adquire contornos definidos quando junta os adjetivos que marcam sua ação: lento, formalista e inacessível. Sua estrutura tem sido incapaz de administrar a explosão dos novos e complexos conflitos de uma sociedade em mutação e propiciar tutela jurisdicional tempestiva aos litígios clássicos. A excessiva demora do processo traz insegurança e o acúmulo de demandas gera colapso no sistema. Num período de dez anos, de 1988 a 1998, o número de feitos aumentou 25 vezes. Em 1990, recebia o Judiciário, na primeira instância, um processo para 40 habitantes. Em 2000, um para 20 habitantes. O cipoal legislativo – 188 mil leis, das quais menos de um terço em vigor – atrapalha o ordenamento jurídico, provocando interpretações contraditórias, controvérsias e aumento progressivo dos recursos. Apesar de termos um modelo federalista, copiado do norte-americano, a esfera federal é quem legisla nos campos do direito material e processual, gerando excesso de centralização. Os tribunais superiores, por seu lado, mais atendem às demandas dos Poderes Executivo e Legislativo do que às lides oriundas do povo.

Os instrumentos criados para assegurar celeridade à Justiça – juizados especiais de pequenas causas cíveis e criminais, rito sumaríssimo na Justiça do Trabalho, súmula vinculante, súmula impeditiva de recursos, tutela antecipada – são uma gota d'água no oceano dos processos. A transparência deixa a desejar, reforçando o conceito de que o Judiciário possui "caixas-pretas", que escondem gastos com estruturas, a liturgia dos julgamentos e os modos de pensar e agir dos juízes. Para desespero daqueles que conseguem chegar vitoriosos ao cume da montanha, os entes públicos frequentemente se negam a cumprir decisões judiciais, passando a recorrer sistematicamente, mesmo que a jurisprudência sobre a questão em tela seja consensual nos tribunais. O próprio Estado é quem mais entope as veias do Judiciário. O "circo dos horrores" se completa com a dança para ingresso na magistratura. Com todo o respeito que o Poder merece, carrega-se a impressão de que os quadros precisam atravessar um corredor moral e ético mais longo que o atual. Significa defender para os magistrados sólida base psicológica e densa preparação, seja nos campos específicos do Direito, seja em áreas mais abrangentes do conhecimento e nos campos da ética pessoal e profissional, do relacionamento humano, da hermenêutica, da liderança, do raciocínio lógico e dos ensinamentos práticos. É mais que compreensível o processo de juvenilização do corpo Judiciário, com o ingresso de jovens sem muito conhecimento e experiência numa folha que conta com cerca de 14 mil juízes, 1 para 13 mil habitantes. Houve, urge reconhecer, um rebaixamento dos níveis. Não é de admirar que, no meio da borrasca, respingos de lama caiam sobre o altar da Justiça.

Os juízes, dizia Bacon, devem ser mais instruídos que sutis, mais reverendos que aclamados, mais circunspetos que audaciosos. Acima de todas as coisas, a integridade é a virtude que na função os caracteriza. A lição, de 1597, ainda é atual. Magistrado por trás das grades é o flagrante da tragédia ética vivida pelo País. Da primeira ou da última instância, no mais distante ou no mais central rincão da Pátria, o juiz deve ser, por excelência, o protótipo das virtudes. (Maio de 2007)

A JUDICIOCRACIA AMEAÇA?

Já não se faz política como antigamente. A observação é a propósito da nova abordagem em que se insere a política brasileira que, há um bom tempo, presta exame de qualidade no vestibular das cortes judiciais e, após aprovação de juízes, entra com um pé mais baixo no tripé dos Poderes arquitetado por Montesquieu, em 1748. De jogo de convencimento e compromisso, a política ganha foro de objeto de contestação, dando origem à "judiciocracia", neologismo para designar uma democracia feita sob obra e graça do Poder Judiciário. Vale lembrar, porém, que a tendência de maior participação dos tribunais em ações legislativas e executivas decorre da própria "judicialização" das relações sociais, fenômeno que se expressa de maneira intensa tanto em democracias incipientes quanto em modelos consolidados, como os europeus e o norte-americano, nos quais os mais variados temas envolvendo políticos batem nas portas do Judiciário.

A nova arquitetura da política nacional pode ser vista sob a perspectiva do contencioso que locupleta as estantes judiciais. O Poder Executivo inunda canais da Justiça para ampliar e garantir suas decisões. O Legislativo instaura copiosa agenda de Comissões de Inquérito, ampliando frentes de luta política, principalmente contra o Executivo. O Ministério Público flagra ilícitos de toda ordem, encaminhando farta pauta de conflitos ao Judiciário, na convicção de que a sociedade brasileira é "hipossuficiente" e, portanto, carece de braços mais longos de defesa. Minorias políticas recorrem às Cortes para fazer valer direitos. Associações civis e esferas governativas produzem uma montanha de Ações Diretas de Inconstitucionalidade (ADINs). Quase 3.900 ADINs aportaram no Supremo Tribunal Federal (STF) desde 1998. Até aí tudo bem. A questão é: esse novo modo de fazer política melhora a qualidade da democracia? Ou confere excessivo poder aos Tribunais, resultando em desmesurada intervenção nos conflitos políticos?

A resposta implica entender as interações entre os agentes sociais, políticos e judiciais nas várias instâncias de decisão. O fio que conduz ao novelo da política judicializada é a interpretação de direitos já institucionalizados. Ou seja, não se trata mais de definir o direito de cada indivíduo, mas de interpretar e mensurar seus limites. No princípio do Estado moderno, o Judiciário era mero executor de leis. Montesquieu ponderava que juízes significavam a boca que pronuncia as palavras da lei, entes que não podem aumentar ou enfraquecer seu vigor. O tripé dos Poderes alinhava-se numa reta, embora o Legislativo ainda tivesse maior projeção. Com o advento do *Welfare*

State, o Executivo passou a intervir de maneira forte para expandir a rede de proteção social. Passou, inclusive, a legislar, fato hoje medido entre nós pelas medidas provisórias. Ganhou proeminência entre os Poderes. O atual ciclo confere mais força ao Judiciário pelo fato de ser este intérprete final da letra constitucional. Ao decidir se os Poderes Executivo e Legislativo, partidos e outras instâncias agem de acordo com a Constituição, o STF acaba definindo a política que regra a vida nacional, elevando o Judiciário a um patamar superior.

A passagem da política pelos túneis judiciários se tornou mais intensa, a partir de 88, quando a "Constituição Cidadã" escancarou o portão das demandas de classes e grupos. Os textos legais, por seu lado, férteis em ambiguidade, propiciaram condições para a instalação de um processo de juridificação da vida social. Disputas multiplicaram-se nas esferas pública e privada. A visibilidade dos tribunais se intensificou e seus membros passaram a dar uma interpretação política aos conflitos sociais. Hoje, nomeações de juízes assumem forte coloração política. Ao lado de alta cultura jurídica, magistrados passam também a ser conhecidos como ministros nomeados por José Sarney, Fernando Collor, Fernando Henrique Cardoso e Luiz Inácio Lula da Silva (aliás, também é assim nos EUA). O Ministério Público (MP) desenvolve forte ativismo. Promotores e procuradores de Justiça abrem espaço para um formidável arsenal de ações civis públicas, reforçando a ideia de que o MP é o quarto Poder. Órgãos governamentais usam-no para acionar outros órgãos públicos. O contencioso político-jurídico se adensa. Instâncias políticas e jurídicas convivem, ora pacifica, ora conflituosamente. Tensões acendem as fogueiras de crises intermitentes.

Nesse ponto, afloram críticas. Ao interferir fortemente na política, o Judiciário estaria desenvolvendo uma hegemonia dentro do arranjo político-institucional. Posta nesses termos, a inquietação leva em conta, ainda, o processo de nomeação "política" de juízes das altas Cortes, o voluntarismo político e a orientação ideológica de membros do MP que buscam afirmar o caráter politizado da instituição, o ativismo político que se observa até em quadros de juízes de primeira instância e certa propensão para jogar na panela da racionalidade do Direito condimentos extraídos de circunstâncias e de valorações pessoais, o que poderia ameaçar os fundamentos do império legal. O fato é que a intervenção jurídica no campo político não pode passar despercebida. Ocorre que o Legislativo dá mostras de fragilidade. O que faz é questionado e o que deixa de fazer é corrigido por outras áreas. Já o Executivo se apresenta como fonte inesgotável do caudal da política judicializada, contribuindo para que o Poder que diz a lei seja o mesmo a dizer como deve funcionar a política. Quando juízes se tornam agentes políticos da lei, periga a doutrina da tripartição dos Poderes. (Maio de 2007)

A POLITIZAÇÃO DO JUDICIÁRIO

Costuma-se lembrar que, na visão aristotélica, o Judiciário cumpre uma função política. Trata-se da tentativa de enxergar no Poder Judiciário a cota de política que Aristóteles atribuía ao homem, cujo dever é participar da vida de uma cidade, sob pena de se transformar em ser vil. Nessa tarefa, emprega os dons naturais do entendimento e do instinto para exercer funções de senhor e magistrado. Se o ensinamento do filósofo grego fosse bem interpretado, não haveria restrição para ver na missão dos juízes uma faceta política. A questão, porém, é outra. É comum confundir o ente político, que se põe a serviço da coletividade, com o ator que usa a política para operar interesses escusos. Naquele habita a grandeza, neste reside a vilania. Sob essa diferença, alguns membros do Poder Judiciário, entre muitos que orgulham a Nação, possivelmente lendo de maneira enviesada o conceito aristotélico, parecem confundir Política com P maiúsculo com politicagem de p minúsculo. A politização, portanto, tem duas bandas.

Já faz algum tempo que o Judiciário vê a imagem refletida no espelho da descrença. As razões devem-se tanto ao comportamento de alguns quadros quanto à própria jurisprudência produzida nos tribunais. Sob o aspecto atitudinal, particularmente na esfera de comandos de grande visibilidade, como é o caso dos presidentes do Supremo Tribunal Federal (STF) e do Superior Tribunal de Justiça (STJ), constata-se uma verbalização fecunda, quando não contundente, e intensa articulação com representantes de outros Poderes, derivando daí a impressão de que os ministros desceram do altar onde se cultua o Judiciário para a liça da banalização política. Causa estranheza a desenvoltura com que dirigentes se relacionam com o mundo da política partidária. É elogiável o esforço de uns para abrir fluxos de comunicação com a sociedade. Quando, porém, a expressão da alta administração da Justiça se transforma em negociação de bastidores ou no verbo pouco contido do balcão das barganhas, a imagem do Judiciário mais estilhaçada fica.

Quando um membro do STJ se apresenta como intermediador de acordo entre companhias aéreas e o governo, troca a toga do magistrado pela beca do advogado. Só pode causar perplexidade, da mesma forma como receitou chá de "erva-cidreira" aos juízes, em face ao assassinato de um vigia de supermercado, em Sobral, no Ceará, por um juiz[100]. Juízes são acusados ainda de vender sentenças judiciais. A indústria de liminares se expande. E o Brasil se transforma em País das emergências.

Há, ainda, um pérfido voto que sai aos montes das Cortes: o ideológico. Nas demandas trabalhistas, empresas governamentais sempre levam a melhor. Se a empresa é privada, o vitorioso quase nunca é o patrão, comprovando que as decisões não contemplam os fatos. Não se enxergue, aqui, defesa de categoria social. O que se pretende demonstrar é que o maior patrimônio de um juiz é a independência. Essa é a ferramenta para ele ultrapassar a barreira da democracia formal e galgar as fronteiras da democracia substan-

---

[100] José Renato Coelho Rodrigues foi assassinado pelo juiz Pedro Percy Barbosa em fevereiro de 2005 porque teria demorado a abrir a porta do supermercado ao magistrado. O juiz foi condenado no mesmo ano a cumprir plena de reclusão em regime fechado por 15 anos e perdeu o cargo.

tiva, seara onde deve julgar, conforme a consciência, indo até contra a vontade de maiorias, defendendo direitos fundamentais, não se curvando às pressões midiáticas nem à correntes de opinião. Infelizmente, estruturas do Judiciário, entre elas, partes do Ministério Público, cultuam o espelho de Narciso, inebriando-se ante os holofotes da mídia. Como diria Rui Barbosa, "a ninguém importa mais que à magistratura fugir do medo, esquivar humilhações e não conhecer covardia".

Não se pretende também defender a tese de que o juiz precisa vestir o figurino da neutralidade. Juízes insípidos, inodoros e insossos tendem a ser os piores. O que a sociedade quer é voltar a encontrar no Judiciário as virtudes que tanto enobrecem a magistratura e outros serventuários da Justiça: independência, saber jurídico, honestidade, coragem e capacidade de enxergar o ideal coletivo. O filósofo Bacon já pregava: "Os juízes devem ser mais instruídos que sutis, mais reverendos que aclamados, mais circunspetos que audaciosos. Acima de todas as coisas, a integridade é a virtude que na função os caracteriza". Por que estes valores têm sido tão fragmentados?

Algumas respostas. A ingerência do Executivo sobre o Judiciário é uma delas. Ingerência que se liga ao patrocínio de nomeações. A mão que nomeou um magistrado parece permanecer suspensa sobre a cabeça do escolhido, gerando retribuição. O Executivo acaba quase sempre levando a melhor quando se vale do STF, o que leva o jurista Paulo Bonavides à ênfase: "A Suprema Corte correrá breve o risco de se transformar em cartório do Poder Executivo". Noutras instâncias, as promoções na carreira costumam passar por cima de critérios de qualidade. Uma liturgia de herança de poder se instala, com muita docilidade junto às cúpulas dos tribunais. Milhares de juízes, entre os 13,4 mil espalhados pela Federação, carecem de condições técnicas para exercer com dignidade as funções. O nivelamento por baixo ocorre na esteira da massificação de cursos de Direito e da juvenilização dos quadros. Os concursos já não se regram por padrões de excelência.

Sob o estigma da politização e do despreparo de milhares de quadros, caminha o Poder Judiciário. Têmis, a deusa, tem uma venda nos olhos para representar a Justiça que, cega, concede a cada um o que é seu, sem olhar para o litigante. No Brasil, é generalizada a impressão de que, vez ou outra, a deusa afasta a venda para dar uma espiada na clientela. (Março de 2005)

O SUPREMO LEGISLADOR

O Poder Judiciário não se cansa de mandar recados ao Poder Legislativo recitando a máxima latina *si vis pacem para bellum* (se queres a paz, prepara-te para a guerra). O alerta quer significar que os legisladores, para preservarem os princípios da harmonia e da independência entre os Poderes, estatuídos na Carta Magna, precisam fazer a lição de casa e enfrentar a batalha de elaborar as leis necessárias para garantir a normalidade das relações sociais, econômicas e políticas no País. Como o poder não admite vácuo, a Corte o tem preenchido com farta legislação judicial. Chegou até a abrir espaço em seu site para as omissões inconstitucionais, o que pode ser interpretado como puxão de orelha nos parlamentares.

A questão central é: deve o STF entrar no terreno legislativo ou só informar às Casas congressuais sobre suas omissões? É oportuno lembrar que o Supremo só age quando acionado. Sua missão precípua é interpretar a Constituição ante a falta de clareza ou inexistência de leis que detalhem normas sobre os mais diversos assuntos de interesse social. Observa-se que os magistrados, de um comportamento mais cauteloso nos idos de 90, quando apenas comunicavam ao Parlamento a falta de leis, passaram a produzir regras, deixando o desconforto de lado. Nos últimos tempos, sob o empuxo de demandas da sociedade civil, capitaneadas por organizações de intermediação, o STF reposicionou-se no cenário institucional, tomando decisões de impacto, e sem se incomodar com críticas sobre invasão do território legislativo. Nessa direção se incluem decisões por omissão inconstitucional em áreas como aposentadoria especial (decorrente de trabalho insalubre), direito de greve no serviço público, criação de municípios e criação de cargos no modelo federal.

A perplexidade expande-se. Por que os parlamentares, tão afeitos à produção legislativa, deixam de fora de sua agenda a regulamentação de dispositivos importantes da Constituição? A resposta aponta para a falta de consenso. Veja-se a Emenda 29, de 2000, fixando porcentuais mínimos para gastos na área de saúde. Estados devem destinar 12% e municípios, 15%. Aguarda-se há dez anos! Além de emendas já aprovadas carecendo de regulamentação, há projetos de efeitos devastadores, como a PEC 300, que cria o piso salarial para as Polícias Civil, Militar e os bombeiros. As duas matérias representam impacto de R$ 58 bilhões, montante que rasparia os cofres públicos. Portanto, os parlamentares sentem-se entre a cruz e a caldeirinha: de um lado, comprimidos por demandas da sociedade e, de outro, confinados aos parâmetros das políticas econômica e fiscal do governo. No meio do cabo de guerra emerge a miragem de um pacto federativo, que não passa de promessa retórica. Compromissos, acordos e obrigações entre União, Estados e municípios são precários e desmontam o escopo da unidade. Não por acaso, a propalada reforma tributária é um marco divisor de interesses.

Chega-se, assim, ao centro do argumento aqui suscitado: a legislação judicial aparece no vácuo da legislação parlamentar. Não há, nesse caso, transgressão ao princípio democrático de que o representante eleito pelo povo é quem detém o poder de legislar? Em termos, sim. Mas a questão pode ter outra leitura. A construção de uma sociedade livre, justa e solidária, conforme preceitua a Constituição, se assenta na preservação dos direitos individuais e coletivos. E os princípios da autonomia, harmonia e independência dos Poderes, sob sistemas políticos em processo de institucionalização, ganham certa frouxidão. Compreende-se, assim, a interpenetração de funções dos Poderes do Estado. Importa, sobretudo, que eles estejam conscientes de seus deveres e omissões. E tocados pela chama cívica que Thomas Paine acendeu no clássico *Os Direitos do Homem*: "Quando alguém puder dizer em qualquer País do mundo: meus pobres são felizes, nem ignorância nem miséria se encontram entre eles; minhas cadeias estão vazias de prisioneiros, minhas ruas de mendigos; os idosos não passam necessidades, os impostos não são opressivos... quando estas coisas puderem ser ditas, então o País deve se orgulhar de sua Constituição e de seu governo." (Julho de 2011)

CAPÍTULO IV
A POLÍTICA COMO ESPETÁCULO

HOLOFOTES NA ARENA PÚBLICA

ESTADO MIDIÁTICO

O vedetismo é característico do atual ciclo de declínio dos mecanismos clássicos da política – partidos, parlamentos, ideologias. Tem mais impacto em sociedades menos desenvolvidas, como a nossa, do que em democracias consolidadas, onde a mídia ainda costuma refletir, ao lado da competição entre quadros, diferenças de visões doutrinárias. Aqui, a política se transforma, a olhos vistos, em monumental espetáculo, em que atores fazem absoluta questão de ocupar o espaço institucional com a imagem de seus perfis. Nos Estados Unidos ou em Países europeus, são perceptíveis as diferenças de posições entre republicanos e democratas ou entre liberais e conservadores, esquerdistas e direitistas, trabalhistas e socialdemocratas.

Na verdade, a espetacularização da política brasileira faz parte da cultura de um Estado cujas instituições e atores balizam, cada vez mais, atitudes e ações por influência dos meios de comunicação. Tudo parece ser delineado pela indústria midiática. Se não passarem pela tuba de ressonância formada pelos veículos impressos e eletrônicos, os fatos inexistem. Se não ocorrem, não há figurantes nem história. Se é assim, os políticos tratam logo de fazê-la, puxando, claro, a brasa para a sua sardinha. Até a sagrada instituição da Justiça, na esteira da magia poderosa da mídia, para ampliar a visibilidade, à maneira das casas congressuais, abriu um canal próprio de televisão, o que nos proporciona a agradável surpresa de ver que magistrados da mais alta Corte também dão sonoras risadas e até constroem tiradas jocosas, eles, que pareciam a nós, simples mortais, deuses solenes e meditabundos, compenetrados de divina onipotência. Não há dúvida que o acesso democrático à informação institucional é um avanço. A questão, porém, não é esta. Nefasto é usar o espaço de comunicação, público ou privado, para que um cidadão, a serviço do povo e do Estado, queira estabelecer para si aquele objetivo que Mussolini desgraçadamente se impôs: "Fazer da própria vida a sua obra-prima". Essa é uma praga que tem assolado o Estado brasileiro.

No Brasil, a festejada Constituição-cidadã, de 1988, foi um marco nessa direção. Detalhista ao extremo, corporativista em sua extensão, foi concebida como abrigo de tendências e expectativas de grupos. Mais que sinal de um novo horizonte democrático, traduziu um arrazoado de intenções para tornar mais fortes determinadas representações sociais. A trombeta da mídia, por seu lado, foi fundamental para dar eco aos discursos e abrir espaços. Neste momento, instala-se nos desvãos institucionais o espelho de Narciso. As caras de indivíduos e instituições ingressam na arena, disputando os melhores palanques. As casas congressuais e os partidos começam a perder o monopólio da ação política. Os poderes do Estado, agora energizados por esferas participativas e núcleos descentralizados e difusos de poder, passam a ser foco dos holofotes da mídia. Na esteira do desaparecimento dos últimos ícones do Parlamento – Tancredo, Ulysses[101] –, o cenário das grandes lideranças é ocupado por políticos homogêneos, que passam a preocupar-se exageradamente com o perfil pessoal. A lapidação de imagem inspirase no lema: captar o máximo interesse e fixar a atenção do público.

---

[101] Tancredo Neves, eleito presidente pela via indireta no início do ciclo de redemocratização no Brasil, morreu doente em abril de 1985. Ulysses Guimarães, deputado federal e principal liderança do PMDB, morreu em acidente de helicóptero em 1992, juntamente com o então senador Severo Gomes, do mesmo partido.

Desenvolve-se capilarmente um Estado midiático, assentado sobre uma imensa estrutura de comunicação. A personalização do poder é o leitmotiv da nova ordem. De dois em dois anos, novos e velhos atores sobem aos palcos para desfilar qualidades pessoais num espetáculo regrado pelo uso e abuso de miragens, promessas, esperanças e sonhos, todos voltados para cooptar a adesão de grupos descrentes. Nos interstícios, governantes do Executivo se esmeram num exercício de maquiagem para limpar protuberâncias no perfil, enquanto os níveis de representação popular, para não serem esquecidos, buscam as luzes da imprensa. Inversões de valores se multiplicam. A mídia cria pautas, determinando ações e comportamentos políticos. Quem não quer fazer parte do jogo não tem chances de aparecer. O vedetismo se impõe. O acessório ocupa o lugar do principal. Uma feira de personalidades, disputando visibilidade, canibaliza os escopos partidários. Verba e verbo estabelecem relação promíscua. Assim, a autoglorificação de perfis contribui para fazer florescer a semente de uma democracia pervertida, em que o Estado e suas representações passam a fazer da política nada mais que um exercício de fuga diante da realidade.

Ao político há de se cobrar aquilo que o filósofo dinamarquês Soren Kierkegaard costumava cobrar dos cidadãos: ser uma exceção. No Estado midiático, isso não passa de uma utopia. (Dezembro de 2002)

LITURGIA, POMPA E CIRCUNSTÂNCIA

Na história dos governantes, a liturgia do poder é uma das partes que exerce mais atração. Quanto mais força tenha o governante, mais desperta a atenção, não sendo raros os casos em que a admiração popular acaba resvalando para a deificação e o fetiche. Ao governante, dependendo do estágio de desenvolvimento do povo, atribuem-se qualidades e virtudes como as de grande chefe, herói, pai, Salvador da Pátria, Escolhido do Senhor. Para reforçar a aura de poder do governante, um grupo de fiéis soldados, uma espécie de "sociedade de corte", devota-lhe uma reverência quase sagrada, funcionando como anteparo entre o poder central e a sociedade. Os impactos estéticos do cenário litúrgico aparecem na estampa dos eventos fechados, nas cerimônias dos Palácios, no estilo de agir e nos discursos dos chefes do Poder e até em peripécias de cunho puramente mercadológico, como tocar instrumentos, por bonés na cabeça, promover tertúlias musicais, com ou sem artistas-ministros de Estado.

A liturgia, é bem verdade, se faz necessária para compor a moldura do mandatário e o estilo de governo. Juscelino Kubitscheck corria o Brasil em mutirão e era acarinhado pelas massas. Jânio Quadros brandia a vassoura da moralização. Cada presidente militar cercou-se de paramentos litúrgicos, dos mais circunspetos, como Ernesto Geisel, aos mais histriônicos, como João Figueiredo. Fernando Collor amparava-se no marketing extravagante das corridas de *cooper* e no estilo piloto de corridas. José Sarney tinha uma predileção especial pela liturgia do poder. Fernando Henrique gostava de exibir a identidade de *schollar*. E Luiz Inácio Lula da Silva pratica um pouco de tudo.

Praticamente, todos os espaços da liturgia presidencial estiveram impregnados de certo efeito pictórico: os churrascos, os jogos de futebol, as sessões de cinema, os convescotes musicais. Um clima de permanente congraçamento na agigantada equipe ministerial parecia inspirar os desejos presidenciais. Talvez seja a forma mais adequada para aliviar o estresse do isolamento do poder a que todo governante está sujeito. Se um presidente gosta mesmo de adoçar e engrossar a liturgia presidencial, deve ter um grande cuidado para sintonizá-la com o clima das ruas e o cheiro das massas. E, ainda, evitar que seja colhido pela armadilha da propaganda, passando a acreditar na realidade do falso retrato exposto à admiração do povo. (Janeiro de 2004)

LITURGIA DO ESTADO-ESPETÁCULO

A Comissão Parlamentar de Inquérito, objeto do art. 58 da Constituição Federal, integra uma das mais importantes funções do Parlamento, que consiste na fiscalização dos outros poderes, das relações comprometedoras destes com setores da vida nacional e na investigação de conduta e atos irregulares de entidades que atuam em determinados campos de interesse social. Como ferramenta indispensável à moralização dos costumes públicos, deve ser até incentivada, pois a razão que a justifica é a moralização da vida institucional, que se consegue com a descoberta e posterior responsabilização civil ou criminal dos infratores, sejam pessoas físicas ou pessoas jurídicas de caráter público ou de direito privado. A relação incestuosa, aética e imoral entre setores das administrações públicas, políticos, empresas e intermediários forma o cardápio principal de uma CPI. Esta modalidade de investigação só atrapalha quando sai de seu leito natural para servir de estação elevatória à vaidade de seus integrantes, quando passa a se constituir palco de visibilidade para encenação de atores políticos ou, ainda, quando serve de chave para abrir as portas do favorecimento pessoal.

O exercício democrático exige o jogo aberto das ideias. Norberto Bobbio alertava para o fato de que a modernidade política vem abrindo fossas para a expansão do poder invisível, o que, por si só, reforça o papel dos Parlamentos no espaço da moralização da vida institucional. Até aí tudo bem. O ímpeto investigativo dos Legislativos deve merecer aplausos. O que não pode ocorrer é uma contrafação na missão investigativa, coisa que fatalmente ocorre quando o objeto a ser examinado não está claramente situado na esfera de uma CPI ou mesmo quando objetivos personalistas, até com finalidades funestas, balizam o comportamento e a decisão dos investigadores, no caso, o corpo parlamentar integrante da Comissão. Há questões que são próprias do Ministério Público.

Infelizmente, essas observações se fazem necessárias ante os desvios que ocorrem no cenário institucional, com a multiplicação de formas e recursos que tendem a transformar o Estado brasileiro num gigantesco circo, onde os atores políticos, nas três esferas da administração, procuram as luzes fosforescentes da mídia para ganhar os aplausos da opinião pública. Como se sabe, o Poder Legislativo padece da desconfiança social em função das mazelas que, historicamente, têm corroído o tecido político. As críticas partem de todos os segmentos sociais e abrigam questões como falta de cumprimento de promessas, distanciamento das bases eleitorais, oportunismo político, grupismo, fisiologismo, enfim, os ismos negativos da cultura política. Os mandatários do Executivo, com maior poder de fogo, acabam tendo imagem mais positiva que os parlamentares.

Não se pode deixar de registrar, a propósito, o esforço que o Congresso Nacional tem feito, nos últimos tempos, para reforçar a sua credibilidade e merecer o respeito da sociedade. Se o Brasil avançou celeremente em alguns campos, como no das reformas constitucionais, a partir da reforma econômica, isso se deve à ação eficaz dos corpos parlamentares das duas Casas Congressuais. Importantes medidas e decisões foram tomadas nos últimos anos para modernizar a feição institucional. O *impeachment* de um presidente da República[102], a cassação de parlamentares, o combate duro à corrupção e às redes de narcotráfico e contrabando de armas merecem registro especial, a demonstrar que deputados e senadores têm dignificado sua instituição. A competitividade eleitoral mais acirrada, a conquista da visibilidade como elemento do marketing político e o próprio fortalecimento do Legislativo, na esteira das mudanças que se operam no País, têm contribuído para expandir os tentáculos do Estado-Espetáculo em que tem se transformado o Brasil. Todos querem aparecer bem perante a opinião pública nacional. É nesse ambiente que nasce e viceja o vírus do oportunismo.

Espaços de mídia massiva, as mídias parlamentares (TVs Câmara e Senado), os holofotes das Comissões Parlamentares de Inquérito são intensa e insistentemente usados para "mostrar serviço", na exaltação de uma atividade parlamentar febril e prolífera. No caso das CPIs, até certa gramática foi instituída. Se o negócio é investigar as "maracu-

---

[102] Fernando Collor de Melo, em 1992.

taias" das redes intestinas e o conluio entre as vidas pública e privada, o tiro é certeiro: o espaço da mídia estará garantido. A CPI transforma-se em passaporte para uma pessoa ou uma instituição ingressar no céu ou purgar no fogo do inferno, dependendo da maneira como se comporta. Inocentada, exibirá atestado de boa conduta. Condenada, terá que pagar pelos pecados. Há casos em que o ônus da prova cabe aos acusados. Trata-se de uma liturgia que o Estado-Espetáculo faz questão de exibir. E aqui reside o perigo. Ao invés de privilegiar o conteúdo da investigação, pautar-se pela discrição, conduzir-se com equilíbrio, esmerar-se na ética, certo tipo de parlamentar prefere a câmera que projeta sua imagem na ribalta. E de ribalta em ribalta, a liturgia circense acabará fulanizando por completo a pauta congressual. (Outubro de 2003)

A TELECRACIA BRASILEIRA

Entre as pragas que devastam a política, uma é típica da civilização do consumo e abriga o campo do simbolismo. É conhecida como marketing. Origina-se na liturgia do poder, fazendo-se presente na História da humanidade como sistema de camuflagem para lapidar a imagem de governantes, imperadores, reis, príncipes, presidentes, políticos e celebridades. Quinto Túlio já o experimentava em 64 A.C. quando aconselhava o irmão Marco Cícero, famoso tribuno romano, candidato ao consulado, a se apresentar como um "homem novo bem preparado para conseguir a adesão entusiasmada do povo". César calculava os gestos públicos. Maquiavel ensinava o Príncipe a divertir o povo com festas e jogos. Luís XIV desfilava nos espetáculos que promovia. Napoleão era um pavão vestido de púrpura quando se coroou para receber a benção do papa em Notre-Dame. Hitler foi treinado em aulas de declamação para agitar as massas, usou a cruz gamada para propagar o nazismo, podendo-se dizer que o marketing político ganha status profissional sob o comando de Joseph Goebbels, o "marqueteiro" hitlerista.

Pois bem, essa engenharia de encantamento das massas aportou, há quatro décadas, no Brasil para agravar as mazelas de nossa incipiente democracia. Em 60 tivemos as primeiras campanhas marqueteiras. Começou com a mobilização das massas nas ruas. Passou pela adoção de símbolos, cores e cantos até ganhar, hoje, dimensão pirotécnica, quando elege a forma em detrimento de valores. Políticos são transformados em bonecos. Slogans se antecipam a programas (quem não se lembra do Fome Zero?). Implanta-se a telecracia – extravagância comandada pela TV –, em que atores canhestros são ensinados a engabelar a fé dos tele-eleitores. Não é de admirar que a representação política, plasmada pela cosmética do marketing, tem criado imenso vácuo no meio social. Poucos acreditam nos políticos.

A transformação da política em extensão do *show business* tem sido o ofício de uma classe treinada para ampliar os limites do Estado-espetáculo a fim de extrair dele grandes negócios. Os marqueteiros tupiniquins defendem-se dizendo que, nos Estados Unidos, a atividade está consolidada. Ocorre que os norte-americanos, mais racionais, se agrupam em torno de dois grandes partidos e não se deixam enganar facilmente. Ademais, lá não se vê o desperdício de tempos eleitorais gratuitos servindo de trampolim para a atividade circense da política. Aqui, o povo paga (com impostos) para ser enganado. E ainda compra gato por lebre.

A varinha de condão é usada para empetecar atores pelo País afora, embalando candidatos com o lema vivaldino: "Fulano fez, fulano fará melhor". E, como as obras não aparecem, a reversão das expectativas se instala na consciência social, iniciando o desmoronamento dos genais "feitores". Prefeituras e governos, incluindo o federal, estão encostados no monumental paredão de pasteurização construído com a argamassa do marketing. Uma profunda distância se forma entre a imagem dos entes governativos e a realidade social.

A degradação da política é um processo em curso e resulta da antinomia entre o interesse individual e os interesses coletivos. Essa pertinente observação de Maurice Duverger, quando estabelece comparação entre o liberalismo e o socialismo, explica bem a nossa crise. A democracia liberal abriu grandes comportas para a corrupção e o socialismo revolucionário se arrebentou sob os destroços do Muro de Berlim. Estamos à procura de um novo paradigma capaz de resgatar a velha utopia expressa por Aristóteles, em sua *Política*, a de que o homem, como animal político, deve participar ativamente da vida da *polis* (cidade) para servir ao bem comum. A *polis*, entre nós, é um caso de negócio particular. Em terras cabralinas, o bicho político tem até participado da vida da cidade, mais para colher dela os frutos de suas frondosas árvores que para regá-las com o suor. Ante essa visão de descalabro, não há como deixar de relembrar o velho conceito de que a política é a arte de produzir monstros. (Agosto de 2005)

O DANDISMO NA POLÍTICA

O dandismo, maneira afetada de uma pessoa se comportar ou se vestir, "é o prazer de espantar". Essa definição, do poeta francês Baudelaire, um dos precursores do simbolismo, explica a extravagante performance que o senador Eduardo Suplicy[103] exercitou, certo dia, nos corredores do Senado, após vestir uma sunga vermelha sobre as calças e assumir o papel de Super-Homem no teatrinho produzido por um programa cômico de TV. O dândi é incapaz de resistir quando o desafiam, principalmente quando divisa a possibilidade de se tornar estrela no palco midiático e atrair a atenção das massas. Se o protagonista pertence ao mundo competitivo da política, a atração pelos holofotes é fatal.

Nesse caso, os limites da liturgia do cargo costumam ser rompidos. E os atores, motivados a participar de encenação que tem mais que ver com estripulia circense e comédia farsesca. A vontade de aparecer na mídia é tão obsessiva que a cognição sobre os limites entre atos convenientes e inconvenientes, normais e ridículos, se torna esmaecida na

---

[103] Do PT / SP.

mente dos personagens. Brandir a espada do He-Man, lutar jiu-jítsu, imitar o berro de Tarzan ao lado da macaca Chita ou assumir o papel de cantantes românticos, mesmo que tais desempenhos tenham ocorrido nos antigamente respeitados espaços das Casas Legislativas, são, para eles, simples esquetes que não ferem o decoro parlamentar. Afinal, onde se cruza a linha do bom senso com a ridicularia política?

Essa fronteira, vale lembrar, sempre apresentou bifurcação. A estreita relação entre a arte dramática e o artifício da política data dos tempos antigos.

Em 64 A.C., Cícero, o mais eloquente advogado do ciclo de César, guiou-se por um manual de representação, produzido por seu irmão Quintus Tullius, para vencer a campanha ao Consulado de Roma contra Catilina. O roteiro sugeria modos de se apresentar e falar. Coisas assim: "Seja pródigo em promessas, os homens preferem uma falsa promessa a uma recusa seca." Entre nós, a arte da representação também tem sido bastante cultivada. Jânio Quadros dava ênfase à semântica por meio de estética escatológica: olhos esbugalhados, cabelos compridos, barba por fazer, jeito desleixado, caspa sobre os ombros, sanduíches de mortadela e bananas nos bolsos, que comia nos palanques, depois de anunciar para a massa, com ar cansado: "Político brasileiro não se dá ao respeito. Eu, não, desde as 6 horas da manhã estou caminhando pela Vila Maria e não comi nada. Então, com licença." E devorava a fruta, sob os aplausos da multidão. Não tinha nenhuma fome. O ator histriônico havia se refestelado com uma feijoada, tomado um pileque, dormido na casa de um cabo eleitoral e acordado quase na hora do comício.

Portanto, não deve causar surpresa o fato de que nossos políticos continuam exímios na arte de representar. O que causa reação negativa é a esquisitice de parlamentares cuja aparência estrambótica chega a agredir o cargo que ocupam. Em 1949, o deputado Barreto Pinto (PTB) – eleito pelo Rio, na época Distrito Federal –, fotografado de fraque e cueca samba-canção, foi cassado por falta de decoro. Idos tempos. Causa estranheza, hoje, a apropriação exagerada do instrumental das artes cênicas pelo ator político. Tal invasão os leva a substituir literalmente os teatros pelos corredores da Câmara e do Senado, a confirmar a previsão do especialista Roger Ailes, contratado por Nixon em 1968 para produzir seus debates na TV: "Os políticos terão de ser, um dia, animais de circo." A tendência a disseminar a palhaçada pela seara política é mais que previsível diante de fenômenos que carimbam a vida parlamentar: escândalos envolvendo deputados e senadores, gestos e atitudes aéticos, velhas e novas formas de patrimonialismo, descrença geral na classe política. Ademais, o princípio que inspira a índole de grande fatia da representação é aparecer a qualquer custo. No Estado espetáculo, a visibilidade é chave mestra da competição.

Há um lado da moeda que parece escapar ao crivo da classe que se esforça para demonstrar as lições de Stanislavski (1863-1938), Brecht (1898-1956) e Lee Strasberg (1901-1982), os três grandes mestres da arte dramática. Funciona assim. A opinião pública desenvolve uma concepção a respeito dos políticos. A imagem que retém deles, fruto do conhecimento, se esgarça ao longo do tempo, principalmente quando perfis são flagrados de maneira capenga. Alguns ingressam no catálogo do folclore; outros, na agenda da baixaria. A cada novo tropeço, mesmo sob o abrigo do humorismo das TVs, a imagem vai ganhando borrões. O preço será cobrado adiante, no momento do sufrágio, quando o eleitor junta emoção e razão: "Fulano extrapolou, sicrano abusou da minha paciência." E assim, folclóricos, palhaços e engraçadinhos serão despejados fatalmente no "vale dos caídos".

Bom conselho aos apaixonados pelas luzes da TV pode ser o do general De Gaulle, que sempre procurou preservar a liturgia do poder: "Os maiores medem cuidadosamente suas intervenções. E fazem delas uma arte." Menos plumas, lantejoulas, penachos, sungas, espadas, vestes de Tarzan, penduricalhos e estilos bombásticos. Mais substância, foco, ações concretas, atitudes firmes e corajosas. Menos circo e mais Parlamento. (Outubro de 2009)

IDENTIDADE E IMAGEM

A IMAGEM DO BRASIL

O grau civilizacional de uma Nação pode ser aferido pela maior ou menor identificação com o sistema do qual faz parte. Assim, para enxergar o perfil do Brasil, basta colocá-lo diante do espelho da civilização ocidental que o reflete. Tomemos emprestadas as duas imagens do Ocidente que o professor Samuel P. Huntington utiliza em seus ensaios. Na primeira, as nações ocidentais dominam o sistema financeiro internacional, manobram moedas fortes, fornecem a maioria dos bens acabados, controlam o ensino de ponta, realizam as grandes pesquisas científicas, dominam o acesso ao espaço, as comunicações internacionais, a indústria aeroespacial e as rotas marítimas, enfim, compõem a maior clientela do mundo. Na segunda imagem, distingue-se um conjunto de Nações em crise, com parcela de seu poder político, econômico e militar em declínio. Nesse cenário, apontam-se lento crescimento econômico, alto desemprego, enorme déficit público, baixas taxas de poupança, criminalidade e imensa desigualdade social. Com qual dessas imagens a Nação brasileira mais se parece?

Para ajudar o leitor a tirar conclusões, vale lembrar que o País, depois de décadas de inflação alta, conseguiu forjar uma moeda estável[104]; apresenta bom superávit médio na balança comercial; exibe, em alguns setores, tecnologia de ponta; é competitivo em nichos como o agronegócio; baixou o risco-País e até liquidou a dívida com o FMI[105]. Em outra escala, entre 177 Nações, exibe o quarto pior coeficiente (Gini[106]) que mede a distribuição de renda entre indivíduos, com 47% da renda nacional nas mãos dos 10% mais ricos; enterra, anualmente,

---

[104] O Real, de 1994.
[105] Fundo Monetário Internacional.
[106] Divulgado pelo Programa das Nações Unidas para o Desenvolvimento.

50 mil vítimas da violência por armas; tem uma taxa de investimento de cerca de 20% do PIB (na China, esta taxa chega a 45%); e é líder mundial no ranking das taxas de juros e da carga tributária, essa atingindo 37% do PIB.

Esses dois conjuntos de dados, pinçados aleatoriamente, não são suficientes para dar ao Brasil imagem positiva ou negativa. Digamos que as duas bandas da imagem do Ocidente também abrigam o território brasileiro. O que chama a atenção, porém, é o contraste entre os aspectos positivos e negativos do País, usados ora para situá-lo na esfera do Terceiro Mundo ora para inseri-lo no universo restrito das Nações emergentes, particularmente junto ao conjunto chamado de BRIC – Brasil, Rússia, Índia e China. A dimensão continental do território; os vastos recursos naturais, a partir da maior reserva de água doce do mundo e de extraordinárias reservas minerais; os potenciais em setores específicos, que passam a incluir até o petróleo, do qual não somos mais dependentes internacionalmente; as belezas naturais, que projetam um promissor cenário turístico, particularmente quando se leva em conta os conflitos étnicos e de cunho religioso, o terrorismo e as disputas por espaço; uma infraestrutura técnica preparada para a alavancagem dos setores produtivos; quadros profissionais gabaritados e escolas de alto nível, enfim, um espaço tropical que, até o presente, não tem sido devastado por grandes catástrofes naturais – terremotos, maremotos – são alguns dos eixos que sustentam a confiança no futuro brasileiro.

Se a base territorial é sólida, por que o edifício balança com os ventos que sopram ocasionalmente nos ciclos de crise? Porque a estrutura institucional é frágil. Esse é o dilema brasileiro. Somos uma expressão geográfica de peso, mas estamos ainda longe de constituirmos uma Pátria, assim entendida como sincronismo de espíritos e de corações, solidariedade sentimental de raças, comunhão de esperanças, sonhos comuns, decisão coletiva para marchar juntos. Parâmetros comparativos nos fazem lembrar filmes do velho Oeste americano, povoado de xerifes e índios, bandidos e mocinhos, muitas maldades e poucas bondades, muito tiro e confusão. As disputas por espaço se multiplicam, seja por espaço físico (terra), poder político, mando na administração pública. O ambiente ainda é muito selvagem. Os donos do poder usam as instituições para reforçar o seu sistema de forças. As leis ficam sob o abrigo das circunstâncias. Os casuísmos multiplicados e em sequência solapam as instituições. A mediocridade se instala em todos os poros do Estado. Os governos criam uma sociedade de corte e de castas. O que sobra? José Ingenieros, o grande escritor argentino, responde: enquanto um País não é Pátria seus habitantes não constituem uma Nação. Ou ainda: quando os interesses venais se sobrepõem ao ideal dos espíritos cultos, que constituem a alma de uma Nação, o sentimento nacional degenera e a Pátria, explorada como indústria, regressa à condição de País.

Por essa via, podemos aduzir que a imagem do território brasileiro é excelente, mas a imagem da Pátria exibe vazios que não permitem posicioná-la numa escala de grandeza. Os desafios para que o País possa alcançar efetivamente imagem de respeito na moldura ocidental abrigam, portanto, a consolidação das instituições sociais e políticas, o que, por sua vez, requer o resgate de valores fundamentais da cidadania, como a educação, a igualdade entre classes, o acesso e a justiça para todos, a harmonia e a paz social, enfim, a comunhão de esperanças. É coisa para duas ou mais gerações. Até lá, o País caminhará em curvas, subindo e descendo, ora exibindo suas fabulosas riquezas, ora desfilando suas misérias. Poderia encurtar o trajeto, se seus homens públicos tivessem vontade política para refundar a República sob o signo da dignidade. (Março de 2006)

A IMAGEM DOS POLÍTICOS

"O estadista deve trazer o coração na cabeça." A frase de John Kennedy, o mais querido presidente dos EUA, possivelmente explique por que sua vida íntima ainda hoje é um mistério, apesar de cercada por intrincada teia de boatos, que abrigaria um relacionamento com a mais famosa ícone da sensualidade feminina no cinema, Marilyn Monroe. Guiar-se pela razão tem sido desafio dos mais instigantes para todos os que militam na vida pública, sendo raros os que conseguem atravessar os longos corredores do poder sem cair nas armadilhas da vida privada. Estas marcam de maneira indelével o seu perfil. Basta lembrar o affaire envolvendo o presidente Bill Clinton e a estagiária Monica Lewinsky, no gabinete anexo ao famoso Salão Oval da Casa Branca, símbolo máximo do poder norte-americano. Ou a conversa picante, gravada em dezembro de 1989, entre o príncipe Charles da Inglaterra, então casado com a princesa Diana, e sua amante (hoje sua mulher), Camila Parker Bowles. A deterioração da imagem de atores políticos por eventos escandalosos tem sido comum no ciclo de fosforescência midiática em que vivemos.

A questão é: a vida privada do homem público deve ser objeto de interesse social? Resposta inapelável: sim. O homem público tem o dever de compatibilizar a vida privada e a pública, na medida em que ambas são forjadas por valores e princípios que expressam seu caráter. A Constituição expressa serem invioláveis a intimidade, a vida privada, a honra e a imagem das pessoas. É inquestionável tal pletora de direitos. Mas estes devem ser exercidos para garantir a cidadania. Uma coisa é o ato particular, que ocorre no sagrado espaço do lar ou no ambiente pessoal de trabalho, outra é o evento privado que se desenvolve em território público. E mesmo em locais privados a conduta do homem público há de ser condizente com os valores republicanos e com preceitos éticos e morais da sociedade. Quando altas autoridades de uma nação são flagradas em situações torpes, despencam no ranking da credibilidade social. Passam a ser motivo de vergonha e chacota.

É bastante tênue, como se pode perceber, a linha divisória que separa o comportamento íntimo do ator político de sua vida pública. Na história dos governantes, alguns souberam tirar proveito (e fazer marketing) de situações privadas, principalmente por meio de gestos, atitudes e manifestações voltadas para conquistar a simpatia popular. Líderes que procuram "humanizar" a imagem são, em geral, aplaudidos e admirados, eis que despertam nas massas sentimentos de familiaridade, simplicidade e proximidade. Na França, o presidente Giscard d'Estaing costumava sair pelas ruas, participar de partidas de futebol, exibir-se em festivais de acordeão, visitar prisões, convidar varredores de rua para tomar café da manhã no Palácio Eliseu. Outros exageram nos gestos, resvalando, por conseguinte, pelo perigoso terreno da galhofa. Pierre Trudeau, então primeiro-ministro do Canadá, em recepção cerimoniosa, chegou a escorregar pelo corrimão de uma escada. Outra feita, ocupou lugar na Câmara dos Comuns envergando camisa polo, paletó esporte e sandálias. Dessacralizar o poder, descer do Olimpo para a terra dos mortais, circular no meio do povo completam a bagagem de artifícios de governantes para atrair a simpatia da população. Tal sinalização contém alta taxa de demagogia.

Há, portanto, atos privados que são apreciados pela sociedade. E esta tolera certa liberdade de costumes e até uma dose de insolência. Mas o carisma do governante ajuda a aplainar arestas. Getúlio Vargas e Juscelino Kubitschek, vale recordar, foram presidentes namoradores, o que não lhes corroeu a fama. Thomas Jefferson, um dos homens mais admirados dos EUA, protagonizou um "escândalo" amoroso, o caso com uma de suas escravas, Sally Hemings, que fora a Paris cuidar da filha mais velha do presidente, na época com 9 anos de idade. Já o político inglês John Profumo, que tinha o cargo equivalente ao de ministro da Guerra, um dos heróis do Dia D (desembarque aliado na Normandia durante a 2.ª Guerra Mundial), foi protagonista de um grande escândalo: o envolvimento com a modelo Christine Keeler, no começo dos anos 60.

A rejeição a comportamentos de governantes tem que ver com o espírito do tempo. Em nosso País, a permissividade, particularmente no que concerne à apropriação do patrimônio da *res publica*, era enorme nos meados do século passado. Hoje o escopo da cidadania percorre sentimentos de classes e setores. Respeito às leis, igualdade, consciência de direitos começam a ser parâmetros para avaliar o desempenho na vida pública. A comunidade passa a enxergar a política com mais rigor. Desvios de padrão são denunciados pelo caleidoscópio social. Quem se arrisca nos descaminhos afunda, inexoravelmente, no poço do descrédito.

Se quiserem galgar os degraus mais altos do poder, vale apreender a lição de Kennedy: guardem o coração na cabeça. (Abril de 2011)

MONOCROMIA PARTIDÁRIA

Nos ciclos eleitorais, o verbo costuma jorrar solto. Lembrar erros de adversários, principalmente na esfera da ética e da moral, costuma fazer parte de perorações de candidatos. O reino da fantasia acaba se instalando na arena. E, não raro, expressões fortes, denúncias associando atores e histórias escabrosas e até termos chulos, pensados para obter eco, passam a frequentar as falas de palanques. Donde emerge a questão: há diferença em seus pontos de vista sobre a maneira de governar o País?

À primeira vista, imagina-se uma distância oceânica entre PT e PSDB. Ledo engano. São mais próximos do que aparentam. A acusação de que o governo "neoliberal" de FHC mantinha um Estado "omisso" funcionou como um chamamento à base partidária que carece de motivação para enfrentar nova batalha. O PT não faz (nem fará) a "revolução socialista", tão apregoada nas cartilhas doutrinárias, não somente porque a promessa encalhou no calendário da história, mas por participar da vida de um País cuja índole abomina modelos importados, principalmente os de viés autoritário.

Na década de 80, Darcy Ribeiro, senador e antropólogo, chegou até a pintar o conceito com a tinta verde-amarela, oferecendo a Leonel Brizola um "socialismo moreno" como doutrina do PDT. O achado linguístico foi esquecido. Já a insinuação do ex-presidente Fernando Henrique Cardoso sobre o "autoritarismo burocrático com poder econômico-financeiro" ou, noutros termos, "o DNA do autoritarismo popular, que vai minando o espírito da democracia constitucional", carga jogada sobre o governo Lula, abriga também retórica eleitoreira. O ex-presidente, na verdade, denuncia o excessivo domínio petista sobre os fundos de pensão, enxergando nas castas partidárias que manobram grandes recursos ameaça à saúde do Estado.

As gramáticas escritas por tucanos e petistas, porém, quando expurgados exageros, descrevem abordagens semelhantes na forma de conceber o papel do Estado e a administração do governo. As duas siglas, como se poderá constatar, conservam parentesco. Mais ainda: a estrada em que correm seus trens tem o nome de socialdemocracia. Em 1989 o tucanato delineou seu primeiro traçado com o documento "Os desafios do Brasil" e o PSDB, em que pôs, lado a lado, densa pauta definindo o papel do Estado na condução de programas econômicos e sociais. O PT, fundado em 1980, repudiou, no primeiro momento, a socialdemocracia, considerando-a inepta para vencer o "capitalismo imperialista". Passou bom tempo, mesmo após a queda do Muro de Berlim, cultivando a velha utopia, até aceitar, não sem resistências internas, a realidade imposta por novos paradigmas. O mundo deu uma guinada ideológica, integrando escopos do reformismo democrático, do realismo econômico e dos avanços do capitalismo. Sob esse pano de fundo, o PT produziu, em junho de 2002, a "Carta ao Povo Brasileiro", peça-chave para a vitória de Lula, pavimentando, assim, sua entrada no território da socialdemocracia.

O documento foi decisivo no processo de descarte de dogmas que não resistiram aos ventos da modernidade. Vejamos. A revolução marxista permanece viva apenas no campo da literatura. O socialismo utópico evapora-se nos ares da abstração. As ideologias cedem lugar aos ismos da modernidade: pragmatismo, capitalismo (mesmo sob um Estado controlador) e liberalismo social. Os modelos alternativos, de economias assentadas na solidariedade, cedem lugar a programas reformistas, voltados para atender a demandas pontuais e urgentes. As autonomias nacionais passam a se impregnar de ares globalizados. O crescimento desordenado e a qualquer preço é balizado por metas de inflação. Os programas de privatização (combatidos pelo PT no ciclo FHC) integram a pauta dos contextos econômicos. O nacionalismo, bandeira recorrente na América Latina, abre espaço para ingresso de capitais internacionais. Gastos a fundo perdido são, agora, regrados por normas de responsabilidade fiscal. Ações radicais, como programas reformistas no campo, nos termos que exige o MST[107], são substituídas por ações racionais com foco na agricultura familiar. O respeito aos contratos, princípio fundamental para a credibilidade de um País, ganha força, retirando da parede a corroída moldura da moratória. (Em fevereiro de 1987, no governo Sarney, o Brasil anunciava a suspensão do pagamento de sua dívida interna. Tempos insanos.)

O que significam tais reconfigurações de padrões? Nada mais que a implantação de um modelo de gestão responsável e eficaz, comprometido com crescimento, preservação da estabilidade macroeconômica, atendimento às demandas sociais, enfim, administração equilibrada das relações entre Estado, mercado (capital) e sociedade. Esse é o eixo que a socialdemocracia vem tentando aprofundar em seu berço, o continente europeu, e que por essas bandas é visto com simpatia tanto pelo PSDB quanto pelo PT. Portanto, a distância oceânica que ambos procuram demonstrar é a mesma entre o olho esquerdo e o olho direito. Um olho pode até querer enxergar o norte e o outro, o sul. Ambos, porém, habitam a mesma cara. Estão próximos. Vez ou outra os olhares se cruzam. (Abril de 2010)

POPULARISMO FUNCIONAL

O analfabetismo funcional é uma das mais terríveis chagas brasileiras. Traduz-se no fato de 75% dos brasileiros serem analfabetos (8%) ou não conseguirem dominar plenamente a escrita e a leitura (67%). Do que poucos se dão conta é que outro fenômeno, ao qual também se pode adicionar o adjetivo funcional, é também, respon-

---

[107] Movimento dos Trabalhadores Rurais Sem-Terra.

sável pelo vergonhoso índice de 25% de brasileiros com mais de 15 anos e até 62 em condições de dominar a leitura e a escrita, segundo pesquisa do "Indicador Nacional de Analfabetismo Funcional" e da ONG Ação Educativa[108]. Trata-se do popularismo. Diferentemente do populismo histórico, inspirado em causas que agitavam multidões e desfraldadas por auras carismáticas, como Juan Perón, na Argentina, e Getúlio Vargas, entre nós, o popularismo funcional não abriga luta de classes, na perspectiva de embate ideológico entre burgueses e proletários, nem mesmo necessita de líderes carismáticos.

Os popularistas continuam a eleger o povo como referência principal do discurso, mas pregam a conciliação de classes. Saindo daí, emergem as contradições. Na fala, assumem o discurso libertário de Gandhi; nas aparências, a pompa de Luís XIV, o Rei Sol. Só que a fala de Gandhi desaparece no calor da luta eleitoral. Nesse momento, aparece a expressão pérfida de Maquiavel para a preservação do território do Príncipe, na sombra da lição "deves parecer clemente, fiel, humano, íntegro, religioso e sê-lo, mas com a condição de estares com o ânimo disposto a tornar-te o contrário". Os protagonistas usam e abusam do dinheiro do povo. A funcionalidade desta corrente se apresenta ainda no compromisso de enaltecer pessoas e não ideias. Fechando o processo, usam artimanhas do marketing para ganhar sobrevida.

Sob o popularismo, inventa-se a melhor ideia para atrair a simpatia das massas. Depois, convocam-se técnicos para procurar dar a ela viabilidade. Distribuir fardas escolares, dar transporte gratuito para crianças, criar bilhetes únicos para uso múltiplo de ônibus, embelezar cantos não deixam de ser atos de valor. São, porém, mais firulas eleitoreiras que políticas estruturantes. A forma, no caso, ganha o lugar do fundo. O povo, tão presente na boca dos popularistas, deixa de ser sujeito para ser mero coadjuvante da política transformada em departamento de marketing. A parolagem enfeitada de expressões bem

---

[108] Estudo realizado por iniciativa do Instituto Paulo Montenegro de Ação Social do IBOPE, em parceria com a Ação Educativa.

acabadas e invenções linguísticas engenhosas, poeira nos olhos para desviar a atenção das verdadeiras demandas, dá o tom maior do discurso nacional.

As administrações popularistas expandem-se pelo desempenho de atores que enxergam a política como negócio, e não como missão. O compromisso fundamental é com a eleição e a lógica que movimenta o negócio é a conquista do poder para usufruto próprio. Assim, o País caminha para trás, somando seus PIBs negativos: o do popularismo funcional, o da irresponsabilidade administrativa, o do desperdício e o da corrupção. (Outubro de 2004)

VERBORRAGIA DESAFINADA

Os estilos da galinha e da pata servem para comparar os partidos e os políticos. A primeira põe um ovo pequenino, mas cacareja e todo mundo vê, enquanto a segunda põe um ovo maior e ninguém nota. O ovo da pata, segundo os nutricionistas, é mais completo que o da galinha, mas é este que gera atenção, intenção, desejo e ação – a fórmula AIDA – para estimular seu consumo. E o êxito se deve porque a fêmea do galo sabe alardear seu produto, cumprindo rigorosamente o preceito maquiavélico: "o vulgo só julga aquilo que vê."

Para compreender como o cacarejo adquiriu importância central na política, é oportuno lembrar as tintas que desenham nossa identidade. Os estudiosos do *ethos* nacional costumam apontar, entre os valores que o plasmam, a falta de precisão, a adjetivação excessiva, o individualismo, a propensão ao exagero. Somos um povo de linguagem destemperada e de pensar fluido, indeterminado, misterioso. Por isso o Brasil passeia na gangorra, ora sendo o "melhor dos melhores", ora figurando no pior dos mundos. Ainda como pano de fundo para a verborragia, o País manteve, apesar da dimensão continental, a unidade linguística, o que facilita a capilarização de ideias e robustece a matriz do pensamento. Sob essa configuração, tem sido fácil aos nossos governantes por um aditivo no verbo e exagerar o tamanho de seus esforços. Por isso, em relação aos feitos administrativos, a verdade acaba bem antes do final dos relatos.

Antes mesmo de divisarmos as primeiras pontes que nos conduziram ao Estado-Midiático da era moderna, nossos mandatários, com muito cacarejo, acrescentavam palmos de altura ao seu tamanho, elevando as benesses dos governos e a grandeza das nações. Basta olhar para os contornos do Estado Novo, emoldurados pelas cores do Departamento de Imprensa e Propaganda (DIP) getulista. Mergulhamos nas águas do Brasil potência, sob a onisciente comunicação do ciclo militar. Resgatamos os albores democráticos, a partir de 1986, com o governo Sarney, ouvindo mais uma vez cacarejos que vendiam as glórias de planos econômicos. Falácias acabaram frustrando o povo. Perplexos, assistimos ao marketing exacerbado do furacão Collor e ao palanque permanente nas ruas estrategicamente armado pelo presidente Lula em seus mandatos. Cada qual com seu modelo de entoar "causos", soltar recursos e amarrar apoios, os governos do ciclo da redemocratização descobriram o marketing como arsenal de batalha.

Temístocles, o altivo ateniense, não era de cacarejar. Convidado para tocar citara numa festa, o general declinou: "Não sei música, o que sei é fazer de uma pequena vila uma grande cidade." Regra geral, nossos governantes das três esferas federativas, afinando o tom com o maior dos tocadores, não hesitam em aceitar convites para manejar cítara, clarineta ou trombone. Abandonam o foco. Grande parte prefere trombetear no marketing que fazer de suas cidades e Estados territórios desenvolvidos e civilizados. Muitos se inebriam nas fontes do poder. Esquecem-se do ensinamento de Gogol: "Não é por culpa do espelho que as pessoas têm uma cara errada." É a ruína que o modelo pirotécnico de administrar oferece ao Brasil.

Não se questiona a necessidade do governante de comunicar ao povo ações e diretrizes de governo. É dever dos mandatários prestar contas de seus atos, o que exige boa comunicação. Não deve haver oposição à decisão de quem usa o canal legítimo, com mensagem apropriada, no momento propício e para atingir a públicos adequados. O que é mensagem apropriada? Na seara dos partidos, é a expressão de propostas. O que é desapropriado? O uso do palanque todo tempo, com venda de ilusões e apelos implícitos (ou explícitos) em direção aos votos. (Março de 2009)

BAGATELAS E COISAS SÉRIAS, DEMÓCRITOS E HERÁCLITOS

O tom do mundo, escreveu Montesquieu em *Meus Pensamentos*, consiste muito em falar de bagatelas como se fossem coisas sérias, e de coisas sérias como se fossem bagatelas. Talvez por isso mesmo, os nossos governantes e estrelas do mundo político gostem tanto de fazer essa inversão, adoçando o cotidiano com pitadas de riso, uma espécie de néctar para suportar esses tempos de denúncias sobre favorecimentos ilícitos, nepotismo, contas secretas e malhas subterrâneas de espionagem.

São inúmeros os políticos que preferem fazer graça com as coisas da política. E há outros que dão tratos à bola para evitar os aborrecimentos da vida política. Muitos optam pelo princípio do prazer, aparecendo nas colunas risonhas e estéticas dos jornais, colando suas imagens nos olimpianos e olimpianas da cultura de massas. Trata-se de uma decisão que, sociologicamente falando, está mais para Demócrito do que para Heráclito. Como se recorda, os dois filósofos tinham concepções diferentes sobre a condição humana. O primeiro ridicularizava a vida e o homem e só aparecia em público com um ar arrogante e zombeteiro; o segundo, ao contrário, tinha compaixão pelo ser humano, e demonstrava solidariedade com um ar sempre entristecido e os olhos marejados de lágrimas.

O Brasil está cheio de Demócritos, mas a carência maior é de Heráclitos. Não que os políticos devam abrir seu reservatório de lágrimas. Trata-se, isso sim, de sintonizar o discurso com o tom do momento. E a realidade brasileira tem apontado para um cipoal cheio de encruzilhadas, com imperfeições que assustam, como o imbróglio que cerca o presidente do Senado e paralisa a agenda da Casa. O País tem alcançado a meta da estabilidade econômica, mas a política sobe para o andar da instabilidade. Há uma grande interrogação no ar.

Quem ouviu, nos últimos tempos, um grito de "Viva o Congresso"? Quem acha que os impostos e tributos diminuíram? Há alguém que considere adequada a legislação trabalhista da era getulista? Quem acredita que a violência está diminuindo? Alguém acha que professores e alunos estão satisfeitos com as condições de ensino? Qual felizardo consegue encontrar uma bandeira brasileira para adquirir antes da bandeira de qualquer grande time de futebol? Quem acha que o PIBF – Produto Nacional Bruto da Felicidade – está crescendo?

As respostas atestam o grau de nosso patriotismo. E nelas situa-se a distância entre o território, o País e a nação. O território é o espaço físico que nos abriga. Orgulha-nos o espaço brasileiro pela grandeza continental, pelas belezas e riquezas naturais. O território não tem alma, é um diamante bruto que, lapidado por leis, códigos, processos, habitado por pessoas, governado por representantes do poder popular, adquire o status de País. Já a nação, que tem alma, é o espaço do civismo, da solidariedade, da justiça, do desenvolvimento, da liberdade, da ordem, da democracia, da autoridade, da soberania e da cidadania. As reformas política e tributária estão em compasso de espera. Estamos cada vez mais segregados por ilhas de desigualdades. Milhões de brasileiros, em seus espaços, assemelham-se a incrustações de conchas em rochedos brutos, assolados por tempestades e furacões. Não se pode esperar deles espírito cívico. A Pátria, um sonho dentro de cada consciência, vai se esgarçando numa nuvem opaca e fugidia.

Quando Aléxis de Tocqueville, em 1835, descreveu as bases da nação americana, apontava a doutrina do interesse comum bem compreendido como a fonte capaz de formar uma multidão de cidadãos corretos e senhores de si mesmos. Entre nós, o interesse comum é uma abstração. Poucos aceitam sacrificar sua parte para salvar os outros. O País ainda registra costumes bárbaros. Vivemos em climas de emboscada, longe de uma paisagem em que os homens, simples em seus costumes e firmes nas crenças, cultivam a solidariedade, as lembranças do passado, o amor filial, o respeito aos mais velhos, hábitos agradáveis, essas coisas descomplicadas que proporcionam aos cidadãos certa doçura de viver.

Muitos políticos não se afligem com os problemas do País. Por isso, não têm achado o lugar da nação. Talvez por isso prefira o riso ao choro, a ironia à humildade, a posição de atores no palco de Narciso. (Junho de 2009)

COSMÉTICA ELEITORAL

HORA DE DESCER DO OLIMPO

O exercício do poder é, ao mesmo tempo, um gozo e um sofrimento. O gozo é o desfrute do poder, traduzido pela força do cargo, pela certeza de que um ato de vontade do governante pode determinar o destino das coisas, abrir ou fechar o horizonte dos cidadãos. O poder oferece uma recompensa psicológica ao governante, que se sente como um deus no Olimpo. O sofrimento aparece quando o homem público passa a reconhecer que a tinta da caneta não é suficiente para aliviar as carências das comunidades. Nesse caso, o governante se martiriza. Sua concepção do poder é a do missionário que tem uma obra a cumprir. Os deleites, as benesses, a liturgia do cargo ou a bajulação dos áulicos não conseguem diminuir sua estatura ética. Não o atrai o sentido utilitarista do poder. Infelizmente, entre nós, Gandhi perde para Luís XIV (o Rei Sol), ou seja, os "gozadores" suplantam os "sofredores", deixando à mostra um dos mais espantosos fenômenos da nossa realidade: a carnavalização da miséria.

Esse processo ocorre porque a maior parte dos nossos governantes continua a enxergar no exercício da política uma oportunidade singular para recompensas e negócios. O discurso não passa de sofisma. A verborragia amplia o cordão de mentirosos e de falsos profetas. Como diz o ditado, "*homo loquax, homo mendax*" (homem loquaz, homem mentiroso).

As circunstâncias continuam a determinar as leis, promovendo a descontinuidade, a improvisação e a ausência de políticas públicas de longo prazo. E mesmo as leis não são cumpridas. Basta ver a propaganda eleitoral. A politização da Justiça é um fato. A estratégia dos mandatários é manter as aparências, armar cenários artificiais, denunciar a falta de assepsia política e conviver comodamente com ela. O que importa é esconder a sujeira por debaixo do tapete, arranjando-se alimentos para corpos sociais desestruturados. Em certos momentos, a impressão é a de que o País, em estado de barbárie, está começando. Em outros, que é um Estado-Elefante, com uma gigantesca e disforme cabeça, e um corpo frágil e desconjuntado. Cabeça que não alimenta o corpo.

Tudo que se faz é trombeteado aos quatro cantos, como se fosse a descoberta da cura do câncer ou da vacina da imortalidade. As campanhas governamentais procuram mais ajudar a imagem dos patrocinadores. Falta sinceridade. Há uma crise de credibilidade corroendo o perfil de políticos e instituições. Ninguém parece se importar com o fato. Até porque o nivelamento por baixo é geral e também porque se põe muita fé nos eventos festivos sequenciais – característica nacional – e em sua capacidade de passar um mata-borrão na história. A violência não mais comove os governantes, porque perde o impacto de tão comum que se torna.

A capacidade de indignação está morrendo. É assim que vemos o processo de carnavalização da miséria nacional. Os nossos governantes se tornam prisioneiros de uma "visão orgástica" de poder e reféns de uma estratégia de manutenção do status quo. No entanto, parecem não estar nem aí. A eles, faltam a sinceridade, que é o desejo de reparar os defeitos; a simplicidade, que é a virtude dos sábios e a sabedoria dos santos; uma adequada compreensão da missão pública e a vontade pessoal de mudar.

É hora de descer do Olimpo, abandonar a festa, sair dos palácios, correr as estradas, misturar-se às massas e sentir o espírito das ruas. (Outubro de 2008)

ONDE ESTÃO AS GRANDES IDEIAS?

Quem se lembra de uma ideia impactante apresentada por um candidato à Presidência da República? Ou quem se recorda, nos debates, de uma proposta inovadora, crível e viável, capaz de chamar a atenção e gerar interesse pela originalidade, expressa por um dos quatro participantes? As campanhas, sob o prisma do discurso e da mobilização social, não conseguem empolgar plateias, seja por ausência de novidade, seja pela sensação de que os escopos mais parecem uma teia de retalhos e fragmentos, dispostos um ao lado do outro sobre o pano de fundo de nossa realidade. É inconcebível que áreas vitais como saúde, segurança, educação ou as polêmicas temáticas sobre as reformas (política, previdenciária, tributária e trabalhista) não mereçam visão diferenciada de blá-blá-blás e bordões escondidos na frouxa promessa "vamos continuar isso e aquilo, fazer mais e melhor".

Nos últimos tempos as campanhas ganharam novos adereços, trazidos pela engrenagem da tecnologia da informação e sob o empuxo do Estado-espetáculo, onde os atores procuram esmerar-se na cosmética. Patinam, porém, nos campos da semântica e da mobilização das massas, haja vista a declamação de uma linguagem tatibitate, que mais se aproxima da superficialidade que da argumentação consistente. É provável que a mensagem ligeira e represada expresse a cultura dos formatos burocráticos dos debates televisivos, quando os candidatos são comprimidos entre tempos rígidos para respostas. Mas campanha eleitoral deve ser o espaço por excelência para escancarar a locução. Os proponentes precisam se preparar para desfilar soluções originais e criativas sob orientação de equipes especializadas. Não é o que se vê. Os programas eleitorais produzem a liturgia de glorificação dos candidatos, expostos de maneira exuberante. Ornatos, profusão de cores, flagrantes de ruas e pedaços da vida de cada personagem têm mais força que os conteúdos das propostas, arrematando o preceito de McLuhan: "O meio é a mensagem".

Da naturalidade das ruas para o artificialismo dos laboratórios do marketing - eis a mudança nas feições das campanhas. Abertas, emotivas, participativas tornaram-se fechadas, frias, racionais. Voltemos a 1950, quando Getúlio Vargas fez uma das mais brilhantes campanhas da história eleitoral. Intercalava o ideário abrangente com um discurso para cada canto. Em 10 de agosto, em São Paulo, por exemplo, pronunciou um discurso versando sobre o poderio da terra bandeirante, o dever da União para com o Estado, o saneamento financeiro do País, as diretrizes para uma política industrial e as bases do trabalhismo, concluindo com a exaltação do vínculo entre democracia política e democracia econômica. Ali se descrevia o estado da Nação. Regiões e cidades recebiam uma palavra específica, com diagnóstico e solução para os problemas. Ali estava o conceito de descentralização. Na peroração de São Borja, em 30 de setembro, passava a receita do sucesso: "Da vastidão amazônica a estas fronteiras meridionais, das populações de beira-mar às do Brasil central, o povo me acolheu carinhosamente, e mais me falou dele do que eu de mim, transmitindo-me as suas queixas, as amarguras e dificuldades atuais." Ouvir o povo, eis o mote.

Juscelino Kubitschek, na campanha de 1955, fez seis viagens pelo País, percorrendo 168 municípios num DC-3, equipado com escrivaninha e cama, e adotando a mesma estratégia de Vargas, a de combinar temas gerais com específicos. Os roteiros cobriam cidades e capitais próximas, o que permitia a Kubitschek conhecer e estudar as questões regionais. Grupos de mobilização puxavam o povo para as ruas. "Batedores", jovens políticos animados, em peregrinação prévia, faziam reconhecimento do terreno, captando reivindicações, preparando relatórios e arrumando cenários para as concentrações. A campanha de rua arrastava multidões. Os comícios terminavam sempre com perguntas formuladas por ouvintes, em "diálogo com o povo".

Foi assim que o mineiro, ancorado em inseparável sorriso, descobriu a entusiástica reação popular ante a promessa de transferir a capital da República do Rio para o Planalto Central. A novidade deu-lhe um bom diferencial. As temáticas, entremeando situações nacionais e locais, tinham como foco o desenvolvimentismo, a partir das áreas de energia e transportes, com textos elaborados por figuras tarimbadas, como o poeta Augusto Frederico Schmidt, o romancista Autran Dourado e os jornalistas Álvaro Lins, Horácio de Carvalho e Danton Jobim, entre outros.

Mas o sistema eleitoral, é oportuno dizer, favorecia o coronelismo. Cédulas eram produzidas pelos próprios candidatos e distribuídas pelos cabos eleitorais. O eleitor também as encontrava no local de votação. Chapas de adversários dos coronéis eram retiradas das urnas. Os eleitores recebiam envelopes com "o voto certo". (Eis uma historinha da época: "Coronel, em que estou votando?" Resposta áspera: "O voto é sigiloso, cabra, não é de sua conta.") Nesse terreno, o País avançou, e muito. O domínio dos caciques decresce, apesar de ainda forte em algumas regiões. Mas nas áreas do discurso e da mobilização das massas há muito por fazer. A descrença e a desmotivação do eleitorado, a pasteurização ideológica, o declínio dos partidos e o distanciamento entre o arco político e a esfera social estão por trás do artificialismo das campanhas eleitorais. Mesmo assim, poderiam ser mais vivas. Bastaria a cada candidato colher sementes na seara do conhecimento e passar a oferecer propostas viáveis e de alto nível. Está na hora de deixar de lado o ramerrão. Sob pena de continuarmos a ver candidato iconoclasta sair aplaudido nos embates da TV. Quanta falta faz uma grande ideia. (Agosto de 2010)

MARKETING ELEITORAL

O marketing eleitoral no Brasil tem dado ênfase ao que foi feito ou ao que há de ser. Os valores pessoais permanecem em segundo plano. Um erro. A decisão do eleitor é um processo que começa com a confiança no candidato. E confiança é substância produzida por qualidades como simpatia, proximidade, credibilidade, preparo, experiência, simplicidade, sinceridade e capacidade de vencer obstáculos, entre outras. Ao selecionar valores, os eleitores, agindo sob os impulsos natos de sobrevivência da espécie e conservação dos indivíduos, escolhem os perfis mais adequados para lhes garantir alimento, abrigo, segurança, adaptação ao mundo e crescimento. O candidato escolhido oferece mais oportunidades que ameaças.

Com tal compreensão, elementos como arrogância, prepotência, desequilíbrio e aspectos polêmicos da vida pessoal integram o sistema de referências dos eleitores. A imagem pessoal prevalece sobre a feição partidária, mais ainda quando se constata a desfiguração de siglas na cultura fisiológica do País. A ação administrativa gera efeito principalmente junto a núcleos que dela mais se beneficia. Mas o marketing da "fazeção" é, em parte, responsável pela enganação e pelo descrédito dos eleitores, ao banalizar feitos administrativos e tornar iguais os governantes. Sobram na fotografia as particularidades dos atores. E a inexorável inclinação de eleitores pelo "experimentalismo", a busca da novidade.

Fator de complicação é o que, no setor produtivo, se chama "corrosão dos materiais". Em Países industrializados, o fenômeno provoca perdas de 3,5% a 4% do PIB, estimativa que, aplicada ao Brasil, somaria mais de US$ 20 bilhões. Mas no PIB político – somatória de recursos, potenciais, operações, valores e perfis da política brasileira – tal perda fica longe daquele índice, o que é uma pena. Ao contrário do sistema industrial, o declínio do PIB político brasileiro pela "fadiga de material" faz bem à meta de renovação. Há casos em que o "equipamento cansado" passa por recauchutagem, prolongando a vida útil, o que é salutar. Nesse caso, ocorre oxigenação de perfis, por atualização de atitudes, atendimento aos pleitos sociais e adequação de programas.

A assepsia de perfis é condição *sine qua non* para que as imagens se apresentem renovadas, sem uso artificial de botoxes mercadológicos. O maior desafio do ator político é construir e fortalecer sua unidade no espaço e no tempo. Outro desafio é manter a coerência, que no homem honrado acaba reconhecida. Mentiras repetidas só se tornam verdades quando não há indícios e provas para condenar o perfil. Qualquer semelhança com personagens de nossa política não é mera coincidência. (Outubro de 2004)

PARA QUE SERVEM OS PROGRAMAS ELEITORAIS?

O cardeal Mazarino, sucessor de Richelieu e preceptor de Luís XIV, o Rei Sol, começa seu tratado *Breviário dos Políticos*, que versa sobre a arte de operar a política, com um conselho não muito sagrado: "Simula e dissimula". Esta lição de engodo costuma ser submetida ao crivo da população pelas ondas do rádio e telas de TV durante a programação eleitoral gratuita.

A simulação e a dissimulação – e aqui já é o ensinamento do filósofo inglês Francis Bacon – ocorrem de três formas: a *cautelosa*, quando uma pessoa impede que a tomem tal qual é; a *negativa*, quando expressa sinais de que não é o que é; e a *positiva*, quando finge e pretende ser o que não é. No espaço da propaganda eleitoral, os brasileiros verão as três formas. Se o elogio em boca própria é vitupério, como reza o ditado, e se vitupério significa o poder de ofender a dignidade, um ato infame e vergonhoso, pode-se aduzir que a programação eleitoral no rádio e na TV é palco para um espetáculo de infâmias e indignidades. Exemplos são as promessas que jamais serão cumpridas, não havendo, aliás, em nossa legislação dispositivo que possa vir a condenar os rufiões da palavra.

Se assim é, por que se gasta tanto com a iniquidade? Porque a cultura política do País assim o recomenda. E, por trás da recomendação, se embute a perpetuação da engrenagem de manipulação, por onde correm os fios do ilusionismo da política, a força da dominação econômica, as técnicas de persuasão das massas e as formas de cooptação de apoios. O último elo da cadeia de mazelas e distorções é o próprio espaço para propaganda eleitoral, dividido entre partidos a partir da representação legislativa na Câmara dos Deputados. O ilusionismo é a projeção da utopia de que a política é remédio para todos os males e que, em época de eleição, atinge o clímax com o show de promessas mirabolantes, o que nos coloca diante das promessas não cumpridas pela democracia, tão lembradas por Norberto Bobbio, entre as quais se inclui a própria educação para se alcançar a cidadania.

A força econômica faz com que a política dos iguais se torne desigual. Neste momento, age como alavanca para a carnavalização de campanhas, com a suntuosidade e exuberância dos aparatos comunicativos nas ruas e a edição televisiva bem cuidada nos estúdios, onde os formatos de programas ganham plasticidade e efeitos especiais para transformar o meio em mensagem, subordinando o conteúdo à forma. A maquinaria de persuasão sai lubrificada de laboratórios refinados, refletindo uma engenhosidade tecnológica de Primeiro Mundo, para cumprir a missão de arrumar as mentes dos espíritos mais carentes. Custa mais caro que encher de alimento os estômagos famintos de milhões de eleitores.

O sistema de representação legislativa fecha o circuito de distorções. Como não seguimos o princípio universal de que a cada cidadão corresponde um voto (o voto de um eleitor de São Paulo vale 25 vezes menos do o que voto de um eleitor de Roraima), o cordão das mazelas chega até a programação eleitoral. Quer dizer, a estrutura da comunicação eleitoral acaba convalidando e reforçando as distorções de nossa democracia representativa.

Quanto à utilidade, os programas eleitorais pouco contribuem para o aperfeiçoamento das formas de fazer política. O sistema sequencial e individualizado das apresentações não permite aferição comparativa entre perfis, valores e propostas. Cada candidato fala de si, na linha do autoelogio pernicioso. A linha de debates é restrita, ficando a critério das cadeias de televisão, em horários previamente agendados.

No campo da audiência, os baixos índices atestam o desinteresse dos eleitores. Quando muito, o horário eleitoral serve para animar grupos comprometidos com algum candidato ou adicionar pequeno conhecimento a respeito de outro. Nivela-se por baixo o sistema de signos, valores e propostas, porque os candidatos falam para um eleitorado composto por 75% de pessoas nas faixas C, D e E. Os estratos médios e os do topo da pirâmide social pouco se influenciam com discursos eleitorais. O nivelamento por baixo incorpora uma expressão chocha, insossa, de matiz popularesca, principalmente quando os apelos se voltam para carências sociais, como segurança, emprego e saúde. A algaravia abre caminho para um limbo de pensamentos. Ou, ainda, para a o lixão de chavões e bordões.

E o que dizer dos espaços ocupados por vereadores, que recitam seu nome e número de forma tão rápida que até parecem estar praticando a Olimpíada do contrassenso? Uns se escudam na gaiatice de um sobrenome estrambótico, de apelo fácil, outros usam uma gesticulação extravagante. Os apelos, somados, levam mais ao riso que ao siso. A galhofa toma o lugar da seriedade. É a banda lúdica da programação, um teatro de comediantes que fica ainda mais capenga quando eliminamos o som da televisão. Uma hora de televisão e rádio, por dia, durante 45 dias, significa milhões de dólares que poucas multinacionais teriam condições de bancar. Faz parte de nossa democracia jogar dinheiro num sistema de pouca utilidade. Persiste a questão: se os programas de vereadores são um desfile inconsequente de nomes e frases decoradas; se os espaços de candidatos a prefeito não chegam a afetar a decisão de grupamentos médios; e se as classes C, D e E tendem a votar em candidatos que mais se aproximem do estômago e do bolso (assistencialismo, cestas básicas, cooptação financeira, empreguismo na administração, empregos informais como postes de bandeiras e, entregadores de santinhos nas ruas etc.), para que servem os programas eleitorais? Para dar mais brilho ao espetáculo eleitoral.

Essa é sua função primordial. Integram a bateria de energização das campanhas. Reforçam as estratégias de visibilidade, dando vazão ao conceito: quem é dono da flauta dá o tom. Quem tem muitas flautas faz uma orquestra de barulho. E quem mais barulho faz mais se faz ouvir. Para ouvidos que não conseguem distinguir nuances entre tonalidades, qualquer barulho, como a música bate-estaca, faz a diferença. E como faz! É aí que reside o poder da comunicação. Para dourar a pílula, o melodrama se faz necessário: cenas pungentes, depoimentos calorosos, gente sofrida desfilando miséria, dando graças por ter a proteção daquele santo candidato, daquela pessoa, em que enxergam a encarnação de "enviado (a) dos Céus".

Como diria um Cícero indignado, nas *Catilinárias*: "O tempora! O mores!" (Ó tempos! Ó costumes!) (Agosto de 2004)

A GUERRA DA PROPAGANDA

A propaganda política, ensinava Jean-Marie Domenach[109], professor francês de Humanidades considerado um dos papas dessa ciência, "faz o povo sonhar com as grandezas passadas e com as glórias do futuro". Para "vender" essa miragem a propaganda tem usado uma combinação de quatro impulsos – combativo, alimentar, sexual e paternal/maternal – que movem os seres vivos. Cada um desses instintos exerce uma função na estratégia de motivar e engajar a sociedade, mas os dois primeiros ganham ênfase por mexerem com a conservação e a sobrevivência dos indivíduos. O uso da propaganda tem sido intenso não só nos ciclos dos grandes movimentos de massas – Revoluções Francesa e Russa, 1ª e 2ª Guerras Mundiais –, mas no dia a dia da política, transformando-se em eixo central das estratégias de marketing. Nos sistemas autoritários é a correia de transmissão para dizer "a verdade dos governantes", enquanto nos regimes democráticos passa a ser o anzol para pescar o voto dos eleitores e, ainda, o cabo de guerra para animar os exércitos das campanhas.

A Revolução Francesa de 1789 pode ser considerada o marco da propaganda agressiva nos termos em que hoje se apresenta. Ali os jacobinos, insuflados por Robespierre, produziram um manual de

---

[109] 1922-1997.

combate político, recheado de injúrias, calúnias, gracejos e pilhérias que acendiam os instintos mais primitivos das multidões. Na atualidade, é a nação norte-americana que detém a referência maior da propaganda agressiva, mola da campanha negativa. Esse formato, cognominado *mudslinging* nos EUA, apresenta efeitos positivos e negativos. No contexto dos dois grandes partidos que se revezam no poder – Democrata e Republicano –, diferenças entre perfis e programas são mais nítidas e a polarização sustentada por campanhas combativas ajuda a sociedade a salvaguardar os valores que a guiam, como o amor à verdade, a defesa dos direitos individuais e sociais, a liberdade de expressão, entre outros. Mesmo assim, nem sempre a estratégia de bater no adversário é eficaz. Na campanha para o Senado em 2008, a republicana Elizabeth Dole atacou a rival Kay Hagan veiculando anúncio que insinuava ser ela ateia. A democrata reagiu vigorosamente, dizendo ser professora, religiosa e que Dole queria, na verdade, desviar a pauta econômica – eixo da crise financeira. Ganhou a disputa por uma margem de 9 pontos. Já Lyndon Johnson, em 1964, detonou o republicano Barry Goldwater associando-o à ameaça de uma guerra nuclear.

Ante esse pano de fundo, emerge a questão: entre nós, a artilharia da propaganda atinge o eleitorado? É capaz de mudar posições e intenções dos eleitores? O eleitor não consegue descobrir dentro da policromia partidária as cores mais claras e as mais cinzentas. O calor do embate, principalmente nos instantes finais de um pleito, acaba também impedindo correta avaliação de excessos e abusos de ambos os lados. Convém lembrar que mensagens de teor negativo geram eficácia em campanhas de saúde (imagens escabrosas de vítimas do tabaco) e de prevenção de acidentes (cenas trágicas de desastres com automóveis). Também geram consequências em certos momentos, principalmente quando envolvem valores profundamente arraigados na sociedade. Quem não se recorda do episódio desonesto envolvendo Miriam Cordeiro e sua filha Lurian, utilizado por Collor nos últimos sete dias da campanha do segundo turno em 1989? A onda negativa que se formou na época contribuiu para o naufrágio de Lula na eleição presidencial.

De lá para cá, escândalos aos montes, máfias incrustadas na administração pública, cooptação de parlamentares por via escusa, casos estrambóticos envolvendo a vida pessoal de atores políticos contribuíram para banalizar a agenda negativa da política. Isso explica por que parcela das pessoas resiste à influência de candidatos sobre seu psiquismo. Assim, a propaganda eleitoral vem apenas reforçar a ideia que milhões de eleitores já têm sobre os contendores. Os maiores conjuntos, por seu lado, agregam as maiorias passivas, que são influenciadas pelo segundo impulso – o alimentar –, e este tem o condão de anular o efeito das mensagens negativas do rádio e da TV. Diante do cenário descrito, resta aduzir que a campanha negativa, não leva a nada. Pode, até, funcionar como bumerangue, ou seja, voltando-se contra o candidato que a deflagra. O momento que vive o País convida a uma profunda reflexão no terreno das ideias, na perspectiva de avaliação dos programas em andamento e de novas propostas, sem a lâmina cortante que a propaganda eleitoral exibe, principalmente pela internet. Será que os candidatos não conhecem os reais efeitos de uma campanha negativa?

Da clássica era do "terror que engendra o medo" até os nossos dias, a peleja política tornou-se, digamos assim, menos bárbara quanto aos métodos de castigo de adversários – sem guilhotinas e fuzilamentos –, mas não menos violenta no que concerne ao uso de processos para tornar viáveis intentos dos contendores. Na paisagem cheia de borrões, ninguém sai limpo. (Outubro de 2010)

AS CELEBRIDADES NO PALCO POLÍTICO

As doutrinas murcham, as utopias desaparecem, a alienação se expande e a política se escancara para abrigar quem dela quer fazer uma profissão e até figuras que a usam como mote para fazer piada. O conceito que a política alcançou entre nós chega ao fundo do poço com esta pergunta ao eleitor feita pelo palhaço Tiririca[110]: "O que é que faz um deputado federal?" E ele mesmo responde: "Na realidade, não sei. Mas vote em mim que eu te conto." Afinal, por que a eleição coopta figuras não tão integradas ao mundo da política, como Maguila, Moacir Franco (que já frequentou a arena parlamentar), Ronaldo Esper, Netinho de Paula, Marcelinho Carioca, Romário ou a pessoa conhecida como Mulher Pera?

De duas, uma: ou os novos atores políticos foram compelidos a ingressar no espaço público para cumprir relevante missão a serviço de coletividades que representam – e, se for esse o motivo, devem ser aplaudidos – ou a opção se deve ao esgotamento do ciclo profissional e ao vislumbre de uma carreira sob as luzes da democracia representativa. Seja qual for o motivo, o ingresso de celebridades no universo político merece reflexão, por assinalar, de certa forma, o estágio de desenvolvimento social, cultural e político de um povo. A razão para profissionais de outros nichos ingressarem no mundo da política tem que ver com a eleição de uma figura de origem humilde para o cargo mais importante da Nação? Será que, com sua ascensão, Lula, o metalúrgico, teria aberto o caminho para qualquer pessoa, da mais simples a mais elevada, sentir-se motivada a pleitear os postos eletivos da República?

É razoável inferir que a escolha de um ex-metalúrgico para presidir a Nação pode ter contribuído para promover a autoestima de milhões de cidadãos, mas, sob o prisma da relação entre celebridade e política, há componentes quiçá mais apropriados para explicar o fenômeno. O sociólogo francês Edgar Morin, em clássico estudo sobre o comportamento da sociedade contemporânea, descreve o Olimpo da cultura de massas, onde sobressaem artistas, reis, rainhas, princesas, esportistas, mandatários, enfim, uma constelação de astros de todos os espectros que, por seu desempenho nos am-

---

[110] Francisco Everardo Oliveira Silva, conhecido com o palhaço Tiririca, foi eleito pelo PR de São Paulo em 2010 e quase perdeu o mandato por analfabetismo.

bientes social, cultural, artístico e político, ganham ampla visibilidade. E por pertencerem a um seleto mundo, expostas à fosforescência das mídias, tais celebridades compõem uma identidade dual, humano/divina, tornando-se figuras modelares em que se espelham as massas. Assim, o anônimo nas multidões distingue o olimpiano como um ícone no altar da admiração. Em seu cotidiano, procura exercitar a imaginação, identificando-se com atitudes, gestos e gostos dos ídolos admirados, neles projetando valores e princípios de conduta. Portanto, os mecanismos psicológicos da identificação e projeção são acionados para gerar impulso, motivando as massas a correr na direção dos seus "deuses".

Enxertemos, agora, a "galeria idolatrada" no universo da política. Que tipo de reação se pode esperar da massa senão a busca do autógrafo, a liturgia dos apertos de mão, abraços e beijos, a necessidade psicológica de interação espiritual entre "adoradores e adorados"? Abraçar o artista no auge de sua fama significa, para um "pobre mortal", partilhar, mesmo que por segundos, de um cantinho no Olimpo. Donde se chega à ilação: sem demérito para partido e figurantes, celebridade que se candidata a cargo eletivo funciona como anzol de pesca do eleitorado. Quanto mais famosa, mais eleitores arrebanhará, adensando siglas. Votações maiores puxam e elegem candidatos de diminuta expressão. Ao lado desse aspecto, que desvenda estratégia de esperteza e oportunismo, a expansão da participação de artistas e esportistas em campanhas eleitorais aponta, igualmente, para a deterioração dos padrões políticos. Portassem bandeiras em defesa de legítimos interesses de categorias e grupos, os candidatos famosos poderiam desempenhar a função representativa sem críticas a suas atitudes. Não é o caso, porém, de postulantes que debocham da missão para a qual tentam habilitar-se.

Infelizmente, a firula, o drible, as manobras espertas e os recursos extravagantes têm sido adotados sem escrúpulos no processo eleitoral. Plagiam-se propostas, troca-se a ética pela estética e até a imitação da voz de artistas é usada para capturar a atenção de eleitores e conquistar seu voto. Essa é uma faceta rasteira que denota a banalização da política e da despolitização da sociedade. Se o País conseguiu alterar a fisionomia da pirâmide social, com a inserção de cerca de 25 milhões de brasileiros no mercado de consumo, exibe hoje performance desastrosa na frente política, caracterizada, sobretudo, pela privatização da esfera pública. "O poder é meu e eu faço com ele o que quiser." Eis a síntese do ideário que prevalece nestes tempos que exaltam a continuidade. Vale lembrar que o presidente Luiz Inácio, eleito em 2002, começou assim seu discurso: "Mudança, esta é a palavra-chave, esta foi a grande mensagem da sociedade brasileira nas eleições de outubro. A esperança finalmente venceu o medo e a sociedade brasileira decidiu que estava na hora de trilhar novos caminhos."

Quase oito anos depois, o Brasil patina na pista da política. A economia estabilizou-se, a inflação foi domada, os movimentos sociais se organizaram, a renda passou a ser distribuída aos mais carentes e a vida até ficou mais cômoda para os bolsos. A política, porém, continua velha. E a abrigar, de modo passivo, o canhestro desfile nos programas eleitorais de cacarecos, quadros debochados, estroinas e oportunistas. O slogan do palhaço Tiririca soa como profecia: "Pior do que tá não fica." (Agosto de 2010)

QUESTÕES QUE PERMANECEM NO AR

Uma campanha, mesmo ferrenha e caracterizada por embate entre os grandes ajuntamentos partidários, há de obedecer a um mínimo regramento ético, sem o qual o eleitor será submetido a uma guerra sanguinolenta. Vencidos e vencedores serão responsabilizados pela extinção da chama ética e por esvaziamento das fontes morais. Casos escabrosos, versões estapafúrdias e até piadas de extremo mau gosto não podem tomar o lugar dos programas. Quando o destempero transborda do caldeirão eleitoral, todos acabam perdendo. O eleitor precisa, é claro, conhecer a opinião dos candidatos sobre os mais variados temas. Mas a tática da emboscada, usada de maneira despudorada para desmoralizar perfis, tende a ser desastrosa. O teor de educação política de um povo depende também do grau civilizatório dos pleitos. O ciclo do sufrágio tem o condão de alargar o conhecimento do eleitorado, tornando-o mais envolvido nas soluções para suas demandas. Parcela do acervo negativo, vale lembrar, é de responsabilidade do marketing. Engessados pelos marqueteiros, os candidatos, recitando mantras e refrãos, perdem autonomia e naturalidade, tornando-se peças de uma engrenagem. Encaixam-se em formatos gastos, que se desenvolvem desde os tempos exacerbados de Collor, quando a vida presidencial era um palco espalhafatoso. De lá para cá o que se tem visto é uma cobertura plástico-cosmética canibalizando conteúdos. Os debates, que deviam privilegiar grandes temáticas, acabam dando lugar ao estilo "tudo ou nada".

Afinal de contas, que desenho se extrai da paisagem eleitoral? Além dos aspectos pontuais voltados para o cotidiano – saúde, educação, segurança, assistência aos carentes, habitação, etc. –, poderemos ter esperança na reforma da política? Continuaremos a conviver com alta carga de impostos? Poderemos acreditar numa reforma da Previdência? E na seara do trabalho, haverá semente nova capaz de mudar a feição da nossa burocracia sindical, sob a qual vegeta o neopeleguismo? Questões que permanecem no ar. (Outubro de 2010)

A CAMPANHA DO DESPUDOR

Candidatos, coligações, debates, propaganda, pesquisas, redes sociais e até a figura do presidente da República saíram com a imagem chamuscada. A cadeia de elementos nocivos que se formou ao longo da campanha é a sombra da velha política. A decrepitude dos costumes reflete-se no espelho de contrafações: o personalismo dos candidatos amortecendo programas; agentes públicos usando de maneira avassaladora as estruturas do Estado nas campanhas dos candidatos; instrumentos e processos, que foram atualizados pela legislação, sendo usados de modo enviesado. Até o Judiciário leva parte de culpa ao deixar buracos na aplicação da lei. Não se pode dizer que tenha faltado verbo no palco eleitoral. Nem verbas. De um lado e de outro ouviram-se falas para os setores que, tradicionalmente, ganham refrãos e promessas. Mas o embate entre candidatos foi tão áspero que pouco se conserva de um acervo substantivo. O descaso com escopos pode ser verificado ainda pelo fato de que apenas nesta reta final programas foram expostos ao público. Foi o que ocorreu com os 13 compromissos da candidata Dilma Rousseff. Os tucanos, por sua vez, nem um mero esboço apresentaram, contentando-se com argumentos esparsos de José Serra.

Por falta de clareza e objetividade a respeito de eixos centrais – concepção de Estado, gastos públicos, desenvolvimento regional, política macroeconômica, programas de bem-estar social, entre outros –, retalhos, versões e contraversões acenderam a fogueira, incendiando o ambiente. A maneira rude como foi exposto o tema da privatização é exemplo. A pulverização de falas e o embate acalorado entre os contendores – incluindo o viés religioso trazido pelo tema do aborto – contribuíram para obnubilar questões importantes. Já a formatação dos debates televisivos incrementou a carga de desinformação. O que mais se viu na TV foram perguntas não respondidas, respostas não solicitadas, atendendo à estratégia de fustigação recíproca alinhavada por marqueteiros. Os debates, de tão previsíveis e repetitivos, cansaram. Por que não se escolheram pautas específicas para cada encontro? Cinco sessões, cobertas por todas as emissoras em cadeia, sob o patrocínio de uma por vez, e em programação definida por sorteio, poderiam aprofundar as prioridades nacionais.

Outro setor que sai combalido é o das pesquisas. Tornaram-se alavancas de candidaturas, glória para uns, calvário para outros. A pletora de institutos e as baterias de pesquisas – alguns resultados destoaram mesmo quando feitas no mesmo período – geraram desconfiança. Deixam a impressão de que carecem de maior controle de qualidade. O fato é que não há critérios rigorosos sobre o sistema de mapeamento das intenções de voto e de expectativas sociais. Aliás, o pacote de coisas ruins acabou subindo ao sagrado espaço do Judiciário. Observação procedente de especialistas é de que a Justiça Eleitoral pecou pela permissividade. Multas aplicadas aos candidatos não foram capazes de sustar a artilharia. Nunca se viu uma campanha tão apelativa como a que se encerra. As redes da internet encheram-se de sujeira. Ferramentas foram usadas para destruir imagens e macular perfis. Ficou patente o descompasso entre a facilidade de produzir dossiês contra candidatos e a extrema dificuldade de retirá-los da infovia eletrônica. O acervo dos danos à imagem pessoal recai, assim, sobre o colo da Justiça.

Se candidatos cometeram impropriedades e campanhas extrapolaram nos abusos, parte da agenda negativa pode ser debitada a certa leniência do aparato judicial. Salta à vista a tibieza na aplicação de penas aos infratores. Será que os juízes fizeram cumprir a lei no que diz respeito aos deveres e direitos dos agentes públicos? Será que governantes – alguns como patrocinadores, outros como candidatos à reeleição – se comportaram dentro dos limites da legalidade? Se houve excessos – sob a massiva divulgação da mídia –, por que o braço da Justiça não alcançou os infratores? Não se nega o direito do servidor público, em licença, férias ou fora do horário de expediente, de poder exercer plenamente sua cidadania e participar de qualquer ato político-partidário. Mas a Justiça teve condições de verificar o que se passou nos 27 Estados da Federação?

Por último, vale observar que até a mais alta Corte do País se enrolou nos fios da teia eleitoral. Mesmo com a histórica decisão de fazer valer para este ano a Lei da Ficha Limpa[111], após acalorado bate-boca entre alguns ministros transparece a visão: o Brasil é mesmo o País do mais ou menos. Certos candidatos com "ficha suja" sairão do purgatório para o inferno. Outros, com a mesma ficha, irão do purgatório para o céu. A razão? Filigranas da lei. E assim a guerra, para uns acabada, deverá continuar. É o Brasil do eterno retorno. (Novembro de 2010)

---

[111] O que caiu por terra, logo em seguida, em matéria que dividiu o TST.

OPINIÃO PÚBLICA

OPINIÃO PÚBLICA E OPINIÃO PUBLICADA

O desabafo do deputado Sérgio Moraes (PTB-RS) gerou polêmica. Ele disse com todas as letras que se "lixava" para a opinião pública, sob o argumento de que denúncias da imprensa não atrapalham a reeleição de parlamentares, descortina um colorido painel sobre três vetores de nossa democracia: os políticos, a opinião pública e a mídia. A polêmica frase pronunciada pelo ex-relator do processo contra o deputado Edmar Moreira[112] dava a entender que há um enorme descompasso entre a representação política e a sociedade e ainda expressa a noção de que a mídia não reflete o sentimento da opinião pública. O compreensível furor provocado pela manifestação parte da hipótese de que, se a opinião pública reflete a visão da sociedade – posições, juízos e impressões a respeito de fatos, coisas, pessoas, instituições –, e se um detentor de mandato popular deve encarnar o ideário social, não tem o direito de falar com tamanho escárnio, sob pena de ser levado às barras da execração pública. Emoções à parte, há um pote de verdades na estocada do parlamentar gaúcho.

Convém esclarecer, primeiro, que, se a opinião pública foi usada como sinônimo de povo, população, eleitorado, diferente da expressão que assume na ciência política, mas comumente adotada por diferentes atores institucionais, não há por que discordar da versão de Moraes. Se a temperatura social é aferida por medição demográfica, objeto de pesquisas, não é necessário esforço para se concluir que os maiores contingentes sociais não distinguem entre bons e maus políticos, posicionam-se a favor de candidatos paroquiais, nivelando a escolha pela régua de interesses imediatos. Prova cabal disso é a eleição de políticos que passaram bom tempo sob o bombardeio de

---

[112] Ex-integrante do DEM / MG, foi acusado em 2009 de sonegação, trocou de partido (PR) e não se reelegeu em 2009.

denúncias, inclusive os citados no escândalo do mensalão[113]. Severino Cavalcanti, após uma trovoada de denúncias, foi consagrado prefeito de João Alfredo (PE)[114]. Sob essa perspectiva, a maioria das pessoas, indagada a respeito de aspectos éticos de deputados ("estou me lixando"), poderia sair-se com esta: "Não sei do que se trata. E quer saber? Todos os políticos são farinha do mesmo saco."

As concepções no seio da coletividade inserem os representantes em compartimentos diferentes. Infere-se, daí, não haver opinião pública unânime e que esta não significa, necessariamente, a opinião da maioria, mas a soma das visões de todos os grupamentos. Quem garante que um ponto de vista é majoritário na sociedade deverá demonstrar isso com pesquisas. E aqui aparece o conceito de opinião publicada, manifestação exposta e disponível para todos. Nesta esfera trabalham os agentes da indústria da informação, dentre os quais assumem posição de relevo os formadores de opinião, incluindo as fontes especializadas, os olimpianos da cultura de massa (artistas e celebridades do mundo das artes e dos espetáculos) e analistas do cenário político-institucional. As visões dos habitantes deste planeta costumam ser interpretadas como o eco mais retumbante da opinião pública. E mais: alguns membros desse clube se gabam da onipotência. Para eles, a realidade é a extensão de seus olhos. Sem chegar a esta firula conceitual, o deputado que escorraça a opinião pública atirou no que viu e acertou o que não viu. Ele atingiu a opinião publicada, que quer ocupar o lugar da opinião pública.

Há muita escamoteação e hipocrisia quando se fala sobre esses conceitos. Como se sabe, a opinião publicada quer influenciar a opinião pública. Em 1922, Walter Lippmann já alertava: "Fabricar consentimento, pela velha arte da manipulação da opinião pública, não morreu com a democracia, como se supunha." Frequentemente se

---
[113] Vide nota 19.
[114] Do PPB / PB, foi um dos pivôs do escândalo que ficou conhecido como "mensalinho", relativo à época em que presidiu a Câmara dos Deputados.

confunde a parte com o todo, a visão de poucos com o sentimento de muitos, a opinião particular com a opinião pública. O território da política é, por excelência, o que se presta às maiores dissensões. Populações marginalizadas, grupamentos centrais e elites têm opiniões diferentes sobre ética e moral na política. Dentro de cada núcleo há concepções também divergentes, de acordo com a geografia eleitoral, as culturas regionais e os padrões do mandonismo. Esse caldo cultural permite dizer que Sérgio Moraes se lixa – isso sim – para a opinião publicada, não para a opinião pública. Os eleitores que o elegem, como outros milhares espalhados pelos 27 Estados da Federação, devem ser refratários ao escopo da imprensa. Seu gosto se volta mais para mídias diversionais e emotivas, como rádio e TV, canais que dão ressonância a conteúdos catárticos.

O caso da menina Isabella Nardoni[115] continua presente no cotidiano das pessoas. Já os escândalos envolvendo políticos, mesmo sob os holofotes midiáticos, caem nas molas do amortecimento social. Tornam-se banais. Geram descrença.

"Ruim por ruim, vote em mim." Este slogan fictício acaba ganhando o eleitor. O "ruim" pode ser aquele candidato próximo, que fez alguma coisa pela cidade. O deputado Moraes cabe inteiro nessa foto. Como outros colegas, considera jornal refugo para empacotar frutas e verduras na feira, com destino no cesto de lixo. Mesmo que seu voto seja de um dos Estados de maior taxa de cívica do País, o Rio Grande do Sul, ele garante que seu rebanho não dá valor à opinião publicada. Só resta esperar pelo veredicto das urnas para comprovar em definitivo a sua tese.

Falta acrescentar que a política respira o ar do tempo. Não é um sistema aprisionado. E o ar da política nacional, seja o que provém da seca no Sul ou das enchentes no Nordeste, impregna-se de uma ventania forte, sob o empuxo de uma miríade de organizações sociais. Este é o fenômeno novo que não entra na cachola dos políticos da velha guarda. Não tardará para que o voto se banhe com o oxigênio extraído do uni-

---

[115] Assassinada em 2008 em São Paulo, segundo a polícia, pelo pai e sua esposa.

verso organizativo. Nesse novo ciclo, figuras como Moraes não terão alternativa senão adotar o conselho de Lincoln: "É preciso mergulhar na opinião pública como num banho." Haverá um tempo em que opinião pública e opinião publicada serão irmãs siamesas. (Maio de 2009)

O BRASILEIRO E A CRISE DE CREDIBILIDADE

A pergunta teima em mexer com a consciência dos mais indignados: pode-se, afinal, esperar por um processo de depuração da vida parlamentar? Ou será que a crise será inconsequente para mudanças prementes nos padrões funcionais e nos costumes parlamentares? A resposta, convenhamos, é complexa e, de pronto, esbarra na lição de Maquiavel: "Nada é mais difícil de executar, mais duvidoso de ter êxito ou mais perigoso de manejar do que dar início a uma nova ordem de coisas. Na verdade, o reformador tem inimigos em todos os que lucram com a velha ordem e apenas defensores tépidos nos que lucrariam com a nova ordem." Sejamos realistas. Há poucos reformadores nos conjuntos parlamentares e há muitos que lucram com a manutenção dos velhos sistemas. Entre os que apregoam mudanças, uns apontam para medidas pontuais e momentâneas, cujo escopo não abriga a matriz das mazelas, e outros há que nem sabem por onde se chega ao caminho das mudanças.

Sob esse feixe de hipóteses, três vertentes se apresentam como as mais prováveis na esfera das ocorrências futuras: a primeira é de que a atual crise será ultrapassada pela próxima; a segunda, ancorada ainda na banalização, mostra o brasileiro cada vez mais impermeável à barbárie da política; e a terceira, regada a esperança, põe fé na crença de que uma flor pode nascer no pântano. As duas primeiras vertentes são maléficas para o caráter nacional. Comparam-se à maldição de Sísifo. Basta estabelecer a relação entre elas e a crise política. Condenado a carregar uma pedra sobre os ombros e depositá-la no cume da montanha, o matreiro rei de Corinto jamais iria conseguir o feito. O castigo que os deuses lhe deram no Hades, o mundo dos mortos, era definitivo: recomeçar a tarefa todos os dias por toda a eternidade. O brasileiro tem um pouco de Sísifo. Ao achar que a situação começa a melhorar – com a pedra chegando ao pico da montanha –, vê, de repente, a coisa degringolar. Terá de reiniciar a tarefa de subir com o pedaço de rocha. Um eterno retorno. A repetição do maçante exercício de expectativas frustradas brutaliza seus instintos. Torna-se, assim, impermeável aos eventos que ocorrem ao seu redor, mesmo os mais catastróficos. Vira catatônico. Essa é a carga psicológica que a crise deposita sobre a alma nacional. O ciclo de banalização de escândalos por que passa o País afeta a camada mais densa da sociedade: a confiança. Escorrendo pelo ralo, ela arrasta consigo a força da nacionalidade, o amor à Pátria, o sentimento de inclusão e de identificação com os símbolos nacionais, o orgulho de pertencimento a uma sociedade com padrões éticos e morais. Mas há quem distinga as luzes de um contraponto, um sinal de esperança. Nesse caso, a hipótese leva em conta o eco da tuba de ressonância da mídia. Todas as camadas – com acesso à TV e ao rádio – veem a lama que escorre da arquitetura política.

As conexões formam a química para a flor nascer no lamaçal. A gripe que assola o Parlamento pega de chofre os atores do palco político da Nação. Essa é a associação que se processa no sistema cognitivo da sociedade. A infalível interlocução das ruas e de parlatórios mais elevados propaga um sentimento, mesmo difuso, de mal-estar generalizado. Cristaliza-se a convicção de que a desobediência às leis e a infração a valores morais e princípios éticos nascem e se desenvolvem na roça dos próprios autores das leis. Tal contrassenso agita os ânimos dos espíritos mais indignados. E, assim, parcela ponderável da sociedade abre o bico em sinal de protesto e indignação. Críticas ácidas saem de esquadrões da classe média, cuja repulsa aos últimos acontecimentos no Senado emerge de forma contundente na mídia, bastando ver as cartas do Fórum dos Leitores.

Portanto, da sensação de que está sempre vendo as mesmas coisas e da constatação de que os tonéis da corrupção estão locupletados o brasileiro extrai a argamassa para aumentar a sua descrença no sistema político. Dessa operação, por uma combinação de fatores – escândalos em profusão, repercussão na mídia, atores impunes, corporativismo –, desenvolve-se um mecanismo de repulsa e ações organizadas se expandem nas redes sociais. A deterioração do sistema político – que provoca incomensurável dano às próprias instituições – faz florescer ondas de indignação. Essa é a flor no pântano, cuja propagação obedece a um movimento centrífugo, do centro para as margens, ou seja, das classes médias para os habitantes da base da pirâmide.

Vale lembrar o preceito da ciência política pelo qual as grandes mudanças da História são produzidas quando os favorecidos e apaniguados do poder não têm a capacidade para transformá-lo em força, enquanto os que dispõem de pequeno poderio aproveitam essa capacidade ao máximo para convertê-la em força crescente. É o que estamos começando a ver por aqui. Se falta vontade do andar de cima, sobra revolta do andar debaixo. Como no jogo de xadrez, o peão pode ganhar força superior à do bispo. (Julho de 2009)

CAPÍTULO V
ABRINDO AS PORTAS DO AMANHÃ

PELA REFORMA DO ESTADO

O QUE SE ESPERA A CADA ANO?

O que melhor poderia ocorrer ao Brasil? Cada brasileiro tem uma resposta na ponta da língua. Mais dinheiro no bolso, saúde, garantia de emprego, maior segurança nas cidades, harmonia social. Da parte dos governantes, o termo-chave é crescimento. A indicação a resumir as expectativas gerais pode ser esta: a expansão do Produto Nacional Bruto da Felicidade, o PNBF, que é o grau de satisfação das classes, medida por um conjunto de fatores econômicos e sociais. A meta, vale reconhecer, resvala pelas tortuosas curvas da imponderabilidade, comum às nações e desafio permanente de núcleos burocráticos que buscam e testam modelos para viabilizar as administrações e driblar os obstáculos, principalmente em ciclos de crise. Existe, porém, um amplo espaço de previsibilidade, com crise ou sem crise, que pode ser preenchido com decisões focadas para a melhoria do bem-estar social. Este território é o do entendimento sobre a abrangência da política e leva em conta o fato de que ela não é apenas a arte do possível, mas a vontade de viabilizar coisas que parecem impossíveis.

A começar, por exemplo, com as tão propaladas reformas política e tributária. O País vive uma crise crônica porque a natureza de sua política é incompatível com um modelo racional de Estado e uma gestão moderna de democracia. Em consequência, vive-se uma situação de precária governabilidade, agravada por tensões entre instituições. Há consenso sobre o diagnóstico. Entre as ações prementes, precisamos reformar o sistema político-eleitoral; modernizar a estrutura do Estado, a partir de limites sobre competências entre Poderes e redefinição de atribuições entre entes federativos; consolidar a legislação infraconstitucional, que mantém buracos desde 1988, e atualizar os eixos das relações do trabalho. Os cidadãos – de todas as classes, vale lembrar – precisam enxergar no Estado braços protetores, e não uma bocarra para engolir impostos, encargos e contribuições. Querem um sistema previdenciário que lhes retribua o peso de anos de contribuição. Uma escola pública de qualidade e capaz de abrigar milhões de brasileiros que permanecem fora do sistema educacional. Sonham com os tempos bucólicos de segurança nas calçadas de suas casas. Será que o governo não pode avançar em matéria de segurança pública? Ninguém pode ser contrário a programas de redistribuição de renda. Mas assistir 11 milhões de famílias por meio de bolsas[116], sem lhes dar uma saída para esse modelo acomodatício, é aprofundar o buraco, construir a cama perpétua da inércia.

Como interstício entre anos eleitorais, 2009 é chave para abrir a porta de reformas. O argumento é o de que medidas de cunho político só serão adotadas em 2014, e não em 2010. Dar-se-ia prazo suficiente para maturação das decisões. Não dá mais para esticar o cordão da crise intermitente que amarra o País às raízes arcaicas. O xeque-mate no jogo é a crise econômica. Diques pontuais para atenuar as ondas da pororoca só serão eficazes se acompanhados de reformas do Estado e de padrões políticos. Reformar, como se sabe, é mudar, inovar, avançar, recondicionar, conceitos que ultrapassam limites físicos para abrigar questões comportamentais. Implica mudança de atitudes. O presidente da República deve ser o primeiro a dar o exemplo, impul-

---

[116] Refere-se aos benefícios Bolsa Escola, Cartão Alimentação, Auxílio Gás e Bolsa Alimentação, que foram incorporados ao Bolsa Família e atendem à população pobre ou que vive em extrema pobreza, com renda per capita máxima de R$ 140,00/mês (destinada a famílias que tenham gestantes, crianças e adolescentes).

sionando vontades transformadoras, incentivando avanços, empurrando o Executivo em direção às reformas, sem pretensão de expandir o mandonismo do sistema presidencialista. Sob essa inspiração, o Palácio do Planalto só usaria o instrumento excepcional da Medida Provisória em caso de urgência e relevância. A sinalização de boa vontade e respeito ao sistema normativo seria reconhecida, contribuindo para aperfeiçoar sua imagem burilada de maneira tosca pelo cinzel do populismo.

Os corpos parlamentares, do Senado e da Câmara, tocados pela ideia de que as crises – a econômica e a política – apontam para a necessidade de decisões altaneiras, haverão de encontrar aquele traço de união, raro, mas não impossível, em que visões egocêntricas olharão para o altar da Pátria para ali depositar o fruto do consenso, consubstanciado em ações para combater o atraso. Se não é possível avançar muito, pelo menos se tente fazer o máximo. O que não se admite é intransigência por obra e graça de artimanhas com vista a jogo eleitoral futuro. No que diz respeito ao Judiciário, já se percebe que a justiça sai dos longos corredores das Cortes para chegar às ruas. Ainda é lenta e pouco acessível ao cidadão comum. Não se nega, porém, que os juízes começam a vestir uma toga de matiz mais humano.

O que se espera, enfim, dos atores do cenário institucional é o compromisso com os valores mais sagrados do sistema democrático e, sobretudo, a vontade de contribuir para elevar os padrões da cidadania. Em suma, espírito público, aquela chama cívica que Tocqueville enxergou, há 170 anos, quando descreveu a democracia norte-americana: "Existe um amor à pátria que tem a sua fonte principal naquele sentimento irrefletido, desinteressado e indefinível que liga o coração do homem ao lugar em que nasceu. Confunde-se esse amor instintivo com o gosto pelos costumes antigos, com o respeito aos mais velhos e a lembrança do passado; aqueles que o experimentam estimam o seu País com o amor que se tem à casa paterna." (Janeiro de 2009)

POR UM ALINHAMENTO ENTRE OS PODERES

A reforma política não é feita porque ninguém quer perder. E por onde deve começar? Por que não começar a desembrulhar o pacote pela régua do equilíbrio entre os Poderes? Esta abordagem, apesar de não atrelada ao painel reformista, dele poderá fazer parte sob o entendimento de que parcela ponderável das mazelas no entorno da política se deve à interferência maléfica de um Poder sobre o outro, particularmente a invasão do Executivo sobre o terreno legislativo. Nesse caso, trata-se de administrar a índole avassaladora do presidencialismo, tornando-o menos voluntarista no plano das ações governamentais e ajustando-o ao molde concebido por Montesquieu na tripartição dos Poderes. A tese que se pretende esboçar é a de que a correção de rumos de nossa democracia representativa, antes de nova configuração dos organismos que a definem e a compõem – organização e funcionamento de partidos, escolha de candidatos, sistemas de voto, processo eleitoral, conduta dos agentes públicos em campanhas etc. –, há de considerar um alinhamento no plano funcional dos Poderes. Se a relação entre eles tem rompido o fio constitucional da harmonia, independência e autonomia, por conta da apropriação de funções legislativas pelo Executivo, qualquer projeto de reforma política será capenga se não considerar tal fato.

De pronto, a pergunta emerge: o que e como fazer para amainar a fome pantagruélica do nosso presidencialismo? O primeiro passo foi dado pela interpretação sistêmica do presidente da Câmara, deputado Michel Temer[117], à questão das medidas provisórias. Nem todas trancam a pauta. Outra orientação: ajustar os buracos do cinturão econômico dos entes federativos, tornando-o mais compatível com suas demandas. O fator econômico ordena a disposição no tabuleiro

---

[117] Do PMDB de São Paulo e atual vice-presidente da República, foi presidente da Câmara dos Deputados por três vezes, último mandato cumprido até a posse do novo governo.

da política. Quem tem mais cacife fala mais grosso e detém maior poder de barganha. Vamos ao dado fundamental: a União fica com 60% dos impostos arrecadados e apenas 16% vão para os municípios, enquanto os Estados embolsam 24%. A inferência é óbvia: se não houver repartição da fatia do bolo tributário, o Executivo continuará a encurtar e alongar (de acordo com suas conveniências) o cabresto dos "animais políticos" que procuram sua roça. A reforma fiscal apresenta-se como a primeira barreira para deter a força descomunal do presidencialismo. Se municípios e Estados forem menos dependentes do poder central, terão melhores condições de se livrar do grilhão do fisiologismo. Só assim o Poder Legislativo não seria tão refém do Executivo e este, por sua vez, atenuaria suas funções legislativas.

Tal modelagem, para ser viável, deverá estar à margem da reforma tributária, que exige maior complexidade. A redistribuição do bolo, atendendo a critérios de responsabilidade, encargos, justiça e equidade, contaria com ampla cobertura social e significativo apoio político. Neste ponto aparece mais uma resposta ao desafio de arrefecer o toque imperial da orquestra presidencialista: a organicidade social. Entidades multiplicam-se por todos os lados, a denotar a forte capacidade de organização da sociedade. A miríade de associações, sindicatos, federações e movimentos aponta para o desenvolvimento de novos polos de poder, na esteira da democracia participativa, em ciclo de expansão. Vale lembrar que o Projeto Ficha Limpa é típica manifestação do clamor coletivo. Pois bem, as 300 mil entidades organizadas no País deverão assumir papel de maior relevo nos horizontes do amanhã. Mais um sinal nessa direção é dado pelo índice que mostra a intenção dos cidadãos de participar do processo eleitoral mesmo se o voto fosse facultativo: 72% do eleitorado, segundo pesquisas, compareceria às urnas. Há nessa disposição um reconhecimento das políticas públicas bem-sucedidas.

Nesse cenário, vislumbra-se o terceiro argumento para apostar no alinhamento entre os Poderes. Percebe-se uma corrente de racionalidade banhando vontades, inspirando atitudes, mobilizando grupos.

A sociedade faz-se mais presente na cena política, bastando examinar os bancos de discussão nas redes sociais da internet ou as colunas de opinião de leitores de jornais e revistas. Deve-se registrar, ainda, o deslocamento para as laterais do mando do último dos nossos perfis carismáticos. Lula sai do centro do palco. Poderá até continuar afinando o tom da orquestra. Pesa sobre ele, porém, a lição de Heráclito de Éfeso: "Ninguém se pode banhar duas vezes nas mesmas águas do mesmo rio." O fluxo das águas tem o condão de mudar a história de cada pessoa. Sua nova vida, mesmo que ele detenha formidável poder pessoal, significará ajustes de foco na fisionomia institucional. Menor influência de um perfil carismático reduz riscos de desvios no percurso democrático.

Fica patente a ilação: um bom exercício para reformar a política começa com a redução da força do superpresidencialismo. (Dezembro de 2010)

NOVA FISIONOMIA DA ADMINISTRAÇÃO PÚBLICA

Quem se der ao exercício de contemplar a fisionomia nacional vai deparar com imensos contrastes. Há ilhas de excelência no meio de territórios feudais; há avanços de tecnologia de ponta ao lado de muralhas do passado; na própria seara da administração pública, uma burocracia altamente profissionalizada convive com largas fatias do mandonismo político, a denotar o esforço de uns para olhar adiante sob o solavanco de outros que teimam em olhar para trás. Por conseguinte, se há uma reforma que pode ser chamada de mãe de todas as outras, antes mesmo da área política, como normalmente se tem propagado, é a reforma do modelo de operação do Estado. Redimensionar a estrutura do Estado, conferindo-lhe dimensão adequada para a obtenção de eficácia, significa mudar comportamentos tradicionais, racionalizar a estrutura de autoridade, reformular métodos e, ainda, substituir critérios subjetivos e ancorados no fisiologismo por sistemas de desempenho.

A meritocracia é o instrumento adequado para oxigenar, qualificar e expandir a produtividade na administração. As levas de indicações partidárias acabam contribuindo para inchar estruturas, expandir a inércia e as teias de interesses escusos. A proposta começa com a substituição de milhares de cargos comissionados por uma carreira de Estado, à semelhança do que existe em sistemas parlamentaristas, nos quais quadros permanentes, qualificados e motivados são imunes às crises políticas. Mudam-se os dirigentes, mas as equipes continuam comandando a gestão pública.

Os males da administração pública advêm da errática mentalidade de seus ocupantes, para quem o *modus operandi* deve espelhar a visão (caolha ou fisiológica), e não as necessidades sociais. Consideram-se donos do pedaço que lhes coube na partilha do poder, não se sujeitando à ordem do mercado nem às leis da livre concorrência, como ocorre na iniciativa privada. Da burocracia comprometida com o mérito deverão ser cobrados resultados dentro de metas preestabelecidas, reconhecendo-se as qualidades de cada perfil e implantando um modelo de premiação e promoção para motivar as equipes. Não será tarefa fácil alterar a fisionomia da administração pública. O atual sistema de loteamento faz parte da velha cultura patrimonialista, que permeia as três instâncias federativas. Parte-se do princípio de que o governante, ao chegar ao poder, como forma de garantir as condições de governabilidade, terá de repartir espaços de Ministérios e autarquias pelos partidos, de acordo com o tamanho e influência de cada ente. Como mudar tal sistemática sem ferir brios e perder apoio no Congresso?

A resposta a essa questão envolve uma hipótese levantada por Marina Silva[118], que pode ser traduzida na falta de recursos humanos adequados para tornar o Estado eficiente. Esse parece ser o cerne do

---

[118] Ministra do Meio Ambiente no Governo Lula, entre 2003 e 2008, Marina disputou em 2010 as eleições presidenciais pelo Partido Verde, com desempenho surpreendente: obteve 19,33% dos votos ou 19.636.359 de votos válidos no País.

problema. Sem quadros, qualquer reforma fenecerá. O fortalecimento das áreas de formação, reciclagem e aperfeiçoamento de recursos humanos, voltadas para a operação do Estado, deve ser prioridade. Essas ideias parecem consensuais entre grupos de bom senso da própria administração pública. E por que não se aplicam? Por assimetria à lógica da organização do poder no Brasil. Como se sabe, quem dá o tom é a orquestra patrimonialista, para onde os integrantes são indicados pelos senhores do mando. O círculo vicioso da política gira mudando figuras e mandos, mas não o sistema. Há poucas brechas para se avançar. Mas é possível, sob pressão intensa da sociedade, fazer fluir oxigênio novo. Quando ideias transformadas em projetos chegam ao Congresso sob o empuxo social, ganham repercussão e acabam entrando em pauta.

Foi assim que ocorreu com situações que caracterizam o ingresso do Brasil na modernidade: a pesquisa com células-tronco, a aprovação do Projeto Ficha Limpa e a Lei Maria da Penha, de violência doméstica e familiar contra a mulher, entre outras. Acontece que assuntos áridos como as reformas do Estado, tributária e política só vão adiante caso recebam a atenção do centro do poder. Ou mobilizem os partidos. Só dessa forma a roda viciosa da política poderá jogar a reforma do Estado na mesa do mandatário. (Junho de 2010)

PARLAMENTO, PODER E DEVER

"O Brasil é feito por nós. Está na hora de desatá-los". Se o Parlamento Nacional precisa de um conselho, este, da verve do Barão de Itararé[119], seguramente se apresenta como adequado. Faz tempo que o corpo parlamentar praticamente se atém às querelas interpartidárias, estreitando a esfera da representação e dando lugar às investidas legislativas do Palácio do Planalto por meio de medidas provisórias. É evidente que a função do controle do Poder Executivo não deve

---
[119] Vide nota 12.

ser esmaecida. Como ensina Bobbio: "o instrumento parlamentar de controle mais comum está no poder de tornar notória e apontar à opinião pública, por meio de solicitação de explicações, interpelações e inquéritos, a atuação do Executivo".

O Parlamento pode estimular o governo a ser mais responsável e transparente. Nem por isso, deve arrefecer a função de legislar. Hoje, o déficit operacional nos dois plenários[120] denota o paradoxo: o aumento da quantidade de propostas apresentadas tem sido inversamente proporcional ao número de projetos aprovados. Não por acaso, escancaram-se as frustrações de parlamentares, avoluma-se a subordinação ao Executivo, incrementam-se os jogos de manipulação e cooptação e se tornam opacos os limites doutrinários entre siglas. Ao final de articulações nem sempre movidas a bom senso, resulta o impasse entre líderes governistas e oposicionistas sobre uma pauta mínima. Isso explica a índole do Parlamento: andar em círculos, e, vez ou outra, bater bumbo com a criação de CPIs.

A crise crônica que dilacera a imagem do Parlamento não é um fenômeno brasileiro. Nas últimas décadas, nas democracias contemporâneas, tem se constatado a tendência de declínio da atividade parlamentar em decorrência de coisas como a expansão das estruturas burocráticas dos governos; a personalização do poder e consequente fortalecimento da figura do chefe do Executivo; a cobertura midiática com os desdobramentos que acirram a polêmica e influenciam a pauta política e a pasteurização dos partidos, que, a olhos vistos, são menos contrastados e mais interessados em abocanhar nacos das administrações. Essa terra fecunda faz florescer o fisiologismo, o qual, por sua vez, passa a inspirar o modelo do nosso presidencialismo imperial, que carrega o Parlamento a reboque. Desse modo, a maioria das leis adotadas deriva de iniciativas governamentais.

Por outro lado, a enorme quantidade de projetos apresentados e não votados – muitos sem significação, outros de boa qualidade – di-

---

[120] Senado e Câmara Federal.

ficulta a percepção sobre prioridades e embola o meio de campo. O imbróglio ganha complexidade quando se constata que novos projetos são repetições de questões contempladas. Às vezes, as novas proposições querem anular as antigas. O processo legislativo entra em parafuso. Há montanhas íngremes a escalar, entre elas, a reformulação do processo orçamentário. O Orçamento da União, como se sabe, é uma peça de ficção. Buracos gigantescos propiciam ao governo ampla margem de manobra na rubrica "restos a pagar", uma espécie de cheque pré-datado. Sobre essa massa de recursos, a caneta do Executivo joga tinta fresca e forte. Se o Congresso não fechar as lacunas com argamassa sólida, o absolutismo presidencial continuará a deitar e rolar. Por último, há um nó responsável por parcela das tensões entre os Poderes Executivo e Legislativo. Leva o nome de medida provisória. Para desatá-lo, precisa-se da ousadia de Alexandre Magno diante do prognóstico do oráculo: quem conseguisse desatar o nó que atava o jugo à lança de Górdio, rei da Frigia, dominaria a Ásia. Cortou-o com a lâmina da espada.

Espadas afiadas existem tanto no Senado quanto na Câmara. Por ali tramitam bons projetos que restringem o uso de MPs. O que falta para resgatá-los, integrar suas disposições em um só projeto e aprová-lo no prazo mais rápido possível? Vontade e coragem. O Barão de Itararé agradeceria por ver realizado seu desafio de desatar os nós. E até poderia mudar outro de seus ditados: "de onde menos se espera é que não sai nada mesmo." (Fevereiro de 2008)

O GUARDA-CHUVA DAS REFORMAS

Há quem veja na reforma política – e não são poucos – a panaceia para as mazelas da República. Afinal de contas, o voto distrital (misto, puro), o voto em lista, melhorarão a qualidade da representação popular? Depende. Se forem considerados, isoladamente, esses fatores darão apenas pequena contribuição. A questão maior diz respeito aos costumes tradicionais da política – o grupismo e o familismo, o mandonismo dos caciques regionais, a retaliação dos espaços da administração pública. A cláusula de barreira, proibindo a formação de partidos minúsculos, poderia efetivamente conferir densidade doutrinária aos quatro ou cinco grandes partidos que restariam? Pode ser. Mas dependerá também de outros componentes.

A relação de causa e efeito na padronagem política não pode ser avaliada a partir de medidas pontuais e casuísticas, como parecem se configurar algumas ideias que balizam a Reforma Política. A cláusula de barreira, por exemplo, se inspira na ideia de limpeza ética do quadro partidário, eliminando-se as famigeradas legendas de aluguel, que se transformam em moeda forte no período da programação eleitoral gratuita. Mas não deixam de embutir interesses voltados para sufocar o oposicionismo de correntes, que, unidas em determinado momento, poderiam derrubar projetos do rolo compressor situacionista.

As grandes questões do sistema político são de natureza cultural. E não se muda cultura por decreto, por imposição. O fisiologismo, por exemplo, alimento predileto dos políticos, está fincado nas raízes mais profundas do que podemos chamar de modelo latinizado da política. Trata-se de um modelo que coloca o interesse individual acima do interesse coletivo. A política passa a ser um empreendimento negocial. A administração pública lembra a extensão do mandonismo feudal das velhas capitanias hereditárias. A nossa teoria democrática tem feição de Primeiro Mundo, acolhendo com perfeição o ideário da liberdade, da justiça, dos preceitos constitucionais e dos direitos individuais e sociais, mas a prática é de Terceiro Mundo.

Tomemos o caso da representação política. Diz-se que o Congresso Nacional é o retrato apurado da comunidade nacional. Se os parlamentares tomam decisões erradas ou não dignificam o mandato, a culpa acaba sendo atribuída ao povo, que não sabe votar. Não é bem assim. O que tem ocorrido é um deslizamento da democracia direta, a que é exercida pelo povo quando elege os representantes, pela democracia mediada por interesses nem sempre consoantes com a vontade do eleitor. Os governos acabam sendo produto de acordos, barganhas e intermediações, deixando de refletir os resultados das urnas. Os grupos de interesse, que se multiplicam por todos os lados, assumem o lugar dos indivíduos como protagonistas da vida política. Ou seja, o conceito de democracia ampliada da sociedade moderna é substituído, entre nós, pela prática de uma democracia restritiva, distanciada do povo.

Não é sem razão, pois, que se acusa a democracia brasileira de estar esvaziada de conteúdo social. Os melhores quadros do Congresso Nacional acabam sendo reféns do mandonismo do governo. Imaginem-se os quadros menos qualificados, os chamados parlamentares do baixo clero. Acabam aguardando a vez na porta da esperança, onde mendigam verbas para sustentar o prestígio regional. Não é a toa que o Poder Executivo tem interesse em fazer do Legislativo um poder convalidado. Como se vê, a questão política imbrica-se, inclusive, com o próprio sistema de Governo. O modelo presidencialista em vigor, imperial e concentrador, já se mostra inadequado para a nossa realidade.

Dentro dessa moldura, qualquer reforma política será inconsequente. Pois não adiantará reformar aspectos pontuais do sistema, sem alterações de fundo na modelagem do sistema econômico, com o objetivo de diminuir as desigualdades sociais; na alavancagem dos programas sociais e na consolidação de programas educacionais avançados. Reformar a cultura política significa, sobretudo, reformar o cidadão. Cidadãos mais exigentes, cultos e preparados, serão o oxigênio para a gestão mais racional de nossa democracia. Até chegarmos a esse estágio civilizatório, teremos de conviver com partidos do faz de conta, administrações que mais se assemelham à capitanias hereditárias, tensões políticas constantes, justiça lenta e contingentes apinhados no balcão político das trocas. (Março de 2011)

O LOBBY E O PODER VISÍVEL

O anúncio de que o governo pretende encaminhar ao Congresso, no primeiro trimestre de 2009[121], um projeto para regulamentar a estigmatizada atividade do lobby no País deve ser entendido como um processo de ajuste da articulação da sociedade organizada junto à esfera político-institucional. Ou, em outros termos, a tentativa de expandir os canais da democracia participativa. A afirmação é passível de uma saraivada de críticas, pois o lobby carrega forte conotação negativa no ambiente político, sendo associado à corrupção, tráfico de influência, manipulação das estruturas governativas, enfim, apropriação de fatias do Estado pelas forças que usam as armas do patrimonialismo, mazela de nossa administração pública. Pincemos, para começo de conversa, a lembrança de Bobbio de que a democracia é o governo do poder público em público, jogo de palavras que aponta para a ideia de "manifestação, evidência, visibilidade", em contraposição à coisa "confinada, escondida, secreta". Arremate do filósofo: "Onde existe o poder secreto há, também, um antipoder igualmente secreto ou sob a forma de conjuras, complôs, tramoias."

A intermediação de interesses privados junto à esfera pública não é, convenhamos, um fenômeno contemporâneo. Faz-se presente em todos os ciclos históricos, frequentando, inclusive, os primeiros dicionários da política. Rousseau, no *Contrato Social*, perorava sobre a oportunidade de cada cidadão participar nos rumos políticos, garantindo haver "inter-relação contínua" do "trabalho das instituições" com as "qualidades psicológicas dos indivíduos que interagem em seu interior". Esse é o fundamento da democracia participativa, pela qual os cidadãos e suas representações devem ser livres de coerção para influir de maneira autônoma no processo decisório. De certa forma, o lobby bebe nessa fonte. O ideário começou a ser conspurcado, à som-

---

[121] Ele resultou no Projeto de Lei de Responsabilização Civil e Administrativa da Pessoa Jurídica, ou PL 6826/2010 e está em tramitação na Câmara Federal.

bra do poder invisível no interior recôndito do Estado, pela confluência de interesses espúrios e alianças táticas entre máfias, grupinhos e castas que se alimentam da corrupção. Nesse momento, o Estado moral soçobra diante do império imoral.

O rompimento dos diques éticos, vale lembrar, acentuou-se nas últimas décadas, por conta da despolitização e da desintegração das fronteiras ideológicas – características da política na sociedade pós-industrial –, que inauguraram o tempo de administração das coisas em substituição ao governo dos homens. A densidade ideológica da competição política tornou-se menos forte e o cerco utilitarista em torno do Estado se expandiu, sob um novo triângulo do poder: os partidos (menos contrastados sob o prisma doutrinário), a burocracia administrativa e os círculos de negócios privados. Os lobbies, desvirtuando-se do ideário original, tornaram-se sinônimo de interesses escusos e negociações espúrias, que, em nossa história mais recente, plasmaram monstrengos e expuseram escândalos. Ao lado desses desvios se constata, porém, saudável movimentação da sociedade organizada. O ponto de partida para um novo ordenamento social foi a Constituição de 1988, que abriu os pulmões da sociedade, incentivando a formação de entidades e movimentos. A respiração social propiciou a expansão de novos centros de poder, que passaram a influenciar políticas públicas em diferentes nichos temáticos. O arrefecimento dos partidos políticos, por sua vez, no fluxo da alienação ideológica, tem induzido milhares de cidadãos a procurar refúgio em núcleos que assumem compromissos mais consistentes com suas expectativas.

Neste ponto, convém destacar o encontro das águas limpas com as torrentes de águas sujas. O joio misturou-se de tal forma com o trigo que, neste momento, a tarefa de separá-los é quase impraticável. Diferentes tipos de interesse se confundem e conflitam no epicentro das pressões e contrapressões, onde se abrigam as duas cúpulas do Congresso Nacional, o Palácio do Planalto, os Ministérios, as autarquias e as sedes das Cortes do Judiciário. Nessa malha imbricada, grupos protecionistas, de índole corporativa, reivindicam a salvaguarda de situações e direitos adquiridos, enquanto setores antagônicos tentam transferir uns aos outros ônus e encargos. O jogo é de soma zero. É comum os lobbies contarem com a ajuda de grupos incrustados na máquina administrativa, ali alocados por mando e indicação de partidos que formam a base aliada. Um poderoso grupo atua dentro ou às margens do Estado. Situação típica é a das centrais sindicais, que manobram as rédeas das relações de trabalho, dificultando a flexibilização de regras e a adoção de medidas para aliviar os efeitos da crise. Se a taxa de imobilismo governamental é alta, o fato decorre da posição assumida por determinados grupos que agem para manter o status quo.

Quando se divisa a proposta de legalizar o lobby, nos moldes praticados nos Estados Unidos, a abordagem que emerge é a da transparência. Os lobistas terão nome, endereço e farão uma articulação aberta, escancarando modos de atuação, identificando grupos e coletividades representadas e a natureza dos interesses envolvidos. O marco regulatório sobre a intermediação de interesses grupais e coletivos junto às esferas da administração pública virá formalizar uma prática hoje informal. Diminuirá a taxa de corrupção, na medida em que desvendará o que está por trás das máscaras dos interlocutores. Demandas gerais, difusas, particulares, explícitas ou latentes, passarão pela lupa da mídia. A publicidade das ações propiciará distinguir o justo do injusto, o lícito do ilícito, o correto do incorreto, o oportuno do inoportuno, gato de lebre.

A democracia estará mais próxima do seu real significado: o regime do poder visível. (Dezembro de 2008)

CHOQUE NA GESTÃO PÚBLICA

Zaratustra, o protagonista que Nietzsche criou para dar unidade moral ao cosmo, vivia angustiado à procura de novos caminhos, novas falas, novos desafios. Em seus solilóquios, recitava: "Não quer mais, o meu espírito, caminhar com solas gastas." Decifrador de enigmas, arrumou a receita para as grandes aflições: "Juntar e compor em unidade o que é fragmento, redimir os passados e transformar o que foi naquilo que poderá vir a ser." E assim, escrevendo uma "nova tábua", correu atrás dos irmãos para ajudá-lo a levá-la "ao vale e ao coração dos homens". A imagem do controvertido filósofo alemão, na fábula em que apresenta o famoso conceito de eterno retorno, cai como uma luva no atual ciclo de nossa democracia representativa, hoje assolada por gigantesca avalanche de críticas e denúncias. A analogia aponta para a inexorável alternativa que resta à base parlamentar: compor novos arranjos para a orquestra institucional, construir uma ponte para o futuro, reencontrar-se com as massas e resgatar a esperança perdida. Essas são as cores da bandeira a ser desfraldada neste instante em que a descrença na instituição política bate no fundo do poço.

A tarefa, convenhamos, requer arrojo para enfrentar dissabores, a partir das pressões endógenas ou, como reza o vocabulário parlamentar, das vozes contrárias do chamado baixo clero. Só alcançará resultados caso todos os atores do palco institucional se comprometam a extirpar os excessos. Esse é o busílis. Nem todos admitem eliminar as gorduras. Colar os cacos de um vaso da prateleira até pode repor a estética do conjunto, mas não imprimirá grandes mudanças à feição geral que está colada na mente de parcela ponderável da sociedade. Significa dizer que o rigor na concessão e distribuição de passagens, o controle de verbas indenizatórias e maior transparência nos atos parlamentares constituem decisões meritórias, mas não evitarão que, mais adiante, novas ondas avassaladoras inflijam mais perdas aos congressistas. Urge mapear os pontos de estrangulamento interno, realizar varreduras constantes nos espaços, desobstruir a agenda legislativa e pôr o Parlamento no centro dos grandes debates. E mais: os Poderes Executivo e Judiciário, de todas as instâncias, também devem pegar o bonde reformista. Sob pena de continuarem na lupa da descrença social.

Como se sabe, a praga dos privilégios se espalha por todos os espaços da *res publica*. O quesito viagens é uma partícula menor no feixe das distorções. As estruturas dos Poderes geram um apreciável PIB comandado por compadrio político e que resvala pelo ralo do custo Brasil. Numerosos contingentes se aboletam no cobertor público, a partir dos pequenos municípios. As políticas, inclusive as salariais, são disformes. O custo da ineficiência invade as malhas dos Executivos municipais e estaduais, das Câmaras de vereadores e das Assembleias Legislativas. Legiões de acomodados locupletam espaços. A gestão de resultados é um resquício quase imperceptível nas planilhas. O Estado é visto pela população como um ente paquidérmico e caro. Junte-se à pasmaceira o colchão social do distributivismo para se flagrar a cara de um País que não entrou no século 21. A imagem da administração se parece com uma árvore que não gera frutos. E, quando gera, os frutos não têm sabor.

Portanto, o momento vivido pelo Parlamento é propício para uma chamada geral à responsabilidade. As estruturas carecem de uma virada de mesa. O cardápio está pronto: viagens de servidores, promoção e participação de empresas estatais em eventos, gastos com campanhas publicitárias, cartões corporativos, superlotação dos espaços, nepotismo, enfim, todo e qualquer centavo gasto nas grandes avenidas e nas pequenas veredas do Estado deve ser objeto de varredura. E atenção para a palavra de ordem do momento: transparência total. De que adianta tampar os buracos nas cúpulas côncava e convexa do Congresso Nacional e deixar abertas as crateras em outros territórios? Quem não desconfia que as rachaduras congressuais são fichinha ante as falcatruas das licitações de cartas marcadas? Basta botar a lupa na engenharia de artifícios para malandros entrarem, sorrateiramente, nos cofres do Tesouro. Nos últimos tempos, observa-se estranho movimento. Empresas são transferidas para "laranjas" (pessoas sem patrimônio), apenas para acumular passivos. Tais empresas de fachada ganham contratos públicos, a preços muito baixos e imbatíveis pela concorrência séria. Driblando direitos trabalhistas e tributos, passam a enfrentar, mais adiante, processos na Justiça. E aí vem o golpe: inviáveis, entram em falência. Enquanto os verdadeiros donos se refestelam, a conta final vai parar no cofre dos clientes, na maioria, órgãos públicos.

Vulcões despejam rios de lava nas encostas da administração pública. Para complicar, sismos intermitentes abalam as paredes dos edifícios institucionais. Veja-se o mais recente, que fez tremer a imponente catedral da mais alta Corte Judiciária do País. Nunca se viu um chumbo de calibre tão grosso como esse trocado entre o presidente do STF, Gilmar Mendes, e o ministro Joaquim Barbosa[122], daquela Corte. Dizer que o presidente do Supremo tem um magote de capangas em Mato Grosso é algo inimaginável. Parafraseando Luiz Inácio, "nunca antes na história desse País" se ouviu uma linguagem tão desaforada expressa por um ministro do Supremo. Absurdos como esse quebram os freios e contrapesos entre os Três Poderes, deixando em frangalhos a arquitetura traçada pelo barão de Montesquieu. É falácia dizer que as instituições estão sólidas. O que fazer para resgatar a crença social? Ir fundo no campo das reformas. Ter coragem, ousadia. A reforma política se torna inadiável. A gestão pública carece de cirurgia profunda. Sob pena de a esfera privada (oikos, em grego) continuar a invadir a esfera pública (koinon). E assim deixar que a fome particular continue a devorar o cardápio que pertence ao povo. (Abril de 2009)

AUDÁCIA PARA MUDAR

Eis a pergunta que teima em não calar: as instituições nacionais estão exercendo na plenitude as suas funções? As respostas dadas por integrantes dos Poderes, salvo pequenas variações, apontam para a mesma direção: o universo institucional desempenha sua missão sem amarras, imprimindo vigor ao nosso sistema democrático. Ante algum contra-argumento que dê conta de tensões persistentes entre Poderes

---

[122] Episódio envolvendo uma Ação Direta de Inconstitucionalidade (ADI), conduzida pelo ministro Joaquim Barbosa, em torno de uma lei do Estado de Minas Gerais. Ambos divergiram publicamente sobre procedimentos internos.

e aponte para a bateria infindável de denúncias nos mais variados compartimentos da vida pública, a réplica, regra geral, é assim: isso demonstra a vitalidade das instituições. É verdade que o confronto, o jogo dos contrários, as pressões e contrapressões e, em consequência, as sequelas originadas pelo embate nas esferas governativas são inerentes aos sistemas democráticos, atestando sua superioridade sobre outros. No caso brasileiro, porém, é sofisma garantir – como insistentemente se faz – que o quadro institucional é bem composto. E que a nossa democracia vai muito bem, obrigado. Não é bem assim. Faz um bom tempo que escândalos em profusão enfiam as instituições num gigantesco corredor antropofágico, onde enlameiam a imagem.

O reconhecimento de que o País precisa de um norte institucional é o próprio Pacto Republicano de Estado, firmado sob o compromisso de se buscar um sistema de Justiça mais acessível, ágil e efetivo, quando, na verdade, embute a meta de aprofundar a densidade de nossa democracia e alcançar a autonomia dos cidadãos, tornando-os mais vigilantes no combate aos descalabros que corroem a coisa pública. Para onde se olhe há lixo acumulado. Nos últimos tempos a distância entre a sociedade e a esfera pública se tem ampliado, resultante da crise ética que arrefece a crença social na política. A cada bateria de denúncias envolvendo ilícitos, o sistema representativo desce mais fundo no poço. Apesar das tentativas de resgatar a imagem, o Parlamento tem dificuldades para apagar a fogueira do infortúnio, permanentemente acesa com a farta lenha da mídia. Há sinalizações auspiciosas, como a solução dada pelo presidente da Câmara para escapar do trancamento da pauta por medidas provisórias e a transparência de contas na internet[123]. Mas a recuperação do prestígio dos Poderes depende de fatores complexos, a começar pela quase impossível confluência de ideários. Vejamos.

O desenho institucional carece de harmonia. Dispomos de uma Federação desequilibrada, que fica mais torta ao tentar combinar

---

[123] Referente às verbas indenizatórias concedidas aos deputados.

presidencialismo, bicameralismo, representação proporcional e pluripartidarismo. Os mosaicos ficam frouxos. Estados e municípios aparecem no cenário de pires na mão, clamando por fatias dos gordos cofres da União, que fazem a festa de um governo de cunho imperial. Vale lembrar que o brasileiro tem apego especial ao presidencialismo. O motivo é a desconfiança em relação à escolha indireta de governos, característica do parlamentarismo. Haja tinta para segurar os partidos governistas. Fica fácil conservar o poder absolutista e, assim, invadir o campo legislativo, devastando funções do Parlamento.

Já o sistema bicameral carece de ajustamento. A concepção dual da representação – com a existência de duas câmaras – baliza o federalismo democrático. A representação nacional dos cidadãos, com seus conflitos de interesses, valores e ideologias, toma assento na Casa do povo, a Câmara dos Deputados. Já o Senado exerce o papel de representação dos Estados. Ocorre que a chamada Câmara Alta[124] interfere bastante no processo legislativo, eis que pode legislar à vontade sobre qualquer tema, e dispondo de poder de veto sobre as leis aprovadas na Câmara, mesmo que tais decisões nada tenham que ver com o equilíbrio federativo, conforme determina o figurino que regula em três o número de senadores para todos os Estados. É evidente que o escopo funcional desta Casa carece de reajustamento, tarefa que poderia avançar na extirpação das contrafações, como a figura do senador sem voto.

Quanto à representação proporcional, sabe-se que os critérios para obtenção do quociente eleitoral não são homogêneos entre Estados pequenos e entes mais populosos, o que gera distorção nos resultados globais. Por outro lado, o atual sistema de lista aberta promove o eleitoralismo individualista, acentuando a competitividade no seio dos partidos. Some-se a isso um pluripartidarismo com quase 30 siglas e teremos, ao final, uma peneira. Este é o aparato que deveria ser objeto central do Pacto Republicano. Se não forem tapadas as frestas

---

[124] Judiciário.

do sistema governativo, o País estará condenado a perpetuar suas crises. Para merecerem respeito as instituições precisam evitar que os casos privados – previsíveis em nossa cultura patrimonialista – conspurquem sua identidade. Nenhum avanço ocorrerá sem vontade de mudar. (Maio de 2009)

O DESAFIO DO SISTEMA PARTIDÁRIO

MUDAR O CURSO DA VELHA POLÍTICA

Um dos maiores equívocos quando se analisa a prioridade das reformas necessárias ao desenvolvimento de um País é achar que o bloco da economia deve abrir o desfile. Trata-se de um viés cada vez mais reforçado pelo argumento de que as economias globalizadas conduzem o carro principal da contemporaneidade. Em função dessa visão errática, parcela razoável das democracias modernas é desprovida de conteúdo social, não servindo de instrumento para atenuar as distâncias constrangedoras entre as classes. É o caso do Brasil, onde a priorização do caixa do Governo precede outras salvaguardas, entre as quais mudanças nas alavancas da política, particularmente os sistemas eleitoral e partidário, que, defasados ante a modernização dos setores produtivos, acabam prendendo o País ao passado, tolhendo a democracia.

Que adiantará pavimentar os caminhos econômicos se o caminhão da política continuar obsoleto e pegando apenas de arranque, com a gasolina do tanque das recompensas? Atente-se para uma frase lapidar de Maurice Duverger, o renomado estudioso francês dos sistemas políticos: "o Brasil só será uma grande potência no dia em que for uma grande democracia. E só será uma grande democracia no dia em que tiver partidos e um sistema partidário forte e estruturado". Como chegar lá? Mudando os eixos da política, com a substituição da relação eleitor-eleito pela vertente eleitor-partido. A prevalecer os beltranos, fulanos e sicranos sobre as legendas, continuaremos a ter partidos débeis, fisiológicos e mutantes.

Não é fácil, convenhamos, mudar o curso da velha política. Para que os eleitores votem em partidos e não em candidatos, há de se mexer no código eleitoral, alterando regras que vigoram há mais de 70 anos, e que se amparam no sistema proporcional de listas abertas, privilegiando a vertente eleitor-eleito. Essa orientação acaba desarticulando a solidariedade partidária, tornando adversários entre si candidatos de um mesmo partido. O Brasil é um dos raros Países a adotar tal critério. As listas fechadas, com votos na legenda, constituem, hoje, a regra. Convém, portanto, abrir a discussão sobre a viabilidade dos sistemas majoritário em dois turnos e proporcional, com suas respectivas cláusulas de desempenho. O voto distrital misto – pelo qual se pode votar parte em lista aberta e parte em lista fechada – pode ser uma alternativa razoável, na medida em que garantirá a proporcionalidade e diminuirá a disputa interna de candidatos nos distritos.

Ao lado dessa questão, depara-se com a necessidade de se ajustar o princípio da equidade do voto – um eleitor, um voto com igual valor – a fim de se cumprir a exigência democrática de tornar o custo do processo igual para representantes de todas as regiões. Ora, sabemos que há uma desfiguração radical da prática de representação proporcional no País, pela qual coexistem uma sub-representação do eleitorado nos Estados mais populosos, modernos, urbanizados e industrializados, e uma super-representação nas regiões menos populosas, oligárquicas e de cultura política retrógrada. Nesse ponto, reside o imbróglio: não há nenhuma chance de que os super-representantes atirem no próprio pé, diminuindo suas cotas eleitorais. Se não se chegar a uma equação justa, que sejam pelo menos aumentados os índices de representação de regiões eleitoralmente mais densas.

É claro que as mudanças no sistema eleitoral hão de estar afinadas a regras que possam dar estabilidade aos partidos. Ou seja, urge acabar com a gangorra partidária que vem se movendo perigosamente desde 1986, exibindo altas taxas de volatilidade eleitoral e fragmentação parlamentar. As bancadas mudam de tamanho, menos em consequência da vontade do eleitor e mais em função de intensa migração de deputados. Incluem-se, ainda, na pauta da reforma política, programas dos partidos para o País, cláusulas de desempenho e o estatuto da fidelidade partidária[125], com regras capazes de fortalecer as legendas de alta representação social e garantir, sem engessar, a presença do parlamentar por determinado período no partido que o acolheu. É a mãe de todas as reformas. (Janeiro de 2003)

O VOTO, DEVER OU DIREITO?

O voto é um dever cívico ou um direito subjetivo? A instigante questão diz muito a respeito da qualidade de um sistema democrático. No nosso caso, a resposta é dada pela Constituição, que torna o voto compulsório, exceção feita aos jovens entre 16 e 18 anos, eleitores com mais de 70 anos e analfabetos. Quem deixar de votar e não apresentar justificativa plausível estará sujeito a sanções. Que implicações haveria para a democracia brasileira caso o voto fosse facultativo? O primeiro efeito seria a quebra de 35% na participação da população nas eleições, conforme projeções feitas por estudiosos do sistema eleitoral. Tomando como referência o conjunto de 2010 – 135.804.433 eleitores –, iriam para as urnas entre 85 e 90 milhões de eleitores. Esse volume menor não significaria, porém, enfraquecimento da nossa democracia representativa, como alguns querem comprovar sob o argumento de que o País ainda não alcançou grau elevado de institucionalização política. Tal abordagem não resiste a uma análise mais acurada.

Para início de conversa, há um dado irrefutável que precisa ser levado em consideração: com o somatório de abstenções, votos nulos e em branco, ocorre uma quebra de 25% no resultado geral, conforme

---

[125] Finalmente adotada em 2007, por meio da Resolução TSE 22.610/2007 e alterada pela Resolução TSE 22.733/2008.

se viu no segundo turno da eleição presidencial em 2006. Pelo visto, o voto, apesar de obrigatório, queima considerável parcela da votação, sendo razoável projetar para 2010[126] algo como 33 milhões de votos que não entrariam na planilha da apuração. Já o voto facultativo, significando a liberdade de escolha, o direito de ir e vir, de participar ou não do processo eleitoral, abriga a decisão da consciência, calibrada pelo amadurecimento. Se milhões de eleitores poderiam abster-se de votar, por livre e espontânea vontade, outros milhões compareceriam às urnas com discernimento para sufragar nomes e partidos previamente selecionados. O processo registraria, assim, índices bem menores de votos nulos e em branco, eis que a comunidade política, ativa e participativa, afluiria em peso aos locais de votação.

É falaciosa a tese de que a obrigatoriedade do voto fortalece a instituição política. Fosse assim, os EUA ou os Países europeus, considerados territórios que cultivam com vigor as sementes da democracia, adotariam o voto compulsório. O fato de se ter, em algumas eleições americanas, participação de menos de 50% do eleitorado não significa que a democracia ali seja mais frágil que a de nações onde a votação alcança dados expressivos. Como observa Paulo Henrique Soares[127], em seu estudo sobre a diferença entre os sistemas de voto, na Grã-Bretanha, que adota o sufrágio facultativo, a participação eleitoral pode chegar a 70% nos pleitos para a Câmara dos Comuns, enquanto na França a votação para renovação da Assembleia Nacional alcança cerca de 80% dos eleitores. Portanto, não é o voto por obrigação que melhorará os padrões políticos. A elevação moral e espiritual de um povo decorre dos níveis de desenvolvimento econômico do País e seus reflexos na estrutura educacional. Na lista do voto obrigatório estão os territórios da América do Sul, com exceção do Paraguai, enquanto a lista do voto facultativo é in-

---

[126] Eleições majoritárias para a Presidência da República, governos estaduais e cargos legislativos em âmbito federal e estadual.
[127] Refere-se a "Vantagens e desvantagens do voto obrigatório e do voto facultativo", publicado pela Consultoria Legislativa do Senado Federal em 2004.

tegrada por Países do Primeiro Mundo, os de língua inglesa e quase todos os da América Central.

A facultatividade do voto, ao contrário do que se pode imaginar, animaria a comunidade política, engajando os grupos mais participativos e vivificando a democracia nos termos apregoados por John Stuart Mill, numa passagem de *Considerações sobre o Governo Representativo*, quando divide os cidadãos em ativos e passivos. Diz ele: "Os governantes preferem os segundos – pois é mais fácil dominar súditos dóceis ou indiferentes –, mas a democracia necessita dos primeiros. Se devessem prevalecer os cidadãos passivos, os governantes acabariam por transformar seus súditos num bando de ovelhas dedicadas tão somente a pastar capim uma ao lado da outra." Valorizar o voto dos mais interessados e envolvidos na política, pela via do voto consciente, pode evitar que conjuntos amorfos participem do processo sem convicção. Alguns poderão apontar nisso posição elitista. Ao que se contrapõe com a indagação: o que é melhor para a democracia, uma minoria ativa ou a maioria passiva? A liberdade para votar ou não causaria um choque de mobilização, levando lideranças e partidos a conduzir um processo de motivação das bases.

O voto obrigatório, vale lembrar, remonta à Grécia dos grandes filósofos, tempos em que o legislador ateniense Sólon fez a lei obrigando os cidadãos a escolher um dos partidos. Era a forma de conter a radicalização de facções que quebravam a unidade em torno da polis. Ao lado da proibição de abstenção, nascia também ali o conceito de distribuição de renda. Já entre nós, a obrigatoriedade do voto foi imposta nos tempos do Brasil rural. O voto compulsório se alojou no Código Eleitoral de 1932, tornando-se norma constitucional em 1934. O eleitorado abarcava apenas 10% da população adulta. Temia-se que a pequena participação popular tornasse o processo ilegítimo. Hoje a paisagem brasileira é essencialmente urbana e os desafios são bem maiores. (Setembro de 2010)

O VOTO DISTRITAL

Uma reforma completa ou simples meia-sola na política? De bate-pronto se pode garantir que um projeto na área da mudança de costumes políticos começa do tamanho de um elefante e acaba como um bicho-de-sete-cabeças, um monstrengo. Quando o projeto mexe com a cultura de perniciosidade da política, a boa expectativa cede lugar à desilusão do ditado "a montanha pariu um rato". Por isso, não se espere muita coisa no campo das reformas. Mas a pressão da sociedade, a partir do voto, será capaz de fazer milagres. Passar uma borracha na massa pasteurizada dos partidos é o primeiro passo para a moralização da política.

O quadro partidário mais concentrado dará transparência aos atores políticos, aclarando divergências e convergências e diminuindo as distâncias entre Poderes. E terá melhores condições de aprovar a fidelidade partidária, fundamental para a homogeneidade parlamentar. Com essa textura o terreno estará apto a receber a principal semente da reforma: o voto distrital. O que ele significa? Que os deputados serão eleitos por distritos. Os mais votados ganharão os assentos. Os distritos são unidades territoriais compostas a partir de critérios como extensão, densidade populacional/eleitoral e número de representantes que lhes cabe eleger. Cada distrito tem uma magnitude.

O voto distrital oferece a vantagem de aumentar o poder de fiscalização sobre os representantes. O candidato torna-se próximo ao eleitor e este, na eleição seguinte, poderá mudar de voto caso não aprove a atuação de seu deputado. Hoje, 75% dos eleitores não lembram em que votaram na última eleição. A distritalização propicia distribuição mais rigorosa, equitativa e operacional das circunscrições eleitorais. Como se sabe, o atual sistema de eleições proporcionais é injusto. Nas eleições de 1994 e 1998, 61 dos 100 maiores colégios do País não elegeram nenhum representante, como atestou Nelson de Carvalho, do Instituto Universitário de Pesquisa do

Rio de Janeiro[128], em tese de doutorado. O voto distrital num único nome multiplica os legisladores focados nos problemas locais, deixando em plano inferior representantes de interesses mais difusos das coletividades. Critica-se esse voto por incentivar o paroquialismo, tornando o representante um despachante federal. Mas isso já é comum, basta ver a composição da representação. Dos três tipos de deputados, dois são focados na proximidade territorial: os defensores de interesses locais, com votos concentrados numa região; os defensores de interesses regionais, embora dispersos, com votação concentrada em algumas regiões; e os deputados que defendem interesses difusos, com votação em todo o Estado.

Não se pode, todavia, deixar de examinar as tendências do processo democrático, entre as quais a democracia participativa – apontando para maior presença da comunidade no processo político – e a forte inclinação pela macropolítica, cujo esteio abriga as demandas cotidianas das regiões. Ambas as vertentes têm alto grau de convergência com o voto distrital. Nos EUA o voto distrital puro joga a política na seara das localidades. Na França o voto também é distrital puro, mas há dois turnos na eleição para deputados, quando um candidato não consegue, no primeiro turno, mais da metade dos votos. Há quem defenda o voto distrital misto, do tipo alemão, onde parte dos deputados é eleita pelos distritos e parte pelo sistema de lista (voto na legenda) preparada pelo partido. Combina-se, neste caso, o voto majoritário com o proporcional. Reserva-se um espaço para as elites políticas – deputados de voto de opinião – exercitarem o pensamento político. Quem garante, porém, que as listas não serviriam para fortalecer cúpulas partidárias, perpetuando seu domínio? Existe até proposta de voto distrital misto à brasileira, pelo qual os candidatos concorrem em cada distrito, com os mais votados assumindo a vaga

---

[128] Nelson Rojas de Carvalho, do Iuperj, ligado à Universidade Cândido Mendes. Pesquisa deu origem ao livro *E no início eram as bases. Geografia política do voto e comportamento legislativo no Brasil* (Editora Revan, Rio de Janeiro, 2003).

majoritária distrital e os menos votados se classificando para as vagas que couberem ao partido pelo sistema proporcional.

Muitas questões aparecerão, como, por exemplo, a definição dos tamanhos dos distritos. Vejamos o caso de São Paulo, com 28 milhões de eleitores e 70 deputados. Comportaria 70 distritos, cada um com 400 mil votos, enquanto em Roraima, com 250 mil eleitores e oito deputados, o distrito teria 31.250 eleitores. Seria esse um critério justo? Boa alternativa seria usar o conceito de distrito de média magnitude, como se usa na Espanha, em Portugal e na Grécia, onde são eleitos entre cinco a oito parlamentares, e não apenas um. Seria mais equânime. Urge abrir o debate e avançar. (Agosto de 2006)

DISTRITINHO E DISTRITÃO

Ponto um: nos termos do parágrafo único do artigo 1º da Constituição, "todo o poder emana do povo, que o exerce por meio de representantes eleitos ou diretamente, nos termos desta Constituição".

Ponto dois: nos termos dos artigos 45 e 46 da Constituição Federal, os deputados federais representam o povo e os senadores representam os Estados e o Distrito Federal.

Ponto três: os deputados são eleitos pelo sistema proporcional e os senadores, pelo sistema majoritário.

Ponto quatro: se o povo vota em um candidato e este, com sua bagagem de votos, leva para o Parlamento mais dois ou três de contrabando, esses excedentes ferem o princípio constitucional alinhavado no primeiro item.

Ponto cinco: a representação popular, para ganhar respeito e legitimidade, deve se submeter a uma radiografia moral a fim de se conformar aos ditames constitucionais.

Ponto seis: o exercício do poder em nome do povo é tese ancorada na hipótese de escolha dos eleitos de acordo com o preenchimento das vagas que cabem a cada Estado.

Ponto sete: essa hipótese abriga o voto majoritário, que, adotado na escolha dos representantes do povo, acabaria com a excrescência gerada por coligações proporcionais, pela qual o eleitor vota em um candidato e, alheio à sua vontade, elege mais um, dois ou até mais de três.

Dito isso, vale perguntar: que vertentes abrigam o voto majoritário? Neste início de debate sobre reforma política[129], que Senado e Câmara começam a debater sob a égide de comissões específicas, duas propostas se sobressaem por privilegiar o voto majoritário: os sistemas conhecidos como "distritinho" e "distritão". O primeiro, que tem como um de seus defensores o governador paulista, Geraldo Alckmin, se assenta na ideia de escolha dos representantes a partir de distritos, pelo critério dos mais votados, abolindo-se as coligações partidárias. Teria como finalidade estabelecer ligação mais estreita entre o parlamentar e as regiões. A representação popular seria escolhida exclusivamente por este critério – o voto distrital puro –, abolindo-se, dessa forma, o voto em lista partidária.

Pelo segundo sistema, o "distritão", cujo maior defensor é o vice-presidente da República, Michel Temer, seriam eleitos os mais votados até o limite das vagas por Estado. Esse método eliminaria também a distorção de eleição de pessoas sem votos suficientes para representar o povo. Nesse caso, o distrito seria o próprio Estado (distritão), diferente da proposta anterior, de repartir o ente federativo em unidades distritais em conformidade com suas densidades eleitorais.

Entre as duas propostas, qual a mais condizente com o preceito constitucional? O "distritão" parece mais afinado à letra normativa. O Estado como distrito e circunscrição eleitoral, nos termos propostos por Temer, se ajusta melhor ao modelo de representação do povo brasileiro, esteja ele em São Paulo ou no Acre. O deputado é a voz do povo no Parlamento. Já a concepção do "distritinho", nos termos apregoados por Alckmin, aponta para a identificação do parlamentar

---

[129] O Senado e a Câmara Federal instituíram, em de março de 2011, comissões separadas para a discussão da reforma política.

com a localidade, a espacialidade, características próximas da representação senatorial. O senador é a voz do Estado no Parlamento. Ademais, o poder econômico é mais forte em regiões restritas. É aí que predomina a força dos cabos eleitorais. É aí que se flagra o "voto de cabresto", diferente do voto de opinião, racional e crítico, que emerge no seio dos conjuntos mais avançados politicamente.

O argumento de que o voto majoritário enfraquece os partidos é sofisma. Para começo de conversa, o que seria melhor para vivificar a política: 28 siglas amorfas ou 10 partidos com ideários fortes e claros? A massa pasteurizada da política é produzida pelos laboratórios de conveniências da estrutura partidária. Dizer que as campanhas, hoje, são realizadas em nome dos partidos é faltar com a verdade. Hoje, vota-se no perfil individual, não no partido. As campanhas são fulanizadas. Todos os entes – com exceção de uma ou outra sigla do extremo ideológico – bebem em fontes incolores, insossas e inodoras.

O que ocorreria com a adoção do voto majoritário e consequente eliminação das coligações proporcionais seria a integração/fusão de partidos. A busca de maior força e densidade propiciaria natural integração de parceiros, principalmente de pares com identificação histórica ou parentesco ideológico.

É improvável que os partidos, no afã de obter grande votação, passem a compor suas chapas com demagogos, populistas, celebridades e famosos. Uma plêiade de olimpianos (perfis que habitam o Olimpo da cultura de massa) tenderia a se isolar. Fora de seu hábitat, sem vocação e motivação, acabariam sendo objeto de muita crítica. Após a fosforescência inicial, os pequenos "deuses" desceriam à terra dos mortais, tornando-se figuras banais, até porque não contariam mais com agasalho midiático. O que será de Tiririca sem o chapéu de palhaço no circo da mídia? A vida útil de uma celebridade, sem a luz do farol, é curta. Não se deve esquecer, ainda, de que o País, a cada ciclo histórico, avança na estrada civilizatória. Haverá um momento em que o eleitor, mais racional, exigirá que cada macaco permaneça em seu galho.

Quanto ao voto em lista fechada – visto por alguns como eixo de fortalecimento dos partidos –, são evidentes as consequências perversas que gera, ao conferir excessivo poder aos caciques partidários. Estes formariam as listas posicionando os nomes de acordo com suas conveniências.

Cada sistema de sufrágio, como se pode aduzir, comporta prós e contras, alguns mais que outros, mas o critério de escolha pela via do voto majoritário, e atendendo ao preceito da escolha dos mais votados, parece, seguramente, o mais adequado. Para o eleitor, tal método se apresenta ainda como o mais lógico e de fácil compreensão. Começar o debate sobre reforma política pelo sistema de voto é, portanto, a mais auspiciosa notícia da estação. (Fevereiro de 2011)

REELEIÇÃO: PERTINENTE OU NÃO?

A reeleição constitui um dos maiores ativos do famigerado custo Brasil. Sua eliminação contribuirá para oxigenar a administração pública, arejando a cena com rotatividade maior no poder e obrigando partidos e candidatos a retornarem com intensidade ao encontro do eleitor. Um candidato à reeleição conta com *handicap* formidável: máquina administrativa, visibilidade, recursos e apoios múltiplos, domínio das estruturas partidárias e controle das redes sociais do Estado. Quanto menor a instância político-administrativa, maior o poder de fogo de candidatos à reeleição, ou seja, o Produto Nacional Bruto da Corrupção começa a engordar pelo cofre da prefeitada. Mais de 70% dos prefeitos são candidatos à reeleição.

Mas há uma explicação de fundo histórico por trás da ideia nefasta da reeleição. Trata-se da concepção e da origem dos direitos em nosso País. Como ensina José Murilo de Carvalho, entre nós a cultura do Estado prevalece sobre a cultura da sociedade. Direitos são vistos como concessões, e não como prerrogativas, criando uma 'estadania' que sufoca a cidadania. Um processo de tutela amortece o ânimo social, dificultando sua emancipação política.

Não é à toa que o assistencialismo, como dádiva, corre nos desvãos das três esferas da administração pública. Para reforçar o poder de manipulação, os atores apropriam-se das conquistas das sociedades urbanas, entre elas, as linguagens das mídias, principalmente dos meios audiovisuais, e passam a exercer um controle social sobre as massas, atraídas mais pela estética das imagens do que pela força da razão.

Neste ponto, convém pinçar o exemplo dos Estados Unidos, País sempre lembrado por adotar o estatuto da reeleição. Lá, o presidente Roosevelt permaneceu por quase quatro períodos (1933-1945, veio a falecer ao correr do último) seguidos na Presidência. Quando foi escrita, a Constituição norte-americana não restringia mandatos consecutivos. Acontece que os norte-americanos se unem em tempos de crise. Depois da recessão de 1929, elegeram Roosevelt, dando-lhe, depois, mais três mandatos. Após a 2ª Guerra, restringiram a reeleição a apenas um segundo governo, na crença de que o excesso de poder dos governantes é prejudicial. E aqui surgem as diferenças. Nos Estados Unidos, o império da lei funciona. Direitos são respeitados. Os tribunais fazem permanente interpretação da legislação. Mais que isso, a força da sociedade é extraordinária, agrupando associações de todos os tipos, que fiscalizam, cobram e diminuem o poder de influência do governo sobre a vida das pessoas. A pujança social é um freio a qualquer iniciativa de totalitarismo.

Ao contrário, por aqui o Estado tem a força para expandir a sua sombra deletéria. E é nela que a reeleição se refugia, escondendo um corpo esculpido em mazelas. (Fevereiro de 2007)

COLIGAÇÕES, ANGU DE CAROÇO

O imbróglio está no ar: a vaga de um candidato eleito pertence ao partido. Portanto, se ele renunciar ao mandato ou for cassado, por abandono da legenda a que pertence, sua vaga deverá ser preenchida pelo primeiro suplente de seu partido. Se este primeiro suplente for apenas o quinto suplente de uma coligação integrada por, digamos, cinco siglas, continuará ele a ter direito à vaga. Esse entendimento do STF[130], tomado em dezembro em resposta a um mandado de segurança impetrado pelo PMDB, está causando alvoroço na frente política em decorrência da alteração nas planilhas partidárias, neste momento em que mais de 40 parlamentares foram convocados para compor o secretariado dos Estados. Apesar de abrigar, à primeira vista, sólida fundamentação, eis que candidato não tem vida política fora de uma sigla e nenhuma candidatura se torna viável sem desfraldar a bandeira partidária, a decisão do Supremo ganha questionamentos bastante consistentes em sentido contrário. Ou seja, os fundamentos em favor da tese de que a vaga deve ser ocupada pelo primeiro suplente da coligação, e não do partido, são vigorosos e merecem consideração.

É oportuno lembrar, primeiro, que partidos políticos representam parcelas do pensamento social. Em tese, os eleitos devem levar para os foros que abrigam o mandato popular as teses e as demandas expressas pelos contingentes que os elegeram. E o que significam coligações? Elas são facultadas pelo artigo 6º da Lei 9.504/97, que permite aos partidos, dentro de uma mesma circunscrição, selar uma união para a eleição majoritária, proporcional ou para ambas. Trata-se de pessoa jurídica *pro tempore*. Ora, ao se juntarem numa coligação, as siglas assumem na prática as prerrogativas e obrigações de um partido político para efeitos eleitorais, somando tempos a que têm direito no rádio e na TV, para efeito de maior exposição midiática, processo que culmina com a soma dos votos alcançados pelo conjunto. Urge esclarecer que para a eleição majoritária as coligações têm como foco o acréscimo de tempo na propaganda eleitoral gratuita, e para a eleição proporcional o interesse maior está no cômputo geral dos votos.

É evidente a forte relação de causa e efeito que se extrai da coligação eleitoral. Pelo nosso sistema, as vagas são determinadas a partir

---

[130] De 9 de dezembro de 2010.

do chamado quociente eleitoral, que resulta do número de votos válidos pelo número de vagas a preencher em cada Estado. Essa conta – soma dos votos nominais e de legenda – é feita para cada sigla e para as coligações. No caso destas, os candidatos mais votados, independentemente do partido a que estejam filiados, encabeçarão a lista para preenchimento das vagas. Fechando-se o circuito parlamentar de cada Estado, atendendo sempre à ordem decrescente de votação e em consonância com o quociente eleitoral, forma-se, a seguir, a lista dos suplentes, que são convocados a ocupar o cargo em casos de impedimento, renúncia ou morte do titular.

Neste ponto, chega-se à questão factual que se pinça da decisão (de certa forma surpreendente) do STF. A ordem de suplência não se vincula mais à votação nominal obtida pelos candidatos de uma coligação, e sim ao partido político a que ele pertence. Vale esclarecer que a Corte concedeu liminar acolhendo a tese de que, com a renúncia de um parlamentar do PMDB, o deputado Natan Donadon (RO)[131], a vaga deveria ser preenchida por suplente do mesmo partido. Em seu mandado de segurança, o partido alegou que o primeiro suplente, Agnaldo Muniz, se desfiliara do PP, que à época compunha a coligação. Emergiu a interrogação: a decisão do STF valeria para todos os casos? Independentemente do fato de ter deixado ou não um partido que fez parte de uma coligação, o primeiro suplente deve ceder a vaga a outro, do partido que abriu a vaga? Ricardo Vita Porto, experimentado advogado eleitoral com visão discordante do STF, argumenta que a Corte deveria ter permitido a posse do primeiro suplente da coligação. Afinal, esse foi o veredicto das urnas. Se este tiver cometido infidelidade, o ator partidário que se sentir preterido deve procurar seu direito na Justiça Eleitoral. Essa é a liturgia sugerida pela norma.

Se o entendimento é que a decisão do Supremo define os horizontes para todos os casos de suplência, fortes argumentos acabam indo para o baú. Vejamos. A coligação, embora adquira caráter tem-

---

[131] Renunciou em 27 de outubro de 2010.

porário, desfazendo-se logo após o processo eleitoral, assume status de partido político. As consequências geradas por ela devem perdurar no tempo, eis que os parceiros foram legitimados pelo processo eleitoral. Portanto, os eleitos por uma coligação também assumem, à semelhança dos eleitos por um partido, escopos e ideários expressos pelas siglas que a integram. Dir-se-ia, até, que representariam parcelas mais plurais do pensamento social. Portanto, sob o prisma doutrinário, alicerce da democracia partidária, não há razão para questionar a identidade dos perfis eleitos por uma coligação. Como candidatos, apresentaram-se ao eleitor, expuseram ideias, comprometeram-se com demandas. Cada um ficou chancelado com a marca (identidade das parcelas eleitorais) e o tamanho (quantidade) dos votos. Cassar essa condição, desmanchar o jogo depois de jogado, é simplesmente maltratar as regras de nossa incipiente democracia. Ou seria esse mais um exemplo de judicialização da política?

Se a confusão, que mais parece um angu de caroço, começa na mesa da coligação proporcional, por que, então, não extingui-la de nossos códigos? O fato é que privilegiar um suplente com votação bem inferior à de outros é desprezar a vontade do eleitor. Cabe ao Poder Judiciário apreciar os vazios constitucionais e preenchê-los com lições de Direito e, sobretudo, de bom senso. Como a questão foi tratada nos termos de uma liminar, a tomada de decisão não é, portanto, definitiva, pode-se prever um desfecho coroado pela tradição de respeito à vontade popular e ao espírito do tempo. (Janeiro de 2011)

FINANCIAMENTO ELEITORAL E TRANSPARÊNCIA

Ao anunciar o mecanismo de doação para as campanhas via internet, o presidente do TSE, ministro Carlos Ayres Britto, talvez impressionado com o alcance do sistema, usado pelo candidato vitorioso Barack Obama, nos EUA, fornece uma pista para que deputados e senadores encontrem soluções racionais e de fácil aplicação na seara da reforma política, objeto de projeto do governo. Ao lado da transparência, estreitando os buracos do chamado caixa 2, a ferramenta eletrônica terá o condão de mobilizar a sociedade, a partir dos jovens, que se têm mantido refratários à política. Para que esta via modernizante possa vir a ser implantada, o financiamento público de campanha, nos termos propostos pelo projeto do Executivo, haverá de adquirir outra formatação. Neste caso, nosso modelo seguiria o formato americano, que permite a opção pelo financiamento privado. É ingênuo imaginar que campanha financiada com dinheiro público elimine o aporte de recursos privados e outros meios transferidos ilegalmente para candidaturas majoritárias e proporcionais.

Nos EUA, que abrigam eficazes experimentos democráticos, os dois sistemas coexistem, de forma harmônica, podendo os candidatos optar por um deles após avaliarem seu potencial. John McCain preferiu o financiamento público, que lhe permitiu receber US$ 84 milhões, mas Obama, enxergando longe, rejeitou o limite imposto pela lei, objetivando maximizar o potencial da internet. Angariou cerca de US$ 600 milhões, mobilizando milhões de eleitores que agiram como doadores e cabos eleitorais. A veiculação eletrônica contribuiu de maneira significativa para diminuir a influência dos grupos de interesse que circundam a política norte-americana. Como é sabido, os lobbies dos grandes grupos – indústria de armamento, fumo, bebidas – têm sido os grandes financiadores de candidatos. As redes sociais, que proliferam nas malhas internéticas e são consideradas uma nova força a serviço da integração dos povos, não podem ser deixadas de lado pela política. Sob essa perspectiva, a indicação do ministro Ayres Britto – doação pela internet – serve como oxigênio às águas paradas da política brasileira.

Os dois tipos de financiamento podem coexistir, bastando regras claras para seu uso, permitindo que candidatos escolham um deles. O modelo norte-americano abriga comitês políticos que se multiplicam em todos os Estados por ocasião de campanhas, arrecadando dinheiro. As leis federais são independentes de leis estaduais, que regulamentam as eleições para cargos locais. Mas tudo é muito claro e rígido. Em função do nosso sistema federativo, por aqui as normas têm aplicação global. O diferencial do sistema político americano, porém, é dado pela fortaleza dos Partidos Democrata e Republicano. Esse é o nosso busílis. Por mais que se diagnostiquem os tumores da política tupiniquim, é complexa a tarefa de extirpá-los. (Novembro de 2008)

O CUSTO DA DEMOCRACIA

A democracia custa caro. E mais: qualquer preço vale a pena para manter as instituições democráticas. As duas afirmações fazem parte do arsenal que, desde os tempos da velha Atenas, no século 5ª A.C., se forma para defender o escopo que Churchill designou como "a pior forma de governo, salvo todas as demais que têm sido experimentadas de tempos em tempos". Se o preço da democracia custa, como se diz no vulgo, os olhos da cara, em nossos trópicos, que já foram tristes, o custo a pagar por ela inclui não só a cara, mas tronco e membros. No Brasil, encontra-se sempre por aqui e ali um superlativo que faz a diferença em relação a outros mercados democráticos. Basta ver um dos últimos exemplos na direção do robustecimento de nossa democracia: a superlotação das Câmaras Municipais com mais um lote de 7.343 vereadores[132]. Que ninguém se surpreenda com o sofisma de que a nova leva não implicará aumento de gastos públicos. E o que dizer sobre o fato de que os novos representantes puxarão um cordão de secretárias e assessores, abrindo espaços físicos e organizando estruturas para atender a demandas dos representados?

Por curvas, subidas e descidas, caminha a democracia brasileira. Cheia de jeitinhos, acomoda-se às pressões e contrapressões e, como a água do rio, dribla as pedras do caminho. Mas essa condição, vale dizer, se gera contrafações, contribui também para a inventividade da nossa maneira de lapidar os costumes políticos, sendo até consi-

---

[132] PEC (Projeto de Emenda à Constituição) que criou esse lote de novas vagas de vereadores no País, medida que entrará em vigor nas eleições de 2012.

deráveis os avanços que o País registra em campos como o processo eleitoral, em que nossas urnas eletrônicas lideram o ranking da eficiência entre nações democráticas. Acertos numa área e atrasos noutra se amalgamam e, ao final de muita discussão, os instrumentos que regem nossa democracia vão, paulatinamente, sendo aperfeiçoados. A reforma eleitoral[133] que acaba de passar pelo Legislativo, sob a boa disposição da Câmara de apressar a votação do projeto, constitui seguramente uma orientação mais moderna que as normas que têm guiado os pleitos. Só o fato de inserir a rede virtual da internet no processo sem o tacão da censura significa sintonia fina com o espírito do tempo. Destoante é a nivelação da internet com mídias que são concessões públicas, o que a obriga a seguir as restrições impostas ao rádio e TV para debates. Mas o busílis continua sendo o capítulo das doações. Essa ainda é uma área tabu.

A questão do dinheiro é sensível para os políticos daqui e alhures. Entre as razões, aponta-se esta: as democracias contemporâneas, escassas de perfis carismáticos, inauguram palanques para lideranças funcionais – burocráticas e técnicas –, as quais, por sua vez, abrem as portas do poder com a chave do dinheiro. Dessa forma, os custos da democracia se expandem. Vale lembrar que a política como missão, com a finalidade de promover o bem comum, nos termos apregoados por Aristóteles, se transformou em profissão da vida moderna. O verbo servir, inerente à política, passa a incorporar o pronome reflexivo se, alterando a identidade da representação, eis que o ideal coletivo cede lugar ao utilitarismo. As virtudes da política aristotélica – fidelidade, lealdade, prudência, amizade, justiça, modéstia, honradez e generosidade – são substituídas por novos atributos, com origem no apelo material.

O desenvolvimento social e tecnológico gerou novos polos de poder e a política espalhou os atores por núcleos especializados. A co-

---

[133] Na verdade, uma minirreforma dada pela aprovação da Lei nº 12.034/09, promulgada em 29 de setembro daquele ano, em que se disciplinou doações, participação feminina no processo eleitoral, propaganda na internet, uso de artistas nos palanques, entre outros, regras que passaram a valer no pleito de 2010.

letividade passou a abrigar teias e comunidades, conjuntos que para obter maior eficácia elegem representantes próprios. Sob essa moldura, o tamanho do cofre passou a ter muita importância na política. O dinheiro desempenha função na montagem dos Parlamentos. As campanhas tornam-se caras. Nos Estados Unidos, grandes e pequenos grupos têm seus parlamentares. Tal base se vale de contribuições dos eleitores. Lá, em países europeus, latino-americanos ou por aqui, o financiamento eleitoral faz parte da agenda. A polêmica espalha-se pelos países, tendo como foco a denúncia do financiamento irregular de campanhas. Entre nós, o tema é floreado com tergiversação, boa dose de hipocrisia e pouca sinceridade.

Sejamos realistas, o apregoado financiamento público já existe por aqui, bastando anotar os recursos do Fundo Partidário providos pelo Tesouro, o acesso gratuito ao rádio e TV e a possibilidade de descontos tributários por parte das emissoras. Além disso, dispomos do financiamento privado. Esse mecanismo agora ganha nova modelagem. A autorização de contribuição direta aos partidos, sem identificação de beneficiados, e divulgação dos doadores seis meses após a eleição, dribla a transparência. Por que não se abrem as doações logo no início das campanhas? Porque o Executivo, com a força de que dispõe para regular e monitorar a articulação entre interesses do Estado e demandas privadas, gera pânico nos eventuais doadores. Apoios a candidatos oposicionistas – alega-se – poderiam gerar retaliação. Daí o manejo para esconder os doadores. Coisa de nossa cultura. Ademais, nestas bandas se elege o candidato. Partidos recebem poucos votos – mais por acomodação do eleitor – e já contam com fundo próprio. Por isso doações por pessoas jurídicas deveriam ser feitas diretamente e com transparência aos candidatos. Precisamos acabar com a mania de tapar o sol com a peneira.

Que fique claro: ao financiamento público somam-se as doações privadas (pessoas jurídicas e físicas) e, ainda, recursos por baixo do pano. O caixa 2, sejam quais forem os montantes de cada modalidade, jamais acabará. Faz parte do DNA de nossa política abrir os cofres do PIB informal. Portanto, se o custo da democracia é x, no Brasil a ele se adiciona um y. Se houvesse maior transparência, o adicional por baixo do tapete diminuiria drasticamente. Mais: essa moeda vai subir em função da tendência de reforço das bancadas corporativas. A conta cairá na lupa dos tribunais. Que continuarão a verificar se o cofre de campanhas foi aberto de maneira correta ou arrombado. (Setembro de 2009)

UM TIRO DE FESTIM

Ao ser perguntado sobre as leis que outorgara aos atenienses, Sólon, um dos sete sábios da Grécia antiga, disse: "Dei-lhes as melhores que eles podiam aguentar." Poderia ser essa a resposta dos nossos legisladores, ante a indagação similar, a propósito da reforma eleitoral[134], um embrulho mal-ajeitado, que desperta a atenção por abrigar ferramentas tecnológicas – como a internet –, mas gera repulsa por destoar de um dos maiores reclamos da sociedade, a falta de transparência sobre doações para campanhas.

Nessas duas frentes salta à vista o contrassenso na lei em tramitação. A primeira diz respeito à rede web. Qual a lógica que sustenta a ideia de comparar a internet com o sistema de radiodifusão, no qual se abrigam as concessões de rádio e TV, submetidas a regramento específico? Seria até compreensível que as redes sociais na internet – blogs e sites – tivessem como parâmetro disposições que regulam as mídias jornalísticas, como jornais e revistas, que não são concessões. O argumento da isonomia que ampara o torto arcabouço – garantir espaços para os candidatos – é tão frágil que não parece ter sido objeto de análise por senadores de reconhecido talhe intelectual, como Marco Maciel[135], aliás, um dos mais experientes parlamentares e com histórico pontuado

---

[134] Vide nota anterior.
[135] Advogado e professor, atualmente no DEM por Pernambuco, foi senador, ministro da Educação, vice-presidente da República, entre outros cargos que ocupou em uma prolífica vida pública, mas não conseguiu se eleger ao Senado em 2010.

pela defesa da reforma política. Bastaria atentar para o caráter da rede virtual. Não há nela limites físicos e até a unidade tempo, que afere os passos das pessoas e das estruturas, assume outra dimensão. As fronteiras entre público e privado se imbricam no espaço virtual, sob o ideário da liberdade de qualquer um de fazer e desfazer, criar e recriar, buscar e interagir com interlocutores plurais, de entrar no tabuleiro lúdico e dele sair, sem limite de tempo. A conectividade propicia a usuários a efetivação do processo criativo. Deixa de haver aquela margem de subordinação e passividade do leitor/ouvinte de mídias tradicionais. Na Telépolis global e intensamente interativa, marcar espaços de cada candidato, com direito de resposta a quem se sentir atingido por um adjetivo mal ou bem posto, é querer caçar dinossauros em plena Avenida Paulista. Impor rigidez a uma esfera pluridimensional faz parte da mania de fazer leis sobre coisas impossíveis. Não por acaso, muitas geram deboche. Veja-se a incongruência. Como rádios e TVs comunitárias são concessões públicas, estendeu-se a elas o critério dos canais comerciais. Tudo bem. E a rede virtual? Para esta a tese perde a hipótese. No período eleitoral, a criatividade estará sob censura.

Há normas positivas, entre elas a proibição de criar e ampliar programas sociais no ano eleitoral. Mas a reforma político-partidária, preconizada há décadas, ficou a desejar. Questões como sistema de voto em lista fechada, coligações, prévias e debates entre pré-candidatos continuarão penduradas no armário das indefinições. A lei é um tiro de festim. Sísifo, mais uma vez, verá frustrada sua tentativa de depositar a pedra no cume da montanha. (Setembro de 2009)

REFORMA NO FREEZER

Uma tática que funciona bem quando se quer armar uma pista falsa é parecer estar apoiando uma ideia que, na verdade, contraria o que a pessoa sente. O método é frequentemente usado por políticos e governantes na ressaca das crises. Exemplo? A reforma política. Que aparece como esparadrapo para fechar a ferida aberta por escândalos, denúncias, gravações e máfias que agem nos porões da administração pública.

Por que a tão propalada reforma política não anda? A resposta começa com a lembrança de Maquiavel: "Nada é mais difícil de executar, mais duvidoso de ter êxito ou mais perigoso de manejar do que dar início a uma nova ordem de coisas." Se imprimir nova disposição ao sistema político é tarefa complicada em qualquer democracia, imagine-se o grau de dificuldade que gera no meio de uma cultura inoculada pelo vírus patrimonialista, que costuma corroer as entranhas do Estado. Nossos representantes, como donatários do mandato, querem ter o direito de exercer e usufruir funções e benesses inerentes a ele. Por conseguinte, resistem a votar disposições que possam vir a limitar seu poder. Querem ter liberdade de pular de partidos a seu bel-prazer. Fazer coligações com siglas aliadas e adversárias. Partidos pequenos, mesmo sem expressão eleitoral, devem continuar a existir? Ajustar a proporção da representação, tornando mais justa a relação entre número de votos conquistados pelos partidos e cadeiras obtidas, nem pensar. Como se sabe, por força de disposição constitucional, estabeleceu-se um mínimo de 8 e o máximo de 70 parlamentares por Estado, gerando desproporção média em torno de 10% na representação territorial.

Aos exemplos acima se somam outros que geram conflitos de visões, como o sistema de voto em lista fechada. Se alguns defendem a ideia de que esse mecanismo contribuiria para o fortalecimento partidário, outros argumentam com a hipótese de que o sistema reforçaria o mandonismo das cúpulas, que comporiam chapas com nomes de sua preferência numa ordem de importância. Formar um sistema misto, sendo uma parte eleita pelo atual modelo aberto e outra por meio de lista fechada, é algo polêmico. Em suma, o território pessoal prevalece sobre o espaço dos anseios coletivos e o mapa de qualificação dos partidos. De tão complexa, a dialética da mudança emperra. Chega-se, assim, ao diagnóstico: a reforma não sai porque não há vontade política suficiente; já a escassez de vontade decorre do particularismo que impregna a vida pública. Noutros termos, o declínio do conjunto partidário, a fragmentação de lideranças, o arrefecimento do engajamento das massas, a deterioração dos padrões e temáticas pontuais – patrocinadas pelo Executivo ou pinçadas de uma agenda de circunstâncias – impedem os projetos de caráter mais estrutural.

A análise pode ser feita sob outro prisma. A reforma política não evolui porque não se extrapola o ambiente onde é artificialmente trabalhada, no caso, o círculo dos três Poderes. A matéria política circula por ali, saindo de uma Casa parlamentar para outra, às vezes sob o patrocínio do Palácio do Planalto e, eventualmente, ganhando um adicional – interpretações constitucionais – pelo Poder Judiciário. Em face das dúvidas e diante do acirramento de posições entre os próprios aliados, chega-se à acomodação para não votar a reforma política, mesmo com o reconhecimento de que ela é necessária.

Neste ponto, emerge a conclusão: enquanto for um evento centrífugo, de dentro para fora, a reforma não caminhará[136]. Fator decisivo nessa teia é a pressão da sociedade. Para avançar a reforma carece de uma força centrípeta, articulada por entidades e movimentos. Acontece que a matéria política decepciona a sociedade. Este é mais um nó que deve ser desamarrado: o trem da mudança atrela-se à locomotiva social, mas para tanto os políticos devem dar bons exemplos e melhorar a representação. O que se sente é o contrário: comunidade desmotivada ante os escândalos que batem no conceito de mandatários de todas as esferas. Se os atores envolvidos na trama forem capazes de chegar a um consenso, a reforma tem condição de ser uma utopia. Da parte da sociedade, a mobilização passa pela integração de entidades de reconhecido prestígio com a organização de uma agenda focada nesse tema específico. Se o universo associativo se expande, na esteira de uma miríade de entidades, os campos de interesse variam, dificultando a convergência de abordagens e a defesa de projetos de alto interesse social.

---

[136] Neste momento, duas comissões especiais atuam na Câmara Federal e no Senado para discutir a questão de forma paralela.

Mas, como diria o sábio chinês, uma caminhada de mil quilômetros começa com um primeiro passo. E como até nos pântanos nascem lindas flores, a esperança é que, no meio do lodo que escorre pelos desvãos institucionais, a reforma política desça do espaço etéreo das intenções para baixar em terra firme, limpando o nosso amanhã de vendilhões da política. (Dezembro de 2009)

O PAÍS QUER ANDAR

O PROCESSO DE MUDANÇAS

Zé caiu num poço profundo. Desesperado, tentava, por horas seguidas, escalar as paredes. Quando conseguia subir alguns metros, caia novamente. Obcecado pela ideia de se salvar, não percebia a corda lançada por um desconhecido que por ali passava. Zé não conseguia nem ouvir o apelo: "pegue a corda, pegue a corda". Surdo, a atenção voltada para a tarefa, só reagiu quando sentiu a dor de uma pedra jogada nas costas. Furioso, olhou para o alto, viu o desconhecido e gritou: "o que você deseja? Não vê que estou ocupado? Não tenho tempo para preocupar-me com sua corda". E recomeçou o trabalho.

Depois de pedradas insistentes nos costados e um intenso clamor cívico, Zé felizmente começa a despertar do estado catatônico em que se encontrava, saindo do poço profundo, nesse instante em que o Brasil abre as cortinas de um novo ciclo político[137]. Zé é a imagem de uma sociedade que, há tempos, procura seu ponto de equilíbrio. Na verdade, desde 1975, quando o presidente Geisel, por inspiração do pensamento estratégico do general Golbery, produziu a fórmula da sístole e diástole, que ministrava, simultaneamente, medidas repressi-

---

[137] A posse em 2003 de um ex-metalúrgico na Presidência da República, Luiz Inácio Lula da Silva, do Partido dos Trabalhadores, eleito por voto direto, após perder três eleições subsequentes: 1989, 1994 e 1998.

vas e medidas liberalizantes ("uma no cravo, outra na ferradura"), o País mergulhou numa monumental tarefa, cuja meta era responder a interrogação: onde está a saída? Procurando-a, o general Figueiredo ampliou a abertura política, Tancredo e Sarney propiciaram o encontro do País com a redemocratização, Collor pavimentou os caminhos da modernização, acabando por se queimar na fogueira da corrupção, Itamar acendeu o pavio do Real e Fernando Henrique, usando a força da moeda e o presidencialismo de coalizão, consolidou a estabilidade econômica[138].

Na esteira de quase três décadas, as instituições passaram por um esforço de organização, evidenciando-se, nesse mister, a insensibilidade das elites, a incapacidade de se implantar programas econômicos duradouros, as dificuldades dos partidos em organizar governos, a desproporção entre demandas políticas e recursos necessários à solução dos problemas nacionais e, claro, a sobrevivência das mazelas da tradição política. Hoje, pode-se perceber um razoável consenso em torno de metas coletivas e problemas da sociedade. Por isso mesmo, há razão para se acreditar que o ponto de quebra do status quo está ocorrendo, com a sinalização de uma nova arquitetura institucional, cuja conformação aponta para movimentos nos eixos da pirâmide social, tanto no topo das elites quanto na base da sociedade.

No que diz respeito às elites, é perceptível seu ingresso no campo da sensibilização. Até parece ter sido tocada por aquela ideia-chave

---

[138] João Batista Figueiredo, último presidente da era militar. Foi sucedido por José Sarney (então no PDS, migrou para o PMDB para compor a chapa), vice de Tancredo Neves (PMDB), eleito, por Colégio Eleitoral, como primeiro presidente civil desde o golpe militar de 1964 e que morreu sem tomar posse. José Sarney, então seu vice, que durante toda a ditadura pertencera aos quadros da Arena, partido governista, assumiu em seu lugar. Já Fernando Collor de Melo (PRN) venceu em 1989 a primeira eleição direta no ciclo da redemocratização, mas em 1992 teve seu mandato cassado por improbidade administrativa. Itamar Franco (PRN e posteriormente PMDB), seu vice, concluiu o mandato, implantou o Plano de Estabilização Econômica – o Real –, o qual abriu caminho para a eleição de seu ex-ministro e mentor da moeda, Fernando Henrique Cardoso (PSDB), em 1994 e 1998.

sintetizada por John Kennedy: "se uma sociedade livre não pode ajudar os muito pobres, não poderá salvar os poucos ricos". O traço mais evidente da mudança de postura é a própria eleição de Luiz Inácio, no qual parcela considerável das elites depositou seu voto. Se as elites movimentam o eixo centrífugo, fazendo marolas de cima para baixo e do centro para as margens, as classes populares, motivadas e mais conscientes, empurram a roda das mudanças, de lá para cá, integrando um caudal de ondas concêntricas que alimentam o novo tônus social. A conscientização dos pobres a respeito de sua condição e a descoberta de que o maná só jorrará do céu, a partir de um efetivo engajamento na tomada de decisões, constituem o mais auspicioso sinal de que o Brasil está inaugurando um ciclo de mudanças. Nunca os ricos e os pobres do País – é bom lembrar – chegaram a um pensamento tão homogêneo.

A projeção dessa nova ordem sobre o universo institucional se fará sentir de forma intensa. O tecnicismo-burocrático, gerenciado por levas de economistas, desde os tempos dos generais da ditadura, que desenharam o mapa do Brasil com números frios e metas estatísticas, será agora o pano de fundo de uma paisagem povoada por feições humanas. O humanismo acenderá as tochas do novo ciclo institucional. Nesse sentido, recria-se um sentimento coletivo de nacionalidade. E, em decorrência de sonhos comuns, de anelos coletivos em torno de grandes coisas, idealiza-se um conceito de Pátria, essa unidade implícita na solidariedade sentimental do povo. Brasileiros de todas as classes parecem decididos a se engajar na realização de seus anseios, na convicção de que, marchando juntos em busca de um ideal, nenhum ficará para trás, nem mesmo os incréus.

Na esfera das percepções, espraia-se o sentimento de que os governos não são tão onipotentes a ponto de decidir unilateralmente sobre tudo e todos. A própria eleição de um ex-metalúrgico para mandatário-mor da Nação reforça o conceito de que a verdadeira força é a do povo. E se assim é, esse mesmo povo poderá, mais adiante, retirar a confiança depositada nos representantes, a partir do próprio presidente, caso não correspondam às expectativas. A fé do povo não é um cheque em branco a ser preenchido por mandatários a seu bel-prazer. Acende-se ou se reinstala, conforme as circunstâncias.

Haverá dissenso em torno de reformas fundamentais? Sem dúvida. Porém, os particularismos egocêntricos ou de caráter fisiológico, de origem partidária, serão registrados pela nova ordem social, com castigo para seus autores no tempo e espaços certos. Esse é o desenho do País que o brasileiro vem construindo há tempos. Jorge Luís Borges, em um de seus contos, narra a história de um homem que, ao longo dos anos, foi povoando seu mundo com imagens de reinos, montanhas, baias, ilhas, peixes, moradas, astros, bichos e pessoas. Pouco antes de morrer, descobre que esse paciente labirinto de linhas traça a imagem de seu rosto. Puxando a alegoria para a nossa fábula inicial: só agora, o Zé brasileiro começa a descobrir que o País tão acalentado em seus sonhos é a imagem de sua própria cara. (Janeiro de 2003)

URGENTE, UMA AGENDA POSITIVA

É mais que chegada a hora de se construir um Projeto Brasil, amparado numa base de consenso em torno de programas em áreas prioritárias como tributos, saúde, educação, trabalho, saneamento e segurança pública, entre outros. Quem se dá ao trabalho de vasculhar o acervo de projetos que tramitam nas Casas congressuais encontrará ideias criativas, formulações de bom nível técnico e de razoável viabilidade. Ali, porém, se construiu uma Torre de Babel, ao redor da qual governistas e oposicionistas tentam impor vontades, impedindo fluidez ao processo legislativo.

O primeiro passo a ser dado é na direção do relógio da autonomia e independência dos Poderes. Urge ajustá-lo. O ponteiro do bom senso indica que se deve dar um basta às usurpações funcionais entre os Poderes. A cada um, o que lhe compete. Em vez de abusar de medidas provisórias (MPs), o Executivo precisa substituí-las por projetos de lei com caráter de urgência, reservando aquele instrumento para situações exclusivas de urgência e relevância. O Parlamento, por sua vez, há de estabelecer regras rígidas e transparentes, de forma a evitar, na origem, a utilização indevida de MPs. A polêmica que envolveu o Judiciário, calçada na hipótese de que legisla em matéria política – a questão da pertinência do mandato ao partido ou ao candidato –, teria sido evitada se a Câmara tivesse votado a lei da fidelidade partidária antes do imbróglio. Os magistrados preencheram o vazio, ao argumento de que apenas interpretaram códigos. A juízes, parlamentares e representantes do Executivo, para diminuir as desavenças, bastaria atravessar as pequenas distâncias que os separam na Praça dos Três Poderes.

Definidos os espaços de cada Poder, será mais fácil compor uma agenda positiva, na qual estarão inscritas as prioridades da Nação. O desafio maior será chegar ao equilíbrio entre paixão e razão, necessário para superação de restrições e busca do senso comum. Partidos e integrantes não podem fazer letra pequena do sentido aristotélico da expressão, identificada com a construção do bem comum. Hão de se comprometer com metas e aprovar um calendário de decisões, sem deixar passar em branco um mês de trabalho. Se a prioridade é a reforma tributária, que haja vontade política para fazê-la. Não se aceitam casuísmos, meias-solas, remendos. Reforma tributária séria requer redistribuição da massa arrecadada pela União, que hoje abocanha 61% das receitas, repassando 24% para os Estados e apenas 15% para os municípios. Daí o estado de mendicância dos entes federativos e o poder de barganha do presidencialismo imperial. Já os programas sociais devem ser apreciados sob os critérios de oportunidade, urgência e abrangência e, ainda, de justiça na distribuição espacial.

Sugere-se, aqui, a idealização de um Brasilbarômetro, à semelhança do Latinobarómetro, banco de dados criado no Chile para acompanhar os avanços da sociedade. Os resultados das políticas governamentais servirão, nesse caso, como sinalizadores para replanejamento das ações governativas. A inexistência de vasos comunicantes entre o Executivo e o Legislativo – como se vê – deságua na luta política sem tréguas e em enormes diferenças de percepção entre os atores. Onde o País mais carece de investimentos? Onde a mortalidade infantil decresce e se expande? O analfabetismo funcional tem diminuído ou continuaremos a ter 25% de brasileiros que leem, mas não captam os significados da leitura? O Brasil é o quarto País com um dos maiores mercados informais do mundo entre 110 Países, representando 40% do PIB nacional. Que projetos no Congresso estão voltados para diminuir a carga de trabalho informal? Se a segurança pública é um dos três principais problemas que afligem a população, o que se pode fazer de concreto para diminuir a criminalidade? É viável a municipalização da segurança pública em municípios com mais de 200 mil habitantes? Essas questões já foram discutidas e, agora, precisam ir ao encontro das soluções. De diagnóstico o País está saturado.

Há, portanto, uma lição de casa por fazer. Envolve maior integração entre os Poderes, a construção de uma agenda mínima no Parlamento, a priorização de temáticas e projetos e o monitoramento do estado social. Que os tempos solidários do Natal apaziguem a luta política e inspirem nossos governantes e representantes a encontrar uma reta nas curvas da política. (Dezembro de 2007)

MAIS AÇÃO, MENOS DISCURSO

O que os brasileiros esperam de seus representantes e governantes? Há múltiplas respostas para a pergunta, de acordo com as camadas populacionais. Mas vale apostar na hipótese apontada por Ortega y Gasset de que as massas executam, hoje, um repertório que coincide, em grande parte, com o que antes parecia exclusivamente reservado às minorias. Depreende-se, assim, um sentido de autonomia inerente ao espírito popular, que lhe confere certo grau de independência, consciência sobre direitos e capacidade crítica. Se o soldado de hoje tem muito de capitão, ainda na esteira da reflexão que o grande pensador espanhol fazia em 1926, podemos aduzir que as massas, os homens médios e as elites se cruzam no espaço de interesses convergentes. Logo, é razoável supor que as expectativas sociais são pautadas por um denominador comum.

Se assim é, vamos direto ao primeiro ponto: a sociedade quer ver o império da verdade suplantando o reino da mentira. Chegamos ao fundo do poço em matéria de promessas vãs, mentiras deslavadas, palavras descumpridas e qualificações desmesuradas. Desde os primórdios de seu processo civilizatório, o País mergulhou nas águas da imprecisão, da incerteza e da intemperança, característica que se acentuou na esfera política, hoje quase sinônimo de oportunismo. Distanciada do pensamento cartesiano, retilíneo e preciso, a cultura brasileira bebe água numa fonte impressionista, de onde jorra o manancial de postergações, tergiversações e elucubrações. Roberto Campos[139], exímio na arte de atirar contra a improvisação, narra: "O Brasil tem a propriedade de, no começo, anedoticamente divertir, depois exasperar e, por fim, desesperançar aqueles que confiam na racionalidade, na procura de causas e efeitos e na sequência do discurso como sujeito-verbo-predicado."

O jogo da verdade implica transparência, virtude abolida da agenda política. Governos estaduais, prefeituras e outras instâncias ganham fama – e denúncias – por desviarem recursos de um lugar para outro e encobrirem determinados gastos. Em certos Estados, Tribunais de Contas fazem de conta que examinam a aplicação de verbas. Observe-se que parcela considerável dos conselheiros é oriunda do mundo político. Querer transparência e limpeza nos dutos da política é uma utopia que carece ser conservada no azeite do mais ardente civismo.

O povo bem que gostaria de ver os políticos desfraldando a bandeira ética. Candidatos à reeleição nas prefeituras deveriam afastar-se do cargo seis meses antes, dando exemplo de distanciamento da máquina pública. Atenuariam, assim, o uso das estruturas, sinalizando com-

---

[139] Ver nota 33.

promisso com o desapego e a imparcialidade. Em relação ao Congresso Nacional, as expectativas sociais são mais que óbvias: os representantes precisam cumprir o dever, de acordo com o que o ordenamento jurídico lhes impõe e com o compromisso acertado com os eleitores. É ação e menos discurso que a população quer. É preciso mudar a regra pela qual, em ciclo eleitoral, não se aprova mudança no campo político. Há aspectos amadurecidos e prontos para serem votados, como o capítulo do sistema de voto, a limpeza na burocracia que emperra o sistema produtivo e a unificação do ICMS, entre outros.

Não é só a Justiça que é lenta, o Congresso também. Urge desencalhar os projetos com selo de urgência. O País quer mais rapidez. Como a do pintor da historinha chinesa. O rei pediu a Chuang-Tsê que desenhasse um caranguejo, missão que o desenhista prometeu cumprir em cinco anos, e muito bem recompensada. Passado o tempo, o rei cobrou-lhe o desenho, mas ele pediu mais cinco anos. Após o décimo ano, o rei voltou à carga. O pintor, então, pegou o pincel e, num instante, com um único gesto, desenhou o mais perfeito caranguejo que jamais se viu. O Brasil precisa da agilidade de Chuang-Tsê. (Janeiro de 2008)

CIDADE IDEAL E HERANÇA MALDITA

A cidade ideal de Aristóteles deveria ter não mais que 5 mil habitantes, o que permitiria que todos se conhecessem, ao menos de vista. A cidade ideal de Platão teria funções bem definidas e administradas por três tipos de almas: os filósofos, almas racionais, a quem deveria ser entregue o governo; os guerreiros, almas irascíveis, que se encarregariam da defesa e da manutenção da ordem; e os produtores, espíritos concupiscentes, para os quais estariam reservadas as atividades econômicas de produção de bens. A cidade ideal de milhares de prefeitos no Brasil deve ser um território povoado pelo obreirismo faraônico e sintonizado pela mais retumbante sinfonia de ruídos, coisas que acabam ferindo os estatutos de salubridade, funcionalidade e estética – eixos da cidade ideal – e privilegiando elementos detonadores da visibilidade pública de governantes, que os elegem como gigantescos tentáculos da personalização de poder, dando vazão às características do atual ciclo do Estado-espetáculo.

Não por acaso, a verdadeira herança maldita que pesa sobre a administração pública, em nosso País, resulta da visão errática de governantes que pautam sua conduta em critérios políticos e personalistas, o que os leva a repartir funções das cidades em favor do bem-estar coletivo com funções de promoção pessoal. A organização urbana precisa estar a serviço das comunidades, implicando acesso fácil do cidadão às bens e serviços públicos, às condições geradas pela infraestrutura, às oportunidades econômicas, educacionais e culturais que a cidade propicia. Quando aquele acervo e essas oportunidades são reprimidas, mesmo que, sob o aspecto técnico, até se possam justificar, não podem sacrificar em demasia a vida dos cidadãos. Ou seja, o cidadão sempre está acima da cidade, impondo sua identidade, razão pela qual o poder público tem o dever intransferível de buscar soluções viáveis para os problemas, significando que a visão urbanística do espaço territorial não se superpõe aos direitos universais do cidadão de locomoção, intimidade, igualdade, lazer e associação.

É o caso de obras que, meses a fio, infernizam a vida das pessoas, impedindo o livre trânsito e o fluxo normal dos transportes; é o caso do fechamento de avenidas centrais, a título de propiciar lazer, que violam o direito de ir-e-vir de moradores de regiões interditadas; é o caso de obras extravagantes e de efeito duvidoso, como os tais fura-filas, um sistema de transporte em corredor especial, originalmente concebido para "espetacularizar" a campanha eleitoral de um candidato em São Paulo[140]; é o caso de obras vistosas e faraônicas, caras e funcionalmente precárias devido à limitação no atendimento aos

---

[140] Idealizado pelo então prefeito Paulo Maluf (PR), foi o principal mote de campanha de seu sucessor em 1996, Celso Pitta (1946-2009), o qual teve um mandato marcado por denúncias de corrupção (chegou a perder o cargo temporariamente) e por reprovação de mais de 80% dos eleitores da Capital.

segmentos que carecem dos serviços públicos; é o caso da definição de prioridades sem uma visão sistêmica da complexidade urbana e sem a clara percepção de obras conjuntas a cargo das três esferas da administração pública (União, Estados e municípios), situação que fatalmente redundará em prejuízos e até em duplicidade de ações. O que justifica uma prefeitura, por exemplo, passar meses reconstruindo uma grande avenida na caótica capital paulista, quando se sabe que, dentro de algum tempo, o governo do Estado haverá de quebrar novamente aquele espaço para ali fazer correr uma linha de metrô?

Como se pode perceber, parcela formidável do custo Brasil – a dinheirama que vai para o ralo do desperdício – provém da irresponsabilidade de governantes. (Não é difícil concluir como a Prefeitura de São Paulo tem uma dívida de R$ 23,3 bilhões). Eis aí mais uma razão para o distanciamento entre a sociedade e o sistema político. Se os serviços públicos crescem na proporção inversa do crescimento das cidades, a desorganização e a insatisfação social se expandem. Esse fato é particularmente grave no Brasil, que, segundo o IBGE, já registra cerca de 80% de pessoas residindo em áreas urbanas. É razoável supor que os conflitos sociais nas cidades também se devem à ausência de interlocução mais estreita entre a população e os governantes. A funcionalidade das cidades brasileiras, com o crescimento demográfico, está muito aquém das necessidades populacionais. Por isso mesmo, os interesses da comunidade hão de ser permanentemente avaliados, razão por que se impõe a necessidade de ajustar as políticas públicas às demandas rotineiras da população.

Metrópoles como Lisboa encontraram interessantes mecanismos de aperfeiçoamento da gestão municipal. Três estruturas se integram na avaliação e planejamento da gestão: atores locais – entidades organizadas das regiões e bairros; grupos de especialistas – economistas, geógrafos, sociólogos, antropólogos, médicos, assistentes sociais etc.; e representantes da municipalidade. Ou seja, o fator político (municipalidade, tráfico de influência, corrupção nas licitações para os serviços públicos) passa pelo fator local (lideranças regionais) e, ainda, pelo filtro de renomados especialistas, que avaliarão as obras sob o prisma técnico-financeiro. Pode ser um modelo para as nossas metrópoles.

O que o País não mais suporta é o custo do individualismo e oportunismo eleitoreiro invadindo o orçamento da coletividade. Pelas ruelas estreitas da personalização do poder desfila a pós-modernidade de nossas cidades grandes e médias. Como átomos sociais perdidos em hiperespaços, as pessoas circulam de maneira atabalhoada, esbarrando nos congestionamentos, enfrentando barreiras quase intransponíveis, respirando poluição, ouvindo insuportáveis decibéis de ruídos contínuos e gastando horas preciosas de vida.

No dia em que a cidade respeitar o cidadão, a recíproca poderá ocorrer. Enquanto esse dia não chega, podemo-nos contentar com a poesia de Luiz Enriquez e Sérgio Bardotti[141], na versão cantada de Chico Buarque: *"Deve ter alamedas verdes/a cidade dos meus amores/e, quem dera, os moradores/e o prefeito e os varredores/e os pintores e os vendedores/as senhoras e os senhores/e os guardas e os inspetores/fossem somente crianças."* (Agosto de 2004)

O DESAFIO DE CONSTRUIR A PÁTRIA

Os Países são expressões geográficas e os Estados são formas de equilíbrio político. A Pátria, porém, transcende esse conceito: é sincronismo de espíritos e corações, aspiração à grandeza, comunhão de esperanças, solidariedade sentimental de uma raça. Enquanto um País não é Pátria, seus habitantes não formam uma Nação. Este breve resumo, pinçado de um dos mais belos ensaios morais sobre a mediocridade, de autoria de José Ingenieros, serve como lição aos nossos governantes. Construir a Pátria para se alcançar o estágio avançado de Nação se configura como o primeiro dever do homem público.

---

[141] O compositor argentino Luis Enriquez Bacalov e o italiano Sergio Bardotti foram parceiros de Chico Buarque na produção da obra musical "Os Saltimbancos Trapalhões", lançada originalmente em vinil, em 1981.

A ideia pode até parecer despropositada aos porta-vozes da politicagem e demagogos que fartam os apetites com a exploração do sentimento cívico das populações. Mas a verdade é que, depois de 506 anos do Descobrimento, a Pátria brasileira é apenas arremedo de um bom conceito. Estamos longe daquela emulação coletiva que distingue na Mãe Pátria o anelo da dignidade. Basta observar a deficiência das estruturas públicas. O vácuo entre os Poderes e a sociedade é oceânico. A descrença nas instituições se espraia vertiginosamente. Um poder sem moral se instala nos ambientes. As fontes éticas se esgotam. As injustiças ganham corpo, escudadas no desleixo e na incúria de administrações, na irresponsabilidade de governantes, na desobediência às leis e no acesso desigual dos cidadãos aos canais da Justiça.

Os traços da civilização brasileira carregam uma dose elevada de tintas da barbárie. A modernidade que se vê ao redor, nos grandes centros e até no interior do País, simbolizada por avanços da tecnologia, pela capacidade de produzir bens e serviços sofisticados, pela revolução nas comunicações, na moda, na cultura e nos costumes, não consegue passar a borracha no Brasil do analfabetismo funcional (que atinge 38% dos brasileiros), do território violento, das riquezas devastadas pela ambição, da desintegração de padrões de relacionamento social e do solapamento de valores fundamentais, como o culto à família, o cumprimento do dever, o respeito às tradições e a defesa do bem comum. Alguém poderá objetar: mas essa é a inversão moral que toma conta do mundo, ou o paradigma do "puro caos", como assim designa Samuel P. Huntington, quando assinala a ruptura da ordem, a anarquia crescente, a onda global de criminalidade, a debilitação geral da família e o declínio na solidariedade social.

A hipótese é razoável, mas o adendo é indispensável: o Brasil põe um molho peculiar no menu da entropia universal, com as mazelas do passado colonial, entre as quais o patrimonialismo, cujo DNA teima em fundir a *res publica* com a coisa privada. Essa é a razão da crise e a raiz de nossas excrescências. Por isso mesmo, a política, entre nós, é profissão, e não missão. Para corrigir o conceito urge refundar a República corrompida. Quando uma República se corrompe – lembra Montesquieu –, não se pode remediar nenhum dos males que nascem, a não ser eliminando a corrupção e voltando aos princípios. Como combater a corrupção sem eliminar os corruptos? Eis o dilema.

A assepsia deve ser geral. A começar pelo Poder Executivo, cujas atitudes devem guiar-se pela ideia de um projeto de longo prazo para o País, com escala de prioridades e abolição de casuísmos, gastos perdulários, cooptação ilícita de apoios e partidarização do Estado, com empreguismo e loteamento de setores. O corpo parlamentar há de aceitar a concepção de que mandato ganho nas urnas pertence ao povo, não pertencendo a ele. O representante é um fiduciário que defende interesses gerais, e não particulares, e que tem deveres e direitos, entre os quais o ganho pelo trabalho. E não o desleixo ou a locupletação quando falta ao serviço, como ocorre na atual convocação extraordinária do Congresso.

Os quadros do Judiciário hão de lembrar que "os juízes devem ser mais reverendos que aclamados e mais circunspectos que audaciosos", elegendo a integridade como virtude, como ressalta Bacon. Se os Poderes cumprissem as funções que lhes são atinentes, o País avançaria, as leis seriam mais obedecidas. As instituições, mais respeitadas. A cidadania ampliaria seus foros. E as sombras que escondem perfis de caráter maculado refluiriam sob o sol de um tempo mais claro e menos corrosivo. Teríamos menos violência nas ruas. Partidos e candidatos assépticos. Campanhas mais éticas e menos extravagantes. Discursos sérios. Eleições mais limpas. Menos sujeira nas sarjetas da política. A fé voltaria a brotar nos corações. (Janeiro de 2006)

UM PAÍS QUE QUER ANDAR

O pernambucano Denisson encanta a plateia que assiste, embevecida, a um vídeo sobre o Programa Acelera Brasil, ação social capitaneada por Viviane Senna para puxar do fundo do poço crianças ameaçadas de afogamento nas águas do analfabetismo. O Instituto Ayrton Senna, que dirige, deu novo rumo à vida de quase 8 milhões de crianças e jovens em 1.360 municípios de 25 Estados. O menino brincalhão e articulado que redescobriu a alegria de viver quando passou a engatinhar no caminho das palavras é o símbolo de uma revolução empreendida às margens do Estado por uma miríade de entidades – associações, institutos, fundações, redes filantrópicas, organizações da sociedade civil de interesse público – tocadas pela chama cívica de idealistas e sonhadores. O dinheiro que se investe em garotos como ele é muito pouco, comparado com a cifra gasta pelo Estado, apenas R$ 100 por ano. Essa é a banda limpa da gigantesca cadeia das organizações não governamentais (ONGs) que nas duas últimas décadas passaram a compor um dos mais vigorosos eixos do poder social no País, também conhecido como terceiro setor.

A sigla ONG está na ordem do dia. Ora frequenta a pauta do bem, ora a agenda do mal, carecendo, por isso mesmo, que a mão da lei baixe em sua seara para separar o joio do trigo. Há, nesse sentido, duas iniciativas em andamento: a CPI das ONGs, a cargo do Legislativo, e um projeto de lei do Executivo para regular a ação de entidades, algumas internacionais, na Amazônia[142]. Sob o foco da lupa estão desvios em entidades que servem de fachada para a locupletação de grupos empresariais e políticos, suspeitas de contrabando das riquezas da região amazônica e ações que ameaçam a soberania nacional. Para onde foram R$ 12,6 bilhões que 7.700 ONGs receberam da União entre 2003 e 2007? O que justifica a existência de 320 entidades não governamentais na Amazônia, voltadas para a questão indígena, uma para cada mil índios? O ministro da Justiça, Tarso Genro, parece não ter dúvidas: a biopirataria é o objeto de interesse.

---

[142] Atualmente existe o Siconv, sistema de acompanhamento de convênios firmados entre ONGs e órgãos do governo, mas que se encontra ainda em processo de implantação.

O fato é que a filantropia, receita de certas associações sem fins lucrativos, esconde boa dose de "pilantropia". A degeneração do conceito cresceu na esteira da expansão de demandas e desestruturação dos serviços sociais, consequência da transformação de um País predominantemente agrário em grandes concentrações urbanas. Em seu primeiro ciclo, nas décadas de 70 e 80, as organizações não governamentais se inspiraram em ideário composto por temas de elevado conteúdo cívico: defesa de direitos (a condição feminina, o movimento negro), luta pela democracia política, promoção do meio ambiente, desenvolvimento social, particularmente pela via educacional. Tratava-se de abrir o respiradouro após os anos de chumbo, quando o autoritarismo eliminava qualquer possibilidade de ativismo social. A Constituição de 88 abriu as veias da participação de grupos na arena política. Consagrava a ideia de entidades civis, independentemente de autorização, vedando a interferência estatal em seu funcionamento. Nos anos 90, os movimentos se multiplicaram e, a partir daí, começaram a aparecer curvas e desvios em suas trilhas.

A abertura do ciclo de crises políticas contribuiu para abrir um vácuo social, ensejando a multiplicação de núcleos organizados. Decepcionada com o desempenho de seus representantes no Parlamento, a sociedade passou a buscar no associativismo respostas para suas demandas e a resgatar, de certa forma, a modelagem da democracia direta. Categorias organizaram-se nas frentes de pressão. Empresas reforçaram sistemas de formação e inserção do jovem no mercado de trabalho. O CIEE[143], a maior ONG brasileira, já capacitou mais de 7 milhões de jovens, encaminhando-os à vida profissional. Ganhando forças, as redes sociais integraram-se ao esforço de complementar a ação do Estado no atendimento de serviços qualificados. As ONGs entraram no processo de formulação de políticas públicas, ampliando sua cobertura e vocalizando interesses de grupos marginalizados.

---

[143] Centro de Integração Empresa Escola, em 47 anos de vida, encaminhou 11 milhões de jovens para estágio.

Em 2002, o IBGE contabilizava 276 mil fundações e associações sem fins lucrativos. Somando-se à teia de organizações informais, que não entram nos cadastros oficiais, é razoável supor, hoje, a existência de 500 mil entidades do terceiro setor funcionando como motor da dinâmica social.

Desse montante, milhares integram os esquadrões da pilantragem. Algumas servem de fachada ao assistencialismo político, recebendo verbas do Orçamento da União. Outras, como o MST, ganham polpudos recursos do Estado para agir com virulência, invadindo propriedades e instaurando o império da insegurança. Mas o governo as protege sob o argumento de que suas ações, até as de caráter criminoso, se fazem necessárias para despertar o ânimo popular. No grupo suspeito, as ONGs da região amazônica lideram o ranking. A desconfiança vem de longe. O ex-vice-presidente dos EUA Al Gore chegou a dizer: "Ao contrário do que os brasileiros pensam, a Amazônia não é deles, mas de todos nós." E o ex-todo-poderoso Mikhail Gorbachev, quando dirigia a URSS, proclamava: "O Brasil deve delegar parte de seus direitos sobre a Amazônia aos organismos internacionais competentes." Sob o cobertor da sustentabilidade ambiental e da preservação de áreas indígenas, algo mais atrai a cobiça: a riqueza da floresta, diamantes, ouro e urânio de uma das maiores províncias de minerais nobres do planeta, que é Roraima. A área da Raposa Serra do Sol[144], que reacende a polêmica, encobre interesses outros além da proteção aos indígenas.

Está mais do que na hora de desvendar o véu que cobre as ONGs que atuam no território. Às que servem a objetivos espúrios se negue licença para funcionamento. Àquelas movidas a idealismo, que não se deixam contaminar pelo vírus do paternalismo, aplausos. Para milhares de brasileirinhas e brasileirinhos, como Denisson, elas abrem a porta da cidadania. (Abril de 2008)

---

[144] Roraima.

JOSÉ ALENCAR, UM LEGADO DE VALORES

Pergunta da semana: qual o legado que deixa José Alencar[145], o ex-vice-presidente da República? Na linguagem corrente, o conceito de legado abriga diversos significados: herança política, acervo de princípios, traços de personalidade, exemplos de atitudes e comportamentos. No caso desse mineiro, que travou uma luta de 13 anos contra um câncer, o legado político se esvai com seu desaparecimento. Permanece, porém, o legado valorativo, que salta aos olhos na trajetória vitoriosa de um brasileiro que, de balconista de loja de tecidos, construiu, tijolo a tijolo, um dos mais sólidos empreendimentos empresariais do País. Nesse percurso, o ator político tira a máscara e se mostra real, um ser humano com alegrias e aflições. Para início de conversa, não tinha papas na língua. Percorria, muitas vezes, a contramão na estrada do governo de que fazia parte. Exercia a vanguarda da defesa da obra governamental, mas brandia as armas da crítica contra a política de juros. A aparente contradição não diminuiu a lealdade, a colaboração e o entusiasmo que demonstrava pela administração comandada pelo companheiro de chapa, Luiz Inácio.

O vedetismo no poder procura seduzir mais que convencer, encantar mais que argumentar, iludir mais que cair na real. Daí se explicar a propensão para o Estado desenvolver certo "autismo", um mergulho voltado para si mesmo, acentuado quando as rédeas do governo são guiadas por um perfil carismático que se imagina onipotente e onisciente, como Lula. Zé Alencar, com sua humanidade, simbolizava o mundo real, ao escancarar a luta contra o mal que o

---

[145] Ex-senador da República (pelo PL /MG) e vice-presidente da República nos dois mandatos do presidente Lula, José de Alencar foi, sobretudo, grande empresário e empreendedor (fundador da Coteminas). Articulador político com trânsito fácil entre diferentes legendas e segmentos, enfrentou com firmeza um câncer durante 13 anos, tendo sido submetido a várias cirurgias, mas sempre retomando suas funções na vice-presidência. Morreu em 29 de março de 2011, diante de grande comoção pública.

afligia, e também ao não economizar palavras contra os altos juros. Matreiro e perspicaz, o ex-vice fugia das tramas de Narciso, não se deixando colher na armadilha do próprio reflexo. Quebrava com insistência o espelho do poder. Conseguiu o dom de ser ouvido, respeitado e aplaudido não por firulas da política, mas por cultivar valores cuja síntese pode ser expressa nesta lição: "Não tenho medo da morte, mas da desonra".

O legado de José Alencar não aparece no terreno da política tradicional, mas no plano dos princípios. Se não tem herdeiros políticos, deixa impresso nas páginas da História um curto dicionário de valores, alguns não muito prezados pelos atores políticos: transparência, coragem, lealdade, determinação. Na vida pública, transparência é um conceito-chave. A História ilustra casos de personagens que sofreram muito por esconder suas doenças. John Kennedy padecia intensamente da coluna vertebral, por ter sido ferido nas costas durante a 2ª Guerra. Usava um colete dorsal de 20 cm. Estampa jovial da América, controlava as dores para exibir um permanente sorriso. Na França, François Mitterrand assumiu a presidência, em 1981, nunca revelando a doença (câncer na próstata) de que padecia. Resistiu 15 anos. Já na Inglaterra, o rei George VI, ao enfrentar publicamente a gagueira e a timidez, ganhou a simpatia da opinião pública.

Entre nós, uma luz fosca sempre envolveu os governantes. A enfermidade do marechal Costa e Silva – crise circulatória com manifestações neurológicas –, divulgada sob muita opacidade, abriu uma crise. Seu vice, Pedro Aleixo, cedeu lugar a uma junta militar. O ex-senador Petrônio Portela seria o candidato civil da ditadura militar, em 1986, para presidente da República. Escondeu o enfarte quando visitava Campina Grande (PB). Desembarcou em Brasília, onde morreu horas depois. Era sabido que Orestes Quércia padecia de um câncer, que sempre procurou ocultar. Até sua saída da última campanha para o Senado, no ano passado, foi envolta em mistério. E quem não se lembra de Tancredo Neves, sorridente, sentado na cadeira e rodeado de médicos, já perto de morrer? Envoltos num grande cobertor de silêncio, todos, mais cedo ou mais tarde, tiveram seus casos desvendados. O mistério não os ajudou em nada.

Apresentar-se saudável, robusto, jovial é a orientação dos profissionais que manejam as armas do marketing. Tolice. Os fios da verdade sempre se desdobram aos olhos da opinião pública. Por vezes, a emenda sai pior que o soneto. O espetáculo em torno da robustez pode ser estratagema para esconder outras coisas. Quem não se recorda da imagem de um presidente no cooper diário, voando em jatos supersônicos, dormindo em cabanas de lona no meio da floresta, fazendo estripulias que causavam impressão às turbas? Deu no que deu[146]. Há um ditado espanhol que reza: "No meio da mentira encontrarás a verdade". Ou, para usar a imagem bíblica, "o homem não é capaz de acrescentar um palmo à sua altura e, desse modo, alterar a modelagem que o Senhor dos Céus lhe deu". Zé Alencar intuía tal sabedoria ao estraçalhar a caricatura espalhafatosa que a mídia produz do homem público. No planalto ou na planície, via-se um cidadão determinado a conter o ímpeto de suas mazelas. Isso contribuiu, seguramente, para angariar simpatia para o governo. O Zé, cheio de humanidade, acabava abrindo outras portas para Lula. Serviu como aríete para quebrar resistências do empresariado. A determinação de percorrer as estações do calvário (17 intervenções cirúrgicas) fazia crer, em certos momentos, que ele, ufa!, encontrara a poção mágica para exterminar uma das maiores desgraças do planeta.

Há, pois, um legado a medir na planilha de vida de José Alencar Gomes da Silva, nascido em Itamuri, município de Muriaé, Minas Gerais. Consiste essencialmente na ideia de que o homem simples vive como respira, sem maiores esforços nem glórias, sem maiores efeitos nem vergonha. O homem comum é aquele que sabe que as casas são construídas para dentro delas se viver, e não para serem admiradas

---

[146] Fernando Collor de Melo, que inaugurou o populismo midiático no Brasil e teve seu mandato cassado em 1992 por improbidade administrativa.

por fora. A simplicidade, arremata André Comte-Sponville[147], é a vida sem frases de efeito, sem mentiras, sem exageros e sem grandiloquência. É a virtude dos sábios e a sabedoria dos santos. No ciclo de tormentas por que passa nossa política, quem as atravessa incólume faz a diferença. (Abril de 2011)

PROPOSTAS PARA O AMANHÃ

A maneira como os atores políticos jogam suas cartas no tabuleiro define o estilo de governar, podendo empurrar o País para a frente ou para trás. No caso brasileiro, o estilo é de ataque recíproco, que caracteriza o jogo de soma zero. Os contendores, em intenso conflito, procuram assumir o controle das ações de forma a ganhar os torneios (eleições, votações parlamentares, posição no ranking do prestígio) a qualquer custo. Há, porém, um modo diferente e oposto de fazer política: é a ação plural e proativa, voltada para a criação de recursos. Nesse caso os participantes se esforçam para melhorar os vetores da administração, buscando benefícios oriundos da educação, da cultura ou da pesquisa técnico-científica nos mais variados campos. Os países que avançam mais rapidamente são os que optam por esse modelo. A história da ciência do planejamento registra dois exemplos clássicos para denotar visões opostas: o caso de Hitler, na 2ª Guerra, típico da disputa por tirar recursos de outros para redistribuí-los (jogo de soma zero), e o do Japão pós-guerra, caso notável de estilo superior de criação de recursos e oportunidades. A China, hoje, seria também exemplo desse tipo.

O Brasil, infelizmente, tem sido useiro e vezeiro na prática da queda de braço, da forma perde-ganha. E pelas escaramuças a que já começamos a assistir, ultimamente, o jogo de soma zero deverá ganhar status oficial no tabuleiro eleitoral. Para escapar dessa perspectiva se impõe aos contendores o dever de avaliar os altos interesses da Nação, e não

---

[147] Filósofo francês.

deixar-se levar pelas baixas correntes que deságuam no oceano da mediocridade. O Brasil carece sair do ramerrão inócuo. Do besteirol sobre o maior e o menor apagão ou se blecaute é algo comum ou inédito. Nesse sentido, eis um breve roteiro na direção de uma forma altaneira de olhar o País. Trata-se de diretrizes que poderiam ajudar a era pós-Lula a sair do impasse verborrágico que sufoca a Nação. As propostas cairiam bem nos ensaios que os pré-candidatos iniciam no palanque pré-eleitoral. Os eixos têm como pano de fundo a hipótese de que Luiz Inácio, o presidente-símbolo da dinâmica social brasileira, fecha o ciclo da redemocratização iniciado em 1984 e, sob esse manto litúrgico, desce as cortinas sobre um tempo marcado por crises intermitentes nas relações entre o Estado e o sistema de representação social.

O marco inicial abriga a meta: democratizar a democracia. Trata-se, neste caso, de dar vazão ao esforço, que algumas nações já vêm empreendendo, para expandir a participação social no processo decisório, por meio de núcleos e entidades, visando a aumentar a inclusão social, melhorar as condições do trabalho, qualificar as políticas públicas, proteger o meio ambiente e os direitos humanos e evitar as pandemias. A estratégia tem como lume o incremento da democracia participativa. Nessa esteira emerge outro eixo, a busca de um projeto amplo para o País, consoante com o nosso estágio civilizatório. Programas dispersos, canhestros, para atender a conveniências eleitoreiras, serão substituídos por planos essenciais, integradores de necessidades geográficas, sociais e econômicas. No lugar de tijolos (PACs), paredes inteiriças. A terceira vertente contempla a via partidária, fonte permanente de mazelas. Os dutos das legendas estão entupidos. Os costumes, viciados. Nessa área padecemos de uma dupla patologia: o aumento dramático da desmotivação e do abstencionismo e a sensação generalizada de que os cidadãos são cada vez menos representados. Revitalizar os partidos, dando-lhes substância, passa a ser tarefa indeclinável do ciclo pós-Lula.

O quarto eixo é o das relações entre os Poderes. Vácuos precisam ser preenchidos. A área infraconstitucional está esburacada, ocasionando intervenções do Poder Judiciário (que interpreta os vazios constitucionais) e consequentes críticas em torno da judicialização da política. Os ditames da harmonia e independência dos Poderes carecem sair do papel. Significa consolidar as funções do Parlamento nos campos da legislação e da fiscalização, livrando-o da dependência do Executivo. Medidas importantes foram tomadas nesse sentido pelo atual comando da Câmara, mas o Executivo continua a influenciar outros Poderes. Nesse ponto emerge a necessidade do quinto vértice: diminuição dos superpoderes do presidencialismo. Há instrumentos que podem conter seus excessos. Um deles é a adoção do Orçamento impositivo, pelo qual os recursos alocados serão usados nos fins destinados, sem manobras do Executivo. Sob certo cabresto, o ânimo para cooptar bases políticas seria arrefecido. A nomeação de ministros para o STF, por outro lado, seguiria a liturgia da escolha em listas tríplices organizadas por entidades. Quanto ao Poder Judiciário, restaria a aplicação estreita da norma constitucional, evitando insinuação de invadir a esfera do Poder Legislativo.

Sem a arrumação dos eixos institucionais o País abrirá as portas do futuro com as chaves do passado. Uma tragédia. (Novembro de 2009)

UM CLAMOR CÍVICO

A prisão do governador do Distrito Federal, José Roberto Arruda[148], foi um marco na História brasileira. Nos nossos ciclos democráticos não há caso de detenção de uma autoridade com tão alto grau de

---

[148] Ex-senador, deputado federal e governador do Distrito Federal, Arruda já havia sido cassado em 2001, no Senado Federal, por violação do painel de votações. Em 2010, foi atingido por denúncias do chamado "mensalão do DEM" no âmbito do Governo e do Legislativo do Distrito Federal, tornando-se o primeiro governador preso em exercício de mandato no Brasil. Ficou detido em 2010 durante quase dois meses na carceragem da Polícia Federal em Brasília, período em que perdeu o mandato (cassado pelo TRE do DF).

responsabilidade. Seixas Dória, governador de Sergipe, e Miguel Arraes, governador de Pernambuco, foram apeados do poder em 1964 e presos, mas por uma ditadura. Jackson Lago, do Maranhão, Marcelo Miranda, do Tocantins, e Cássio Cunha Lima, da Paraíba, tiveram o mandato cassado, mas não foram presos[149].

O principal mandatário da capital federal era o governador. E o símbolo mais elevado da política nacional é Brasília, cuja estética se finca no sistema cognitivo dos brasileiros pela arquitetura de Niemeyer[150], que se expressa nas curvas dos palácios do Planalto e da Alvorada e nas cúpulas côncava e convexa do Congresso Nacional. Parcela desse traçado modernista, exibido como cartão-postal do País, se impregna nas vestes do governante da capital federal, também visto como anfitrião. Ora, ao ser trancafiado, o condômino-chefe de Brasília corroborou a ideia de que a velha política não é requisito de grotões e fundões, onde os costumes são regrados pela lei do toma-lá-dá-cá. E assim o governador, envolvido no episódio da violação do painel do Senado, que redundou na renúncia ao mandato de senador em 2001, contribuiu para expandir a descrença social na representação política. Mas o *affaire*, sob outra leitura, melhora a percepção de uma das mais repudiadas mazelas nacionais, a impunidade. A tolerância à corrupção e a falta de castigo para os delitos estão por trás das causas da má fama dos políticos. Se a sinalização é de que as mazelas "não são mais passíveis de ser escamoteadas", como lembra o ministro Marco Aurélio Mello, do STF, que rejeitou o pedido de libertação de Arruda, renasce a esperança de que a Justiça finalmente bate à porta de todos os brasileiros.

A verdade é que o Poder Judiciário tem dado sua contribuição para o crescente distanciamento entre sociedade e esfera política. Por aqui, desde o passado mais longínquo, se cultiva a ideia de uma Justiça leve com os ricos e pesada com os pobres, na lição do filósofo

---

[149] Ver nota 92.
[150] Arquiteto Oscar Niemayer.

Anacaris: "As leis são como as teias de aranha, os pequenos insetos prendem-se nelas e os grandes rasgam-nas com facilidade." Não se trata apenas da incapacidade ou disposição do Estado de fazer cumprir a lei, mas da existência de normas consideradas benevolentes ou inconsequentes para com os crimes. Benevolência, aliás, sempre fez parte de nossa cultura normativa, principalmente quando voltada para assistir os habitantes mais elevados da pirâmide social. Em 1549, para dar exemplo de que a lei chegava para valer, Tomé de Souza, o governador-geral, mandou amarrar um índio na boca de um canhão, que o atirou pelos ares em pedaços. Encheu de pânico os tupinambás, mas as atrocidades eram tantas na época que o perdão acabava chegando aos criminosos – com exceção dos crimes de "heresia, sodomia, traição, moeda falsa e morte de homem cristão". O instituto do perdão, da tradição portuguesa, era usado para fins de povoamento. O velho Tomé chegou a confessar, em carta ao rei, a dificuldade de mandar enforcar pessoas de que necessitava – "e que não me custem dinheiro", escreveu. Precisava delas para os ofícios cotidianos.

Quem se der ao exercício de examinar a balança da Justiça vai perceber que a balbúrdia, o jogo de conveniências e o descumprimento do estatuto legal – que descambam para a insegurança institucional – fertilizaram o solo jurídico desde os tempos idos. Práticas coloniais, regadas com água das fontes do mandonismo, inviabilizaram ou fizeram curvas na aplicação da lei, acompanhando o ritmo do progresso. Códigos como o Criminal e o de Processo Criminal, implantados no Império, resistiram ao tempo, chegando quase incólumes à atualidade. Por mais que o império da lei seja hoje a palavra de ordem, a moldura d'outrora se faz presente no "abandono de princípios, na perda de parâmetros, na inversão de valores, no dito que passa pelo não dito, no certo pelo errado", conforme palavras do ministro Marco Aurélio. Daí a importância, neste momento, do papel do STF, porquanto dele se espera o regramento definitivo que balizará comportamentos e atitudes. Figurões de todos os naipes terão de se curvar diante do altar da Justiça. Só assim será possível quebrar a corrupção banalizada que devasta a gestão pública.

No ano do 50º aniversário de Brasília, a figura do seu governador no xadrez é emblemática. A imagem é a do último fio de um rolo que vem sendo puxado por gente de diferentes calibres partidários – incluindo os mensaleiros do PT – flagrada pela tecnologia a serviço da moralidade. Ao fundo vê-se um corpo cívico que clama por ética na classe política. José Roberto Arruda saiu do governo para entrar na História como o primeiro governador preso por corrupção. Em 1860, o viajante suíço Johan Jakob von Tschudi[151], ao passar por aqui, indagava: "Quantas vezes aconteceu no Brasil de um homem rico e influente sentar-se no banco dos réus a fim de se justificar por seus crimes?"

Se, naquela época, fidalgos fossem condenados à forca, como escravos, índios e peões, hoje seguramente não teríamos episódio tão degradante quanto este que mancha o Palácio do Buriti. (Fevereiro de 2010)

A REAPOLITIK E A UTOPIA

Três historinhas, sendo a primeira muito conhecida.

– Condenado à morte por corromper a juventude, Sócrates, o filósofo, recusou a oferta para fugir de Atenas sob o argumento de que seu compromisso com a *polis* não lhe permitia transgredir as regras. Os gregos cultivavam o respeito à lei.

– Lúcio Júnio Bruto, fundador da República Romana, libertou seu povo da tirania de Tarquínio, derrubando a monarquia. Mais tarde, executou os próprios filhos por conspirarem contra o novo regime. Pregava o poeta Horácio: "Doce e digno é morrer pela Pátria".

---

[151] Viveu entre 1818 e 1889. Foi embaixador da Suíça no período de 1860 a 1868, mas esteve antes no País entre 1857 e 1859. Estudava a Mata Atlântica e produzia gravuras de seu bioma e paisagem.

– Outro romano, rico e matreiro, conta Maquiavel no Livro III sobre os discursos de Tito Lívio, deu comida aos pobres por ocasião de uma epidemia de fome e, por esse ato, foi executado por seus concidadãos. O argumento: pretendia tornar-se um tirano. Os romanos prezavam mais a liberdade do que o bem-estar social.

Os relatos sugerem a seguinte pergunta: qual dos três personagens se sairia melhor caso o enredo ocorresse dentro do cenário da política contemporânea? O terceiro, sem dúvida. Não seria executado por alimentar a plebe, mas glorificado, mesmo que por trás da distribuição de alimentos escondesse a intenção de alongar um projeto de poder. Essa é a hipótese mais provável em Países, como o Brasil, de forte tradição patrimonialista e com imensas parcelas marginalizadas e carentes.

A moldura acima oferece uma leitura de dois mundos. O primeiro é regrado por princípios e valores, dentre os quais se destacam o compromisso com o bem comum e com a vida harmoniosa, a obediência às leis, a defesa da moral e da ética, a grandeza da Pátria. Tem que ver com a paradisíaca ilha da Utopia, que o inglês Thomas Morus descreveu: uma terra de paz e tranquilidade onde os habitantes não têm propriedade individual e absoluta e trocam de casa a cada dez anos, ganhando por sorteio o espaço que lhes cabe. Esse Estado perfeito é o espelho da cidade divina, em contraposição à cidade terrestre. Esta, mais afinada com o universo esboçado por Maquiavel, se inspira no princípio "os fins justificam os meios". O florentino prega a noção de que o povo é dotado de razão, sendo capaz de decidir o seu destino. Sonha com a liberdade. Para conquistá-lo o príncipe deve usar os meios que se fizerem necessários. Transparece aqui a lógica maquiavélica: ideologias e valores morais devem ceder lugar aos instrumentos que podem garantir a hegemonia ou o equilíbrio da balança do poder. Ou, para usar a expressão de Weber, a ética da ação deve prevalecer sobre a ética da consciência.

Pois bem, o desenho pode ser projetado para entendermos a presente quadra político-institucional vivida pelo País, na qual se tem expandido a massa crítica sobre a voracidade dos atores políticos, partidos e dirigentes. Como é sabido, na abertura dos ciclos administrativos, a crise crônica entre os Poderes Executivo e Legislativo alcança altos níveis de tensão. O fato é que os novos governantes tendem a rebater pressões e demandas por cargos e espaços no vasto território da administração federal, feitas pelos parceiros. Tem sido assim desde os tempos de Sarney, em 1985. Com Lula viu-se a mesma gangorra. Ora o governo ganhava mais fôlego no Parlamento, ora faltava oxigênio. Até o momento em que o próprio presidente passou a fazer articulação política.

No caso do atual governo, a sístole tem-se apresentado de maneira mais intensa em razão da identidade técnica da presidente. Dilma Rousseff toma precauções para não se tornar refém da esfera política. Neste ponto se abre uma polêmica, por sinal, bastante azeitada por intérpretes de nossa política, que batem de maneira insistente na tecla da "voracidade dos partidos aliados". Denuncia-se, ainda, a criação de dificuldades por parte dos atores políticos para obter facilidades, e o fisiologismo, apresentado como traço indelével das siglas.

Esse é o ponto nevrálgico. É possível governar sem o concurso do agrupamento partidário na administração? Impossível. Sem o apoio dos partidos da base o chamado presidencialismo de coalizão soçobrará na missão. Qual é a medida do bom senso na distribuição das fatias do bolo do poder? Primeira regra: avaliar o peso relativo dos entes partidários. Segunda: selecionar perfis adequados e condizentes para as estruturas governativas. Aristóteles, em suas reflexões sobre política, dá uma pista: "Quando diversos tocadores de flauta possuem mérito igual, não é aos mais nobres que as melhores flautas devem ser dadas, pois eles não as farão soar melhor; ao mais hábil é que deve ser dado o melhor instrumento". Trata-se de meritocracia. Terceira: preservar e preencher as áreas econômicas com perfis técnicos. Quarta: controlar, cobrar resultados.

Críticas são procedentes quando se enxerga a apropriação da *res publica* pelo bolso privado. Ou em caso de ineficiência dos gestores. Para tanto há sistemas de controle, a partir do Tribunal de Contas da União e dos promotores públicos. Portanto, nem lá nem cá. As demandas partidárias devem ser contempladas com critério. Partidos que ganham devem participar da administração. Esse, porém, tem sido o calcanhar de Aquiles da presidente Dilma. A imagem com que se defronta o governo é a de encruzilhada, onde se bifurcam duas estradas. Uma leva os atores políticos à ilha de Thomas Morus. Onde rezarão pela cartilha da ética, da moral, da lei, da harmonia. Aí se ergue o altar da política como deveria ser. A outra os conduz ao espaço da política como ela é. Mundo de Maquiavel. Pleno de demandas, pressões, pedidos, obras, interesses. Essa é a terra dos nossos "ismos": mandonismo, nepotismo, grupismo, familismo, caciquismo, patriarcalismo, todos sementes do patrimonialismo.

Sugestão: uma confissão do escritor de *O Príncipe* com o santo que escreveu *A Utopia*[152]. (Junho de 2011)

O PNBC DO TERCEIRO SETOR

De tanto o joio florescer no campo do trigo, fica cada vez mais difícil distinguir onde começa a cultura de um e termina o roçado do outro. Faz-se a observação a propósito de entidades sem fins lucrativos que compõem o chamado Terceiro Setor. Nos últimos tempos elas passaram a ser vistas também como canais para desviar recursos do Estado e jogá-los nas teias de corrupção que se formam nas malhas administrativas das três instâncias federativas. E assim, sombreado por casos escabrosos, esse conglomerado, que reúne algumas das organizações mais prestigiadas do País, enfrenta intenso processo de desgaste, cujas consequências poderão afetar o desenvolvimento de programas voltados para o bem-estar de comunidades carentes. Como é sabido, o espaço desse setor é ocupado por associações, movimentos, fundações, entre outras modalidades, que atuam nas áreas da educação, saúde, esporte, lazer, cultura, meio ambiente, ciência e tecnologia, suplementando tarefas e funções que o Estado (Primeiro

---

[152] Escrito pelo santo inglês Thomas More (ou Thomas Morus) (1478-1535).

Setor) não consegue realizar a contento e sem ter como objetivo auferir ganhos financeiros, como é a praxe do mercado (Segundo Setor).

O tamanho da encrenca que põe sob suspeição organizações não governamentais (ONGs), expressão igualmente usada para definir aquele universo, pode ser aferido por esta ordem de grandeza: o País abriga cerca de 350 mil entidades de assistência social, que empregam 2,5 milhões de pessoas e 15 milhões de voluntários; entre 2004 e 2010 esse conglomerado recebeu dos cofres públicos R$ 23,3 bilhões, uma evolução de 180% em seis anos. Parcela ponderável dessa montanha de recursos entra, escancarada ou sorrateiramente, na composição do Produto Nacional Bruto da Corrupção (PNBC), entendido como o somatório das contas da rapinagem e dos conluios que, por aqui, assumem a forma de licitações "batizadas", comissões pagas a intermediários, superfaturamento de obras e produtos, emendas em projetos de parlamentares para regiões e, coroando a engenharia desse poder invisível, convênios com ONGs que semeiam joio. A inferência sobre a ladroagem é plausível. Basta contar os escândalos da atual quadra política e que estão sob a lupa do Tribunal de Contas da União e do Ministério Público.

Qual a explicação para o fato de entidades criadas para trilhar o caminho do bem serem levadas a percorrer as veredas do mal?

Primeiro, a cultura da pilantragem, que encontra terreno fértil em nossos trópicos. "Espertocratas" juntam-se a burocratas para agir nas entranhas do Estado e tecer a teia da corrupção.

Segundo, o parentesco entre instituições privadas com fins públicos e estruturas estatais. As duas bandas fazem convergir seus interesses sob o escopo da cidadania: são associações desfraldando bandeiras de combate à pobreza, violência, discriminação, poluição, ao analfabetismo, racismo. Ganham a confiança da sociedade, apoio político e, como não poderia deixar de ser, volumosos recursos.

O Terceiro Setor, vale lembrar, constrói sua credibilidade na esteira da crise que, há quatro décadas, corrói os contornos do Estado de bem-estar. Incapaz de prover plenamente as demandas das áreas da educação, saúde, cultura e lazer, entre outras, o Estado passou a ter a colaboração de movimentos da sociedade civil, que acorreram em sua ajuda. A degradação da assistência social expandiu-se ao fluxo de outros eventos que impactaram a força do Estado, como a crise do petróleo nos anos 70, a recessão dos anos 80, a crise global do meio ambiente e a debacle do socialismo na Europa.

Registre-se, ainda, a entrada em cena de governos conservadores, como os de Ronald Reagan, nos EUA, e Margaret Thatcher, na Inglaterra, sob os quais ocorreu acentuado refluxo do Estado na operação do sistema de proteção social. A partir das décadas de 80-90, o Estado passou a repartir com parceiros a execução de serviços sociais básicos. No Brasil, a moldura crítica juntou a fome com a vontade de comer. A criação das Organizações da Sociedade Civil de Interesse Público, no final dos anos 90, deu força ao Terceiro Setor, agrupando no mesmo espaço as áreas filantrópicas, de caridade, de voluntários, independentes, de cultura e lazer, desenvolvimento educacional de jovens e sua integração ao mercado de trabalho. Certas instituições continuaram a desempenhar sua missão distantes dos recursos do Estado, como o Centro de Integração Empresa-Escola, a maior ONG do País, criada há quase meio século, mas a grande maioria estendeu as mãos aos cofres estatais, pedindo ajuda a atores políticos (representantes e partidos), os quais, por sua vez, usam as entidades como aríete para ampliar domínios. Portanto, muitos núcleos do território da intermediação assistencialista de cunho privado, respaldando a competitividade política, passaram a abrigar feudos partidários. Hoje, sua força é capilar, saindo da União, atravessando os Estados e chegando aos municípios.

O que precisa ser feito para limpar o roçado do Terceiro Setor, eliminando o joio?

Expurgar entidades com interesses espúrios ou ligações suspeitas com parceiros alheios a compromissos sociais. O que significa investigação acurada em associações privadas que recebem recursos do Estado. Parcerias e convênios com organismos estatais precisam obedecer a regras inflexíveis. Só mesmo por estas plagas é possível alguém criar uma entidade de caráter assistencialista, compor um conjunto de ideias filantrópicas, pleitear um convênio com um ministério, conseguir aprovar o pacote com as bênçãos de um político e, posteriormente, aplicar (?) de maneira atabalhoada os recursos embolsados. O Tribunal de Contas detecta falta de maior clareza e objetividade nos critérios de seleção das entidades beneficiadas. Ora, esse diagnóstico é suficiente para sustar os processos. Mas nada disso gera temor ao PNBC. Que, a esta altura, já deve ter encontrado boas alternativas para eventuais perdas. (Outubro de 2011)

ROÇAS DE CRIMINALIDADE E SEARAS DE DIREITOS

A tomada da Rocinha, a maior favela da América Latina, por forças policiais, apesar de sinalizar o resgate do escopo da cidadania para uma comunidade de 70 mil habitantes, não afasta a sensação de que até mesmo eventos de alta significação no calendário cívico são usados como espetáculo midiático-político, coisa comum nestes tempos em que governantes procuram tirar proveito de vitórias sobre o mal. Todas as loas ao secretário de Segurança do Rio de Janeiro, o delegado federal José Mariano Beltrame, cujas atitudes e expressão parcimoniosa diferem do adjetivo grandiloquente de seus superiores, mesmo constatando-se que a anunciada "batalha da ocupação", por dias seguidos, tenha ensejado a fuga da bandidagem que imperava na favela. Assim, o aparato de guerra, os blindados, o desfile de soldados com armamentos pesados e o arsenal apreendido entram na paisagem como a estética de apoio à semântica do "discurso da libertação" de uma população que, há décadas, era obrigada a conviver com gangues e drogas. Situação que, vale registrar, tinha o endosso de grupos policiais que hoje emergem como heróis.

A estratégia de ocupação das favelas cariocas para combate direto ao tráfico de drogas escancara uma verdade: a chave da política abre todas as portas. Do bem e do mal. É sabido que na década de 1980

(83-87), sob o governo de viés populista de Leonel Brizola, se desenvolveu um processo de favelização no Rio de Janeiro caracterizado pela proibição de deslocamento de famílias dos morros e cessão de espaços públicos para construções irregulares. Embalado em romantismo, Brizola acedeu ao apelo de comunidades que se queixavam da violência policial. Proibiu incursões das forças policiais nas favelas, o que acabou expandindo a criminalidade. Dizia-se que negociava o apoio de criminosos que atuavam como cabos eleitorais, dando-lhes, em retribuição, autonomia para fazer suas operações. Corria a versão de acordo pelo qual os bandidos podiam agir livremente em seus territórios, contanto que não descessem dos morros para a cidade. Agora, a decisão política é a de fazer valer a lei nos antros da bandidagem, a ação mais emblemática do atual governo do Rio e que redundará em ganhos políticos. A bandeira está hasteada. Cada Unidade de Polícia Pacificadora (UPP) – a da Rocinha é a 19ª – significa um eixo de paz fincado onde antes se exibia o fuzil.

É cedo para antecipar os impactos da ocupação das favelas cariocas. A expulsão de máfias criminosas gera, num primeiro momento, descontração geral. As comunidades veem e sentem *potentia*, o poder físico do Estado, conceito que os antigos romanos distinguiam do poder legal, *potestas*, e do poder político, *auctoritas*. Passada a euforia, as populações passam a cobrar mais que força bruta. Ou seja, rompidos os paredões do medo, chega a vez das demandas essenciais a cargo do Estado. O ponto de partida é o resgate dos direitos civis, a partir do direito à propriedade (regularização fundiária), passando pelo acesso à Justiça (instâncias judiciárias como Juizados de Pequenas Causas), chegando aos serviços básicos – postos de saúde, saneamento básico, coleta de lixo, energia, comunicações, educação –, base do edifício da cidadania. Como se infere, a gestão passa a ser ferramenta central para o bem-estar comunitário. Só no Rio de Janeiro se contam 197 programas destinados às favelas, dado que mostra a dispersão e a ausência de prioridades e urgências. Sua integração resultaria em maior eficácia.

O planejamento, por sua vez, envolve decisões de natureza política: como restabelecer o Estado legal dentro de um espaço dominado pela barbárie? Por onde começar? Leis vigentes – que regulam as atividades comerciais, por exemplo – devem ser aplicadas com rigor nos territórios resgatados ou flexibilidade deve ser adotada, particularmente nos campos da burocracia e dos impostos? Sem atividades produtivas e comerciais que possam absorver razoável parcela da mão de obra local, serão abertas janelas da ilegalidade, dentre as quais está o tráfico de drogas, chegando-se, assim, ao círculo vicioso da corrupção. Eis aqui um aspecto nevrálgico da estratégia de reconquista de espaços dominados pela bandidagem: como eliminar os focos da corrupção endêmica? Como evitar corrupção no aparelho policial? Sabe-se da dificuldade de um soldado de primeira classe propiciar uma vida decente à sua família ganhando um soldo em torno de R$ 1.200. Encontra a solução nos trocados fazendo bicos, porta aberta para trafegar na ilegalidade. A corrupção no seio policial tem outras razões que não apenas parcos proventos. (Aliás, a PEC 300, que trata dos salários das polícias, seria um bom começo para a reestruturação da política de remuneração das forças policiais.) A renovação de quadros, ao lado de sólida formação na carreira e melhoria das condições de trabalho, reforçaria o desempenho cívico dos batalhões. Uma comunidade amparada pelo Estado, inserida no mercado de trabalho, mostrando jovens engajados em projetos educacionais, desvaneceria o ímpeto do crime.

Em suma, a harmonia social exige raízes fincadas na seara dos direitos civis. A recíproca é verdadeira. A corrupção nasce em terrenos baldios do Estado ausente. Se a comunidade não dispuser dos braços do Estado formal para se socorrer, procurará outros meios de salvaguarda, como milícias e entidades de intermediação da pobreza, entre as quais se multiplicam organizações de clara orientação política, que agem como braços eleitorais de perfis mancomunados com as máfias. Eis aí mais uma frente a ser depurada. Entidades que semeiam o bem devem reforçar a ação moral de ajuda às populações e denunciar enclaves criminosos.

Por último, o alerta: todo cuidado é pouco para evitar que a experiência do Rio de Janeiro no mundo das favelas seja contaminada pelo vírus do oportunismo político. Ela pode ser um exemplo a ser seguido em outras rocinhas da bandidagem. Aqui e alhures. (Novembro de 2011)

GOVERNO DILMA ROUSSEFF: ADEUS AO "ETERNO RETORNO"?

O CICLO DA ÉTICA E A RAZÃO

Uma questão sempre recorrente: o que impulsiona a onda ética que se propaga por quase todas as regiões brasileiras?

Em primeiro lugar, o despertar da racionalidade. O Brasil está deixando para trás o ciclo da emoção. A sociedade toma consciência de sua força, da capacidade que tem para mudar, pressionar e agir. Vivemos em pleno ciclo da autogestão técnica. Trata-se de uma aculturação lenta, porém firme, no sentido do predomínio da razão sobre a emoção. O crescimento das cidades e, por consequência, as crescentes demandas sociais; o surto vertiginoso do discurso crítico, revigorado por pautas mais investigativas e denunciadoras da mídia nacional; o sentimento de impunidade que gera, por todos os lados, movimentos de revolta e indignação; e, sobretudo, a extraordinária organicidade social, que aparece na multiplicação das entidades intermediárias, hoje um poderoso foco de pressão sobre o poder público – formam, por assim dizer, a base do processo de mudanças em curso.

As consequências se fazem sentir, ainda, no próprio conceito de democracia. Já se foram os tempos da democracia direta, aquela que nasceu em Atenas dos IV e V séculos, quando os cidadãos, na praça central, podiam se manifestar diretamente sobre a vida do Estado. Estamos vivendo a plena democracia representativa, que, por vezes, se introjeta de valores da democracia direta, estes que se expressam quando os cidadãos, por regiões ou dentro de suas categorias profissionais, tomam decisões, escolhem representantes e exigem deles mudanças de comportamento. É fato inegável que um dos grandes saltos dos novos tempos tem sido a passagem da democratização do Estado para a democratização da sociedade. E esta democracia social é fruto de um poder ascendente que se consolida pela força das entidades intermediárias, pela organização da sociedade civil. A sociedade se torna cada vez mais policrática, multiplicando os centros de poder dentro do Estado, muitos deles com posições completamente diferentes da visão do Estado.

O resultado dessa combinação é altamente positivo. Pela seguinte razão: uma sociedade pluralista propicia maior distribuição de poder, maior distribuição de poder abre caminhos para a democratização social e, por conseguinte, a democratização da sociedade civil adensa e amplifica a democracia política, de acordo com o pensamento de Norberto Bobbio. No Brasil, estamos caminhando firmes nessa direção e a prova mais eloquente da tendência se verifica na formidável malha de centros de poder instituídos em todos os âmbitos e níveis. Já temos cerca de 330 mil organizações não governamentais em plena atividade, afora as milhares de entidades informais, que se espraiam pelo território na esteira da defesa de grupos, setores e minorias.

O processo de racionalização começa a impregnar as bases da pirâmide social. Aliás, o desenho que se observa hoje para abrigar a composição das classes sociais já não é mais a pirâmide, e sim um losango. Ou seja, uma base mais estreita e cuja largura se assemelha ao topo, e um meio bem mais alargado. E essa nova geometria social é fruto da ampla teia social construída com os fios dos programas sociais que vêm se expandindo desde o ciclo FHC. Lula ampliou significativamente essa rede, agora continuada no governo Dilma. Pois bem, com a classe média chegando a 53% da população, passamos a dispor de contingentes mais esclarecidos e mais exigentes. Por conseguinte, a dinâmica social que se desenvolve no fluxo do maior acesso ao consumo é responsável pelo processo de mudança política. Temos motivos para acreditar que os horizontes de amanhã são bastante promissores.
(Abril de 2011)

ANTÍDOTOS AO PASSADO

A conclusão é inevitável: o Brasil de hoje não anda mais depressa porque o Brasil de ontem não deixa. O mais recente dado revelador dessa hipótese? A esperança de vida do brasileiro ao nascer subiu para 73 anos, dez anos a mais do que a expectativa de vida em 1980. O dado é da última pesquisa do IBGE. Grande avanço. Stephanie dos Santos Teixeira[153], de 12 anos, teve vaselina injetada na veia em vez de soro e morreu. Tragédia da última semana. Grande atraso. É assim que o passado faz curvas nas largas avenidas do presente. Ao lado de ocorrências trágicas que irrompem sobre os espaços da modernidade, como catástrofes da natureza, multiplicam-se em nossas plagas fatos escabrosos que derivam de fatores humanos, como incúria, desleixo, leniência, escancarando o descompasso entre a progressão geométrica da ciência e da tecnologia (responsável por conquistas na área da saúde) e a progressão aritmética da capacitação humana.

As aberrações atingem o mais alto grau da incredibilidade: uma reforma que consumiu R$ 111 milhões (Palácio do Planalto)[154] e mais de um ano de duração deu com os burros n'água. Nem bem as equipes tomam assento nas instalações renovadas, um cano estoura e joga lama no subsolo da sede do governo. Serviço mal feito. A falta de refinamento para fazer um restauro de qualidade, no dizer do representante do arquiteto do Palácio, Oscar Niemeyer, diagnostica bem o desmazelo que infesta a coisa pública. Deficiências convivem lado a lado com as suficiências. Veja-se o caso da educação, que registra melhora na última década, mas apresenta distância oceânica de países com excelência de qualidade de ensino. Dos 20 mil estudantes que fizeram as provas do Programa Internacional de Avaliação de Alunos (Pisa), mais da metade ficou com a nota mais baixa, o

---

[153] Tragédia aconteceu no começo de dezembro de 2010, no Hospital Luiz Gonzaga, em São Paulo, unidade pertencente à Irmandade da Santa Casa.
[154] Reforma mal conduzida e concluída em agosto de 2010, foi entregue com uma série de imperfeições, o que ganhou destaque na mídia.

nível 1. É consenso: a educação não passa no teste. E não apenas ela. A precariedade dos serviços públicos, por causa do efeito cascata que os estragos geram sobre a economia, atravanca o crescimento nacional.

No momento em que os novos mandatários dão forma às estruturas governativas, com a escolha de nomes para geri-las, o tema da qualidade deveria ser alçado ao posto de prioridade um. A tarefa é complexa, eis que parcela dos novos dirigentes, oriunda da política, encontra dificuldades para conciliar metas de desempenho, definição de responsabilidades, simplificação de processos e redução de cargas burocráticas, com os compromissos e as demandas imediatas dos atores inseridos em sua moldura de interesses. No plano federal, o perfil da presidente eleita[155] permite inferir que as abordagens técnicas, centradas em cânones da moderna administração, deverão ganhar reforço. Aliás, o diferencial da presidente Dilma está em modelagem mais apurada e homogênea de gestão, com a qual poderá implantar sistemas rígidos de controles. Com este escopo plasmaria identidade e imagem capazes de adquirir respeito e credibilidade, sem querer competir com o ciclo populista de Lula.

O compromisso com a qualidade dos serviços públicos, que se espera também dos governantes estaduais, seria a mola propulsora para a proclamada modernização do Estado. Que caminhos percorrer nesse empreendimento? Primeiro, lubrificar a máquina. Melhorar o desempenho. Significa, entre outras tarefas, estabelecer planos de ação para o desenvolvimento das pessoas, dos órgãos e estruturas, adotando critérios meritocráticos nos sistemas de reconhecimento, recompensa e administração de carreiras dentro do serviço público. O Reino Unido desde 1997 desenvolve uma reforma com o objetivo de expandir a produtividade e a melhoria da qualidade dos serviços. O programa para a redução da burocracia objetiva expandir o PIB

---

[155] Dilma Rousseff, ex-ministra chefe da Casa Civil de Lula, antes de 2010 jamais participara de um pleito eleitoral.

do País em 16 bilhões de libras. Na Holanda programa semelhante se desenvolve, a partir da redução de 25% dos entraves burocráticos do serviço público num prazo de quatro anos.

Em outros termos, estabelecer uma relação mais simétrica, menos autoritária e paternalista entre usuários e agentes públicos. Ganharíamos, assim, um Estado mais racional, promotor, regulador e gerador de equidade social. E na esteira desse esforço de modernização poderíamos apostar na melhor qualidade dos serviços públicos, visualizando-se rapidez em sua distribuição (extinção das malfadadas filas diante de guichês), acessibilidade aos serviços, planilhas transparentes de investimentos e gastos, informações objetivas e fáceis aos usuários, cortesia no atendimento, etc.

É evidente que tal aparato exige alentado programa de capacitação, ao lado de políticas de fomento e motivação dos quadros. Só assim seria possível limpar o entulho que se acumula nos espaços da administração pública. Vaselina não seria mais confundida com soro. O zelo tomaria lugar do desleixo. E a seguinte historinha (real) dos papéis que andam entre as estantes dos prédios públicos não passaria de folclore. O cidadão chega à repartição e pede para ver seu processo. Ouve: "Ah, tem muitos outros na frente. Vai demorar um tempão até ser despachado. Papel, doutor, não tem pernas." Agastado, o interlocutor reage: "E quanto o senhor quer para pôr dois pés nesse papel?" Tiro e queda. O adjutório fez o papel correr rapidinho. (Dezembro de 2010)

VIDA NOVA NA GESTÃO PÚBLICA

O novo ciclo da administração pública[156] emite sinais animadores. Os planos anunciados pela nova direção do País abrigam uma coleção de substantivos e verbos que, em tempos idos, podiam ser considerados cartas do baralho da demagogia. Hoje, não são apenas críveis como absolutamente necessários para a vida saudável dos en-

---

[156] Com a presidente Dilma Rousseff e 27 governadores.

tes federativos e a sobrevivência dos próprios governantes. O escopo é denso: melhorar a qualidade dos serviços; reequilibrar as finanças; cortar despesas de custeio; revisar contratos; extinguir cargos comissionados; aumentar a eficiência do gasto público; promover um salto de desenvolvimento, socialmente equilibrado e ambientalmente equilibrado e por aí vai. É natural que um repertório tão pleno de promessas sérias e boas intenções faça parte da rotina de quem começa a navegar o barco. Mas a saúde financeira dos Estados, de tão debilitada, impõe razoável dose de credibilidade ao discurso dos comandantes que assumem o leme até o final de 2014.

De início, o lembrete de Maquiavel: "Nada é mais difícil de executar, mais duvidoso de ter êxito ou mais perigoso de manejar do que dar início a uma nova ordem de coisas". Quem patrocina um programa reformista, explica o pensador, tem inimigos entre aqueles que lucram com a velha ordem e poucos defensores que teriam vantagens na nova ordem. A resistência se torna mais forte em territórios contaminados pelas mazelas da velha política, entre as quais podemos apontar loteamento da burocracia estatal, descontrole de gastos, ausência de planejamento, improvisação, acomodação e incúria, fatores que descambam na perpetuação do status quo. Para alcançar êxito, o princípio maquiavélico é este: os governantes devem realizar uma *Blitzkrieg* agora, quando iniciam o ciclo administrativo. Entre o meio e o final de governo, será mais complexa a missão de reformar processos. Alguns conhecem a receita por já terem-na aplicada em seus Estados.

Diminuir despesas de custeio é a primeira disposição. A folha de salários tem sido uma área crítica. Nos últimos 10 anos, os gastos com custeio nos Estados saíram do índice de 1,1% para mais de 6% do PIB. A meta de reduzi-lo começa pela exoneração de cargos comissionados, decisão quase consensual entre os governadores. Ocorre que a maior parcela desse contingente está sob a chancela política. Por isso, a prática de corte massivo de comissionados no início da gestão, apesar de gerar impacto, fica amortecida ao longo do tempo. A massa que sai acaba sendo reposta, chegando, ao final do mandato, praticamente do tamanho inicial. Os vazios da largada são preenchidos na chegada. A eliminação desse exército é tarefa impraticável, eis que nele estão fincados os bastiões políticos das forças governistas.

O loteamento dos cargos, velha prática que alimenta partidos e lideranças, se presta à meta de perpetuar grupos e mandos. A fisionomia administrativa formada por quadros disformes, incapacitados e desmotivados só muda com a profissionalização da máquina e a adoção da meritocracia. São poucos os entes federativos, porém, que se propõem a estabelecer sólidos programas de capacitação de funcionários e racionalização de serviços. O estabelecimento de metas, a administração voltada para resultados e os contratos de gestão são iniciativas ainda em processo de experimentação. Se a politização da gestão é algo com que se deve conviver, por conta da tradição patrimonialista de nossa política, a profissionalização da burocracia – a partir da redefinição e fortalecimento das carreiras de Estado – é a única semente capaz de gerar bons frutos.

É evidente que Estados mais poderosos como São Paulo, onde é possível cortar, sem grandes traumas, R$ 1,5 bilhão do Orçamento, dispõem de condições melhores para incorporar à gestão modelos bem sucedidos na iniciativa privada. O que não impede às unidades federativas menos desenvolvidas de buscar qualificar a gestão. O dilema que se apresenta às unidades mais frágeis é o de ajustar, de forma harmônica, os três cinturões da administração: o político, o econômico e o social. O primeiro escuda a trajetória político-eleitoral do governante; o segundo garante o equilíbrio financeiro do Estado, vital para o crescimento; e o terceiro se conecta ao sentimento popular. Reforçar um cinturão quase sempre implica enfraquecer outro. Ainda não se encontrou a fórmula que combine sacrifícios econômicos e recessão com crescimento, aumento de emprego, redistribuição de riquezas e justiça social.

Inexiste, porém, política sem riscos. Mas os atores temem enfrentá-los em função da acirrada competitividade política. Receiam que medidas de contenção de gastos, compressão das massas funcionais e enxugamento de estruturas lhes tirem a capacidade de reverter um processo de desacumulação de forças, fenômeno previsível quando se tomam medidas impopulares. Atente-se, porém, para o estouro da boiada que se viu no último pleito. Romperam-se os limites do bom senso, planilhas de contas a pagar despeitaram a Lei de Responsabilidade Fiscal. Mesmo assim, certos candidatos à reeleição não alcançaram sucesso. O fato revela uma nova disposição social. Medidas demagógicas, com foco exclusivo na salvaguarda do mandatário, nem sempre imprimem força. Sob esse clima saudável, a gestão pública poderá dar um salto de qualidade em 2011. (Janeiro de 2011)

O LULISMO E O DILMISMO

Os primeiros traços do governo Dilma permitem divisar contornos mais homogêneos e menos oblíquos que a do ciclo Lula. As diferenças não se devem a razões de natureza política e nem de longe se abrigam na discutível hipótese, de viés conspirador, de que as criaturas, mais cedo ou mais tarde, acabam se rebelando contra o criador. Quem apostar na ideia de que um dia a criatura Dilma tomará rumos diferentes do criador Luiz Inácio perderá feio. Os dois atores fazem parte do mesmo enredo. E até se completam, pois o que sobra nele falta nela, e vice-versa. Exemplo: carisma e experimentação, de um lado, apuro técnico e organicidade, de outro. Um distanciamento, mesmo ocasional, traria perda para ambos. A configuração mais retilínea da atual administração resulta da identidade da presidente, da qual se extrai a ênfase em vetores como planejamento, controles e cobranças, análise de performances, calibragem da máquina, substituição de peças e sintonia fina nos programas. O dilmismo, como se pode designar tal modelagem, terá o condão de lapidar o lulismo, expurgar excessos, preencher reentrâncias, aplainar caminhos.

A imagem do "pente-fino" cai bem nas operações que o lulismo desenvolveu em diversas frentes. Convém definir o lulismo: um ajuntamento de programas, alguns de argamassa frouxa, implantados sob o escudo do real estável, que geraram um "novo milagre brasileiro", expressão de Rudá Ricci[157] para explicar o ingresso de 30 milhões de pessoas no meio da pirâmide. Ainda conforme o sociólogo, "o lulismo teria se formado a partir do encontro com as classes menos abastadas do País, que rejeitam ideologias". E, claro, trombeteado por um líder que, no dizer de José Nêumanne Pinto em seu livro *O que Sei de Lula*[158], "é e sempre foi, sobretudo, um manipulador de emoções da massa". Sendo assim, diferencia-se do petismo, porquanto este tinha como foco as classes trabalhadoras organizadas em estruturas tradicionais e aquele abre os braços a contingentes desorganizados, desideologizados e pragmáticos. A análise do ciclo Lula permite distinguir alta dose de experimentalismo, como se constata nas idas e vindas que marcaram o início do Fome Zero. E mesmo após arrumar as coordenadas na área social, a partir da integração de projetos da era FHC, que redundou no símbolo da redenção de milhões de brasileiros, o Bolsa Família, o lulismo deixou, ao fim de oito anos de império de Luiz Inácio, a impressão de larga defasagem entre discurso e prática. Espaços como os de infraestrutura e educação registraram resíduos de improvisação, como se vê nas planilhas do PAC ou em livros didáticos editados sob o selo de patrulhas que ousaram apresentar nova versão para a História do País[159].

Aduz-se, portanto, que o dilmismo veste o figurino adequado ao momento. Primeiro, por mostrar disposição de cortar gorduras acumuladas no corpo administrativo, tarefa complexa, diga-se, por-

---

[157] Sociólogo e autor de *Lulismo – da era dos movimentos sociais à ascensão da nova classe média brasileira* (Contraponto Editora, Rio de Janeiro, 2010)
[158] Topbooks Editora, Rio de Janeiro, 2011.
[159] Em 2011, o Ministério da Educação foi acusado de distribuir livros didáticos para a rede pública de ensino brasileira com erros de concordância em Português e de interpretação histórica (entre elas, com críticas ao governo de Fernando Henrique Cardoso e elogios a Lula).

que decisão dessa natureza contraria interesses da base partidária. Confira-se, a título de exemplificação, a assepsia que a presidente tenta realizar nos recônditos ministeriais. De forma lenta e gradual, a chefe do governo desobstrui dutos congestionados por sujeira, formando novas composições com quadros técnicos. O estilo Dilma incomoda aliados? Sem dúvida. Os parceiros não lhe dão o troco, ouve-se à boca pequena, por sentirem que manobra contrária à limpeza seria um bumerangue. Andar na contramão da faxina é defender sujeira. Um risco para a imagem pública do representante do povo.

A condição de mulher, ademais, ajuda-a a empreender o mutirão de depuração, eis que projeta os valores encarnados pela dona de casa: zelo, preocupação, cuidados com a organização do lar. Se parcelas governistas ameaçam ir para o confronto, juntando-se à oposição, o governo brande o argumento da crise que nos ameaça. No planeta quase em chamas, onde nações poderosas dão sinais cada vez mais próximos de calote em credores, o Brasil não se pode dar ao luxo de gastança desbragada, como se via na era Lula. Querem mais dinheiro para a saúde? Indiquem a fonte, diz a presidente. Eis mais um elemento de diferenciação entre o ontem e o hoje. Luiz Inácio era um ás no campo da articulação política. Escudava-se na conversa ao pé do ouvido, no conchavo, na capacidade de convencimento. Lábia declamada com o mel do carisma é puro acalento. Tranquilizante. Já o estilo duro, direto, conciso de Dilma gera temor. É inegável, porém, que o País não aguentaria mais uma jornada de experimentações, andando em curvas, algumas bem fechadas, subindo em palanques no interregno de pleitos, escancarando cofres, expandindo ao infinito os gastos públicos. Se o dilmismo aperfeiçoar a rota da governança sob a marca da responsabilidade, ganhará o reconhecimento da sociedade.

Neste ponto, convém pinçar mais um traço relevante na metodologia da atual governante: a altanaria, a capacidade de não se deixar envolver pela competição interpartidária quando estão em jogo questões de absoluta prioridade. O programa Brasil sem Miséria[160], que complementa e ajusta a rede social tecida no ciclo anterior, foi lançado no Palácio dos Bandeirantes, ao lado do governador Geraldo Alckmin e do ex-presidente Fernando Henrique Cardoso. Significado: a vida pátria deve ser uma obra comum. Compartilhada por gregos e troianos. Gestos como esse abrem a esperança de que o dilmismo faça muito bem ao País. (Setembro de 2011)

MARIA-FUMAÇA E A 7ª ECONOMIA

O ministro da Fazenda enche o peito e proclama: no embalo do crescimento de 7,5% do PIB em 2010, o Brasil corre nos trilhos como a 7ª economia do mundo, superando a França e o Reino Unido. Mas o trem brasileiro, para chegar à estação final do governo Dilma na 5ª posição, como espera Guido Mantega, precisa ser puxado por uma locomotiva de última geração, que garanta uma viagem rápida, confortável e sem os sacolejos produzidos pela velha Maria-Fumaça. Esse ícone do passado, que queima lenha para ferver água, fazer vapor e jogar fumaça no meio de bucólicas paisagens do interior, transfere seu significado de coisa obsoleta para os vários ramais que conduzem o País na direção do futuro.

O Brasil, é inegável, sobe de posição no ranking das nações. Mas a equação para chegar ao pódio abriga fatores que ameaçam atrasar a jornada. Dentre esses, a frente educacional é a mais importante. Para chegarmos aonde sonha o ministro Mantega, precisamos de mão de obra qualificada para operar novas tecnologias que garantirão a expansão da produtividade. Como fazer isso? A lógica aponta para o longo corredor da aprendizagem, que começa nos primeiros pilares da educação (leitura, Matemática e Ciências). Nesse primeiro estágio,

---

[160] Plano Brasil Sem Miséria, lançado pela presidente Dilma no segundo semestre de 2011. Articula série de ações na área social para brasileiros em situação de extrema pobreza, com renda até R$ 70 mensais per capita.

estamos atrás de países de menor expressão econômica, como Chile, Uruguai e Colômbia. É o que diz o Programa Internacional de Avaliação de Alunos (Pisa)[161], em que o Brasil se posiciona no 53º lugar entre 65 Países.

O maior desafio do governo Dilma não está, pois, nas frentes política ou econômica, como alguns tentam impingir, mas na gigantesca fila da mão de obra desqualificada. Componentes de cunho político podem ser administrados a qualquer momento. As pressões dos conjuntos parlamentares, previsíveis, fazem parte do cotidiano governamental. O eixo econômico, por sua vez, quando sai do prumo, recebe imediatos ajustes. Já na área da aprendizagem e capacitação de quadros, a tarefa é árdua e demanda tempo. Os buracos não podem ser tampados de imediato. Neste momento, o País registra a crise da escassez de profissionais para trabalhar em áreas que apontam para o futuro, como geologia (exploração do petróleo), engenharia, construção civil, serviços turísticos e hotelaria, meio ambiente, sistemas de informática e tecnologia da informação, entre outros. O estrangulamento de nichos, como o da construção civil, além de atrasar cronogramas, ameaça o próprio conceito do País, principalmente quando se projeta a escalada de gargalos na estampa de eventos de repercussão mundial, como a Copa do Mundo de 2014 e os Jogos Olímpicos de 2016, a serem sediados pelo País. Trata-se de palcos fosforescentes para a projeção de imagem de uma nação.

O apagão da mão de obra deixa seu rastro nas estatísticas da empregabilidade, nas reclamações de dirigentes empresariais e no próprio reconhecimento das autoridades. O Instituto de Pesquisa Econômica Aplicada (Ipea) é enfático ao mostrar que, dos 24,8 milhões de brasileiros que buscaram emprego no ano passado, 22,2% deles não possuíam requisitos mínimos para as vagas disponíveis. O crescimen-

---

[161] Programa Internacional de Avaliação de Alunos (*Programme for International Student Assessment* – PISA) coordenado pela Organização para a Cooperação e Desenvolvimento Económico (OCDE). Seus levantamentos são realizados a cada três anos.

to quantitativo se distancia da expansão qualitativa. Se agregarmos à massa desqualificada as amarras que atravancam a infraestrutura logística – congestionamento de aeroportos, estruturas obsoletas de portos, rodovias despedaçadas, escassez de ferrovias –, veremos por inteiro a paisagem descomunal do descalabro. Os feriados prolongados, principalmente nas altas estações, prolongam o calvário de consumidores, sob a lupa tosca de agências reguladoras, entidades amorfas que estão a carecer de profunda reformulação. Que danos tal esteira de carências acarreta ao País? Eis alguns: lentidão nos processos produtivos, ociosidade de aparatos tecnológicos, menor produtividade e, consequentemente, maior dependência de tradicionais ferramentas financeiras, como taxa de câmbio e juros. Ou, em outros termos, parques de produção e núcleos de serviços funcionarão aquém de seu potencial, desviando os capitais para a roda da especulação. O desfecho é trágico. O desenvolvimento, visto como a soma de avanços quantitativos e qualitativos, distribuição equitativa de riquezas e promoção do bem-estar, perde dinâmica.

Por que esse desenho borrado não recebe retoques adequados? A resposta sublinha: falta de vontade política, leniência de dirigentes de áreas, ausência de visão empreendedora, desentrosamento setorial, estreita visão de prioridades e a própria desqualificação dos perfis que comandam os sistemas. Vontade política implica, primeiro, investimento pesado na raiz da árvore dos maus frutos: educação. Não há quem não concorde com a premissa, mas as frentes educacionais vivem na penúria. A maior parte da população sai da escola sem saber fazer cálculos e entender escritos simples. O analfabetismo funcional beira 26% da população com mais de 15 anos.

A Coreia do Sul, País inexpressivo há 40 anos, hoje é exemplo para o mundo graças à revolução que fez na educação. Com 40 milhões de habitantes, exporta o dobro do Brasil e paga a um docente do ensino fundamental cerca de US$ 4 mil. Em São Paulo, um professor em fim de carreira na rede pública ganha um salário que não chega aos R$ 2 mil. Lá, há quase sete vezes mais pesquisadores que por aqui. E enquanto 80% dos coreanos que concluem o ensino médio vão para a universidade, esse índice é, entre nós, de menos de 20%. Os nossos guerreiros da batalha educacional preferem lutar com verbos, e não com verbas. Enquanto a verborragia ecoa nos auditórios, as salas de aula locupletam-se de desvarios pedagógicos. Já o setor privado praticamente fica alheio à tomada de decisões. Na Coréia do Sul, 2,25 pontos porcentuais dos 3% do PIB investidos em educação vêm do setor privado.

E assim, a velha Maria-Fumaça, devagar quase parando, puxa o trem da 7.ª economia do mundo. Se Mantega e seus companheiros dormirem na cabine, a máquina não chegará à última estação. (Março de 2011)

A TARTARUGA E O CARANGUEJO

Qual a imagem que melhor caracteriza o Brasil em 2011: o voo da galinha, a corrida da lebre ou o andar da tartaruga? Ante as evidências de que o país não arremeteu de repente para despencar, em seguida, nem apressou o passo na estrada do crescimento, resta a certeza de que o retrato do quelônio é o melhor para significar o percurso do país no ano que finda. Há, porém, quem não concorde com esta visão por achar que a tartaruga, mesmo arrastando vagarosamente os pés, consegue chegar ao destino e ganhar a disputa com a lebre, conforme se aprende nas fábulas de Esopo. Os usuários de lentes da economia argumentam que o Brasil derrapou na pista, considerando muito baixas as taxas de crescimento de 1,8% para o PIB industrial e de 2,8% para o PIB nacional. Outros olhares medem os passos por parâmetros diferentes, a começar pela junção de fatores externos às condições internas, o que significa considerar o refluxo das economias dos Estados Unidos e dos países europeus. Para estes, já é motivo de comemoração o fato de o Brasil segurar a estabilidade econômica no bojo da crise que solapa as economias planetárias.

As percepções mudam de acordo com a ótica política. Situacionistas apreciam mostrar o país com um PIB de US$ 2,4 trilhões, prestes a superar o Reino Unido e se tornar a sexta maior economia mundial. Poderia ser melhor, retrucam os oposicionistas, se a primeira mulher presidente do Brasil, com o prestígio de governante com a mais alta avaliação de todos os tempos em apenas um ano de administração, houvesse patrocinado um corajoso programa de reforma do Estado. A par de argumentos das partes contrárias, reconhecendo, até, sua lógica, o fato é que 2011 será considerado um espaço de transição entre dois estilos de comando: um, marcado pelo perfil carismático de Luiz Inácio Lula da Silva, mandatário de feitio populista (motivado para o contato com as massas) e o atual, sob a batuta técnica de uma economista, mais propensa a afinar a orquestra estatal com o solfejo da eficiência e da eficácia. O palanque e o verbo solto dão lugar aos controles e reuniões densas. A qualidade da gestão e o monitoramento das ações ganham proeminência, conferindo racionalidade ao *modus operandi* da administração. A marca Rousseff ainda não foi impressa na esfera da percepção social porque o governo passou bom tempo tentando azeitar a máquina. A troca de sete ministros acabou abrindo flancos no costado administrativo, dando a impressão de que o governo procura um eixo.

A identidade racional do ciclo da mulher presidente, é razoável supor, substituirá a identidade emocional da era Lula. Tal transferência de signos fará bem ao país. Seus efeitos se farão sentir na consolidação da modernização institucional e política, eis que ganharão ênfase conceitos como produtividade, melhoria de processos, meritocracia, aperfeiçoamento de quadros etc. Como se sabe, a tarefa de mudar a concepção da gestão não se efetiva em um ano. Ademais, o governante enfrenta uma montanha de desafios, a partir do fardo cultural e patrimonialista que tolhe os avanços da administração pública. Por conseguinte, a intermitente crise na frente política, que deflagra sistemas de pressão e contrapressão (nomeação e trocas de figuras nas estruturas), terá continuidade. Esse é o dilema da presidente Dilma. Para firmar sua identidade, ela precisa destravar o sistema político-partidário. A ferramenta para tanto é a reforma de costumes e práticas, meta que os governos protelam por saber que o chamado presidencialismo de coalizão é um bicho de sete cabeças. Que sobrevive mesmo com a eliminação de algumas. Tem faltado ousadia aos nossos governantes para bancar o apoio a uma ampla reforma política. Coisa, aliás, que só poderia se realizar no primeiro ano da administração, quando o governante ainda dispõe de enorme força. A presidente, por exemplo, tem compromisso em dar continuidade à agenda do antecessor, o que a obriga a manter o *status quo* da era lulista. E a preservar uma caderneta de endereços políticos que é responsável pelo maior rolo compressor do governismo dos últimos tempos.

Portanto, o nó da gestão reside na composição política. Nessa vereda, o país caminhou pouco em 2011. E também não avançará muito em 2012, ano de eleições municipais, quando os currais políticos precisam de capim nos currais. Na seara econômica, a relativa calmaria permitiu a continuidade da ação dos braços assistenciais do Estado, que acolhem mais de 12 milhões de famílias. Essa receita de harmonia social também se insere na planilha de créditos do governo. Já a área externa sofreu sensível mudança, resgatando o Itamaraty seu tradicional pragmatismo, que resulta na intensificação do diálogo com países centrais e atenuação da articulação com aliados inconvenientes. Em alguns setores, o governo andou em círculos. A esfera educacional continuou com a imagem borrada por episódios de vazamento de provas do ENEM; o sistema de saúde vive a crise crônica de precariedade da rede de atendimento público; pandemias constituem constante ameaça. Nos terrenos da infraestrutura, multiplicam-se as deficiências, como se pode constatar nas malhas dos transportes (viário, aeroviário, ferroviário e portuário). As carências no setor de saneamento básico são gigantescas. A violência castiga as paisagens urbana e rural, sob o registro da expansão de assassinatos e roubos.

Por tudo isso, há quem defenda outra imagem, que não a do quelônio, para caracterizar o país em 2011. A imagem seria a do caranguejo, que anda para a frente, para os lados e para trás. De olhos abertos, o país acende o ânimo e parece cuidar melhor de suas florestas. Intensifica a exploração de petróleo. Fura tumores da corrupção aqui e ali. Poderia ser menos improvisado e mais planejado. Ou fazer menos concessões ao passado. Quanto à presidente, a sugestão é que preencha todo o espaço de sua identidade. Ela é a esperança de grandes mudanças. (Dezembro de 2011).

A "ESPERTOCRACIA" EDUCACIONAL

Machado de Assis, mulato, gago e epilético, um dos mais ilustrados e respeitados cultores do idioma pátrio, conseguiu de modo exemplar unir o erudito ao popular. Em seus irretocáveis escritos, ensinava que a democracia deixa de ser uma coisa sagrada quando se transforma em "espertocracia" – "o governo de todos os feitios e de todas as formas". Já de Rui Barbosa, pequena estatura, advogado, diplomata, político e jornalista, cujo nome está inscrito nos anais da história do Direito internacional, pode-se extrair uma singela lição de seu celebrado patrimônio intelectual: "A musa da gramática não conhece entranhas". Pois bem, esses dois curtos arremates dos renomados mestres de nossa língua escrita e falada vêm a calhar neste momento em que a perplexidade assoma ante a barbaridade, patrocinada pelo Ministério da Educação (MEC), de uma "nova gramática", cuja autora assim ensina – "Os livro ilustrado mais interessante estão emprestado" – como frase adequada à linguagem oral, estaria correta ao ser usada em certos contextos.

Para o grande Rui, a letra da gramática não entra em curvas e evita estratagemas. E o aforista Machado puxa a orelha dos "espertocratas", aqueles que bagunçam ao escrever tal como falam, usando todos os feitios e formas. E arremata de maneira cortante: "A primeira condição de quem escreve é não aborrecer". Aborrecimento é o que não falta quando vemos "sábios pareceristas", contratados pelo MEC, exibindo o argumento: seja na forma "nós pega o peixe" ou "nós pegamos o peixe", o pescado estará na rede. Se assim é, ambas estão corretas. Para dar mais voltas no quarteirão da polêmica, a pasta da Educação alega que não é o Ministério da Verdade. Donde se conclui que um doidivanas qualquer, desses que se encontram no feirão das ofertas gramaticais estapafúrdias, pode vir a propor um texto sobre a História do Brasil sem nexo, com figurantes trocados e português estropiado. Basta receber o *imprimatur* de outra figura extravagante que seja docente de Português para ser adotado nas escolas. Com esse arranjo, o pacote educacional tem condições de receber o endosso da instância mais alta da educação no País para circular nas salas de aula. Esse é o caminho percorrido pelo acervo didático que faz a cabeça da estudantada.

Analisemos as questões suscitadas pela obra *Por uma Vida Melhor*[162], a começar pela indagação filosófica que se pinça do título da série. Terá uma vida melhor o estudante que se obriga a aprender numa gramática alternativa, onde a "norma popular" se imbrica à norma culta? Ou, para usar a expressão da professora Heloisa Ramos, uma das autoras do livro, sofrem os alunos que escrevem errado "preconceito linguístico"? Primeiro, é oportuno lembrar que, mesmo concordando que a língua é um organismo vivo, evolutivo, não se pode confundir uma coisa com a outra, a forma oral e a norma escrita. Cada compartimento deve ser posto em seu devido lugar. Quem troca uma pela outra ou as junta na mesma gaveta gramatical o faz por alguma intenção, algo que ultrapassa as fronteiras linguísticas. E é nesse campo que surgem os atores, aqui cognominados de doidivanas. Mais parece um grupo que considera a língua instrumento para administrar preconceitos, elevar a cidadania e o estado de espírito dos menos instruídos. Como se pode aduzir, embute-se na questão um viés ideológico, coisa que se vem desenvolvendo no País na esteira de um populismo embalado com o celofane da demagogia.

---

[162] O livro foi distribuído pelo Ministério da Educação (MEC) para os cursos de alfabetização de jovens e adultos de todo País (os chamados EJA). Editado pela Global, foi produzido por um conjunto de autores. Causou polêmica ao considerar possível o uso da norma popular, de expressões gramaticalmente incorretas conforme a norma culta.

Ora, os desprotegidos, os semianalfabetos, os analfabetos funcionais, enfim, as massas ignaras não serão elevadas aos andares mais altos da pirâmide se lhes for dada apenas a escada do pseudonivelamento das regras do idioma. Esta é, seguramente, um meio de ascensão social. Mas seus usuários precisam entender que a chave do elevador está guardada nos cofres normativos. Igualmente, as vestimentas, os modos e costumes, a teia de amigos, as referências profissionais são motores dessa escalada. Por que, então, os doidivanas da cultura e da educação investem com tanta força para elevar a linguagem popular ao patamar da norma culta? Não entendem que são objetos diferentes? Por que tanto esforço para defender uma feição que valida erros grosseiros? Não há outra resposta: ideologização. Imaginam o uso da língua como arma revolucionária. O sentimento que inspira os cultores da ignorância só pode ser o de que para melhorar a autoestima e ter uma vida melhor a população menos alfabetizada pode escrever como fala. Como se a gramática normativa devesse ser arquivada para dar lugar à gramática descritiva. Sob essa abordagem, sorver a sopa fazendo barulho, à moda dos nossos bisavós, também poderia ser recomendável...

As concessões demagógicas que se fazem em nome de uma "educação democrática" apenas reforçam a estrutura do atraso que abriga o ensino público básico do País, responsável pelo analfabetismo funcional que atinge um terço da população. Avolumam-se os contingentes de jovens de 9 a 14 anos que, além de não saberem interpretar um texto, se restringem ao exercício de copiar palavras sem entender o seu significado. Os copistas constituem os batalhões avançados da "revolução" empreendida pela educação brasileira. Pior é constatar que os "revolucionários" creem firmemente que a escalada social deve continuar a ser puxada pela carroça do século 17, fechando os olhos à "mobralização" da universidade. E assim, passada a primeira década do século 21, no auge das mudanças tecnológicas que cercam a Era da Informação, emerge um processo de embrutecimento do tecido social. Alicerçado pela argamassa de escândalos, desprezo às leis, violência desmesurada, promessas não cumpridas.

O grande Rui bem que profetizara: "A degeneração de um povo, de uma nação ou raça começa pelo desvirtuamento da própria língua". (Maio de 2011)

ESPAÇO CIBERNÉTICO, NOVA ARENA SOCIAL

A DEMOCRACIA PLUGADA

O dado impacta: já há mais de 2 bilhões de pessoas conectadas às redes sociais eletrônicas, quase um em cada três habitantes do planeta. A cada minuto, milhares de novos internautas ingressam no circuito tecnológico da informação, enquanto a assinatura de telefones celulares já passa da marca dos 5 bilhões. O mundo está plugado.

O fenômeno suscita estudos, debates e análises nas frentes de pesquisas sobre comportamento social, mas um aspecto chama a atenção pela importância que passa a ter para o desenvolvimento político das nações. A questão pode ser posta desta maneira: a Era da Informação Total, caracterizada pela interligação das comunidades mundiais por meio das infovias da web, contribuirá para o aperfeiçoamento da democracia? Ou, se quisermos puxar a questão para o território brasileiro, o que significa a existência no País de 45 milhões de internautas, número que lhe confere posição destacada no mapa mundial das redes? Poderemos contar com a melhoria dos padrões políticos, na hipótese de que parcela acentuada do eleitorado comece a socar os primeiros tijolos de uma democracia participativa plugada na eletrônica?

Vale recordar, de início, que a política, desde eras remotas, acompanha os fios da comunicação. Um ente se agarra ao outro, na extraordinária simbiose que amalgama o poder da palavra e a força das ideias. Na Antiguidade, os ideários fluíam pelo gogó e pelo gestual dos governantes, rito de que são ícones Demóstenes (384-322 A.C.), político que venceu a gagueira forçando-se a falar com seixos na boca e se tornou o maior orador grego, e Cícero (106-43 a.C.), advogado e mestre de civismo, famoso também pelo discurso contra o conspirador Catilina e considerado o maior orador romano. Da ágora, a praça central de Atenas, e do Fórum romano, o discurso político avolumou-se, saindo do Estado-cidade para o Estado-Nação e agregando força na esteira dos ciclos históricos da comunicação: a era Gutenberg, no século 15 (criação da imprensa), a Galáxia Marconi (invenção do rádio, em 1896), que impulsionou a escalada de demagogos como Hitler e Mussolini, até chegarmos ao Estado-espetáculo, adornado com as luzes televisivas, a partir dos anos 1960, e com a imagem esbelta de John Kennedy. Nesse ciclo, a estética impõe-se à semântica e os atores políticos passam a incorporar elementos dramáticos ao desempenho, redundando não raro em performances mirabolantes com a finalidade de cativar e mobilizar as massas.

A política no Estado moderno ganha operacionalidade com a implantação do governo representativo pela Constituição francesa de 1791 ("os representantes são o corpo legislativo e o rei") e o corpo social faz-se representar por um grupo de pessoas que passam a agir de acordo com a "vontade geral". O modelo, porém, passou a sofrer questionamentos. A crítica era a de que o sufrágio universal não teria sido capaz de melhorar a condição de vida de milhões de pessoas. Lançava-se ali a semente da representação de grupos específicos, derivando daí a democracia de grupos e facções, de que são exemplo, na atualidade, os Estados Unidos. Aí, o voto enraíza-se nas localidades, servindo de escudo de grupos e setores. É também de Bobbio a crítica de que a democracia não tem cumprido suas promessas, entre elas, a educação para a cidadania, a justiça para todos e a segurança social. Não sem razão, a democracia representativa atravessa tempos continuados de crise, com o desvanecimento de partidos e doutrinas, o arrefecimento das bases, o declínio dos Parlamentos, fatores que, em contraponto, contribuem para fortalecer o Poder Executivo.

É dentro dessa moldura que se encaixa a "civilização eletrônica". No vazio entre o universo político e a esfera social, emergem novos polos de poder, a partir das entidades de intermediação social e, ultimamente, das redes sociais. O portentoso aglomerado que navega na internet é um caleidoscópio do pensamento social, particularmente de segmentos que trafegam no meio da pirâmide (ou do losango, como já se descreve o formato da geometria social brasileira). Encaixa-se na metáfora da pedra jogada no meio do lago, criando marolas que se desdobram até as margens. Não se nega que a "sociedade eletrônica" vive a infância, época das primeiras descobertas e da curiosidade. Banha-se de águas lúdicas. Daí não se poder ainda falar em democracia participativa, eis que milhares de internautas se valem das redes para enviar mensagens pessoais, postar fotos, divulgar vídeos, baixar músicas, instalar aplicativos e até namorar. A matéria política, que aparece a conta-gotas, indica que o revigoramento do espírito público tem muito caminho pela frente. Por enquanto não dá para apostar no "potencial revolucionário" das tecnologias modernas da informação.

Se o engajamento político da sociedade não adere à dinâmica das redes, é porque a esfera representativa também não tem sabido delas se utilizar. O forte da tecnologia eletrônica é a capacidade de gerar interação dos elos do sistema, políticos e eleitores. O que se observa, pelo menos no caso brasileiro, é o uso da web para veiculação unilateral de mensagens, a maioria de caráter autopromocional, a revelar o "chapa-branquismo" de nossa política. Quando o sistema for usado em prol do jogo interativo, poder-se-á acreditar numa base social envolvida com a política. Dito isso, vamos à resposta para a questão inicial: as redes sociais podem, sim, vir a melhorar os padrões da política brasileira na medida em que seus participantes façam a lição de casa. A começar pela maneira de entender e operar a tecnologia da informação. Deitar nelas apenas para cochilar de pouco adiantará.
(Maio de 2011)

NASCEM FLORES NO PÂNTANO

A flor de lótus nasce no pântano. Exibe beleza e força. Das águas lodosas desabrocham flores brancas, imaculadas, uma perfeição da natureza. A imagem da flor foi usada, faz bom tempo, neste espaço para expressar a crença de que no meio do caos há uma réstia de esperança. A frase era: "A política chegou ao fundo do poço em matéria de moral. Mas não morreu a esperança de nascer uma flor no pântano". Saulo Ramos, jurista e sábio, e também um incréu, pinçou a alegoria em seu livro *Código da Vida* para atribuí-la aos "puros, os poetas, os idealistas", não sem fazer votos para que "eles tenham razão" na pregação.

Pois bem, a política continua cercada de lama por todos os lados, mas são inegáveis as flores que nascem aqui e ali, sob os cuidados atentos de uma gente de fé que junta forças e motivação para deixar o conforto de sua casa e organizar uma Marcha Contra a Corrupção, dando-se as mãos, erguendo faixas, ecoando palavras de ordem, clamando por decência. Há uma chama iluminando parcela considerável da consciência social. Ou, para usar outra imagem, um rastilho de pólvora se infiltra em numerosos espaços, pronto para receber o fósforo da explosão. A escalada ética que se descortina neste instante é emoldurada, de um lado, pelo desenho da assepsia que a presidente Dilma Rousseff realiza em estruturas críticas da administração federal e, de outro, por atos corporativos como o da Câmara ao inocentar a deputada federal Jaqueline Roriz,[163] flagrada em indecoroso gesto de receber dinheiro suspeito.

A mobilização social pela moralização de costumes e práticas na política ganha volume ao impulso das redes sociais, sendo este, aliás, um fenômeno que se amolda ao modo de pensar e agir das correntes da sociedade. O fato é que os milhões de internautas que usam

---

[163] A Câmara dos Deputados rejeitou pedido de cassação da deputada do PMN do Distrito Federal, motivada pelo seu envolvimento no antigo escândalo do "mensalão do DEM".

cotidianamente as redes tecnológicas da comunicação – beirando 50 milhões de pessoas – configuram um poderoso núcleo irradiador de informações e visões e, como tal, funcionarão como pulmões a oxigenar o coração da opinião pública. Não há mais como deixá-los à margem do processo comunicacional brasileiro. Doravante deverão ser avaliados sob o prisma da articulação e da mobilização, sendo demonstração cabal de seu poderio a convocação da Marcha Contra a Corrupção, sob a égide exclusiva das teias sociais.

Ao lado do fator tecnológico, que confere ao Brasil posição de destaque no ranking da internet mundial, é oportuno atentar para a organicidade social. O País alcança grau elevado no que concerne à organização de grupos, núcleos, categorias profissionais, gêneros, raças e etnias. O IBGE acaba de catalogar 338 mil organizações não governamentais. Adicione-se o exército composto pelos batalhões informais para contabilizar cerca de meio milhão de entidades jogando fermento na massa nacional.

Voltemos às flores do pântano, para lembrar que sua proliferação se deve, também, ao denso composto organizacional aqui formado. É inegável que os últimos ciclos governamentais privilegiaram a articulação com movimentos da sociedade, que foram incentivados a tomar assento na mesa de políticas públicas e em foros de participação política. Reforço a essa estratégia foi proporcionado pelo universo político, na esteira de crises intermitentes que o consomem e que se apresentam ao crivo da opinião pública sob o desfile de denúncias de abusos, desvios, flagrantes de conchavos, prisões escandalosas etc.

Nossa democracia representativa vive o clímax de sua crise crônica. Eventos negativos se sucedem. A escatologia da política pantanosa transparece em exibições midiáticas e, agora, frequenta a lupa de milhares de olheiros e analistas das redes, que não se furtam a expressões virulentas contra os atores flagrados com a boca na botija. Portanto, ante o refluxo e o descenso do poder centrífugo – o poder das instituições políticas – emerge, abrindo novas fronteiras, um poder centrípeto, que se movimenta a partir das margens sociais em direção ao centro. No espaço intermediário da pirâmide social – e essa é a observação a frisar – abrigam-se novos grupamentos médios, vindos de baixo, os quais começam a se iniciar nas artes e técnicas usadas pelas classes tradicionais. Essa faceta da composição social passa a gerar efeitos sobre o modo nacional de pensar. A dedução é que as marolas no meio da lagoa pantanosa se multiplicam, com possibilidade de deflagrar uma cadeia homogênea de pressões e interações, as quais, por sua vez, fazem o papel de filtro contra o lodo.

É interessante observar que o dicionário da política, antes restrito a meia dúzia de letrados, começa a ganhar locução aberta e irrestrita nas redes da internet. Conceitos como reforma política, sistema de voto, qualidade da representação, renovação e até posições individuais de atores políticos passam a ser acompanhados de maneira atenta. E essa corrente pode vir a alargar as ondas da reforma política. Com maior clareza sobre coisas como voto em lista, voto distrital, distritão, tais instrumentos poderão compor o debate imediato sobre essa reforma. O fato auspicioso é que a consciência cívica dá sinais de alerta nestes tempos de intensa mudança de quadros, troca de ministros e de mutirões de mobilização, destinados a permanecer nas redes sociais. Não há por que deixar de crer – e ver – que resplandecem flores no pântano. (Setembro de 2011)

GLOSSÁRIO

Autoridade 1 – Condição essencial para o exercício do Poder e o Governo do Estado. No Brasil, tornou-se sinônimo de caciquismo, coronelismo, mandonismo, clanismo, familismo, filhotismo, paternalismo, patriarcalismo, assistencialismo, patrimonialismo, capitanias hereditárias e de feudos. Ou seja, agrupa os vícios que perpetuam o uso dos recursos públicos e da riqueza da Nação em benefício de poucos compadres e, ao mesmo tempo, entronizam esses mesmos compadres no poder. Finalmente, é condição que se usa para se desvencilhar da lei. Afinal, "você sabem com quem está falando"?

Autoridade 2 – Status de todo brasileiro que possui renda e/ou patrimônio elevados, que pertence a uma classe social mais privilegiada ou que possui títulos de bacharel, advogado – doutor, juiz, delegado, desembargador, médico etc. Esses brasileiros sentem-se hierarquicamente superiores e com mais direitos que o conjunto da população. Procuram exercer uma autoridade natural sobre os demais.

Bolsa Família – Programa de assistência social do Governo Federal lançado durante o primeiro mandato de Lula, incorporando os antigos benefícios do Bolsa Escola, Cartão Alimentação, Auxílio

Gás e Bolsa Alimentação. Atende à população pobre ou que vive em extrema pobreza, com renda per capita máxima de R$ 140,00 por mês (destinada a famílias que tenham gestantes, crianças e adolescentes). Sua concessão está vinculada à frequência escolar. Em pequenas cidades do Interior brasileiro, o Bolsa Família desencadeou significativo impacto sobre as economias locais.

BRASIL – País que tem vivido, nos últimos 20 e poucos anos, um raro período de estabilidade institucional e econômica, a despeito das sucessivas crises nos quadros partidários, dos casos recorrentes de corrupção, além de elevado descrédito dos políticos junto à população. Desde a estabilização da moeda, com o Real, em 1994, o risco-país, termômetro que mede a confiança dos investidores externos, caiu consideravelmente e em 2011 ficou abaixo do norte-americano. Também a miséria tem decrescido: entre 1995 e 2008, 12,8 milhões de pessoas saíram da condição de miséria absoluta e 12,1 milhões da pobreza extrema, conforme dados divulgados pelo Instituto de Pesquisa Econômica Aplicada (IPEA) em 2011[164]. No total, são 16,267 milhões de miseráveis, contra cerca de 40 milhões que havia no final do século passado. Grande avanço, considerando-se ainda que 20 milhões de pessoas das classes D/E migraram para a C nos últimos anos. No entanto, na tragédia da violência urbana, o brasileiro mata mais que os soldados e terroristas na guerra do Iraque. E a população continua a sofrer os efeitos perversos da incúria nas áreas da saúde e educação, nas metrópoles engarrafadas e de transporte público precário. Uma Nação que sinaliza avanços, mas cuja inserção no rol dos países desenvolvidos é uma promessa reiterada a cada eleição.

BUROCRATIZAÇÃO – Abordada de forma plena na obra de Max Weber (1864 – 1920), a burocracia tem servido no Brasil à perpetuação do

---

[164] Novos dados divulgados em princípios de 2012 apontam queda para 7 milhões de brasileiros vivendo em situação de pobreza absoluta ou extrema (conforme estudo realizado por duas consultorias privadas sobre indicadores mais recentes do IBGE).

Poder entre altos e médios escalões da administração pública, que para justificar sua própria existência, prende os cidadãos a um labirinto infinito de caminhos a serem percorridos até que consigam chegar ao usufruto de direitos assegurados constitucionalmente.

CARÁTER – Conjunto de traços psicológicos que, no caso brasileiro, quer indicar ênfases nos valores da expansividade, cordialidade, criatividade, improvisação, alegria, descontração, descompromisso, liberalidade, emotividade e propensão para exagerar nas coisas.

CARISMA – Projeção e respeito que um líder conquista sobre a coletividade e que passa ao largo da racionalidade. Diz respeito à sua capacidade de arrastar as massas na corrente de fé e esperança e assumir a condição de uma pessoa que transcende a identidade dos homens comuns, podendo, dessa forma, concretizar sonhos.

CAPITANIAS HEREDITÁRIAS – Formato que a Coroa Portuguesa encontrou para ocupar e administrar o novo mundo e que imprimiu ao DNA da cultura política brasileira a marca ainda presente do domínio feudal, da burocratização e do mandonismo sobre a estrutura do Estado. Em 1504, foi criada a primeira, em Fernando de Noronha, mas somente em 1534, Dom João III dividiu todo território em 15 capitanias hereditárias e as distribuiu entre os donatários.

CARTA AOS BRASILEIROS – Documento que marcou o início da agonia da Ditadura Militar pós-1964. Redigida por Goffredo da Silva Telles Jr. e lida na Faculdade de Direito da USP, no Largo do São Francisco, em São Paulo, em 8 de agosto de 1977, teve como signatários importantes representantes da área do Direito, das universidades, cultura e igreja no Brasil, entre eles os juristas Fábio Konder Comparato, Tércio Sampaio Ferraz Júnior, Miguel Reale Júnior, o professor de literatura Antonio Candido e o bispo Dom Cândido Padin. Importante lembrar que o País vivia ainda no período sob forte censura de opinião e expressão, especialmente nos meios de comunicação de massa. Falecido em 2009, Goffredo tornou-se uma das grandes referências em defesa da liberdade e da democracia no Brasil.

CARTA AO POVO BRASILEIRO – Documento produzido pelo PT em junho de 2002 com vistas a atenuar a imagem de radicalismo que impregnava o partido e havia sido uma das principais responsáveis pela derrota eleitoral de seu candidato Luiz Inácio Lula da Silva nos pleitos presidenciais de 1989, 1994 e 1998. A "Carta ao Povo Brasileiro" tornou-se peça-chave da vitória de Lula em 2002, pavimentando, assim, sua entrada no território da socialdemocracia.

CARTORIALISMO – Conceito afim à burocracia e dominação feudal da estrutura estatal no Brasil.

CIDADANIA – Termo ainda muito utilizado pelas entidades de advogados e de direitos humanos, cujos direitos estão amplamente amparados pela Constituição Federal, mas expressão desconhecida das classes pobres, que dependem dos serviços públicos de saúde, transportes, Previdência e educação.

CLIENTELISMO – Um dos entraves à democratização do Estado, é uma ferramenta a serviço do jugo cartorial e das estruturas administrativas e políticas, estabelecendo uma relação de troca entre o mandatário e o "cliente" beneficiado. As clientelas integram os exércitos de vanguarda da representação política, emprestando seus domínios para a boa performance eleitoral dos atores políticos.

CONSENSO DE WASHINGTON – Documento produzido em novembro de 1989 pelos organismos financeiros internacionais estabelecidos em Washington D.C., contém receituário ortodoxo e neoliberal que passou a ser adotado a partir de 1990 pelo FMI (Fundo Monetário Internacional) visando à estabilização das economias nacionais.

CORPORATIVISMO – O Dicionário Aurélio define "corporação" como "associação de pessoas do mesmo credo ou profissão, sujeitas à mesma regra ou estatutos, e com os mesmos deveres ou direitos". No contexto político e da administração pública brasileira, abriga o conjunto de pessoas de interesses comuns que usam o poder e o espaço público para assegurar seus direitos privados, no caso um conceito enviesado de "direitos".

Corrupção – Desvio amoral e aético que está impregnado na alma brasileira, decorrente de heranças coloniais. Presente nos pequenos atos, como gorjetas para apressar expedientes burocráticos, e em atos de magnitude, como compras de votos para mudar decisões nas casas legislativas, além de conquistas de posições de grupos privados nas administrações federal, estadual e municipal.

Custo Brasil – Conjunto de normas legais, tributos, labirintos burocráticos, ralos de propinas e heranças malditas que transformam o empreendimento de negócios no Brasil em um caminho muito mais custoso de ser percorrido se comparado às Nações desenvolvidas, por exemplo. A própria descontinuidade em torno das regras do jogo, das leis e normas, representa um dos mais elevados "custos" que os empresários precisam colocar nas planilhas de suas empresas no momento de compor preços de produtos e serviços, o que gera efeito dominó perverso sobre o chamado "Custo Brasil".

Demagogia – Apropriação indébita das expectativas e dos sonhos populares com vistas ao domínio privativo do patrimônio público por parte de grupos de interesses cartoriais, corporativos, econômicos, políticos etc. Manipulação dada sob o verniz de uma retórica plena de figuras e símbolos.

Democracia – Ideário clássico assentado sobre os valores da Liberdade, Igualdade e Fraternidade, abarca várias modelagens, entre elas a participativa. Mas segundo Norberto Bobbio, algumas de suas condições não foram contempladas pelas sociedades contemporâneas, a saber, o pluralismo, o fim das oligarquias, a ampliação dos direitos dos cidadãos, a eliminação do poder invisível, a realização da meta da educação para a cidadania, combatendo o estado de apatia social (a cidadania passiva), e o enfrentamento à emergência da tecnocracia. Na visão de outro cientista político, Maurice Duverger, o mundo compartilha hoje da democracia tecnocrática, em que vastas organizações, hierárquicas, racionalizadas, amparadas em imensos conjuntos e em sólidas bases empresariais, configuram uma nova oligarquia econômica que retém sob seus interesses os proprietários dos meios de produção, técnicos, burocratas e a administração pública.

ESTADANIA – Processo de tutela dos direitos da cidadania, em que estes passam a ser vistos como concessões e não como prerrogativas. Forma de enquadrar o ânimo social, dificultar sua emancipação política e perpetuar o poder cartorial. Conceito expresso por José Murilo de Carvalho em *Cidadania no Brasil*.

ESTADO – Do ponto de vista do Direito, diz respeito ao conjunto de poderes e leis que estruturam uma Nação. Importante não confundi-lo com Governo, pois este representa o direito transitório de cuidar dos interesses do Estado em benefício da sociedade abrigada em uma Nação. Mas no Brasil, o conceito se encontra em estado fluido, ainda não solidificado pelas heranças nefastas de nossa cultura política.

EXECUTIVO – O mais visível entre os poderes políticos, pela força das máquinas administrativas e poder de cooptação, o poder da caneta.

FAMILISMO-GRUPISMO – Outra de nossas heranças históricas, é irmão-gêmeo do cartorialismo, feudalismo e coronelismo. Há diferenças sutis entre eles, entretanto, se complementam para assegurar o exercício do governo privativo sobre o patrimônio público, especialmente no Interior do País e em alguns Estados do Norte e do Nordeste.

FAVORECIMENTO – Prática usual na política e na administração pública do País, privilegia grupos ou cidadãos em troca, em geral, de propinas.

FEUDALISMO – Em sua versão moderna, representa os espaços da administração pública controlados e dominados por políticos e apaniguados. Há em todas as esferas: federal, estadual e municipal. Trata-se de uma das mazelas políticas nacionais.

FIDELIDADE – Expressão antiga para designar firmeza de caráter, união inabalável de pessoas que comungam um ideal. Conceito forte nos remanescentes de cultura tradicional. Na política, trata-se de um conceito de pouca força, pelo caráter mutante dos representantes no Parlamento.

Fisiologismo – Na Biologia, a Fisiologia trata das funções orgânicas, processos ou atividades vitais do organismo. No exercício do poder do Estado, funções e processos são comandados de forma a transformá-lo em direito permanente para obtenção de benefícios privados.

Fulanização – Situação em que a densidade programática e ideológica cede lugar às pessoas. A personificação canibaliza na política brasileira os escopos partidários.

Herança – Muitos brasileiros sonham com uma herança. Os políticos costumam transferir sua herança de votos aos filhos. Perpetua-se, dessa forma, uma cultura de espera, de aguardo, de perpetuação do *status quo*.

Honestidade – Valor muito difundido e pouco praticado. É o mote que inspira o discurso político, desacreditado em função dos casos de corrupção e desonestidade que tem maculado a imagem de políticos, juízes e instituições.

Ideia/Opinião – Conceito muito próximo do brasileiro, que se expressa por meio da criatividade e do pensamento a respeito de tudo ou quase. O brasileiro gosta de exprimir ideias acerca dos mais variados temas, sejam complexos e simples, do futebol à política, passando pela religião, moda, guerras e a noção de mundo.

Ideologia – Em seu *Dicionário de Política*, Bobbio (*et. Al.*) considera o termo "ideologia" um dos mais utilizados, não apenas na linguagem política, como na sociológica, filosófica e político-científica. Mas entre seus usos "*intrincados e múltiplos*", Bobbio identifica dois significados principais atribuídos à expressão. O primeiro, considerado "fraco", "designa o genus, ou a species diversamente definida, dos sistemas de crenças políticas: um conjunto de ideias e de valores respeitantes à ordem pública e tendo como função orientar os comportamentos políticos coletivos". Em seu significado "forte", lastreado em Marx, é "entendido como falsa consciência das relações de domínio entre as classes". Ou seja, denuncia "o caráter mistificante de falsa consciência de uma crença política", ela própria exercendo uma função social e sendo instrumento de dominação. Segundo Bobbio, na "ciência e na sociologia política contemporânea, predomina nitidamente o significado fraco de Ideologia". E mesmo este, especialmente desde os anos 50, experimentou diferentes usos e interpretações, entre os mais notórios aqueles que apontaram para o fim das ideologias, levando-se em conta, grosso modo, a derrocada de grande parte dos regimes comunistas e socialistas, a vitória do modelo liberal de Estado e neoliberal da economia, a convergência programática dos partidos, a globalização dos fenômenos culturais e de massa etc. O termo voltou à moda recentemente no bojo do movimento *Occupy Wall Street*, ação de jovens e estudantes realizada em Nova Iorque em protesto contra o predomínio do paradigma empresarial sobre as decisões da sociedade e do governo dos Estados Unidos. Parte da mídia apontou para a falta de consistência ideológica do movimento.

IMPROBIDADE – Problema tão recorrente no Brasil, pelo mau uso dos recursos públicos, que deu origem à Lei 8.429/92, conhecida como Lei de Improbidade Administrativa, a qual não conseguiu, entretanto, estancar a sangria do dinheiro dos contribuintes, o qual escorre pelos mais diversos ralos da corrupção.

INDOLÊNCIA – Traço de caráter de boa parte da elite brasileira e de todos aqueles que podem mudar, mas não querem, porque preferem trancar-se em fortalezas a reagir à degradação as ruas e à perda da legitimidade e da autoridade das leis do Estado.

JEITINHO – Capacidade de driblar situações para conseguir atingir metas e objetivos. Maneirismo que se aproxima aos conceitos de malandragem, vivacidade, esperteza e oportunismo. O "jeitinho brasileiro" é uma respeitada instituição nacional.

JUDICIÁRIO – Fonte de poder e mando, espaço de tradição e credibilidade. Nos últimos tempos, a identidade incólume de instituição sagrada e insuspeita passou a frequentar a agenda de desconfiança dos brasileiros.

Justiça – Ideal abstrato para os setores mais desfavorecidos, mas concreto para quem pode arcar com os custos de acesso a ela.

Lealdade – Firmeza no trato, quer significar também que palavra dada é palavra cumprida. Mercadoria desvalorizada no balcão dos valores nacionais.

Legislativo – Espaço cada vez mais disputado pelos cidadãos em função da transformação da política em interessante empreendimento negocial. Tem sido extraordinário o crescimento do número de políticos que, a cada eleição para o Legislativo, expressam o desejo e a convocação cívica para defender a sociedade.

Legitimidade – Condição essencial para o exercício da autoridade, costuma ser outorgada, no País, pelo status social, pelo dinheiro ou pelo voto (ver Autoridade 1 e 2).

Liberdade – Bandeira cívica muito desfraldada por ocasião dos grandes eventos cívicos nacionais e dos embates eleitorais, confundida, frequentemente, com o manto da liberalidade, que se faz presente nos xingamentos recíprocos, na invasão dos espaços privados e na interpenetração dos territórios do domínio público e do privado.

Macropolítica – Esfera da realização da Política enquanto atendimento às grandes demandas da população, vinculada a um ideário programático capaz de assegurar a emancipação política, social, econômica, educacional e cultural de um povo.

Mandonismo – Forma de ocupar e exercitar o Poder nas diferentes esferas da administração do Estado. Espaço fortalecido pelo domínio de meios de comunicação que amplificam o mando de grupos familiares.

Mensalão – Caso emblemático da forma fisiológica, feudal e cartorial com quem é exercido o poder no Estado brasileiro, o mensalão aconteceu em determinado período do primeiro mandato do presidente Lula. Seus ministros, para garantir o voto parlamentar favorável aos projetos governamentais, pagavam "mesada" aos deputados – ou seja, estes usufruíam do poder transitório de legislar, outorgado pelo voto popular, para se apropriar de um naco do dinheiro público. E o Executivo usava indevidamente a máquina, desviando recursos para assegurar seus interesses. Descobriu-se depois que a prática tem filhotes, como o *mensalinho*, o qual ocorreu no âmbito da administração da Câmara Federal, em que fornecedores eram obrigados a pagar propina para manter a prestação de serviços.

MICROPOLÍTICA – Trata-se da cozinha da Política, âmbito em que se garantem pequenos direitos, como a iluminação pública, o posto de saúde, a escola próxima de casa, o alimento barato etc.

MISÉRIA – Ainda que tenha caído consideravelmente nas duas últimas décadas, há mais de 16 milhões de brasileiros vivendo com renda per capital mensal entre R$ 39,00 e R$ 70,00.

MITO – Povoa o imaginário nacional. O maior mito é o da felicidade.

MONETARISMO – Linha marcante na política econômica brasileira desde 1994, utiliza-se do controle do volume da moeda circulante, entre outros recursos monetários, como instrumento de estabilidade e equilíbrio da economia.

MULHER – A mulher amplia seu espaço na sociedade organizada, no universo do trabalho e na representação política, chegando agora à liderança máxima do País, por meio da presidente Dilma Rousseff. O grupamento feminino é maior que o masculino e temos mais mulheres eleitoras do que homens.

NULO – Fenômeno crescente nas eleições brasileiras, o voto nulo sinaliza a rejeição de parte do eleitorado contra a política, seja por falta de maturidade, seja pela desesperança daqueles que se cansaram do discurso cheio de promessas e vazio de compromissos dos candidatos aos cargos legislativos e executivos.

OBREIRISMO FARAÔNICO – Obras dotadas de caráter superlativo, marcadas pelo exagero estético e estrutural e que possuem como principal objetivo alavancar a popularidade e o voto em torno de um mandatário. Durante os anos 70 e 80, ficou muito famosa no Brasil a expressão "elefante branco", relativa a obras que não serviam a nada e não levavam a lugar nenhum, exceto à autoridade pública no exercício dos interesses privados e cartoriais.

OLIGARQUIA – Apropriação da estrutura pública em benefício da perpetuação no poder de um grupo, partido ou família. Outro traço fundante da cultura política brasileira.

OLIMPISMO – De forma geral, termo se refere aos deuses do Olimpo, seres poderosos imortais que estavam acima de todos. No Brasil, serve para designar os arroubos de autoridade ou político que se esmera na linha da autopromoção, do exagero e da espetacularização para mostrar que "ele é o cara!".

ORDEM – Coisa que pouco se vê nos espaços nacionais. Nas pistas de cooper, bicicletas invadem o lugar de pedestres e vice-versa. Nas ruas paulistas, o PCC chega a matar policiais, familiares e pessoas da comunidade para dar demonstração de força, assim como milícias organizadas ou quadrilhas do tráfico de drogas no Rio de Janeiro. Nas cadeias, a ordem é dada pelos bandidos, que também ordenam quem deve ou não subir aos morros. Na bandeira nacional, a Ordem vem ao lado do Progresso, ou seja, não vem, retratando um pouco da realidade brasileira.

ORGANICIDADE SOCIAL – Capacidade da sociedade se organizar. Isso quer significar que, nos últimos tempos, a sociedade está mais organizada, mais consciente de seus direitos, embora não tenha a mesma consciência dos deveres. A organização se dá de maneira mais forte e homogênea nos segmentos centrais da sociedade, onde os grupos se distanciam da classe política, por descrença e por sentirem que os políticos não conseguem cumprir rigorosamente os compromissos assumidos. A cultura do "Maria vai com as outras" está sendo substituída pela cultura de autonomia, pela qual "cada brasileiro é dono de seu nariz".

ORGULHO – Sentimento que aflora muito em épocas de Copa do Mundo e atinge seu ápice quando o País levanta a taça principal da

FIFA. No mais, trata-se de uma referência de pouca intensidade nos corações nacionais, quadro que talvez comece a mudar com as novas gerações de brasileiros, que têm se manifestado mais confiantes e orgulhosos pela Nação.

Paixão – Sentimento muito peculiar ao caráter brasileiro. Cada coração abre espaços enormes para abrigar ciúmes, casos conflituosos, pequenas raivas do cotidiano ou, na esfera lúdico-esportiva, discursos eloquentes em defesa do time predileto. Ressaltam-se, ainda, a paixão brasileira pela improvisação, sátira aos costumes, condenação aos políticos, churrascos de fim de semana e a bebida das massas, a cachaça.

Parlamentarismo – Modelo de repartição do Poder, em que um gabinete de ministros, submetido ao aval dos parlamentares, exerce o governo temporário do Estado.

Pátria – Palavra das mais bonitas da Língua Portuguesa, que evoca sentimentos antigos e lembranças muito queridas para pessoas mais idosas, que se lembram dos bancos escolares, quando cantavam os hinos cívicos. Hoje, Pátria é vago conceito no coração dos brasileiros, cuja imagem mais próxima é a de território, terra, pedaço de chão, terreno, fazenda, chácara, sítio, imóvel, casa e apartamento. José Ingenieros, em seu belo livro *O Homem Medíocre*, ensina: "Os países são expressões geográficas, e os Estados são formas de equilíbrio político. Uma pátria é muito mais do que isso, e é outra coisa: sincronismo de espíritos e de corações, têmpera uniforme para o esforço, e homogênea disposição para o sacrifício, simultaneamente na aspiração à grandeza, no pudor da humilhação e no desejo da glória. Quando falta esta comunhão de esperanças, não há, nem pode haver pátria: é preciso que haja sonhos comuns, anelos coletivos de grandes cousas: é preciso que todos se sintam decididos a realizá-las, com a segurança de que, ao marcharem juntos, em busca de um ideal, nenhum ficará na metade do caminho. A pátria está implícita na solidariedade sentimental de uma raça, e não, na confabulação dos politiqueiros que medram à sua sombra".

Patrimonialismo – É o guarda-chuva que abriga toda a herança de ismos da cultura política brasileira. Expressão notabilizada entre nós por Raymundo Faoro, o patrimonialismo diz respeito à tradição inaugurada durante o período colonial, de se apropriar do espaço e patrimônio público em benefício de interesses de grupos ou famílias, criando-lhes um direito e poder superior em relação à sociedade.

Picaretagem – Expediente que revela faceta da malandragem nacional, bastante usado nos setores mais diversos. Costuma identificar alguns perfis políticos, que se mancomunam com grupos privados para tirar proveito da coisa pública.

Poder – Muito conhecido na arena política, esse conceito também é bastante usado nos fundões e periferias do País, dando margem ao florescimento e revitalização das mazelas do mandonismo, familismo, grupismo, caciquismo, patriarcalismo, fisiologismo e patrimonialismo. Situação de grupos e/ou de pessoas que têm autoridade e legitimidade para tomar decisões em nome de uma coletividade, bem como fazer com que se cumpra o Estado de direito. No Brasil, pode ser considerado também como situação de usurpação deste Estado de direito com o objetivo de se garantir infindáveis privilégios ao grupo e/ou pessoas que detém o poder (a elite).

Poder Invisível (*arcana imperii*) – Fruto da ocupação cartorial e feudal das estruturas do Estado, representa uma malha criminosa que ocupa as três instâncias do Poder – o Executivo, Legislativo e Judiciário.

Política – Norberto Bobbio ensina: o conceito de política, entendida como forma de atividade ou de práxis humana, está estreitamente ligado ao de poder. E este tem sido tradicionalmente definido como "consistente nos meios adequados à obtenção de qualquer vantagem" (Thomas Hobbes) ou como "conjunto dos meios que permitem alcançar os efeitos desejados (Bertrand Russel). Diz mais o grande filósofo italiano: "o termo se origina de *polis* (*po-*

litikós), que significa tudo o que se refere à cidade e, consequentemente, o que é urbano, civil, público, e até mesmo sociável e social, o termo Política se expandiu graças à influência da grande obra de Aristóteles, intitulada *Política*, que deve ser considerada como o primeiro tratado sobre a natureza, funções e divisão do Estado, e sobre as várias formas de Governo, com a significação mais comum de arte ou ciência do Governo, isto é, de reflexão, não importa se com intenções meramente descritivas ou também normativas, dois aspectos dificilmente discrimináveis, sobre as coisas da cidade". Entre nós, trata-se de espaço para glória de uns e felicidade de outros, a política caiu na linguagem de descrença do povo, para quem seus agentes e atores não usam de maneira adequada a coisa pública. Políticos não têm boa imagem e, com raras exceções, acabam ganhando uma das alcunhas mais pérfidas e desonrosas do vocabulário nacional.

Populismo – Traço marcante da política na América Latina, está vinculado à estadania e também ao uso carismático do poder e da imagem em direção à perpetuação desta situação de mando, pela troca da concessão pontual de benesses ao povo.

Povo – Trata-se, seguramente, da palavra mais frequente no discurso político. Fonte de inspiração de políticos e governantes, que o elegem como salvaguarda de seus mandatos. Em nome do povo, cometem-se muitas barbaridades e traições. Celebrado por governos em todas as épocas. O mais importante presidente norte-americano, Abraham Lincoln, em célebre discurso, imortalizou o lema: "um governo do povo, pelo povo e para o povo, consagrado ao princípio de que todos os homens nascem iguais". Bobbio descreve o conceito, a partir da República Romana, até chegar aos tempos modernos, quando o termo povo torna a ser "mera designação social, realidade subalterna, fundamentalmente excluída da gestão do poder". E acrescenta: "foi só com a redescoberta romântica do Povo, já em coincidência com uma visão política nacional, que identificava o Estado com a nação e, portanto, dava novo e maior valor a tudo o que compunha a realidade nacional, que ele começou outra vez a ser sentido como possível sujeito de vida política".

Presidencialismo – Forma predominante de repartição do Poder no Brasil desde a proclamação da República, o sistema conheceu diferentes variações ao longo de nossa história. Hoje se realiza dentro do modelo do "hiperpresidencialismo", o qual se apropria dos atributos da figura soberana do rei e exerce o Poder de forma quase absoluta, subjugando os processos e a máquina do Estado à perpetuação de seu mando, de seu projeto político.

Programa Brasil sem Miséria – Programa Social lançado pelo Governo de Dilma Rousseff na metade de 2011, pretende ampliar os serviços oferecidos às famílias atendidas pelo Bolsa Família. Sua meta é retirar da condição de extrema pobreza 16,2 milhões de brasileiros.

Progresso – Ao lado da Ordem, trata-se de pedaço do ideário que povoa o imaginário nacional. Como o Progresso está demorando, a sensação é a de que o termo denota a falta de seriedade e de descompromisso e o senso de irresponsabilidade que grassam na cultura institucional e política.

Público *versus* Privado – Dicotomia que encerra uma inversão de valores e significados em diversas áreas da vida nacional. Como o Progresso está demorando, a sensação é a de que o termo denota a falta de seriedade de descompromisso e o senso de irresponsabilidade que grassam na cultura institucional e política.

Razão – Fator em crescimento na ordem dos valores sociais. A taxa de racionalidade cresce, a ponto de se identificar o deslocamento do voto, que começa a sair do coração para subir à cabeça.

Real – Fruto de habilidosa engenharia monetária adotada entre 1993 e 1994, sob a presidência de Itamar Franco, o Real conseguiu interromper o ciclo de inflação inercial que ditava a instabilidade na economia brasileira. Mesmo que tenha perdido a paridade inicial para o dólar, permanece como um dos fatores da estabilidade vivida pelo País nas duas últimas décadas.

RES PUBLICA – Expressão que denota a "coisa pública", o "patrimônio público", ou seja, aquilo que, de maneira inalienável, deveria pertencer ao povo.

RENDA – Permanece como fator de grande disparidade social. Mais de 7 milhões de pessoas vivem ainda abaixo da linha de pobreza e a concentração de renda no Brasil mantém-se como uma das maiores do mundo. No índice Gini de 2004, medido pela Organização das Nações Unidas, estávamos com índice próximo a 0,6, oitavo pior desempenho do mundo.

RESPEITO – Valor a denotar cumprimento da norma, obediência aos ritos, deferência às autoridades constituídas, promoção dos direitos humanos. Conceito cada vez mais estreito e menos cultuado pelos grupamentos de jovens. Muito requisitado, bastante difundido e pouco desenvolvido.

RESPONSABILIDADE – Coisa que começa a se agigantar na alma nacional, vitalizada pela própria crise da sociedade política. Quanto maiores as denúncias, quanto maiores as amostras de irresponsabilidade para com a coisa pública, mas germina na sociedade a semente da conscientização e da responsabilidade.

RISCO-BRASIL – Indicador informal que mede a "confiança" dos investidores quanto à estabilidade da economia do País. Na verdade, há muitos indicadores de riscos estabelecidos por organizações econômicas públicas e privadas, relativos a desempenhos como superávits e/ou déficits nas contas de pagamentos, nas transações comerciais e de dívidas, entre outros. Um dos mais utilizados e conhecidos é o Índice de Títulos das Dívidas de Países Emergentes (Embi+), calculado pelo banco JP Morgan.

SEGURANÇA – Preocupação permanente dos brasileiros, forte determinante do PNBInf (Produto Nacional Bruto da Infelicidade). O estado criminoso e invisível domina o Estado formal e visível. Entre 2004 e 2007, em 67 cidades brasileiras de porte grande e médio, foram assassinadas mais pessoas do que na guerra do Iraque, conforme desenho apresentado pelo "Mapa da Violência 2012 – Os novos padrões da violência homicida no Brasil", realizado pelo Instituto Sangari.

Seriedade – Conceito intrínseco ao discurso de políticos e candidatos. Promessa pouco cumprida. Valor em queda no mercado de valores.

Socialismo – O socialismo, segundo Bobbio, é historicamente definido como programa político das classes trabalhadoras que se foram formando durante a Revolução Industrial. A base comum das múltiplas variantes do Socialismo pode ser identificada na transformação substancial do ordenamento jurídico e econômico fundado na propriedade privada dos meios de produção e troca, numa organização social na qual: a) o direito de propriedade seja fortemente limitado; b) os principais recursos econômicos estejam sob o controle das classes trabalhadoras; c) a sua gestão tenha por objetivo promover a igualdade social (e não somente jurídica ou política), através da intervenção dos poderes públicos. "O termo e o conceito de Socialismo andam unidos desde a origem com os de Comunismo (v.), numa relação mutável que ilustraremos sinteticamente". Após a queda do Muro de Berlim, os eixos do socialismo clássico se estiolam. E o conceito se espraia pelo terreno da socialdemocracia, uma espécie de centrão democrático que aglutina as mais variadas tendências partidárias.

Sociedade – Designação que costuma ser usada para cobrir as classes médias e altas. Para as menos favorecidas, as chamadas classes C, D e E, o termo mais comum é povão. Trata-se de um elemento de diferenciação e discriminação na linguagem do cotidiano.

Sociedade Tecnetrônica – Sociedade baseada na explosão do segmento de serviços com forte assento na tecnologia eletrônica e da informação.

Tecnocracia / Tecnodemocracia – Expressão apresentada pelo teórico Maurice Duverger, situa um novo sistema de repartição do poder entre organizações complexas e racionais vinculadas ao sistema financeiro internacional.

Televisão – Eixo de integração nacional, pela capacidade de capilarizar a informação e de amarrar os corações na imensa estrutura catártica das novelas. Ferramenta de dominação e encantamento, a serviço das cadeias de produtos. Indutor de comportamentos miméticos na moda e nos costumes, com consequências nos terrenos da sexualidade, das drogas e da violência. Começa, entretanto, a conhecer a concorrência de um novo fenômeno da comunicação: a internet e os serviços mobile. Conforme estimativa do IAB (Interactive Advertising Bureau do Brasil), em 2011 o Brasil fechou o ano com 81 milhões de usuários a partir dos 16 anos de idade.

Tecnologias da Informação e Comunicação – Mercado com audiência e faturamento publicitário crescente, começa a rivalizar com outras mídias, agora classificadas como offline. Segundo o IAB, a internet já é considerada mídia de massa no País, tendo abocanhado pelo menos 10% de *share* de faturamento do mercado publicitário. Nas regiões metropolitanas, mais da metade dos acessos à internet é feito pelas classes C, D e E. No total, há pelo menos 20 milhões de consumidores adquirindo produtos hoje pelos canais da web.

União – A união nacional é um dos mais fortes ícones da brasilidade. Infelizmente, a união que se tem é a da territorialidade e a da unidade linguística. No capítulo da sociedade, a distância entre as classes sociais denuncia a intensidade da desunião e da desigualdade.

Urna – Lugar sagrado onde o leitor exercita o direito inalienável de escolher seus representantes. Com tecnologia eletrônica, a possibilidade de digitação do voto é um de nossos mais significativos avanços em termos de tecnologia de Primeiro Mundo, sendo motivo de orgulho nacional.

Utilitarismo – Nos últimos tempos, o sentido utilitarista tem inspirado a ação política e os planos governamentais. Fenece o arcabouço humanístico, em favorecimento à ênfase no utilitarismo monetarista, que subordina os interesses sociais aos compromissos de natureza financeira assumidos pelo País. Emergem, nessa esteira, os grupos de especulação financeira e seus tentáculos fincados nas bases da globalização dos mercados.

VEDETISMO – Termo bastante vinculado ao Teatro de Revista no Brasil e às atrizes e cantoras que se notabilizavam por sua performance, sendo a mais famosa a cantora luso-brasileira Carmem Miranda. Na política, designa ironicamente os olimpianos do show eleitoral e midiático.

VERDADE – Trata-se de um termo recorrente nas campanhas eleitorais, quando candidatos situacionistas e oposicionistas tratam de apresentar suas versões sobre os fatos. Nem mesmo a imprensa escapa da polêmica sobre a verdade e as versões, sendo frequentemente contestada.

VÍCIO – Traço muito comum na vida do brasileiro, como o vício de fumar, de andar com o braço na janela do carro, de desobedecer leis e códigos, como o de trânsito. Vícios de toda espécie impregnam a alma dos trópicos.

VIDA – O brasileiro exerce uma maneira peculiar de encarar a vida. Preocupa-se muito com o presente e já foi mais preocupado com o futuro. Quer planos imediatos. Não afeito a planejamento, aprecia a improvisação. Como vai a vida? À indagação, a resposta comum é uma referência ao sobrenatural: "como Deus quer".

VIOLÊNCIA – Grande problema social brasileiro, produz mais vítimas que as guerras entre as nações ou entre estas e grupos terroristas. O Estado continua incapaz de garantir segurança pública e assegurar a paz social.

VONTADE – Sobra vontade aos brasileiros para representar seus semelhantes nas casas legislativas. A cada campanha, cresce o número de pretendentes. Falta vontade nos mandatários para realizar as reformas e promover os avanços. A reforma tributária, tão apregoada por todos, sendo consenso nacional, não foi feita por falta de vontade do Poder Executivo. Por tanta falta de vontade, o povo acaba esmaecendo a vontade de votar. Vota mais por obrigação.

Voto – Arma secreta que o povo brasileiro tem às mãos para disparar, de quatro em quatro anos, contra perfis corruptos. Seu uso permite renovação de cerca de 35% das casas legislativas. A arma ganha mais poder de fogo com a expansão da taxa de racionalidade.

Voto de cabresto – Prática fraudulenta dos tempos do Brasil Rural, de compra de votos em troca de umas poucas benesses ao eleitorado ou ainda sob cooptação violenta e ameaças. No Brasil atual, está sendo reeditada pelas milícias criminosas que ocupam os morros cariocas e cobram propinas do povo em troca de sossego e acesso a serviços básicos, como a entrega do botijão de gás.

Zelo – Preocupação que apenas poucos brasileiros costumam ter para com as coisas públicas. Nas praças, parques e jardins, o costume é o de jogar papéis a torto e a direito. Certo ar de bagunça faz parte da cultura nacional. Na época de eleições, o retrato das ruas exibe o jeito brasileiro de o político mostrar a cara. Para os brasileiros, o zelo é coisa de "gringo" ou anglo-saxão, incompatível com a desarrumação dos Trópicos.

ÍNDICE REMISSIVO

A

Abranches, Sérgio – 70, 387
Abrantes, José – 52, 387
Acioli, Ana – 120
Aguiar, Frank – 185
Ailes, Roger – 223
Alckmin, Geraldo – 138, 165, 171, 181, 291, 349
Aleixo, Pedro – 323
Alencar, José – 322, 323, 324
Alves, Aluízio – 166
Alves, Henrique – 70
Amado, Gilberto – 121
Andrade, Mário de – 146, 387
Andrade, Oswald de – 80, 387
Arendt, Hannah – 28, 146, 387
Aristóteles – 32, 82, 119, 204, 221, 300, 313, 332, 374, 387
Arraes, Miguel – 328
Arruda, José Roberto – 327, 328, 330
Assis, Machado de – 355

Azeredo, Eduardo – 147

B

Bachelet, Michelle – 174
Bacon, Francis – 197, 200, 206, 243, 318, 387
Balzac, Honoré de – 171
Barbosa, Joaquim – 280
Barbosa, Pedro Percy – 205
Barbosa, Rui – 89, 132, 154, 162, 206, 355, 387
Bardotti, Sérgio – 316
Bastos, Márcio Thomaz – 195/196
Bastos, Tavares – 154
Beltrame, José Mariano – 336
Berlusconi, Silvio – 27, 31
Bismarck, Otto Von – 156
Blair, Tony – 139
Bobbio, Norberto – 21, 27, 100, 113, 149, 190, 217, 244, 271, 275, 340, 359, 365, 367, 368, 373, 374, 377, 387

Bolívar, Simon – 37
Bonaparte, Napoleão – 219
Borges, Jorge Luis – 309, 387
Bowles, Camila Parker – 227
Brandt, Willy – 31
Brecht, Bertold – 167, 223, 387
Britto, Carlos Ayres – 178, 179, 180, 186, 187, 191, 297, 298
Brizola, Leonel – 229, 337
Bruto, Lúcio Júnio – 330
Buani, Sebastião – 145
Buarque, Chico – 316
Bush, George – 174

C

Cabral, Pedro Álvares – 36, 95
Cabral, Sérgio – 103
Camacho, Marcos (Marcola) – 58
Caminha, Pero Vaz de – 15, 102
Campos, Bernardino de – 154
Campos, Roberto – 81, 312
Candido, Antonio – 367
Cardoso, Fernando Henrique (FHC) – 34, 55, 68, 124, 133, 136, 138, 139, 173, 174, 175, 203, 216, 229, 231, 307, 340, 347, 349
Carioca, Marcelinho – 249
Cavalcanti, Severino – 145, 146, 147, 148, 256
Carvalhido, Hamilton – 189
Carvalho, Horácio de – 241
Carvalho, José Murilo de – 24, 38, 39, 293, 366, 388
Carvalho Fo., Luís Francisco – 60
Carvalho, Nelson de – 288, 289

Castro, Maria Helena Guimarães de – 98
Catilina, Lúcio Sérgio – 222, 359
Cavalcanti, Moura – 151
Celso, Afonso – 15, 388
César, Júlio – 54, 219, 222
Chuang-Tsê – 313
Churchill, Winston – 31, 299
Cícero, Marco – 219, 222, 246, 359
Clinton, Bill – 27, 148, 174, 227
Collor de Melo, Fernando – 34, 69, 76, 114, 120, 135, 203, 216, 218, 234, 247, 252, 307, 324
Collor, Pedro – 114
Colnaghi, Roberto – 121
Comparato, Fábio Konder – 363
Comte-Sponville, André – 325, 388
Cordeiro, Miriam – 247
Corner, Jeany Mary – 190
Correa, Pedro – 57
Costa e Silva, Artur da (Marechal Costa e Silva) – 323
Costa, Francisco das Chagas – 119, 120
Couty, Louis – 101
Crescenzo, L. de –135, 388
Cunha Lima, Cássio – 186, 189, 191, 330

D

Darwin, Charles – 103, 388
De Gaulle, Charles – 31, 223
Demócrito – 235
D'estaing. Giscard – 228
Diderot, Denis – 147, 388
Diniz, Waldomiro – 118, 147

Dirceu, José – 57
Dole, Elizabeth – 247
Dom João III – 36, 50, 363
Domenach, Jean-Marie – 246, 388
Donadon, Natan – 296
Dória, Seixas – 328
Dourado, Autran – 241
Dutra, Olívio – 114
Duverger, Maurice – 21, 32, 65, 149, 220, 283, 365, 377, 388

E

Enriquez, Luiz – 316
Esper, Ronaldo – 249

F

Faoro, Raymundo – 36, 373, 388
Faria, Romário de Souza – 249
Ferraz Jr., Tércio Sampaio – 363
Figueiredo, General João Baptista de Oliveira – 64, 216, 307
França, Eriberto – 120
Franco, Itamar – 34, 136, 307, 375
Franco, Moacir – 249
Frederico O Grande – 60
Frei, Eduardo – 174
Freire, Paulo – 100
Freyre, Gilberto – 15, 388

G

Gandhi, Mohandas Karamchand (Mahatma Gandhi) – 232, 237, 389
Geisel, General Ernesto – 34, 216, 306

George, Albert Frederick Arthur (George VI) – 323
Gerdau, Jorge – 194
Goebbels, Joseph – 219
Goldwater, Barry – 166, 247
Gomes, Severo – 214
Gorbachev, Mikhail – 109, 321
Gore Jr., Albert Arnold "Al" (Al Gore) – 321
Guadagnin, Ângela – 148
Guerra, Sérgio – 137, 138
Guimarães, Ulysses – 214
Gutenberg, Johannes Gensfleisch Zur Laden Zum – 359

H

Haddad, Fernando – 98, 99, 100
Hagan, Kay – 247
Hage, Jorge – 48
Helena, Heloísa – 172
Hemings, Sally – 228
Heráclito – 235, 268
Hitler, Adolf – 219, 325, 359
Hobbes, Thomas – 92, 195, 373, 388
Hoffman, Dustin – 148
Holanda, Sérgio Buarque de – 15, 16, 388
Humboldt, Alexander Von – 114
Huntington, Samuel P. – 27, 224, 317, 388

I

Ingenieros, José – 226, 316, 372, 388

J

Jaguaribe, Hélio – 45, 388
Jefferson, Roberto – 57, 113, 114
Jefferson, Thomas – 228
Jereissati, Tasso – 138
Jobim, Danton – 241
Johnson, Lyndon – 247
Jucá, Romero – 115
Jung, Carl G. – 114, 388

K

Kalil, Elias – 64
Kassab, Gilberto – 138
Keeler, Christine – 228
Kennedy, John – 193, 226, 229, 308, 323, 359
Kierkegaard, Soren – 215, 388
Kirchheimer, Otto – 23, 389
Kohl, Helmut – 27
Kubitschek, Juscelino – 34, 35, 228, 240

L

Lago, Jackson – 189, 191, 328
Leal, Vitor Nunes – 37, 38, 389
Lefort, Claude – 142, 389
Lembo, Cláudio – 181, 183
Lévi-Strauss, Claude – 16, 103, 389
Lewandowski, Ricardo – 188
Lewinski, Mônica – 146
Lincoln, Abraham – 33, 374
Lins, Álvaro – 241
Lippmann, Walter – 256, 389
Luís XIV (Rei Sol) – 219, 232, 237, 243

Lula da Silva (Lula), Luiz Inácio – 9, 11, 34, 48, 56, 57, 68, 76, 92, 96, 105, 108, 109, 110, 113, 114, 115, 118, 120, 122, 123, 125, 133, 168, 169, 170, 171, 172, 173, 175, 181, 186, 196, 203, 216, 230, 234, 246, 248, 249, 251, 268, 269, 270, 280, 306, 308, 322, 324, 326, 332, 340, 342, 346, 347, 348, 353, 358, 361, 364, 369
Luvizaro, Antônio – 168

M

Machado, Pinheiro – 154
Maciel, Marco – 302
Magno, Alexandre – 272
Maia, César – 97
Maluf, Paulo – 176, 314
Mantega, Guido – 349, 352
Maquiavel, Nicolau – 125, 153, 219, 232, 233, 258, 304, 331, 333, 344, 389
Marinho, Djalma – 166
Marinho, Maurício – 115, 118
Mariz, Dinarte – 149, 166
Marshall, Thomas – 39, 65, 389
Marx, Karl – 136, 137, 230, 368
Mazarino, Julio (Cardeal) – 243, 389
McCain, John – 298
McLuhan, Herbert Marshall – 240, 389
Médici, General Emílio Garrastazu – 34
Meirelles, Henrique – 115
Mello, Marco Aurélio 188, 328

Mendes, Gilmar – 280
Merkel, Angela – 31, 139
Miranda, Carmem – 379
Miranda, Marcelo – 189, 191, 328
Mitterrand, François – 323
Monroe, Marilyn – 227
Montesquieu, Barão de – 71, 72, 105, 117, 123, 132, 201, 202, 235, 266, 280, 318
Monti, Mario – 31
Moraes, Prudente de – 34, 154
Moraes, Sérgio – 255, 257
Morin, Edgar – 249, 389
Morus, Thomas – 331, 333, 389
Mountbatten-Windsor, Charles Philip Arthur George (Príncipe Charles) 227
Muniz, Agnaldo – 296
Murtinho, Joaquim – 154
Mussolini, Benito – 214, 359

N
Nardoni, Isabella – 257
Nery, Sebastião – 181
Neves, Tancredo –176, 214, 307, 323
Niemeyer, Oscar – 51, 328, 341
Nietzsche, Friedrich W. – 13, 100, 179, 277, 389
Nixon, Richard – 223

O
Obama, Barack – 297, 298
Ortega Y Gasset – 311, 389

P
Padin, Dom Cândido – 363
Paine, Thomas – 208, 389
Palocci, Antonio – 119, 120, 121, 147
Papademos, Lucas – 31
Partido Comunista do Brasil (PC do B) – 135
Partido da Aliança Renovadora Nacional (Arena) – 176, 307
Partido da Social Democracia Brasileira (PSDB) – 133, 134, 136, 137, 138, 139, 147, 171, 185, 189, 229, 230, 231, 307
Partido Democratas (DEM) – 140, 181, 255, 302, 327, 361
Partido Democrático Brasileiro (PMDB) – 70, 189, 214, 266, 295, 296, 307
Partido Democrático Trabalhista (PDT) – 189, 229
Partido dos Trabalhadores (PT) – 57, 70, 71, 88, 113, 114, 115,119, 123, 133, 134, 135, 137, 139, 143, 144, 147, 148, 171, 1781, 185, 221, 229, 230, 231, 306, 330, 264
Partido Progressista (PP) – 57, 113, 145, 181, 296
Partido da Renovação Social (antigo PRN, atual PTC) – 3077
Partido Democrático Social (PDS) 307
Partido Social Democrático (PSD) – 137, 138

Partido Trabalhista Brasileiro (PTB) – 57, 86, 113, 143, 185, 222, 255
Partido Verde (PV) – 269
Pascoal, Valdecir Fernandes – 89
Paula, Netinho de – 249
Pavlov, Ivan Petrovich – 176, 389
Pedro II, Dom – 68
Penna, J. O. Meira – 114, 390
Perillo, Marconi – 113
Perón, Juan – 232
Pinto, Barreto – 222
Pinto, José Nêumanne – 347, 390
Pitta, Celso – 314
Platão – 313, 384
Portela, Petrônio – 323
Porto, Ricardo Vita – 351
Porto, Sérgio (Stanislaw Ponte Preta) – 52
Prado Jr., Caio – 37, 390
Profumo, John – 228

Q

Quadros, Jânio – 135, 169, 216, 222
Quércia, Orestes – 323

R

Ramos, Heloisa – 356
Ramos, Saulo – 36, 390
Reagan, Ronald – 335
Reale Jr., Miguel – 363
Rebelo, Aldo – 137
Ribeiro, Darcy – 14, 100, 229, 390
Ricci, Rudá – 347
Richelieu, Cardeal de (Armand Jean du Plessis) – 243
Robespierre, Maximilien François Marie Isidore de – 246
Rocha, Suéllem (Mulher Pera) – 249
Rodrigues, Adilson José (Maguila) – 249
Rodrigues, José Renato Coelho – 205
Rodrigues, Nelson – 50
Roosevelt, Franklin Delano – 39, 294
Rousseau, Jean-Jacques – 183, 275, 390
Rousseff, Dilma – 10, 12, 85, 172, 173, 175, 186, 194, 253, 332, 333, 339, 340, 343, 346, 348, 349, 350, 354, 361, 370, 375
Russel, Bertrand – 111, 373

S

Sales, Campos – 34, 154
Santos, Francenildo Costa – 119, 120
Santos, Milton – 91, 390
Sarkozy, Nicolas – 31
Sarney, José – 34, 68, 135, 144, 203, 216, 231, 234, 307, 332
Schmidt, Augusto Frederico – 241
Schröeder, Gerhard – 139
Schwartzenberg, Roger-Gérard – 22, 84, 133, 389, 390
Sedlacek, Jorge Mário – 87
Senna, Viviane – 319

Serra, José – 138, 171, 172, 173, 253
Serraglio, Osmar – 148
Silva, Francisco Everardo Oliveira (Tiririca) – 249, 251, 292
Silva, Lurian Cordeiro da – 247
Silva, Marina – 269
Sinatra, Frank – 154
Soares, Delúbio – 147
Soares, Paulo Henrique – 286
Sócrates – 330
Sólon – 58, 287, 302
Souza, Luciana Teixeira de – 192
Souza, Tomé de – 59, 61, 329
Spencer, Diana Frances (Princesa Diana) – 227
Stanislavski, Constantin S. A. – 223, 390
Strasberg, Lee – 223, 390
Stuart Mill, John – 190, 287, 390
Suplicy, Eduardo – 221

T

Talese, Gay – 154
Teixeira, Anísio – 100
Teixeira, Stephanie dos Santos – 341
Telles Jr., Goffredo da Silva – 160, 161, 363
Temer, Michel – 266, 291
Temporão, José Gomes – 97
Thatcher, Margaret – 31, 335
Tocqueville, Alexis de – 155, 193, 236, 265, 391
Torelly, Aparício Fernando de Brinkerhoff (Barão de Itararé) – 52, 270, 272
Torgan, Moroni – 58
Touraine, Alain – 109, 124
Trudeau, Pierre – 228
Tschudi, Johan Jakob Von – 330
Túlio, Quinto – 219

V

Valério, Marcos – 147
Vargas, Getúlio – 34, 132, 135, 143, 153, 173, 228, 232, 240
Veras, Zuleido – 58
Vicente Filho, Coronel José – 61
Vieites, João Hélion Fernandes – 122

Z

Zapatero, José Luis Rodríguez – 139

W

Weber, Max – 331, 362
Wolfowitz, Paul – 153

BIBLIOGRAFIA

ABRANCHES, Sérgio. "Presidencialismo de Coalizão: O Dilema Institucional Brasileiro". In: *Dados*, Vol. 31 (1), 1988, pp. 5-33.
ABRANTES, José. *Brasil, o País dos Desperdícios*. Rio de Janeiro: Editora Auriverde, 2005.
ANDRADE, Mário de. *Macunaíma*. Rio de Janeiro: Ediouro, 2008.
ANDRADE, Oswald de. *Pau Brasil*. 2ª edição. São Paulo: Globo, 2003.
ARENDT, Hannah. *Entre o Passado e o Futuro*. São Paulo: Perspectiva, 1979.
ARISTÓTELES. *A Política*. São Paulo: Martin Claret, 2006.
BACON, Francis. *Ensaios*. Tradução e prefácio de Álvaro Ribeiro. Lisboa: Guimarães Editores, LDA., 1992.
BARBOSA, Rui. *Escritos e Discursos seletos*. Rio de Janeiro: Editora Aguilar, 1966.
BOBBIO, Norberto. *O Futuro da Democracia*: uma defesa das regras do jogo. Rio de Janeiro: Paz e Terra, 1986.
BORGES, Jorge Luis Borges – *Obras Completas, volume II*. São Paulo: Globo, 1999.
BRECHT, Bertold. "Cinco maneiras de dizer a verdade". In: *Margem esquerda*, São Paulo, nº 8, p. 193-206, 2006.

BUARQUE DE HOLANDA, Sérgio. *Visão do Paraíso*. São Paulo: Brasiliense, 1999.
CARVALHO, José Murilo de. *Cidadania no Brasil*. Rio de Janeiro: Civilização Brasileira, 2002.
CELSO, Afonso. *Porque me ufano do meu país*. F. Briguiet, 12ª Edição, 1943.
COMTE-SPONVILLE, André. *Pequeno tratado das grandes virtudes*. São Paulo: Livraria Martins Fontes Editora Ltda., 1995.
CRESCENZO, L. de. *História da Filosofia Moderna – Vol. 2*. Rio de Janeiro: Editora Rocco, 2005.
DARWIN, Charles. *A Origem das Espécies*. Belo Horizonte: Itatiaia Editora, 2002.
DIDEROT, Denis. *Paradoxo sobre o Comediante*. Portugal: Guimarães Editores, 1994.
DOMENACH, J. M. *La propagande politique*. Paris: Presses Universitaires de France, Série "Que sais-je?" número 448, 1950.
DUVERGER, Maurice. *Modernas Tecnodemocracias*: poder econômico e poder político. Rio de Janeiro: Editora Paz e Terra, 1975.
FAORO, Raymundo. *Os Donos do Poder* (Vol. 1 e 2). São Paulo: Editora Globo, 1975/1976.
FREYRE, Gilberto. *Casa Grande & Senzala* (Vol. 1 e 2). São Paulo: Global Editora, 2003.
HOBBES, Thomas. *Leviatã*. Tradução de Alex Marins. São Paulo: Martin Claret, 2002.
HUNTINGTON, Samuel P. *O Choque das Civilizações*. São Paulo: Editora Objetiva, 1998.
INGENIEROS, José. *O Homem Medíocre*. Rio de Janeiro: Editora Getúlio Costa, 1942.
JAGUARIBE, Hélio. *Sociedade, Estado e Partidos*. São Paulo: Paz e Terra, 1992.
JUNG, Carl G. *Psicologia e Religião*. Petrópolis (RJ): Editora Vozes, 1984.
KIERKEGAARD, Soren. *O Desespero Humano*. São Paulo: Martin Claret, 2002.

KIRCHHEIMER, Otto. *The Transformation of the Western European Party Systems* in J. Lapalombara, M. Weiner, *Political Parties and Political Development*, Princeton, 1966. Cit. In Roger-Gérard Schwartzenberg, Sociolofia Política, São Paulo/Rio de Janeiro, 1979.

LEAL, Vitor Nunes. *Coronelismo, Enxada e Voto*: o município e o regimento representativo no Brasil. São Paulo: Alfa-ômega, 1975.

LEFORT, Claude. *A Invenção Democrática*. São Paulo: Brasiliense, 1981.

LÉVI-STRAUSS, Claude. *Tristes Trópicos*. São Paulo: Editora Martins Fontes, 1955.

LIPPMANN, Walter. *Opinião Pública*. Petrópolis: Ed. Vozes, 2008.

MAQUIAVEL, Nicolau. *O Príncipe*. São Paulo: Martins Fontes, 1996.

MARSHALL, Thomas. *Cidadania, Classe Social e Status*. Rio de Janeiro: Jorge Zahar Editor,1967.

MASI, Domenico De. *O Futuro do Trabalho*. Rio de Janeiro: Editora José Olympio, 2003.

MATUS, Carlos. *Estratégias Políticas:* Chimpanzé, Maquiavel e Gandhi. São Paulo: Fundap, 1996.

MAZARINO, Júlio (Cardeal). *Breviário dos Políticos*. São Paulo: Editora 34, 2002.

MCLUHAN, Herbert Marshall. *Teoria das Imagens*. São Paulo: Editora Salvat, 1979.

MORIN, Edgar. *Cultura de massas no século XX – o espírito do tempo*. 2ª edição. Tradução de Maura Ribeiro Sardinha. Rio de Janeiro – São Paulo: Forense, 1969.

MORUS, Thomas. *A Utopia*. Rio de Janeiro: Ediouro, 1994.

NIETZSCHE, Friedrich W. *Assim Falou Zaratustra*: um livro para todos e para ninguém. Rio de Janeiro: Civilização Brasileira, 1986.

ORTEGA Y GASSET. *A Rebelião das Massas*. São Paulo: Martins Fontes. 1987.

PAINE, Thomas. *Os Direitos do Homem*. São Paulo: Edipro, 2005.

PAVLOV, Ivan Petrovich. *Textos Escolhidos*. São Paulo: Editora Abril, 1984.

PINTO, José Nêumanne. *O que sei de Lula*. Rio de Janeiro: Topbooks, 2011.

PENNA, J. O. Meira. *O Espírito das Revoluções: da revolução gloriosa à revolução liberal*. Rio de Janeiro: Faculdade da Cidade Editora, 1997.

PLATÃO. *A República*. São Paulo: Martin Claret. 2002.

PRADO JUNIOR, Caio. *Evolução Política do Brasil*. São Paulo: Editora Brasiliense, 1969.

PRADO, Paulo. *Retrato do Brasil: ensaio sobre a tristeza brasileira*. São Paulo: Companhia das Letras, 1997.

RAMOS, Saulo. *Código da Vida*. São Paulo: Planeta, 2007.

RIBEIRO, Darcy. *O Povo Brasileiro*. São Paulo: Companhia das Letras, 1995.

ROUSSEAU, Jean-Jacques. *O Contrato Social*. Rio de Janeiro: Ediouro, 1997.

RICCI, Rudá. *Lulismo: da era dos movimentos sociais à ascensão da nova classe média brasileira*. Rio de Janeiro: Editora Contraponto; Brasília: Fundação Astrojildo Pereira, 2010.

RUSSELL, Bertrand. *O Poder*. Rio de Janeiro: Zahar, 1979.

SANTOS, Milton. *O espaço dividido*. Rio de Janeiro: Francisco Alves.

SCHWARTZENBERG, Roger-Gérard. *O Estado Espetáculo*. São Paulo – Rio de Janeiro: Difel, 1978.

STANISLAVSKI, Constantin S. A. *A Preparação do Ator*. Rio de Janeiro: Civilização Brasileira. 1964.

_____. *A Construção da Personagem*. Rio de Janeiro: Civilização Brasileira. 1970

_____. *A Criação de um Papel*. Rio de Janeiro: Civilização Brasileira. 1972

STAROBINSKI, Jean. *Montesquieu*. São Paulo: Companhia das Letras, 1990.

STRASBERG. Lee. *Um Sonho de Paixão*. Rio de Janeiro: Civilização Brasileira, 1990.

STUART MILL, John. "Considerations on Representative Government", in: *Collected Papers of John Stuart Mill*, University of Toronto Press, Routledge and Kegan Paul, vol. XIX, London, 1977, p. 406. (Trad. bras. Brasília, Editora Universidade de Brasília, 1982.)

TOCQUEVILLE, Alexis de. *A Democracia na América*. Belo Horizonte: Itatiaia; São Paulo: Edusp, 1977.

TZU, Sun. *A arte da guerra*. Adaptação e Prefácio de James Clavell. Tradução de José Sanz. Rio de Janeiro: Editora Record, 1983.

Impresso nas oficinas da
SERMOGRAF - ARTES GRÁFICAS E EDITORA LTDA.
Rua São Sebastião, 199 - Petrópolis - RJ
Tel.: (24)2237-3769